ÉLÉMENTS

DE DROIT ROMAIN.

Orléans, Imprimerie et Librairie de Durand,
Rue des Carmes, N° 37.

ÉLÉMENTS

DE DROIT ROMAIN,

OU

INSTITUTES DE L'EMPEREUR JUSTINIEN,

EXPLIQUÉES PAR ELLES-MÊMES,

PAR LE DIGESTE, LE CODE ET LES NOVELLES, ET PAR LES MEILLEURS
COMMENTATEURS ANCIENS ET MODERNES.

OUVRAGE DANS LEQUEL ON A TACHÉ DE DONNER UNE INTELLIGENCE COMPLÈTE DU TEXTE, EN LE
DISPOSANT DANS L'ORDRE LE PLUS FAVORABLE, ET EN L'ACCOMPAGNANT DE DÉFINITIONS ET DE
NOTES CLAIRES ET SIMPLES, ASSEZ ÉTENDUES POUR EN RÉVÉLER L'ESPRIT ET EN FAIRE REMAR-
QUER LA LIAISON.

PAR A. QUINTON,

Avocat à la Cour royale d'Orléans.

PARIS.

AUGUSTE DURAND, Libraire,   COTILLON, Libraire,
rue des Grès, 3,   rue des Grès, 16,
PRÈS L'ÉCOLE DE DROIT.

1839.

PRÉFACE.

C'est en rapprochant les textes des lois romaines, en les divisant à propos, en définissant ce qui ne l'avait pas été, en montrant surtout quels rapports ces textes peuvent avoir entre eux, que Pothier a fait cesser la confusion que l'on reprochait au Digeste, et en a rendu l'étude plus accessible peut-être que ne l'avaient fait jusqu'à lui les commentaires des plus savants interprètes.

J'ai pensé qu'en adaptant le même plan aux Institutes, il serait permis d'espérer les mêmes résultats.

Toutefois, il restait encore quelque chose à faire; après avoir éclairé l'ensemble, il était nécessaire de porter la lumière sur les détails; c'est pourquoi, à l'exemple de Vinnius, j'ai joint au texte des notes nombreuses, dans lesquelles je me suis efforcé de donner toutes les explications historiques et de droit que l'on pouvait désirer.

Il est donc facile de comprendre le plan que je me suis tracé. Dans chaque titre, et en le commençant, je pose d'abord les principes, soit en transcrivant de suite les paragraphes qui les contiennent, soit en les exposant dans un préambule. Je divise ensuite, et, sous chaque division, je rapporte tous les textes qui y sont relatifs. Enfin je tâche d'élucider tout ce qui, dans chaque paragraphe, peut faire question, ou offrir quelque difficulté de sens ou de droit.

Pour arriver à ce résultat, et maintenir toujours dans la main de l'élève le fil qui doit le diriger, souvent il m'a fallu morceler les paragraphes, intervertir leur ordre, quelquefois même les transporter d'un titre dans un autre; mais je ne me suis jamais permis d'altérer le texte, de sorte qu'au moyen du numéro qui précède chaque paragraphe et qui est toujours son numéro naturel, au moyen d'ailleurs des points qui indiquent une suspension ou une coupure, il sera facile de recomposer le texte, tel qu'il existe dans l'édition de l'école.

Je me suis attaché à être court et surtout à être clair. Presque toutes mes assertions sont appuyées sur des autorités que je cite : c'est d'abord la loi romaine, puis les écrits des anciens jurisconsultes tels que Gaïus, Ulpien, Paul, Théophile, les commentaires plus modernes de Vinnius, d'Heineccius, etc., et enfin les ouvrages publiés de nos jours par les professeurs de l'école, auxquels, je me plais à le reconnaître, j'ai fait quelques emprunts.

Peut-être eût-il été utile d'accoler au texte une traduction ; mais d'un côté, il en existe un nombre déjà bien suffisant, et de l'autre, on ne peut contester les avantages réels que l'on trouve à étudier les lois romaines dans le texte même. Avec une traduction à laquelle on se reporte trop souvent, lorsqu'on l'a sous les yeux, on perd ces maximes vives et pénétrantes qu'il faut retenir, parce qu'elles l'ont été par tout le monde, et parce que d'ailleurs elles ont aidé et aident encore à la solution d'un grand nombre de questions.

Cependant, je n'ai rien négligé pour dépouiller l'étude du latin de son aridité ; et pour suppléer au défaut de traduction. En commençant chaque paragraphe, j'avertis presque toujours de ce qu'il va contenir, le plus souvent même je l'étiquette, s'il m'est permis de parler ainsi. Je pense donc que le sens, d'ailleurs assez facile à saisir, se présentera aisément à l'esprit de l'élève.

J'offre actuellement à la jeunesse des écoles, dont je partageais les études il y a deux années à peine, la première partie de mon travail. Je l'ai entrepris, parce qu'il m'a semblé que les ouvrages existants n'étaient peut-être pas assez élémentaires, et qu'ils supposaient trop de connaissances qu'on ne peut avoir, lorsqu'on commence son droit. Il est quelques autres livres qui, cherchant à éviter cet écueil, sont tombés dans le contraire ; ceux-ci sont trop abrégés, et indépendamment du texte qu'ils n'expliquent jamais, on leur demande trop souvent des notions pour lesquelles il faut recourir aux premiers.

Ceci n'est point une critique que je fais ; c'est un inconvénient que j'indique, et que l'on aura probablement senti comme moi. L'avenir m'apprendra si je suis parvenu à l'éviter, et si j'ai complètement atteint le but que je m'étais proposé.

PRÉCIS HISTORIQUE.

Les premières lois de Rome furent celles que l'on devait attendre d'un peuple sans cesse en guerre avec ses voisins pour avoir, suivant l'expression de Montesquieu, des citoyens, des femmes ou des terres, c'est-à-dire qu'elles se rapportaient presque toutes à des projets de guerre ou de paix. Ces lois étaient faites par le peuple, dans ses assemblées appelées *comices*, sur la proposition du roi et du sénat à qui appartenait ensuite le droit de les rendre exécutoires. Les suffrages se comptant par tête, la multitude fut d'abord maîtresse absolue des affaires. Servius Tullius, en divisant le peuple en *centuries*, et en ne donnant qu'un seul vote à chaque centurie, parvint à remettre entre les principaux citoyens toute l'autorité du gouvernement.

Rome, débarrassée de la domination tyrannique de ses rois, se créa des consuls dont le pouvoir devait s'éteindre à la fin de chaque année. Bientôt on commença à ressentir toutes les agitations d'un gouvernement populaire, les grands ne voulant user de leur puissance que pour asservir le peuple, celui-ci s'efforçant de se maintenir dans les libertés qu'il croyait avoir conquises. A cette époque, la loi n'émanait déjà plus seulement du peuple ; sous le prétexte que l'accroissement toujours progressif de Rome rendait trop difficiles les assemblées des comices, le sénat s'était presque exclusivement arrogé le droit de faire des lois, et lorsque les plébéiens voulurent opposer leurs plébiscites aux sénatus-consultes, les patriciens déclarèrent que n'ayant pas concouru à leur formation, ils n'étaient point tenus de s'y soumettre. Les consuls qui ne pouvaient encore être choisis que parmi les patriciens, et auxquels l'administration de la justice était uniquement réservée, veillaient à l'exécution des lois avec une rigueur qui rendait la position des simples citoyens souvent intolérable. Vainement essaya-t-on, par plusieurs lois portées successivement, de rétablir l'équilibre ; l'orgueil des grands resta inflexible. Il ne fallut pas moins que la retraite du peuple sur le Mont-Sacré, pour leur arracher quelques concessions.

Le peuple, en consentant à revenir dans la ville, voulut avoir désormais un appui contre la tyrannie superbe des patriciens. Ici se place la création des *tribuns plébéiens* (an de R. 260), magistrats annuels, dont la personne fut déclarée inviolable. Dans l'origine, ils n'avaient que le droit de s'opposer par leur *veto* aux décrets du sénat et des consuls, lorsqu'ils les croyaient contraires aux intérêts du peuple ; plus tard, ils devinrent à leur tour des fomentateurs de troubles et de rébellion.

Ce n'était pas au milieu de ces discordes intestines et de ces rivalités d'ambition ; que l'on pouvait asseoir les bases d'une législation sage et durable. Trois cents ans après sa fondation , Rome n'avait pas encore de lois fixes et certaines ; on le sentit , et on alla demander à la Grèce les institutions qui manquaient à la république. Au retour des ambassadeurs que l'on avait envoyés étudier les lois de cette contrée célèbre, dix magistrats appelés *décemvirs* , furent créés à la place des consuls, et revêtus pour un an d'une autorité absolue. Ils devaient examiner le travail des députés , et en extraire les lois propres à donner un Code au peuple romain. C'est ainsi que fut faite la loi des Douze-Tables , base de toute la législation romaine , dont nous n'avons plus ajourd'hui que des fragments qu'on a plusieurs fois essayé de recomposer.

On sait comment fut aboli le décemvirat , et ce qui donna lieu au rétablissement de la puissance consulaire. Cependant, les nouvelles lois n'empêchèrent pas la lutte de se continuer entre les deux ordres. Le peuple , fier de ses premiers succès, devint exigeant, et il aspira aux plus hautes charges de l'état. Il voulut que l'un des deux consuls fût à l'avenir choisi dans ses rangs. Les patriciens résistèrent long-temps ; ils proposèrent d'abord de nommer, au lieu de consuls, plusieurs tribuns militaires qui seraient indifféremment pris dans les deux ordres ; le peuple accepta provisoirement ; mais à la fin il fallut lui concéder ce qui faisait l'objet de toute son ambition : le consulat et même la dictature lui furent ouverts.

Ce n'était pas le moment d'accroître la puissance consulaire, il fallait au contraire chercher à la diminuer. Les patriciens avaient d'ailleurs besoin d'une consolation dans leur échec. On créa pour leur être attribuées exclusivement plusieurs nouvelles charges, la *censure*, la *préture* et l'*édilité majeure* , que peu de temps après les plébéiens , par suite d'une nouvelle victoire due à leurs prétentions toujours croissantes , purent également obtenir.

Les censeurs faisaient tous les cinq ans le dénombrement du peuple romain, et notaient d'infamie ceux sur le compte desquels des plaintes graves avaient eu lieu. Les préteurs étaient chargés de l'administration de la justice ; ils ne prononçaient pas eux-mêmes ordinairement la sentence dans les affaires dont la connaissance leur était déférée ; mais ils renvoyaient les parties, après les avoir entendues, devant de simples citoyens auxquels ils dictaient le jugement qu'ils auraient à rendre. Parmi les préteurs, l'un était appelé préteur *urbain*, et l'autre préteur *étranger*. Le premier connaissait des contestations entre les particuliers de Rome ; le second de celles qui s'élevaient entre les étrangers, ou entre un romain et des étrangers. Aux édiles appartenaient la haute police, le soin de veiller à la conservation des monuments, à l'approvisionnement de la ville et à la sûreté publique. Lorsque Rome eut étendu ses conquêtes, et ajouté de nombreuses provinces à celles qu'elle possédait déjà, ces provinces furent administrées par des magistrats qui , sous le nom de préteurs ;

proconsuls , propréteurs, remplissaient des fonctions peu différentes de celles des préteurs à Rome.

A l'époque dont nous parlons, on continuait toujours de voter les lois dans les comices ; il y avait aussi les sénatus-consultes et les plébiscites par lesquels on s'efforçait de faire disparaître les nombreuses lacunes que la loi des Douze-Tables avait laissé apercevoir. Mais l'examen des affaires qui se présentaient , en révélait de bien plus nombreuses encore, et les préteurs étaient souvent embarrassés sur le parti qu'ils devaient adopter. Ce fut alors que commença à Rome une nouvelle espêce de droit civil , connu sous le nom de droit *honoraire* ou *prétorien* , et qui avait pour but précisément de combler les vides que nous venons de signaler. Il se composait des édits que chaque préteur publiait à son entrée en fonctions , et encore de ceux que les édiles curules portaient également au commencement de leur magistrature , mais seulement sur les branches d'administration de leur compétence.

Maintenant il faut s'avancer rapidement vers d'autres époques, oublier toutes les scènes de désordre et de corruption qui amenèrent la chute de la république , et passer bien des pages sanglantes de l'histoire de Rome. Le monde entier n'a plus qu'un seul maître, et si l'on observe encore quelques unes des formes de l'ancien gouvernement, il faut que tout fléchisse sous son impérieuse et puissante volonté. Les sénatus-consultes , les plébiscites n'ont qu'une autorité éphémère ; Rome, à proprement parler , ne connait plus d'autres lois que les constitutions de ses empereurs.

Cependant, les préteurs conservent toujours le droit de suppléer au silence de la loi existante, et dans les cas non prévus par elle, leurs édits continuent de faire règle ; Il y a même quelque chose de plus ; avant Auguste , l'opinion des jurisconsultes n'était qu'une autorité ; ce prince confère à certains d'entre eux le privilège de répondre en son nom ; Adrien décrète que le juge ne pourra s'écarter de leurs réponses lorsqu'elles seront unanimes ; Valentinien III accorde définitivement force de lois à leurs décisions. Dès lors, *los réponses des prudents* forment une partie essentielle des lois romaines.

De tout cela il était permis sans doute d'espérer une législation sage et appropriée aux besoins du peuple pour lequel elle serait faite. Toutefois , des inconvénients nombreux existaient auprès des plus grands avantages. Il n'y avait rien d'uniforme , et ceux qui devaient éclairer la science contribuaient le plus souvent à l'obscurcir en faisant naître des questions et des difficultés sur lesquelles il n'était pas possible de les mettre d'accord. C'est ainsi que sous Auguste, et pendant plus de cent ans après lui , les jurisconsultes se partagèrent en deux camps ; les uns suivaient les bannières de Labéon , les autres celles de Capiton, chefs de deux écoles fameuses dont les disciples prirent le nom de *Proculéiens* ou *Pégasiens* , à cause de Proculus et Pégasus, principaux sectateurs de la doctrine de Labéon , et de *Sabiniens* ou de *Cassiens* , à cause de Sabinus et Cassius, célèbres jurisconsultes de l'école de Capiton. Au temps d'Adrien, on fut obligé de rédiger un édit dont on défendit aux préteurs de s'écarter ; car ceux qu'ils publiaient successivement n'étaient plus qu'un assemblage de règles incohérentes et contradictoires. Enfin les constitutions des empereurs s'étaient multipliées à un tel point, elles avaient été rendues d'ailleurs dans des circonstances et à des époques si différentes, que la plus grande confusion existait parmi elles.

On avait donc senti la nécessité de revenir sur tout ce qui avait été fait, et depuis long-temps le besoin d'une législation uniforme était parfaitement compris. Mais il fallait d'abord rassembler tant de matériaux épars, et surtout les soumettre à un examen éclairé pour reconnaître de quelle utilité ils pouvaient être. Deux jurisconsultes du quatrième siècle, sous le règne de Constantin, Grégorius et Hermogènes s'essayèrent à ce nouveau genre de travail. Le premier s'occupa de recueillir les constitutions des empereurs depuis Adrien jusqu'à Constantin ; cette compilation fut complétée par celle d'Hermogènes qui se borna à renfermer dans la sienne les constitutions de Dioclétien et de Maximien. On a donné à ces recueils, dont il nous reste peu de chose, les noms de *Code Grégorien* et de *Code Hermogénien* ; il ne paraît pas cependant qu'ils aient jamais été revêtus d'aucun caractère législatif.

C'est à Théodose le Jeune qu'appartient le mérite d'avoir entrepris de former le premier un corps complet de législation. Son recueil publié en seize livres sous le nom de *Code Théodosien*, que nous possédons entièrement depuis la dernière partie de son sixième livre, se compose des principes puisés dans les écrits des jurisconsultes auxquels on se référait alors préférablement, et des constitutions des empereurs chrétiens, depuis l'année 312 de J.-C. jusqu'à l'année 438, où fut promulgué le nouveau Code. Il fut adopté en Occident par l'empereur Valentinien III, gendre de Théodose le Jeune.

Dans la suite, on tenta quelques autres essais. A l'aide du Code Théodosien, des constitutions de Théodose le Jeune et de Valentinien III, postérieures à la publication du Code, et de celles de leurs successeurs, à l'aide encore des sentences de Paul, Théodoric, roi des Ostrogoths, promulgua en 500 l'édit qui porte son nom, et dans lequel on ne respecte pas beaucoup les sources où on a puisé. Alaric, roi des Visigoths, fit également rédiger en 506 par Anien, son référendaire, dignité qui répondait à celle de chancelier, un nouveau Code Théodosien, ainsi nommé parce qu'il n'était qu'un abrégé du premier. On l'appela plus communément *Breviarium Alaricianum* ou *Breviarium Aniani*. Enfin en 517, paraît un code qui, sous le nom de *loi romaine* (*lex romana*), reste long-temps en vigueur, et est cité souvent dans les Capitulaires de nos rois, dans Marculphe et dans les lois des Bourguignons et des Ripuaires.

Toutes ces tentatives, dont nous venons de parler, n'étaient guères que particlles, et d'ailleurs, elles avaient été faites pour les royaumes particu-

liers qui s'étaient formés en Occident , après le renversement de l'empire
romain par Odoacre , roi des Hérules. Mais le moment était venu où l'O-
rient allait élever un monument impérissable de législation. Justinien , à
peine monté sur le trône , conçoit aussitôt le vaste dessein de réaliser ce
qui avait paru impossible jusqu'à lui ; c'est-à-dire, d'établir une harmonie
complète entre les constitutions des empereurs, et de se servir de tout ce
qui avait été écrit sur le droit pour en former un livre qui dispensât de
recourir à ces innombrables ouvrages, dont la multiplicité avait été la
cause de tant de confusion. Justinien , pour la gloire de son nom et de son
règne, a mené à fin son immense entreprise. Nous allons, en transcrivant
la constitution qui sert de préface aux Institutes , faire connaître ses
travaux et les Codes qui en ont été le résultat.

INSTITUTIONUM D. JUSTINIANI
PROOEMIUM.

IN NOMINE DOMINI NOSTRI JÉSU CHRISTI.

Imperator Cæsar Flavius Justinianus , Alamanicus , Gotthicus , Francicus , Germanicus., An-
ticus, Alanicus, Vandalicus, Africanus, pius, felix, inclytus, victor ac triumphator , semper
Augustus, cupidæ legum juventuti.

Cette constitution de Justinien a été rendue en 533. Elle est datée du
11 des calendes de décembre, jour qui correspond au 21 novembre. Elle a
pour objet de publier les Institutes et de leur donner force de lois.

PR.

Imperatoriam majestatem non solum armis decoratam , sed
etiam legibus oportet esse armatam, ut utrumque tempus et
bellorum et pacis recte possit gubernari ; et princeps romanus
victor existat non solum in hostilibus præliis, sed etiam per
legitimos tramites calumniantium iniquitates expellens ; et fiat
tam juris religiosissimus , quam victis hostibus triumphator.

§ 1er.

Quorum utramque viam cum summis vigiliis summaque
providentia annuente Deo perfecimus. Et bellicos quidem su-
dores nostros barbaricæ gentes sub juga nostra deductæ co-
gnoscunt, et tam Africa quam aliæ numerosæ provinciæ, post
tanta temporum spatia nostris victoriis a cœlesti numine præ-

stitis iterum ditioni romanæ nostroque additæ imperio, protestantur. Omnes vero populi legibus jam a nobis promulgatis vel compositis reguntur.

§ 2.

Et cum sacratissimas constitutiones antea confusas in luculentam ereximus consonantiam, tunc nostram extendimus curam ad immensa veteris prudentiæ volumina ; et opus desperatum, quasi per medium profundum euntes, cœlesti favore jam adimplevimus.

Justinien dit qu'il a renfermé dans un recueil où règne une grande harmonie, toutes les constitutions des empereurs disséminées çà et là. Ce premier ouvrage est son Code auquel travaillèrent dix jurisconsultes, parmi lesquels on remarque Tribonien et Théophile. Ils se servirent, en les modifiant à leur gré, des Codes Grégorien, Hermogénien, Théodosien, et des constitutions postérieures à ce dernier. Tout ce qui n'entra pas dans le nouveau Code fut définitivement abrogé. Quatorze mois suffirent à l'achèvement de cette vaste entreprise, qu'on mena avec trop de célérité pour qu'elle eût toute l'utilité qu'on devait en attendre. Commencé en 528, ce premier Code fut publié en 529 au mois d'avril.

Peu de temps après, Justinien conçut le projet jusqu'alors désespéré (*opus desperatum*), d'offrir un ensemble complet de législation en se servant des principes contenus dans les anciennes lois, les plébiscites et les sénatus-consultes, dont les dispositions étaient encore observées, et dans les jurisconsultes dont les volumineux écrits avaient déjà, sous Théodose le Jeune, obtenu force de lois. Mais il importait d'abord, pour faciliter cet immense travail, de fixer certains points litigieux, dont la solution présentait de grandes difficultés, à cause des décisions contradictoires qui étaient intervenues par suite de la rivalité surtout des Proculéiens et des Sabiniens. Tel fut l'objet de plusieurs constitutions promulguées en 530, sous le consulat de Lampadius et d'Oreste, et qui ont été appelées les *cinquante décisions*. On les a insérées dans le Code, lorsque Justinien le fit revoir en 534, ainsi que nous le dirons dans un instant.

Immédiatement après, Tribonien, à la tête de seize nouveaux collaborateurs, dont les noms nous ont été conservés, et du nombre desquels se trouvaient Théophile et Dorothée, entreprit un nouvel ouvrage dans lequel il recueillit, après les avoir distribués et classés par ordre de matières, tous les fragments des livres anciens qui pouvaient entrer dans le système de législation actuel. Cet ouvrage, pour l'achèvement duquel l'empereur avait accordé dix années, fut promulgué en 533, sous le double titre de Digeste (du verbe *digerere*), ou de Pandectes (de πᾶν tout et δεχεσθαι contenir).

Le Digeste est divisé en cinquante livres et en sept parties, qui correspondent à celles de l'édit perpétuel, rédigé sous le règne d'Adrien, par le jurisconsulte Salvius Julianus, afin de mettre un terme aux vicissitudes et aux variations annuelles de la législation prétorienne. Chacun des titres du Digeste contient un nombre plus ou moins considérable de fragments, qui souvent se subdivisent ensuite en *principium* et en paragraphes, et qui sont toujours précédés du nom du jurisconsulte et du titre du livre auquel on les a empruntés. Tous ces fragments font loi ; ce ne sont plus, en effet, les décisions de tel ou tel jurisconsulte, mais de Justinien lui-même.

Les anciens auteurs le plus souvent cités dans le Digeste, sont : Papinien, Paul, Gaïus, Ulpien, Marcellin, Scævola, Sabinus, Julien et Marcellus. On remarque un grand nombre de leurs décisions *quæ manum Triboniani passæ sunt*, c'est-à-dire que Tribonien s'est permis quelquefois de les altérer. De là, sans doute, les contradictions que l'on reproche au Digeste. On aurait désiré aussi plus de méthode dans la distribution des matières.

Tel qu'il est, et malgré ses défauts qui viennent en partie de la trop grande précipitation avec laquelle il a été rédigé, le Digeste est la plus belle conception de Justinien, et celle qui lui assure le plus de gloire.

§ 3.

Cumque hoc Deo propitio peractum est : Triboniano viro magnifico, magistro et ex quæstore sacri palatii nostri, nec non Theophilo et Dorotheo viris illustribus, antecessoribus nostris (quorum omnium solertiam et legum scientiam et circa nostras jussiones fidem jam ex multis rerum argumentis accepimus), convocatis, mandavimus specialiter ut nostra auctoritate nostrisque suasionibus institutiones componerent, ut liceat vobis prima legum cunabula non ab antiquis fabulis discere, sed ab imperiali splendore appetere ; et tam aures quam animæ vestræ nihil inutile, nihilque perperam positum, sed quod in ipsis rerum obtinet argumentis, accipiant. Et quod priore tempore vix post quadriennium prioribus contingebat, ut tunc constitutiones imperatorias legerent, hoc vos a primordio ingrediamini : digni tanto honore tantaque reperti felicitate, ut et initium vobis et finis legum eruditionis a voce principali procedat.

Dans ce paragraphe, Justinien parle des motifs qui l'ont engagé à faire rédiger des Institutes. C'est afin que les jeunes gens, en commençant leur cours de droit, eussent un livre élémentaire qui les initiât à la connaissauce des principes ; et leur rendît plus facile la lecture des constitutions.

Les Institutes furent commencées pendant que l'on travaillait encore au Digeste. Elles sont l'ouvrage de Tribonien, de Théophile et de Dorothée. Tribonien, grand dignitaire de la cour de l'empereur, était originaire de la Pamphilie. Comme principal rédacteur du Code, du Digeste et des Institutes, son nom sera à jamais associé à celui de Justinien.

· Théophile et Dorothée étaient professeurs de droit : le premier à Constantinople, et le second à Béryte. Tous deux ont pris part aux travaux du Digeste, et Théophile avait également concouru à ceux du Code.

— Les paragraphes qui suivent entrent dans quelques détails sur la division des Institutes, sur leur plan, sur les ouvrages qui ont servi à les composer, enfin, sur le caractère de lois qui leur est conféré.

§ 4.

Igitur post libros quinquaginta Digestorum seu Pandectarum, in quibus omne jus antiquum collatum est, quos per eumdem virum excelsum Tribonianum nec non cæteros viros illustres et facundissimos confecimus, in hos quatuor libros easdem institutiones partiri jussimus, ut sint totius legitimæ scientiæ prima elementa.

Cette division en quatre livres des Institutes de Justinien est à peu de chose près celle des Institutes de Gaïus. Chaque livre se subdivise ensuite en titres, qui contiennent eux-mêmes un *principium* et plusieurs paragraphes ou alinéas. Il est facile, en feuilletant l'édition de l'école, de connaître de suite le nombre des titres dont chaque livre se compose.

§ 5.

In quibus breviter expositum est et quod antea obtinebat, et quod postea desuetudine inumbratum, imperiali remedio illuminatum est.

§ 6.

Quas ex omnibus antiquorum institutionibus, et præcipue ex commentariis Gaii nostri tam Institutionum quam Rerum cottidianarum aliisque multis commentariis compositas, cum tres prædicti viri prudentes nobis obtulerunt, et legimus et cognovimus et plenissimum nostrarum constitutionum robur eis accomodavimus.

Un assez grand nombre d'anciens jurisconsultes, entre autres Ulpien, Paul, Callistrate, Marcien et Florentinus, avaient composé des Institutes dont il ne nous reste plus que les fragments insérés au Digeste. Elles ont plus ou moins servi à la composition des Institutes de Justinien. Mais on a fait usage surtout des Institutes de Gaïus qui, long-temps perdues, ont été retrouvées en 1816 par M. Niéburh, dans la bibliothèque du chapitre de Vérone. Les secours ne manquaient donc pas pour l'ancien droit ; mais pour le droit nouveau, il fallait analyser les constitutions des empereurs, et cette partie du travail appartient aux rédacteurs des Institutes.

§ 7.

Summa itaque ope et alacri studio has leges nostras accipite ; et vosmetipsos sic eruditos ostendite, ut spes vos pulcherrima foveat, toto legitimo opere perfecto, posse etiam nostram rem publicam in partibus ejus vobis credendis gubernari.

D. CP. XI calend. decembris, D. JUSTINIANO PP. A. III Cons.

Les Institutes furent promulguées avant le Digeste qui n'était point encore achevé ; il le fut quelque temps après (le 16 décembre), mais il ne devint obligatoire, comme les Institutes, qu'à la fin du troisième consulat de Justinien, le troisième jour avant les calendes de janvier 534, c'est-à-dire le 30 décembre 533.

— Tous ces ouvrages achevés, Justinien ordonna à Tribonien et à quatre autres jurisconsultes de revoir le Code. On ne fit guères qu'une nouvelle édition avec les augmentations et corrections nécessaires. Ce second Code appelé à cause de cela *Codex repetitæ prælectionis*, fut publié au mois de novembre 534, et l'ancien Code abrogé. C'est le seul que nous ayons.

Dans la suite, Justinien eut occasion, pour compléter sa législation, de promulguer un assez grand nombre de constitutions : on les a réunies dans le *corpus juris civilis*, sous le titre de *Novelles*. Il y en a cent soixante-huit, dont cent soixante sont de Justinien. Les Novelles furent écrites presque toutes en grec. Sous le règne de Justinien, on en fit une traduction complète en latin qui fut approuvée, dit-on, par ce prince, et reçut à cause de cela le nom d'*Authentique*. Depuis, on l'a appelée *ancienne* ou *vulgate*, par opposition aux traductions plus récentes. Lorsqu'on parcourt le Code, on remarque qu'un assez grand nombre d'extraits, commençant toujours par ces mots : *in authentica*, ont été placés à la suite de certaines constitutions. Ces extraits ne sont autre chose que des citations des Novelles, indiquant les modifications qu'elles ont apportées aux lois du Code. On appelle ces citations *authentiques*, parce qu'elles ont été tirées de la vulgate. On attribue ce travail à Irnérius.

— La législation justinienne, qui avait comblé tant de vides et satisfait à tant de vœux, n'eut pas d'abord la destinée brillante qu'on pouvait lui prédire. Son utilité fut méconnue par les princes qui vinrent après Justinien, et les nombreuses constitutions qu'ils promulguèrent, remplacèrent successivement le Digeste, le Code et les Institutes. Au 9e siècle, la législation, au lieu d'être désormais fixée, n'était plus de nouveau qu'un assemblage de décisions incohérentes et contradictoires. Il fallut donc recommencer ce qui avait été si glorieusement entrepris et achevé. Basile le Macédonien et son fils Léon le Philosophe travaillèrent successivement à rédiger un nouveau corps de droit. Cette compilation, divisée en soixante livres et écrite en grec, fut publiée en 886, sous le nom de *Basiliques*, probablement à cause de l'empereur Basile qui en avait conçu l'idée. Augmentées et mises dans un meilleur ordre par Constantin Porphyrogénète, fils de Léon le Philosophe, ces nouvelles lois furent, avec quelques autres constitutions des derniers empereurs, le seul Code en vigueur jusqu'à la prise de Constantinople par Mahomet II (1453).

En occident, le droit de Justinien n'était guères observé qu'à Rome et à Ravenne, et l'on a dit qu'il avait été oublié dans le moyen âge. Mais tôt ou tard, il faut que la raison ait son empire ordinaire. Au 12e siècle, Irnérius ou Werner, allemand de naissance, ouvre une école de droit romain à Bologne, et déjà de toutes les parties de l'Europe on accourt pour entendre ses leçons. Des disciples innombrables se forment ; les textes sont étudiés, et on y joint des notes ou *gloses*, destinées à leur explication. L'Italie, la première, s'approprie une législation aussi sage ; bientôt, presque toutes les nations l'imitent, et le droit romain devient le droit commun de la plus grande partie de l'Europe. On sait quelle a été son autorité en France, dont la moitié était régie par ses dispositions, et dont l'autre moitié, dans le silence des coutumes, acceptait ses préceptes, comme la plus belle manifestation de la raison. Aujourd'hui la loi romaine a disparu sans doute ; mais ne serait-il pas permis de soutenir qu'elle continue de vivre parmi nous, puisqu'un grand nombre de ses dispositions ont été transportées dans notre Code, que peut-être notre siècle n'aurait pu produire sans les travaux de Justinien.

Toutefois, il ne faut pas oublier que Justinien lui-même doit presque toute sa gloire aux grands jurisconsultes qui, long-temps avant lui, avaient fleuri à Rome. S'il a compilé le Digeste, c'est Rome ancienne qui l'a fait, et par suite, presque toutes les législations modernes. C'est ainsi qu'après avoir dominé le monde entier par ses armes, elle devait régner plus long-temps encore sur lui par la seule force de son génie, et accomplir à jamais ce vers prophétique du premier de ses poètes :

> *Tu regere imperio populos, Romane, memento.*

ÉLÉMENTS

DE DROIT ROMAIN,

OU

INSTITUTES DE L'EMPEREUR JUSTINIEN.

LIVRE PREMIER.

Dans toute législation et avant d'entrer dans aucun détail, il y a deux choses qu'il importe de soigneusement distinguer : le droit *constituant* et le droit *constitué*. Le droit *constituant*, c'est le droit en lui-même, ou abstraction faite de son objet ; c'est ce principe immuable et éternel qui s'appellera droit naturel, droit des gens, ou droit civil, selon le rapport sous lequel on l'envisagera, et d'où découleront, dans ce triple ordre d'idées, toutes les lois qui régissent l'homme, les nations et la cité. Le droit *constitué*, c'est le droit mis en rapport avec son objet, c'est l'émanation du principe ; en un mot, c'est la loi qui n'est autre chose que le droit en action.

Cette distinction a été implicitement faite par Justinien, et dans les deux premiers titres des Institutes, il s'occupe abstractivement du droit ; jusqu'au § 12 du second titre qui forme la transition du droit *constituant* au droit *constitué*, désormais seule et exclusive matière de son livre (*Vinn. Proem. hoc tit.*).

Celsus a défini le droit : La science de ce qui est bon et équitable : *Jus est ars boni et œqui* (*L.* 1, *pr. ff. de just. et jur.*). La loi, expression du droit, doit donc, sous peine de n'être point durable, reposer sur le principe essentiel du droit dont il tire son nom, c'est-à-dire sur la justice ; car, dit Ulpien, *est a justitia appellatum* (*dict. leg.*).

1

TITRE PREMIER.

De la justice et du droit. (De justitia et jure).

PR.

Justitia est *constans et perpetua voluntas jus suum cuique tribuendi.*

C'est Ulpien qui a fourni cette définition et les suivantes à Justinien (*L.* 10, *ff. de just. et jur.*).

Constans et perpetua voluntas. La justice est une volonté, ou plutôt une habitude de la volonté (*Vinn. h. text.*), qui nous porte à rendre à chacun le sien. La volonté est une puissance naturelle de notre âme, mais la justice n'est qu'une qualité adventice, une vertu dont nous pouvons trouver les germes en nous-mêmes, mais qu'il nous faudra toujours acquérir par des efforts plus ou moins longs (*Vinn. h. text.*).

Jus suum cuique tribuendi. Dans chaque chose, il faut considérer son objet et sa fin. L'objet de la justice est le *droit* de chacun; sa fin est que chacun obtienne ce droit, ou, en d'autres termes, que l'on rende à chacun ce qui lui est dû (*Vinn. h. text.*). L'homme vraiment juste, qui aura cette volonté constante et perpétuelle qui donne l'habitude de la justice, cet homme se reportera sans cesse vers cette fin de la justice, et il n'en pourra être détourné par aucun motif quelconque, ni par haine, ni par intérêt, ni par faveur. Mais la justice n'est pas seulement une vertu spéculative; elle demande surtout à être pratiquée. Une science doit nous conduire à son exercice: cette science, ce sera la jurisprudence.

§ 1er.

Jurisprudentia est divinarum atque humanarum rerum notitia, justi atque injusti scientia.

Jurisprudentia. Il est important de ne pas confondre la jurisprudence telle que la définit ici Justinien, avec le *droit* qui n'est que l'assemblage des préceptes existants par eux-mêmes, tandis que la jurisprudence en constitue la science, science fondée sur la connaissance parfaite des choses divines et humaines, dont elle fait le discernement en les classant en choses justes et en choses injustes.

§ 3.

Juris præcepta sunt hæc: honeste vivere, alterum non lædere, suum cuique tribuere.

La première règle, *honeste vivere*, renferme les devoirs *imparfaits*, et résume à elle seule les deux autres préceptes. On appelle devoir *imparfait*, ce qui imposant une obligation d'un côté, de l'autre ne produit aucun droit pour autrui. Telle est, par exemple, l'aumône. On n'est comptable de ces devoirs imparfaits qu'à Dieu. Les deux autres préceptes, *alterum non lædere*, etc., renferment les devoirs *parfaits* qui constituent à la fois une obligation pour moi et un droit pour autrui. Ainsi, il y a obligation pour moi à ne point léser autrui, et autrui a droit à ce que je ne le lèse point. Le droit pris en général embrasse tous les devoirs *parfaits* et *imparfaits*; séparé de la morale, il s'occupe particulièrement des premiers.

§ 4. — *Division.*

Hujus studii duæ sunt positiones, *publicum et privatum*. Publicum jus est, quod ad statum rei romanæ spectat; privatum, quod ad singulorum utilitatem. Dicendum est igitur de jure privato, quod tripertitum est; collectum est enim ex naturalibus præceptis, aut gentium, aut civilibus.

Publicum et privatum. Cette première division est de la plus grande importance, et il est nécessaire d'en connaître toute la portée.

On entend par droit *public*, les principes constitutifs et fondamentaux d'une nation, d'une société quelconque prise isolément, et qui déterminent et précisent les rapports existants entre ceux qui commandent et ceux qui obéissent. L'utilité de la nation et son bien procurés selon le mode déterminé par le pacte constitutif, sont, avant tout, l'objet du droit public. C'est en ce sens que Justinien a dit : *Publicum jus est quod ad statum rei romanæ spectat.*

Le droit *privé* a pour principal objet, l'utilité des particuliers dans la nation existante et constituée ; il s'occupe spécialement de régler leurs rapports entre eux, et de les mettre en harmonie avec les trois principes généraux de tout droit privé.

Justinien ne parlera plus désormais du droit *public ;* la suite de ses Institutes est consacrée exclusivement au droit *privé* qu'il fait descendre du droit *naturel*, du droit *des gens* et du droit *civil*.

TITRE DEUXIÈME.

Du droit naturel, du droit des gens et du droit civil. (De jure naturali, gentium et civili).

PR.

1° *Du droit naturel.* Jus naturale est, quod natura omnia

animalia docuit. Nam jus istud non humani generis proprium est, sed omnium animalium quæ in cœlo, quæ in terra, quæ in mari nascuntur. Hinc descendit maris atque feminæ conjunctio, quam nos matrimonium appellamus ; hinc liberorum procreatio, hinc educatio. Videmus etenim cætera quoque animalia istius juris peritia censeri.

Le droit *naturel* est donc cet instinct primitif et régulateur des actes communs à l'homme et aux animaux. Mais ce n'est que très improprement que l'on donne le nom de droit à ce qui procède de la volonté instinctive, mais non réfléchie de la brute ; le droit ne peut exister véritablement que par le raisonnement et le discernement exact des choses bonnes ou mauvaises, partage exclusif de l'homme. Ce n'est donc que pour bien préciser ce qu'on doit entendre par droit naturel, et en forme d'exemple, que Justinien a assimilé les instincts de la bête à ceux de l'homme, instincts tellement naturels et innés dans les deux, qu'ils produisent une apparence de droit pour les animaux.

2° *Du droit des gens. Jus gentium est quo gentes humanæ utuntur* (*L.* 1, § 4, *ff. de just. et jur.*).

Le droit *des gens* est une espèce de droit naturel ; mais il faut bien comprendre comment il diffère du droit naturel proprement dit. Le droit *des gens* a son origine dans l'intelligence donnée par la raison, de ce qui est bien et de ce qui est mal, d'où il suit qu'il ne peut être commun , comme le droit naturel proprement dit, aux hommes et aux animaux. *Quod a naturali recedere facile intelligere licet , quia illud omnibus animalibus, hoc solis hominibus inter se commune sit* (*L.* 1, § 4, *ff. de just. et jur.*). Voilà comment il se distingue essentiellement du droit naturel proprement dit.

Le droit des gens est invariable et immuable dans son principe, en ce sens que, comme le droit naturel, il a pour base la justice (*infr.* § 11, *h. tit.*). Cependant, comme il se rapporte, non seulement à ce qui a toujours existé parmi les hommes, et ne peut par conséquent changer, mais encore à ce qui n'est qu'hypothétiquement juste , d'après les nécessités et les convenances de toute société organisée et constituée , il s'ensuit que le droit des gens est composé de deux éléments : l'un, inhérent à l'homme et par conséquent invariable ; l'autre, introduit par l'homme, accommodé par lui aux besoins de la société et pouvant , à cause de cela, se changer, se modifier avec les nécessités et les convenances qui l'ont fait naître. De là, la division du droit des gens, en droit des gens *primitif* et *secondaire.* Au premier se rapportent la religion envers Dieu, la reconnaissance pour les parents, l'amour de la patrie (*L.* 2, *ff. de just. et jur.*), la défense de soi-même (*L.* 3, *ff. cod. tit.*), l'accomplissement de ce qu'on a promis (*L.* 1, *pr. ff. de pact.*) ; au second le partage des biens , les guerres, l'esclavage qui en est la suite, et presque tous les contrats commerciaux et civils qui interviennent entre les hommes (*infr.* § 2, *h. tit.*; *L.* 4 *et* 5, *ff. de just. et jur.*). Quelques unes de ces choses paraissent contrarier la justice et les premiers principes du droit naturel, comme l'esclavage, les guerres; cependant elles tiennent à la justice par d'autres côtés. Ainsi, on ne pourra nier qu'il ne soit juste de repousser par la force les attaques et les violences de nos ennemis, et de les réduire en captivité, afin d'effrayer par la crainte d'un pareil châtiment ceux qui plus tard auraient la même témérité (*Vinn. in* § 2, *hoc tit.*). D'ailleurs, l'inégalité des conditions comme la répartition inégale des biens, sont des nécessités sociales, et c'est encore une des raisons qui peuvent justifier l'esclavage.

3° *Du droit civil.* Le droit *civil* est la collection des lois qui régissent un peuple, qui lui sont propres et qui ont été décrétées et sanctionnées suivant le mode usité dans le pays pour lequel elles sont faites.

Le droit des gens se distingue du droit naturel. Le droit *civil* se sépare également et du droit naturel et du droit des gens par de notables différences : du droit naturel, en ce qu'il ne convient qu'aux hommes, qu'il n'est pas invariable et qu'il s'adapte et se conforme aux usages et aux mœurs des lieux et des temps dans lesquels il prend naissance, tandis que le droit naturel est commun à tous les êtres animés de tous les pays et de tous les siècles; du droit des gens, en ce qu'il n'est pas non plus invariable comme lui dans le sens que nons avons dit, et de plus, en ce qu'il n'est pas commun à tous les hommes, mais seulement à un peuple en particulier. *Jus civile est, quod neque in totum a naturali, vel gentium recedit, nec per omnia ei servit. Itaque cum aliquid addimus, vel detrahimus juri communi, jus proprium, id est civile efficimus* (*L.* 6, *ff. de just. et jur.*). Le droit *civil* a cela de commun avec le droit *des gens* que, comme celui-ci, il ne peut convenir qu'à des hommes.

Les deux principales différences que nous venons de signaler entre le droit *civil* et le droit *des gens* sont expliquées par Justinien.

§ 1er.

Jus autem civile vel gentium ita dividitur. Omnes populi qui legibus et moribus reguntur, *partim suo proprio, partim communi omnium hominum jure* utuntur. Nam quod quisque populus ipse sibi jus constituit, id ipsius civitatis proprium est, vocaturque jus civile, quasi jus proprium ipsius civitatis. Quod vero naturalis ratio inter omnes homines constituit, id apud omnes peræque custoditur, vocaturque jus gentium, quasi quo jure omnes gentes utantur. Et populus itaque romanus partim suo proprio, partim communi omnium hominum jure utitur : quæ singula qualia sint , suis locis proponemus.

Partim suo proprio , partim communi omnium hominum. Une nation particulière est à la grande famille générale des peuples ce que l'individu est à la nation. De même qu'il y a des lois dans la nation pour régir chaque particulier dans ses rapports avec ses concitoyens, et le faire contribuer au bien général ; de même aussi, il y a une loi générale qui oblige chaque nation dans ses rapports avec les autres, et voilà comment un peuple, le peuple romain, par exemple, sera gouverné, en partie par le droit qu'il se sera fait et qu'il pourra changer à son gré et suivant ses besoins, et en partie par le droit commun des gens auquel il ne pourra rien ajouter ni retrancher, parce qu'il a été établi dans un intérêt général.

§ 2.

Sed jus quidem civile ex unaquaque civitate appellatur, veluti Atheniensium : nam si quis velit *Solonis vel Draconis* leges appellare jus civile Atheniensium , non erraverit. Sic enim et jus quo populus romanus utitur, jus civile Romanorum appellamus, vel jus Quiritum , quo Quirites utuntur ; Romani enim Quirites a Quirino appellantur. Sed quotiens non addimus nomen cujus sit civitatis, nostrum jus significamus : sicuti cum poetam dicimus nec addimus nomen, subauditur apud Græcos egregius Homerus, apud nos Virgilius. Jus autem gentium omni humano generi commune est; *nam usu exigente* et humanis necessitatibus, gentes humanæ quædam sibi constituerunt. Bella etenim orta sunt, et captivitates secutæ et servitutes quæ sunt naturali juri contrariæ. Jure enim naturali omnes homines ab initio liberi nascebantur. Et ex hoc jure gentium *omnes pene contractus* introducti sunt, ut emptio venditio, locatio conductio , societas, depositum, mutuum et alii innumerabiles.

Solonis vel Draconis. Dracon, premier législateur des Athéniens, leur donna des lois tellement rigoureuses, que l'on dit d'elles , qu'elles avaient été écrites avec le sang et non pas avec l'encre (*Plutarque*). Solon les abrogea en grande partie, et les remplaça par des lois plus douces et plus équitables.

Nam usu exigente. Ces mots et les phrases qui suivent , confirment implicitement la distinction du droit des gens en droit *primitif* et *secondaire*, distinction qui n'est pas sans importance.

Omnes pene contractus. Quelques uns en effet sont d'institution purement civile , tels que les stipulations, les contrats écrits, l'emphytéose,
les libéralités du mariage (*Vinn. h. text.*).

— Les deux paragraphes que nous venons d'expliquer sont relatifs à
la première différence qui existe entre le droit des gens et le droit civil ,
à savoir, l'*universalité* de l'un et la *spécialité* de l'autre. L'*immutabilité*
du droit des gens et la *mutabilité* du droit civil constituent l'autre
différence.

§ 11.

Sed naturalia quidem jura quæ apud omnes gentes peræque
servantur, divina quadam *providentia constituta ,* semper firma
atque immutabilia permanent. Ea vero quæ ipsa sibi quæque
civitas constituit, *sæpe mutari solent, vel tacito consensu populi, vel alia postea lege lata.*

Providentia constituta. Il n'y a que les préceptes du droit des gens *primitif* qu'on puisse dire émanés de la suprême intelligence , et qui par
conséquent doivent rester immuables et invariables comme elle; quant
aux préceptes du droit des gens *secondaire* , comme ils n'ont été introduits
que *usu exigente et humanis necessitatibus* (*supr.* § 2, *h. tit.*), il est
évident qu'ils peuvent disparaître ou se modifier avec les nécessités qui
leur ont donné naissance. Ils ne sont donc immuables que *secondairement* ,
en ce sens que chaque peuple en particulier ne pourra s'y soustraire,
mais que la civilisation , le progrès des lumières , le consentement universel, pourront peu à peu et par la succession des temps, ou les retrancher
tout-à-fait et les remplacer par d'autres, ou les rendre plus conformes
aux principes de l'éternelle justice , de laquelle, ainsi que nous l'avons
vu , ils semblent dévier quelquefois. Ce n'est donc qu'à l'égard du droit
des gens *primitif* que Justinien a pu dire absolument que ses principes
semper firma atque immutabilia permanent.

Sæpe mutari solent. La loi civile doit être avant tout appropriée aux besoins des peuples et des temps pour lesquels elle a été faite. Il suit de là
qu'elle est soumise à toutes les variations que les événements différents ,
les circonstances diverses peuvent amener. Quelque grande cependant
que soit à cet égard la latitude, il faut dire qu'il n'est pas permis de substituer arbitrairement une loi nouvelle à l'ancienne; il n'y a que l'utilité
évidente qui puisse autoriser à s'en écarter. *In rebus novis constituendis ,
evidens esse utilitas debet, ut recedatur ab eo jure quod diu æquum visum
est* (*L. 2, ff. de const. princ.*).

Vel tacito consensu populi, vel alia postea lege lata. Il y a donc deux
manières d'innover au droit civil, ou par l'usage, ou par la promulgation
d'une loi nouvelle et contraire. On dit alors que la loi ancienne est *abrogée*

ou seulement qu'on y a *dérogé*. *Derogatur legi, aut abrogatur: derogatur legi, cùm pars detrahitur; abrogatur legi, cùm prorsus tollitur.* (*L.*102, *ff. de verb. signif.*). L'usage, pourvu qu'il prenne naissance dans une coutume ancienne et invétérée, peut abroger une loi et y déroger tout aussi bien que le législateur; c'est alors l'abrogation et la dérogation par désuétude. *Receptum est, ut leges non solum suffragio legislatoris, sed etiam tacito consensu omnium per desuetudinem abrogentur* (*L.* 32, § 1, *ff. de legibus*). La loi 2 au Code *quæ sit longa consuet.*, et dans laquelle il est dit que l'usage ne peut triompher de la raison et de la loi écrite, est expliquée parfaitement par celle-ci; car l'usage n'abroge la loi écrite qu'autant qu'il y a lieu de supposer que le législateur y a au moins tacitement consenti (*Pothier, Pand. in tit.* 3. *Dig. Sectio* 2, *note* (*a*).

Le droit civil étant le droit propre à chaque peuple en particulier, Justinien va s'occuper exclusivement du droit civil des Romains.

§ 3. — *Division.*

Constat autem jus nostrum, quo utimur, aut ex scripto, aut ex non scripto : ut, apud Græcos, τῶν νομων οι μεν εγγραφοι, οι δε αγραφοι.....

Du droit écrit. ....*Scriptum autem jus est lex, plebiscita, senatusconsulta, principum placita, magistratuum edicta, responsa prudentium.*

Justinien, en nommant toutes ces formes de lois, ne veut pas dire qu'elles fussent, à l'époque des Institutes, toutes en vigueur; car successivement la loi et les plébiscites avaient été remplacés par les sénatus-consultes; ceux-ci, plus tard, par les constitutions des empereurs, sous le règne desquels il ne pouvait y avoir d'autres lois que celles émanant directement de leur volonté, quoiqu'il restât cependant une ombre d'autorité au sénat; on doit entendre seulement qu'ayant réuni dans ses Codes les diverses décisions de l'ancienne jurisprudence, et emprunté leurs dispositions pour en former un seul corps de droit, il a donné une nouvelle sanction et une nouvelle force à ce qui autrefois s'appelait loi, plébiscite, sénatus-consulte, coutume, etc. Les lois justiniennes, quoique mélangées de toutes ces formes d'anciennes lois, ne sont, à vrai dire, qu'une immense constitution impériale.

Le droit *écrit* se distingue du droit *non écrit*, non seulement par cette différence matérielle que l'un est écrit sur des chartes, tandis que l'autre ne l'est pas, mais encore parce qu'il reçoit la sanction de l'autorité et qu'on le promulgue, au lieu que le droit non écrit s'introduit, pour ainsi dire furtivement, et par le seul effet du consentement universel qu'il n'est guère possible de constater que long-temps après son existence.

§ 4.

1° *La loi.* *Lex* est quod populus romanus, *senatorio magistratu interrogante*, veluti consule, constituebat....

Lex. Le mot loi est pris ici dans un sens restreint, et non point dans ce sens général qui embrasse tout le droit écrit et que Papinien définit ainsi : *Lex est commune præceptum, virorum prudentium consultum : delictorum quæ sponte, vel ignorantia contrahuntur coercitio : communis reipublicæ sponsio* (*L.* 1, *ff. de leg.*), et dont le jurisconsulte Modestin a si bien, en peu de mots, expliqué tous les effets : *Legis virtus hæc est : imperare, vetare, permittere, punire* (*L.* 7, *eod. tit.*).

Senatorio magistratu interrogante. Justinien nomme seulement le consul ; mais le dictateur et même le préteur pouvaient aussi interpeller le peuple. Cette interrogation se faisait dans l'assemblée des comices. Le magistrat interrogeait le peuple de cette manière : *Velitis, jubeatis, Quirites.* Le peuple répondait par ces mots dont il inscrivait les initiales sur des tablettes *A* (*antiquo*), ou *V R* (*uti rogas*), selon qu'il approuvait ou rejetait la proposition (*Vinn. h. text.*).

2° *Les plébicistes.* ...Plebiscitum est quod plebs, plebeio magistratu interrogante, veluti tribuno, constituebat....

On ne connaît point de magistrat autre que le tribun du peuple qui eut le droit d'interroger le peuple dans ses assemblées (*Vinn. h. text.*). Quant à la différence qui existe dans la signification de ces deux mots : *plebs* et *populus*, voici comment Justinien l'explique :

....Plebs autem a populo eo differt, *quo species a genere ;* nam appellatione populi universi cives significantur, connumeratis etiam patriciis et senatoribus. Plebis autem appellatione, sine patriciis et senatoribus, cæteri cives significantur. Sed et plebiscita, *lata lege Hortensia,* non minus valere quam leges cœperunt.

Quo species a genere. Il eût été plus exact de dire : *quo pars a toto* (*Vinn. h. text.*).

Lata lege Hortensia. Il paraît que jusqu'à cette loi, les patriciens, qui ne concouraient pas à la formation des plébiscites, se regardaient comme affranchis de la nécessité de leur obéir. La loi *Hortensia,* portée l'an de Rome 468, leur donna force de loi générale (*Gaius, Inst. comment.* 1, § 3). Cette loi avait cependant été précédée de deux autres, la loi *Horatia* (an 304) et la loi *Publilia* (an 415), confirmative de la première, qui avaient décrété que le peuple romain en entier serait tenu d'obéir aux plébicistes ;

mais les patriciens n'en avaient tenu aucun compte, et ce fut le mépris qu'ils firent de ces lois qui amena la retraite du peuple sur le mont Janicule (*Vinn. h. text.*).

§ 5.

3.° *Les sénatus-consultes.* Senatusconsultum est *quod senatus jubet* atque constituit. Nam cum auctus esset populus romanus in eum modum, ut difficile esset in unum eum convocari, legis sanciendæ causa, æquum visum est senatum vice populi consuli.

Quod senatus jubet. Justinien se sert ici du présent et non point d'un temps passé, comme dans les définitions qu'il vient de donner de la loi et du plébiscite. Le sénat avait-il donc, sous les empereurs, conservé le pouvoir de faire des lois? *Non ambigitur senatum jus facere posse* (*L. 9, ff. de leg.*). D'un autre côté, le Code dit positivement : *In præsenti leges condere soli imperatori concessum est* (*L. 12, §. 1, eod. tit.*). Mais ces deux textes peuvent se concilier très-bien: il restait en effet au sénat le pouvoir de faire quelques réglements qui avaient autorité de lois; mais ce n'étaient que des réglements, et le droit de donner des lois véritables n'en résidait pas moins exclusivement dans la personne de l'empereur.

§ 6.

4° *Les constitutions impériales.* Sed et quod principi placuit, legis habet vigorem ; *cum lege Regia* quæ de ejus imperio lata est, populus ei et in eum omne imperium suum et potestatem concessit. *Quodcumque ergo imperator* per epistolam constituit, vel cognoscens decrevit, vel edicto præcepit, legem esse constat. Hæ sunt quæ constitutiones appellantur. Plane ex his *quædam sunt personales*, quæ nec ad exemplum trahuntur, quoniam non hoc princeps vult. Nam quod alicui ob meritum indulsit, vel si cui pœnam irrogavit, vel si cui sine exemplo subvenit, personam non transgreditur. Aliæ autem cum generales sint, omnes procul dubio tenent.

Cum lege Regia. La loi *Regia* est celle par laquelle le peuple romain déféra la souveraine puissance à un chef qu'on appela empereur. Cette loi, selon quelques auteurs, avait été faite en faveur de Romulus, et renouvelée ensuite en faveur d'Auguste et de ses successeurs, jusqu'à

Vespasien. L'empereur Alexandre la nomme la loi de l'empire, dans la loi 3, *Cod. de testam.* En vertu de cette loi, le prince était affranchi de l'obéissance aux lois (*L.* 31, *ff. de leg.*), et il avait le droit d'en faire.

Quodcumque ergo imperator. D'après ce paragraphe, les volontés du prince qui toutes étaient des lois et s'appelaient généralement constitutions, se manifestaient principalement de trois manières : 1º par les *rescrits* (*per epistolam constituit*). On appelait ainsi les décisions de l'empereur sur des questions particulières, lorsque, sans prendre connaissance des faits, il indiquait seulement le parti que les magistrats devaient prendre, suivant tel ou tel cas dont l'examen leur était renvoyé; 2º par les *décrets.* Ce sont des jugements que le prince rendait solennellement, et avec connaissance de cause (*cognoscens decrevit*); sur les contestations qui s'élevaient entre ses sujets; 3º par les *édits* (*edicto præcepit*). Ce sont des constitutions générales que le prince faisait de son propre mouvement, pour le bien de son état.

Quædam sunt personales. Ainsi, parmi les constitutions impériales, les unes étaient générales, c'est-à-dire faites pour tous, et les autres purement personnelles, c'est-à-dire en faveur d'un individu, et pour le cas seulement qui y avait donné lieu. Il n'y a que les premières, qui, à proprement parler, puissent s'appeler des lois. Le prince rendait des constitutions personnelles principalement dans trois cas : lorsqu'il voulait rémunérer quelqu'un (*si cui ob meritum indulsit*), en lui accordant, par exemple, l'immunité de quelque charge publique; lorsque la peine existante ne lui paraissait pas proportionnée au crime, et qu'elle n'était pas en rapport avec les circonstances dans lesquelles il avait été commis (*si cui pœnam irrogavit*); enfin, lorsque par un pur effet de sa gracieuse volonté, il voulait décharger quelqu'un de la peine par lui encourue (*si cui sine exemplo subvenit*). Il est évident que dans tous ces cas, la constitution ne pouvait devenir une règle générale de laquelle tous pussent se prévaloir.

<h2 style="text-align:center">§ 7.</h2>

5º *Les édits des magistrats.* Prætorum quoque edicta non modicam obtinent juris auctoritatem. Hoc etiam jus honorarium solemus appellare, quod qui honorem gerunt, id est magistratus, auctoritatem huic juri dederunt. Proponebant et ædiles curules edictum de quibusdam causis, quod edictum juris honorarii portio est.

Ce paragraphe consacre l'autorité et la force d'une espèce particulière de droit civil, connu à Rome sous le nom de droit *honoraire* ou *prétorien*, et sur lequel il importe de donner quelques explications. Dans l'origine, les préteurs étaient des magistrats supérieurs, chargés seulement de rendre la justice. Leurs fonctions se bornaient à faire l'application de la loi existante et à en surveiller l'exécution. Mais comme la loi n'est jamais assez complète pour satisfaire à tous les cas qui se présentent (*L. 10, ff. de leg.*), les préteurs se virent bientôt dans la nécessité, ou d'en modérer la rigueur, ou de suppléer à son silence et à son obscurité par une interprétation aussi équitable que possible. Les édits qu'ils portèrent dans ces occasions, et contre lesquels personne ne réclama dans le principe, acquirent peu à peu une telle autorité, qu'on en vint à les regarder comme des lois, et à y avoir recours aussi souvent qu'aux lois qui composaient le véritable droit civil. Cependant, ce n'est qu'extensivement qu'on a donné le nom de lois aux édits émanant de l'autorité prétorienne; car si ces édits font règle, ils ne font règle que pour les cas non prévus, ou comme interprètes de l'esprit et de la lettre de la loi. Le droit d'interpréter la loi, d'y suppléer, de la corriger dans certains cas, forme le cachet spécial de la législation prétorienne et qui le distingue du droit civil proprement dit : *Jus honorarium viva vox est juris civilis* (*L. 8, ff. de just. et jur.*). *Jus prætorium est, quod prætores introduxerunt adjuvandi, vel supplendi, vel corrigendi juris civilis gratia, propter utilitatem publicam, quod et honorarium dicitur, ad honorem prætorum sic nominatum* (*L. 7, eod.§ 1, tit.*). Le droit *honoraire* ou *prétorien* appelé ainsi parce que les édits des préteurs en formaient la portion la plus importante, se composait encore des édits que les édiles curules rendaient *ex quibusdam causis*. Ces édits n'étaient point interprétatifs comme ceux des préteurs, mais ils avaient force de lois réelles dans les matières soumises à l'administration particulière des édiles.

<h2 style="text-align:center">§ 8.</h2>

6° *Les réponses des prudents. Responsa prudentium* sunt sententiæ et opiniones eorum quibus permissum erat *jura condere.* Nam antiquitus institutum erat, ut essent qui jura publice interpretarentur, quibus a Cæsare jus respondendi datum est, qui jurisconsulti appellabantur: quorum omnium sententiæ et opiniones eam auctoritatem tenebant, *ut judici recedere* a responso eorum non liceret, *ut est constitutum.*

Responsa prudentium. On appelait ainsi les consultations et les opinions que les jurisconsultes de Rome donnaient sur certains points litigieux des lois, et dont le sens n'était pas bien fixé. Ce fut Auguste qui, le premier, concéda cette faculté d'interpréter les lois de manière à en fixer légalement le sens ; mais il restreignit cette faveur aux seuls jurisconsultes autorisés par le prince. Les réponses des prudents formaient ce qu'on peut appeler la jurisprudence romaine.

Jura condere. Quelques éditions écrivent *de jure respondere.*

Ut judici recedere. Il faut adopter ici la distinction de Gaïus. Si les décisions des jurisconsultes étaient unanimes sur un point, le juge ne pouvait s'en écarter ; mais si leurs opinions étaient diverses , il était permis au magistrat d'adopter celle qui lui semblait préférable (*Gaius. Inst. comment.* 1, § 7).

Ut est constitutum. Ces mots doivent se rapporter à la constitution de l'empereur Valentinien III , par laquelle ce prince accorda définitivement force de lois aux interprétations des prudents (*L. un. Cod. Theod. de respons. prud.*).

§ 9.

Du droit non écrit. Ex non scripto jus venit, *quod usus comprobavit.* Nam diuturni mores consensu utentium comprobati *legem imitantur.*

Quod usus comprobavit. Le droit non écrit est ainsi appelé parce que sans l'aide d'aucune écriture , sans le secours de l'autorité , il s'est insensiblement introduit par l'usage. Sous la république, et lorsque le pouvoir de faire des lois résidait dans le peuple , l'usage pouvait lutter contre la loi elle-même , et se substituer à elle ; car c'était toujours la manifestation de la volonté du peuple : or , dit Julien, *quid interest, suffragio populus voluntatem suam declaret an rebus ipsis et factis* (*L.* 32 , § 1, *ff. de legibus*). Mais sous les empereurs , l'usage est impuissant par lui-même contre la loi positive : *consuetudinis ususque longœvi non vilis auctoritas est , verum non usque adeo sui valitura momento , ut aut rationem vincat , aut legem* (*L.* 2, *Cod. quœ sit long. consuet.*). Nous disons par lui-même ; car , s'il paraît que le législateur y a donné son consentement , même tacite (*Pothier, Pand. tit.* 3, *de leg. sect.* 2, *note* (a), alors l'usage reprend sa première autorité , et il peut non seulement prévaloir dans les cas non réglés par la loi , mais encore contre ses dispositions formelles (*Inst. tit.* 2, § 11; *L.* 32, 33, 35 *et* 40, *ff. de leg.*). Dans le droit justinien, l'usage, pour avoir force de loi, devra donc réunir les conditions suivantes : 1° il aura besoin de l'approbation expresse ou tacite du prince (*dict. leg. Cod. quœ sit long. consuet.*); 2° il devra être conforme à la raison , car l'erreur , quelle qu'ait été sa durée, ne peut constituer un droit (*dict. leg. et L.* 39 , *ff. de leg.*); 3° enfin , il faudra que cet usage ait été observé pendant un temps raisonnable, c'est-à-dire pendant quarante ans, selon quelques interprètes, ou, suivant d'autres, pendant un temps immémorial (*arg. ex leg.* 56, *ff. de usufr.*). Mais il est plus probable que cette appréciation de la durée de l'usage est abandonnée à la prudence et aux lumières des magistrats.

Legem imitantur. C'est-à-dire que l'usage qui réunira les conditions ci-dessus , aura toute la force et tout l'effet des lois elles-mêmes auxquelles il dérogera, qu'il abrogera même, *per desuetudinem* (*L. 32, § 1, ff. in fin. de leg.*). — L'usage sert encore à fixer le sens de la loi écrite par une interprétation qui a elle-même force de loi (*L. 37 et 38, ff. dict. tit.*).

§ 10.

Et non ineleganter in duas species jus civile distributum esse videtur. Nam origo ejus ab institutis duarum civitatum, Athenarum scilicet et Lacedæmoniorum, fluxisse videtur. In his enim civitatibus ita agi solitum erat, ut Lacedæmonii quidem magis ea quæ pro legibus observarent, memoriæ mandarent; Athenienses vero, ea quæ in legibus scripta comprehendissent, custodirent.

Et non ineleganter. Justinien nous apprend dans ce paragraphe que le droit romain se divise en droit écrit et droit non écrit, à l'imitation des Grecs, dont les principales villes, Athènes et Lacédémone, étaient régies chacune par l'une de ces deux espèces de droit. C'est une remarque assez futile, et qui n'a pas même le mérite de l'exactitude, ainsi que le prouve Vinnius dans son commentaire sur ce texte.

TITRE 1, § 2.

His igitur generaliter cognitis, et incipientibus nobis exponere jura populi romani, ita videntur posse tradi commodissime, si primo levi ac simplici via, post deinde diligentissima atque exactissima interpretatione singula tradantur. Alioquin, si statim ab initio rudem adhuc et infirmum animum studiosi multitudine aut varietate rerum oneraverimus, duorum alterum, aut desertorem studiorum efficiemus, aut cum magno labore, sæpe etiam cum diffidentia quæ plerumque juvenes avertit, serius ad id perducemus, ad quod leviore via ductus sine magno labore et sine ulla diffidentia maturius perduci potuisset.

TITRE II, § 12. — *Division.*

Omne autem jus quo utimur, *vel ad personas pertinet, vel ad res, vel ad actiones.* Et prius de personis videamus: nam parum est jus nosse, si personæ quarum causa constitutum est, ignorentur.

Ce paragraphe forme, ainsi que nous l'avons dit plus haut, la transition du droit *constituant* au droit *constitué* (*V. pag.* 1).

Vel ad personas pertinet, vel ad res, vel ad actiones. D'après cette division, le droit civil a trois objets différents : 1º les personnes dont il règle la condition et les droits, et à cause desquelles le droit a été établi ; 2º les choses qui appartiennent aux personnes, et qui font la matière soit de leurs contestations, soit des contrats qui interviennent entre elles ; 3º les actions qui sont des moyens que le droit civil a mis entre les mains des personnes, et dont elles se servent pour se faire remettre en possession, contre ceux qui s'y opposeraient, des droits qui leur appartiennent, soit en raison de leur condition, soit en raison des choses dont elles ont la propriété. Justinien observe fidèlement cette division dans ses Instituts : le premier livre est consacré aux personnes ; le deuxième, le troisième et une partie du quatrième livre, jusqu'au titre vi, s'occupent des choses, de la manière de les acquérir et de les conserver ; enfin la suite du quatrième livre, depuis le titre vi, énumère les différentes actions, et les circonstances dans lesquelles il convient d'en faire usage.

TITRE TROISIÈME.

Du droit des personnes. (De jure personarum).

Par le droit des personnes, on entend leur état (*ff. libr.* i, *tit. V.*), qui comprend la liberté, les droits de citoyen et le droit de famille.

Le nom de *personne* se prend dans un sens *naturel* ou *civil.*

Dans le sens *naturel*, il signifie simplement un homme, et alors il s'applique également aux esclaves : dans le sens *civil*, il ne désigne plus que celui qui a un état dans la cité ; ce qui exclut tous les esclaves qui ne sont que des *choses*, faisant partie des biens de leur maître, et susceptibles comme elles d'acquisition et d'aliénation, ainsi que nous le verrons par la suite. *Quod attinet ad jus civile, servi pro nullis habentur ; non tamen et jure naturali. Quia, quod ad jus naturale attinet, omnes homines æquales sunt* (*L.* 32, *ff. de reg. jur.*).

Dans ce titre, le nom de *personne* est pris *naturellement.*

PR.

Summa itaque divisio de jure personarum hæc est, quod omnes homines aut liberi sunt, aut servi.

Summa. C'est-à-dire la principale, la plus importante, par rapport à l'état des personnes , quoiqu'elle ne soit pas cependant la première de toutes. La nature , en distinguant les deux sexes, a fait une première division qui n'est pas sans importance dans le droit civil ; car, la condition des femmes y est en beaucoup de points inférieure à celle des hommes. (*L.* 9 , *ff. de stat. hom.*), et les rend incapables de toutes fonctions publiques ou civiles (*L.* 2, *ff. de div. reg. jur.*). En poussant l'énumération plus loin , on trouverait encore la division naturelle des *pubères* et des *impubères*, et qui, civilement parlant , a aussi quelques effets, puisque les impubères sont inhabiles , comme les femmes , à remplir aucune charge civile (*dict. leg.* § 1). Mais Justinien, voulant faire en droit une division générale de l'état des personnes, n'a pas, avec raison, porté son attention sur ces distinctions de la nature.

§ 1er.

1° *Les hommes libres.* Et libertas quidem (ex qua etiam liberi vocantur), est naturalis facultas ejus quod cuique facere libet, nisi *si quid vi aut jure* prohibetur.

Si quid vi aut jure. Ainsi, il y a deux exceptions à ce principe , que la liberté est le droit de faire tout ce qu'on veut ; mais il faut bien prendre garde que la liberté n'en reste pas moins entière, quoique son exercice puisse se trouver quelquefois entravé par l'une ou l'autre de ces deux exceptions. La violence, en effet, pourra bien empêcher l'usage de la liberté ; mais la violence ne saurait fonder un droit , et le droit peut seul détruire entièrement la liberté , ou , ce qui est plus juste, mettre continuellement obstacle à son exercice. D'un autre côté, la liberté ne peut nous donner le pouvoir de faire ce qui est impossible : or, ce qui est contraire à la morale et aux lois doit passer pour impossible dans l'esprit d'un honnête homme ; dans ce cas encore , les prohibitions de la loi laisseront subsister entièrement la liberté ; si même son usage semble plus circonscrit, il ne le sera que pour lui donner réellement plus d'étendue, car, dit Cicéron : *Legum servi simus, ut liberi esse possimus* (*orat. pro Cluent.*).

§ 2.

2° *Les esclaves.* Servitus autem est *constitutio juris gentium*, qua quis dominio alieno *contra naturam* subjicitur.

Constitutio juris gentium. Et non pas du droit naturel : *Jure enim naturali omnes homines ab initio liberi nascebuntur* (*Inst. tit.* II, § 2; *L.* 4, *ff. de just. et jur.*); ni du droit civil, quoique celui-ci ait adopté et confirmé cet usage du droit des gens. La servitude est une constitution du droit des gens, mais le fait d'être en servitude peut résulter du droit des gens ou du droit civil, ainsi que nous le verrons tout-à-l'heure.

Contra naturam. Ces mots ne veulent pas dire que la servitude soit par elle-même une chose monstrueuse et contraire à la raison, mais seulement qu'elle est opposée au sort que la nature avait destiné à tous les hommes qu'elle avait fait naître pour être libres (*dict. leg.*). Il y a, dans la servitude, une raison d'humanité qui peut la justifier, au regard même de la loi naturelle; il vaut mieux, en effet, rendre esclaves les captifs que de les faire périr par le droit de la guerre:

Vendere cum possis captivum, occidere noti.

§ 3.

Servi autem ex eo appellati sunt, quod imperatores captivos vendere, ac per hoc servare nec occidere solent : qui etiam mancipia dicta sunt, eo quod ab hostibus manu capiuntur.

Servi. Ce mot vient donc de *servare* (conserver), et non point de *servire* (servir), ainsi qu'on aurait pu le croire.

§ 4.

Servi *aut nascuntur*, aut fiunt. Nascuntur ex ancillis nostris : fiunt aut jure gentium, id est ex captivitate, aut jure civili, *cum liber homo*, major viginti annis, ad pretium participandum sese venundari passus est.

Aut nascuntur. Je préfère à la rédaction de ce texte, celle du Digeste qui me semble plus exacte. La voici : *Servi autem in dominium nostrum rediguntur, aut jure civili, aut jure gentium. Jure civili, si quis se major viginti annis ad pretium participandum venire passus est. Jure gentium servi nostri sunt, qui ab hostibus capiuntur, aut qui ex ancillis nostris nascuntur* (*L. 5, § 1, ff. de stat. hom.*). En effet, l'enfant qui naît d'une mère esclave, appartient au maître par droit d'accession, de même que le croît du bétail profite au propriétaire du troupeau (*infr. lib. II, tit. I, de rer. divis.*); or, le droit d'accession dérive du droit des gens (*eod. titul.*). En outre, lorsqu'il n'y a pas de mariage légitime, la condition de l'enfant est déterminée par celle de la mère; si donc elle est esclave, il naîtra nécessairement esclave, puisqu'il ne peut exister de mariage légitime qu'entre citoyens romains : or, cette règle est encore une règle du droit des gens (*L. 19 et 24, ff. de stat. hom.*). Le sort de la naissance n'est donc que l'un des deux faits par lesquels la servitude s'opère en vertu du droit des gens, et non point une cause particulière donnant lieu par elle-même à l'esclavage, comme Justinien semble le faire entendre par ces mots de notre texte, *aut nascuntur, aut fiunt*.

Cum liber homo. La liberté n'a point de prix : *Libertas inæstimabilis res est* (*L.* 106, *ff. de div. reg. jur.*). Nul ne peut aliéner la sienne, ni se rendre volontairement esclave, car il ne dépend pas de nous de changer notre état par une convention (*L.* 37, *ff. de liber. causa*). On ne se vendait donc pas soi-même. Mais quelquefois un homme libre se laissait acheter comme esclave pour tromper un acheteur, partager le prix touché par le vendeur et réclamer ensuite sa liberté à laquelle la vente ne portait aucun préjudice. Pour punir cette fraude, on a voulu que la liberté ne pût être réclamée. Ce n'était donc pas en vertu de la vente, mais à cause de sa fraude, que l'homme libre encourait la perte de sa liberté, et il fallait pour cela le concours de plusieurs conditions. 1° Il était nécessaire que celui qui se laissait ainsi vendre fût âgé de vingt ans accomplis, ou que s'étant laissé vendre avant cet âge, il eût à vingt ans participé au prix de la vente (*L.* 1, § 1, *ff. quib. ad lib. proclam. non lic.*; *L.* 7, § 1, *ff. de liber. causa*); 2° qu'il eût agi avec dol, c'est-à-dire connaissant parfaitement sa condition d'homme libre (*L.* 14 *et seq. ff. de liber. caus.*); 3° que l'acheteur fût de bonne foi ; car s'il connaissait la qualité de celui qui s'était laissé vendre, il ne pouvait alléguer qu'il avait été trompé. (*L.* 7, § 2. ; *L.* 16, § 2, *ff. eod titul.*); 4° qu'il eût véritablement partagé le prix de sa vente (*L.* 5, *Cod. de lib. caus.*; *L.* 1, *ff. quib. ad libert. proclam. non lic.*); 5° qu'il ne fût ni fils de famille, ni affranchi, ni l'un ni l'autre ne pouvant porter préjudice aux droits de leur père ou patron (*L.* 4 *et* 5, *ff. de liber. caus.*; *vid. Cujac.*).

— Il y avait encore plusieurs manières de devenir esclave par le droit civil : 1o par la grande diminution de tête. On encourait la grande diminution de tête, lorsqu'on était condamné à une peine atroce, à périr en combattant contre les bêtes féroces, ou aux travaux à perpétuité des mines ; lorsqu'on s'était laissé vendre, comme dans l'exemple précité ; ou bien encore, lorsqu'un affranchi méritait, à cause de son ingratitude envers son patron, de voir révoquer le don qu'il lui avait fait de la liberté (*Inst. lib.* 1, *tit.* XVI, § 1.; *L.* 8, § 1, *ff. de pœnis*); 2o en vertu du sénatus-consulte Claudien, lorsqu'une femme libre, éprise d'amour pour un esclave, s'était abandonnée à lui (*Paul. lib.* 11, *sent. tit.* XXI).

§ 5.

In servorum conditione *nulla est differentia*, **in liberis autem multæ; aut enim sunt ingenui**, *aut libertini*.

Nulla est differentia. Qu'ils soient nés esclaves, ou qu'ils le soient devenus, leur condition est absolument la même, et on ne peut dire d'aucun qu'il est plus ou qu'il est moins esclave. La servitude est indivisible, et il n'y a pas d'autre différence entre les esclaves que celle résultant des fonctions diverses qu'ils remplissent. *Ministeriis invicem differunt, non conditione.* (Pothier, *Pand. tit.* v, *sect. 2, note* (a); *Theoph. Inst. h. tit.*).

Aut libertini. Le Code distingue une troisième classe de personnes qui ne sont point, à proprement parler, esclaves, mais qu'on ne peut pas regarder non plus comme entièrement libres. C'étaient celles que leur condition attachait pour toujours, avec leur postérité, à la culture d'un fonds de terre déterminé, qu'elles ne pouvaient quitter, et avec lequel elles passaient dans la main de ceux qui se succédaient dans la propriété de ce fonds. On les appelait *Coloni*, *Inquilini*, *Adscriptitii*. Il existait entre ces divers individus plusieurs différences, dont il est inutile de parler ici, et qu'on pourra connaître en consultant au Code les titres *de Agricol. et censit.; de colon. Thrac.; de colon. Illyr.* et Pothier, *Pand. tit.* v, *sect. 2*, § 8, 9 et 10. Ce qu'il importe de remarquer, c'est que leur condition en faisait une classe d'hommes tout-à-fait à part de celle des esclaves et des affranchis; car, s'ils différaient des esclaves, en ce qu'ils n'étaient point, comme ceux-ci, attachés à la personne d'un maître, on ne peut nier que cette nécessité de faire, pour ainsi dire, perpétuellement partie d'un fonds de terre, ne les distinguât singulièrement des affranchis dont la liberté ne connaît point d'entraves.

TITRE QUATRIÈME.

Des Ingénus. (De Ingenuis).

PR.

Ingenuus est is qui statim ut natus est, liber est....

Dans l'ancien droit, il n'y avait d'ingénus que ceux qui naissaient libres, comme le nom l'indique. Cette règle générale souffrait cependant quelques exceptions. Ainsi, lorsqu'un jugement avait donné solennellement le titre d'ingénu à quelqu'un, on ne pouvait lui disputer cette qualité: *Ingenuum accipere debemus etiam eum de quo sententia lata est, quamvis fuerit libertinus, quia res judicata pro veritate accipitur* (*L*. 25, *ff. de stat. hom.*). Les affranchis qui avaient obtenu du prince, avec le consentement de leurs patrons (*L*. 3, *ff. de jur. aur. ann.*), de porter des anneaux d'or, étaient réputés ingénus (*L*. 5, *cod. titul.*). Mais les droits du patron subsistaient toujours, et il n'en recueillait pas moins l'hérédité de son affranchi (*dict. leg.*). Enfin, ceux que le prince, par un bienfait spécial, replaçait dans la condition que tous les hommes avaient dans l'origine (*natalibus restituebat*), étaient pleinement ingénus et jouissaient entièrement de tous les droits attachés à cette qualité (*L*. 2, 3 et 5, *ff. de nat. rest.*). Il était cependant nécessaire que le patron et même son fils consentissent à cette faveur du prince, qui leur faisait perdre toute espèce de droit sur l'affranchi qui en était l'objet (*L. 2, in fin. 4 et 5, dict. tit.*). Sous Justinien ; et en vertu de la Novelle 78, le droit de porter des anneaux d'or fut concédé à tous ceux qui étaient affranchis, de sorte qu'il n'y eut plus désormais que des ingénus.

— Dans l'ancien droit, l'ingénuité était acquise à un individu par la naissance dans quatre cas :

1°.... Sive ex duobus ingenuis matrimonio editus est, 2° sive ex libertinis duobus, 3° sive ex altero libertino et altero ingenuo. 4°. Sed etsi quis ex matre nascitur libera, patre servo, ingenuus nihilominus nascitur : quemadmodum qui ex matre libera et incerto patre natus est, quoniam vulgo conceptus est....

Dans ces quatre cas le droit à l'ingénuité ne pouvait être contesté. En effet, celui qui est *matrimonio editus* ne peut que naître ingénu, puisqu'il ne peut exister de mariage, ainsi que nous l'avons dit, qu'entre personnes libres. C'était donc le mariage qui déterminait la condition de l'enfant dans les trois premiers cas. Mais lorsqu'il n'y avait pas de mariage, comme dans le quatrième cas, c'était le droit des gens qui fixait le sort de l'enfant, d'après la condition de sa mère, c'est-à-dire qu'il naissait libre, si elle était libre, esclave, si elle était esclave (*L.* 19 *et* 24, *ff. de stat. hom.* ; *L.* 11, *pr. Cod. de oper. libert.* ; *L.* 9, *Cod. de ingen. man.*). — Arrivons aux cas où le droit par naissance à l'ingénuité pouvait être douteux.

.... Sufficit autem liberam fuisse matrem eo tempore quo nascitur, licet ancilla conceperit. Et e contrario si libera conceperit, deinde ancilla facta pariat, placuit eum qui nascitur liberum nasci ; quia non debet calamitas matris ei nocere, qui in ventre est. Ex his illud quæsitum est, si ancilla prægnans manumissa sit, deinde ancilla postea facta peperit, liberum an servum pariat ? Et Martianus probat liberum nasci. Sufficit enim ei qui in ventre est, liberam matrem vel medio tempore habuisse : quod verum est.

Ainsi, d'après ce texte, l'enfant naît ingénu, lorsque sa mère se trouve libre, soit à l'époque de la conception, soit à celle de l'enfantement, soit dans le temps intermédiaire. Il y a là, tout à la fois, une raison de droit et une raison de faveur pour la liberté. D'ailleurs, on peut en donner ce motif général, c'est que *is qui in utero est, quoties de commodo ejus agitur, pro jam nato habetur* (*L.* 7 *et pen. ff. de stat. hom. ; Vinn. hôc loc.*).

§ 1er.

Cum autem ingenuus aliquis natus sit, non officit illi *in servitute fuisse*, et postea manumissum esse. Sæpissime enim constitutum est, natalibus non officere manumissionem.

In servitute fuisse. Autre chose est de se trouver en servitude (*esse in servitute*), autre chose est d'être esclave (*servum esse*) : l'un est de fait, l'autre de droit (*Vinn. h. text.*). Ceux qui sont libres par la naissance et que la violence ou l'erreur ont rendus esclaves, ceux-là sont seulement *in servitute*, et un affranchissement postérieur ne les empêche pas d'avoir été et d'être encore ingénus. Mais ceux que le droit des gens, ou le droit civil ont fait véritablement esclaves, ceux-là ne peuvent, quand bien même ils auraient été ingénus, être replacés, par un affranchissement, dans leur première condition. Dans ce cas, *natalibus officit manumissio*. Ainsi, celui qui est devenu esclave, parce qu'il s'est laissé vendre, ne renaît pas, pour ainsi dire, à l'ingénuité par la manumission ; il est irrévocablement fixé dans la classe des affranchis (*L.* 21, *ff. de stat. hom.*).

TITRE CINQUIÈME.

Des Affranchis. (De Libertinis.)

PR.

Libertini sunt, qui *ex justa servitute* manumissi sunt. Manumissio autem est datio libertatis ; nam quamdiu quis in servitute est, manui et potestati suppositus est : manumissus liberatur potestate. Quæ res a *jure gentium* originem sumpsit ; utpote cum jure naturali omnes liberi nascerentur, nec esset nota manumissio, cum servitus esset incognita. Sed posteaquam jure gentium servitus invasit, secutum est beneficium manumissionis ; et cum uno naturali nomine homines appellarentur, jure gentium tria genera esse cœperunt : *liberi*, et his contrarium servi, et tertium genus libertini, qui desierant esse servi.

Libertini. Les mots *liberti* et *libertini* signifient la même chose. Cependant, il y a entre eux une différence qu'il est bon de remarquer. Quand on veut parler du rapport qui existe entre le patron et son affranchi, on se sert du mot *libertus* ; quand on veut simplement exprimer l'état et la condition de celui qui est affranchi, on emploie le mot *libertinus*. *Libertus* et *patronus* sont des termes corrélatifs : *libertinus* et *ingenuus* sont contraires (*Vinn. h. text.*).

Ex justa servitute. Le droit des gens et le droit civil peuvent seuls être causes efficientes de la servitude, et la rendre réelle et légitime (*L. 5, ff. de stat. hom.*). L'erreur, la violence, toutes les autres circonstances qui peuvent donner naissance à l'esclavage, ne produisent qu'une servitude de fait, jamais de droit. L'affranchissement ne saurait donc changer la condition première de ceux qui ont été victimes de pareils événements ; elle subsistait dans la servitude, elle subsistera encore après la manumission.

A jure gentium originem sumpsit. C'est véritablement le droit des gens qui a donné seul naissance à la servitude, et par suite à l'affranchissement. Car bien que le droit civil ait introduit plusieurs causes de servitude, et ajouté de nouveaux modes de manumission à ceux adoptés déjà par le droit des gens, il n'a pu le faire cependant que parce que l'esclavage avait été justifié aux yeux de la raison par le droit des gens.

Liberi. C'est-à-dire *ingenui*, car les affranchis sont également libres.

<h2 style="text-align:center">§ 1.</h2>

Multis autem modis *manumissio procedit* : aut enim ex sacris constitutionibus *in sacrosanctis ecclesiis*, aut *vindicta*, aut *inter amicos*, aut *per epistolam*, aut *per testamentum*, aut per aliam quamlibet ultimam voluntatem. *Sed et aliis multis* modis libertas servo competere potest, qui tam ex veteribus quam ex nostris constitutionibus introducti sunt.

Manumissio procedit. Tous les modes de manumission énumérés dans ce paragraphe n'ont pas été de tout temps et simultanément en usage. Ils ne produisaient pas non plus, ainsi que nous le verrons sous le paragraphe 3, les mêmes effets, quant à la liberté. Dans les premiers temps de la république romaine, on ne connaissait que trois modes solennels d'affranchissements : l'affranchissement par le cens (*censu*) ; l'affranchissement par la vindicte (*vindicta*); l'affranchissement par testament (*testamento*). *Si neque censu, neque vindicta, neque testamento liber factus est*, dit Cicéron, *non est liber.* Plus tard, on introduisit plusieurs autres modes nouveaux, mais moins solennels ; tels furent principalement et plus ordinairement les affranchissements *per epistolam, inter amicos, in convivio* (*Vinn. h. text.*). Enfin Constantin substitua au cens, le mode de manumission dit *in sacrosanctis ecclesiis*, mode solennel comme celui qu'il remplaçait. Il y avait cette différence entre les modes *solennels* et ceux *moins solennels*, que les premiers conféraient non seulement la liberté, mais encore les droits de cité, tandis que les autres ne donnaient que la liberté. Pour acquérir les droits de citoyen, il fallait un nouvel affranchissement par la vindicte (*Pothier, Pand. lib.* XL *de manum.* § 1 *et* 2).

In sacrosanctis ecclesiis. Cet affranchissement solennel avait lieu dans l'église, devant l'évêque, et en présence du peuple assemblé pour le saint sacrifice. Le diacre déclarait publiquement la volonté que le maître avait d'affranchir son esclave, et si personne ne s'y opposait, l'affranchissement se faisait au côté de l'autel, après quoi l'évêque signait l'acte de manumission (*L.* 1, *Cod. de his qui in eccl. manum.*). Comme nous l'avons dit , cet affranchissement fut substitué par Constantin à celui du *cens*, dont on ne se servait déjà plus. Quoique Justinien omette à cause de cela d'en parler dans notre texte, il est bon cependant de connaître la manière dont il s'opérait. Il consistait de la part de l'esclave à se faire inscrire , avec la permission de son maître , sur les tables du cens , comme citoyen romain. Ces tables servaient à faire le dénombrement des citoyens qui avait lieu, comme on le sait, de cinq ans en cinq ans.

Vindicta. Dans ce mode solennel de manumission, le maître qui voulait donner la liberté à son esclave, le présentait au magistrat compétent, c'est-à-dire à Rome au préteur ou au consul, et dans les provinces au proconsul ou à son légat (*L.* 17, *pr. et* § 1, *ff. de manum. vind.; L. fin. Cod. de vind. lib.*). Ce maître, tenant son esclave, disait au magistrat ces paroles : *Hunc servum liberum esse volo*, et ôtait sa main de dessus cet esclave. Alors le magistrat , ou un de ses licteurs imposait une baguette sur la tête de cet esclave , et lui donnant un soufflet, il proférait ces paroles : *Aio te liberum esse jure Quiritum* (*Ferrières , comment. sur ce texte*). Le mot *Vindicta* vient, selon quelques uns , de la baguette dont on se servait dans cette occasion ; selon d'autres , de *Vindicius*, premier esclave affranchi (*Vinn. h. text.*).

Inter amicos. Lorsque le maître , devant cinq de ses amis qui signaient l'acte constatant sa déclaration verbale, accordait la liberté à un de ses esclaves (*L. un.* § 2, *Cod. de latin. libert. toll.*).

Per epistolam. C'était l'affranchissement écrit. Il fallait également que la lettre fut signée par cinq témoins en présence de qui elle eût été faite (*dict. leg.* § 1).

Per testamentum. Ou par un autre acte de dernière volonté , c'est-à-dire par un codicille.

Sed et aliis multis modis. Justinien en fait l'énumération au Code dans la loi unique *de lat. libert. toll.*, à laquelle on peut avoir recours (*voyez aussi Pothier, Pand. lib.* XL, *tit.* I, *de manum.* § 3). Nous ne parlerons que du mode d'affranchissement *in convivio*, parce que c'était l'un des plus en usage parmi les modes moins solennels. Il s'accomplissait , lorsqu'un maître faisait asseoir à sa table, en présence de cinq de ses amis , et la tête couverte, l'esclave qu'il avait l'intention de déclarer libre.

<h2 style="text-align:center">§ 2.</h2>

Servi autem a dominis *semper* manumitti solent : adeo ut

vel in transitu manumittantur, veluti cum prætor, aut præses, aut proconsul in balneum, vel in theatrum eant.

Semper. C'est-à-dire, dans toute espèce de jours, de fête ou ordinaires, fastes ou néfastes. L'affranchissement n'est point un acte de juridiction contentieuse et pour lequel il y ait besoin de tribunal.

§ 3.

Libertinorum autem status *tripertitus antea fuerat.* Nam qui manumittebantur, modo majorem et justam libertatem consequebantur, et fiebant cives romani; modo minorem, et latini ex lege Junia Norbana fiebant; modo inferiorem, et fiebant *ex lege Ælia Sentia* dedititiorum numero...

Tripertitus antea fuerat. Avant l'époque dont parle ici Justinien, et qui est celle d'Auguste, il avait existé une autre législation relativement aux affranchis. En effet, *a primis urbis Romæ cunabulis*, comme il le dit ensuite, et sous la république (*Vinn. h. text.*), l'affranchissement ne conférait qu'une seule liberté, et cette liberté était la liberté entière, aussi complète dans l'affranchi que celle des ingénus. Auguste et Tibère voyant avec peine le sang des esclaves se mélanger dans Rome avec celui de ses véritables citoyens, firent porter les lois *Ælia Sentia, Junia Norbana* et *Fusia Caninia,* qui, sans mettre obstacle aux affranchissements futurs, les rendirent cependant plus difficiles, et leur donnèrent moins d'effet dans certains cas. A dater de ces lois, on distingua dans Rome trois classes d'affranchis : ceux qui obtenaient la pleine liberté et devenaient citoyens romains (*majorem libertatem*); les *Latins Juniens* qui n'obtenaient qu'une liberté moindre (*minorem*); enfin, ceux qui sous le nom de *Déditices* ne jouissaient que d'une liberté extrêmement restreinte (*inferiorem*). Voyons comment l'on pouvait être rangé dans l'une ou l'autre de ces trois classes d'affranchis.

Pour devenir citoyen romain par la manumission, il fallait le concours des trois conditions suivantes : 1º la loi *Ælia Sentia* exigeait que l'esclave eût trente ans accomplis au jour de son affranchissement (*Gaius Inst. comment.* 1, § 17 et 18 ; *Ulp. lib. reg. tit.* 1, § 12). Il y avait toutefois une exception à cette règle générale. L'esclave âgé de moins de trente ans pouvait cependant devenir citoyen romain, pourvu que son maître eût une juste cause de l'affranchir, et qu'il eût pris l'autorisation d'un conseil spécial (1). Le mode

____

(1) Nous dirons ce qu'on doit entendre par juste cause, et ce que c'était que ce conseil spécial, lorsque nous expliquerons le § 5 du titre vi, liv. i des Institutes, auquel nous renvoyons pour le moment.

forcé de manumission était alors la *Vindicte* (*Gaïus*, *Inst. comment.* 1,
§ 18, 19 *et* 20; *Ulp. reg. tit.* 1, § 12 *et* 13); 2º la seconde condition
était que l'esclave ne fût pas seulement *in bonis*, c'est-à-dire acquis par
suite d'un contrat, qui a son origine dans le droit des gens, comme
la vente, l'échange, etc., mais encore qu'il fût possédé par son
maître *ex jure Quiritum*, c'est-à-dire en vertu d'un titre créé par le droit
civil, comme la mancipation, la cession en justice, l'usucapion, etc. (*Gaïus
ibid.* § 17; *Ulp. ibid.* § 16); 3º enfin, il était nécessaire qu'il eût été affranchi par l'un de ces trois modes solennels, ou par la vindicte, ou par
le cens, ou par testament (*Gaïus loc. cit.*; *Ulp. ibid.* § 16). Tous les esclaves dont les affranchissements ne réunissaient pas ces trois conditions
étaient *Latins*, par la force de la loi *Ælia Sentia*; ou bien, ils étaient irrévocablement relégués dans la classe des *Déditices*, en vertu de la même
loi, si pendant leur esclavage, ils avaient été flétris par la torture, par la
marque, par la prison, par la condamnation aux bêtes, ou par l'infamie
d'une peine de cette nature (*Gaïus, ibid.*, § 13, 15 *et* 16; *Ulp.*, *ibid.* § 11).
Les affranchis *Latins* se trouvaient *in libertate*, sans cesser précisément
d'être esclaves. Souvent même leurs maîtres révoquaient le don momentané qu'ils leur avaient fait de la liberté, mais les préteurs s'y opposaient
ordinairement; et enfin, la loi *Junia Norbana* portée l'an de Rome 772,
sous le règne de Tibère, força les maîtres de maintenir les manumissions
que les préteurs avaient protégées A partir de cette époque, on distingua
donc des *Latins Juniens*, ainsi appelés à cause de la loi qui avait garanti
leur liberté, et de leur assimilation, quant aux droits, aux *Latini colo-
niarii* (*Gaïus*, *ibid.* § 22). Ces *Latins Juniens* jouissaient de quelques
unes des prérogatives attachées à la qualité de citoyen romain; mais la loi
Junia les rendait inhabiles à tester, et à recevoir aucune libéralité testamentaire, à moins que ce ne fût à titre de fidéi-commis (*Gaïus*, *ibid.* § 23
et 24). A leur mort, leurs maîtres s'emparaient de tous les biens qu'ils
avaient pu amasser, comme d'un pécule; en un mot, *vivebant ut liberi*,
moriebantur vero ut servi. Leur sort pouvait cependant s'améliorer, et la
condition de l'âge requis par la loi *Ælia Sentia* une fois remplie, le droit
de cité leur était quelquefois octroyé (*Gaïus*, *ibid.*, § 31; voyez aussi
Ulpien, *reg.*, *tit.* III, *de Latinis*, dans lequel il énumère et explique les
différents moyens que les *Latins* pouvaient employer pour acquérir le
droit de cité). La condition des *Déditices* n'était pas seulement la pire de
toutes les conditions, parce que comme les *Peregrini* et les *Dedititii*, auxquels ils étaient assimilés, ils n'obtenaient qu'une ombre de liberté, mais
encore surtout parce qu'elle ne pouvait jamais changer, et qu'elle ne leur
laissait aucune espérance de devenir citoyens romains, ni même *Latins
Juniens* (*Gaïus*, *ibid.*, § 25, 26 *et* 27). Il était cependant un cas où un
esclave qui n'eût pu devenir que *Déditice* par un affranchissement ordinaire,
recevait avec la liberté, le droit de cité. Cela avait lieu, lorsqu'un maître
qui ne mourait pas solvable, instituait son esclave, même âgé de moins de

trente ans, son héritier, et lui donnait la liberté en même temps. Dans ce cas, s'il n'y avait point d'autre héritier institué par le testament, il devenait citoyen romain (*Ulp.*, *ibid.* § 14).

Ex lege Ælia Sentia. Auguste est l'auteur de cette loi qui fut portée l'an de Rome 757, sous le consulat de Sextus Ælius et de Caius Sentius.

..........Sed dedititiorum quidem pessima conditio jam ex multis temporibus in desuetudinem abiit, latinorum vero nomen non frequentatur. Ideoque nostra pietas omnia augere et in meliorem statum reducere desiderans, duabus constitutionibus hoc emendavit, et in pristinum statum perduxit : quia et a primis urbis Romæ cunabulis una atque simplex libertas competebat, id est, ea quam habebat manumissor ; nisi quod scilicet libertinus sit qui manumittitur, licet manumissor ingenuus sit. Et dedititios quidem per constitutionem nostram expulimus, quam promulgavimus inter nostras decisiones, per quas suggerente nobis Triboniano, viro excelso, quæstore, antiqui juris altercationes placavimus; latinos autem junianos, et omnem quæ circa eos fuerat observantiam, alia constitutione per ejusdem quæstoris suggestionem correximus, quæ inter imperiales radiat sanctiones. Et omnes libertos nullo nec ætatis manumissi, *nec domini* manumissoris, nec in manumissionis modo discrimine habito, sicuti antea observabatur, civitate romana donavimus : *multis modis additis*, per quos possit libertas servis cum civitate romana, quæ sola est in præsenti, præstari.

Ce paragraphe, dans lequel Justinien détruit toute différence existant entre la condition des divers affranchis, a reçu, en grande partie, son explication, dans ce que nous avons dit plus haut. Il n'y a donc plus maintenant ni *Latins Juniens*, ni *Déditices*. L'affranchissement confère de plein droit une liberté entière, et il n'y a plus de conditions exigées relativement à l'âge des esclaves et de leurs maîtres, à la manière dont ils sont possédés, ni au mode d'affranchissement.

Nec domini. Il faut lire *dominii*. C'était en effet, ainsi que nous l'avons vu, la seconde condition requise pour que l'esclave pût, par l'affranchissement, devenir citoyen romain.

Multis modis additis. Voyez au Code les titres *de dedit. libert. toll.* et *de lat. libert. toll.* et la Novelle 78, *chap.* 1. Cependant Justinien ajoute expressément, et il veut que l'on comprenne bien qu'en améliorant ainsi le sort des diverses classes d'affranchis, il n'entend en aucune façon porter préjudice aux droits de leurs patrons, qui restent les mêmes qu'ils étaient sous l'empire des lois antérieures (*Nov.* 78, *cap.* 2).

TITRE SIXIÈME.

De ceux à qui il n'est pas permis d'affranchir, et pour quelles raisons. (Cui et ex quibus causis manumittere non licet).

L'affranchissement qu'on doit regarder comme un moyen de retour donné par le droit des gens, aux principes du droit naturel dont l'esclavage paraît s'éloigner, est un droit dont l'exercice semblerait ne devoir être soumis à aucune limitation. Mais l'expérience ayant appris que de graves abus pouvaient résulter d'une faculté sans entraves , et dont le principal eût été d'échapper trop facilement et au préjudice des autres , aux obligations que l'on avait contractées , le droit civil mit obstacle à ce qu'un débiteur de mauvaise foi pût, par des affranchissements frauduleux, nuire à ses créanciers , et disposer ainsi d'une chose qui était plutôt leur propriété que la sienne , d'après cette maxime : *Bona non intelliguntur nisi deducto œre alieno.* D'un autre côté, il fallait protéger le maître trop libéral contre les facilités de sa jeunesse, et ne lui permettre de se priver d'un bien qu'il eût pu regretter plus tard , qu'à un âge où l'on dût raisonnablement le supposer à l'abri de toute influence étrangère , et n'agissant qu'avec pleine connaissance de ce qu'il faisait (*ff. pass. de manum. vind.*). De là , les deux chefs de la loi *Ælia Sentia* dont nous ne nous sommes pas encore occupé, et dont le premier empêche les affranchissements faits en fraude des créanciers, et le second , ceux faits par des maîtres âgés de moins de vingt ans.

PR.

Non tamen cuicumque volenti manumittere licet. Nam is qui in fraudem creditorum manumittit , *nihil agit* , quia lex Ælia Sentia *impedit libertatem.*

Nihil agit. En général, tout ce qui est fait contre les prescriptions formelles de la loi est nul de plein droit (*L.* 5 , *Cod. de leg.*). La nullité de la manumission , n'est donc que la conséquence, dans un cas particulier, de ce principe universel. Quant aux créanciers, il est évident que leurs droits devaient être spécialement garantis contre un affranchissement frauduleux ; car , si les édits prétoriens leur donnaient la rescision contre les aliénations faites en fraude de leurs droits (*L.* 1, *ff. quœ in fraud. cred.*), il n'en était pas de même à l'égard de la liberté, qui , une fois conférée, ne pouvait plus être retirée (§ 6, *h. tit.*; *L.* 9, § 1, *ff. de manum. vind.*). Le seul moyen d'obvier à un malheur qui eût été irréparable, était de s'opposer à ce que la liberté pût être acquise. Or, c'est ce qu'a fait la loi *Ælia Sentia*. Il faut dire cependant que les affranchissements frauduleux n'étaient complètement nuls qu'à l'égard des créanciers qui seuls avaient le droit de les attaquer (*L.* 27, *ff. qui et a quib. manum.*). Le maître ou ses héritiers ne pouvaient, sous aucun prétexte, révoquer leurs affranchissements (*L.* 5, *Cod. de serv. pign. dat. manum.*), qui devenaient même inattaquables pour les créanciers, si ceux-ci avaient gardé le silence pendant dix années, ou si leur débiteur était redevenu solvable avant aucune réclamation de leur part. Pendant tout ce temps, les esclaves affranchis étaient *statu liberi* (*L.* 1, § 1, *ff. de stat. lib.*), c'est-à-dire qu'ils se trouvaient dans la position de ceux dont la liberté était retardée par un terme, ou suspendue par une condition expresse ou tacite. La solvabilité de leur maître était la condition tacite de leur liberté, qu'ils acquéraient alors pleinement, et par le seul effet de sa réalisation ; car, pour que la loi *Ælia Sentia*, mette obstacle aux affranchissements, il ne suffit pas qu'il y ait eu fraude, dans le principe, il faut encore que l'événement vienne la prouver, et la rendre irréparable (*dict. leg.*).

Impedit libertatem. La liberté était nulle, non seulement à l'égard des créanciers purs et simples, mais encore à l'égard de ceux dont les créances étaient à terme ou conditionnelles.

§ 3.

In fraudem autem creditorum manumittere *videtur*, qui vel jam eo tempore *quo manumittit*, *solvendo non est*, vel *datis libertatibus* desiturus est *solvendo esse*. Prævaluisse tamen videtur, nisi animum quoque fraudandi manumissor habuerit, *non impediri libertatem*, quamvis bona ejus creditoribus non sufficiant. Sæpe enim de facultatibus suis *amplius quam in his est*, sperant homines. Itaque tunc intelligimus impediri libertatem, cum *utroque modo* fraudantur creditores, id est, et consilio manumittentis, et ipsa re, eo quod bona non sunt suffectura creditoribus.

Videtur. La manumission n'est donc point une preuve certaine de fraude, elle n'en est qu'une présomption. Il peut arriver, en effet, que les biens, qu'on ne croyait pas d'abord devoir suffire à l'acquittement de toutes les obligations du débiteur, soient cependant assez considérables pour y satisfaire, ou qu'un événement heureux le replace dans une position qui ne laissera plus rien à craindre à ses créanciers. La fraude que l'on pouvait soupçonner, disparaît totalement, dans ces deux cas, et il n'y a plus d'obstacle à l'affranchissement.

Quo manumittit. L'effet suit la cause, et ne peut la précéder. L'insolvabilité postérieure du débiteur ne serait un motif, pour ses créanciers, de critiquer les manumissions qu'il aurait jugé à propos de faire, qu'autant que ces manumissions seraient devenues elles-mêmes les causes de son insolvabilité.

Solvendo non est. En général, un homme n'est insolvable que lorsqu'il doit plus qu'il n'a réellement. Mais la loi *Ælia Sentia* répute encore insolvable, et atteint par ses prohibitions celui auquel il ne resterait rien après le paiement intégral de toutes ses dettes. En effet, si vous supposez l'affranchissement même d'un seul esclave, l'insolvabilité qui n'était pas de droit devient alors de fait.

Datis libertatibus. Il importait peu, sous l'empire de la loi *Ælia Sentia*, que le débiteur se fût ou non trompé dans l'appréciation de ce qu'il croyait pouvoir faire. Si l'événement venait à établir que les libertés accordées avaient diminué le gage des créanciers, cela suffisait pour opérer la nullité radicale des affranchissements. Seulement, et dans le cas de plusieurs manumissions successives, il n'y avait de nulles que celles qui avaient commencé à épuiser les facultés du débiteur.

Solvendo esse. La loi *Ælia Sentia* et d'après elle Gaïus (*L.* 10, *ff. qui et a quib. manum.*), ne faisaient donc consister la fraude que dans le fait seul qui la rendait constante, et sans qu'il fût besoin de rechercher quelle avait été l'intention du débiteur.

Non impediri libertatem. En droit, le fait seul séparé de l'intention de causer un préjudice, n'accuse pas la fraude (*L.* 79, *ff. de reg. jur.*). Cette maxime, plus équitable, prévalut peu à peu contre les principes trop rigoureux de la loi *Ælia Sentia*, qui désormais ne pourra recevoir d'application, qu'autant que le fait et l'intention se trouveront réunis.

Amplius quam in his est. Beaucoup de citoyens entretiennent des relations commerciales au-delà des mers; souvent même, ils établissent des succursales de leurs maisons dans des lieux éloignés de ceux qu'ils habitent ordinairement, et à la tête desquelles ils sont obligés de mettre, comme procureurs, des esclaves ou des affranchis (*L.* 10, *ff. qui et a quib. manum.*). La surveillance personnelle leur étant impossible, on conçoit alors qu'ils aient pu se faire illusion sur l'étendue de leurs facultés. Il eût été bien dur de les accuser de fraude, parce que l'événement n'avait pas répondu pleinement à leur attente; les modifications apportées à la loi *Ælia Sentia* furent donc, surtout à leur égard, commandées par la raison et l'équité.

Cum utroque modo. Ainsi, le fait sans la fraude, la fraude sans préjudice, ne peuvent donner lieu aux réclamations des créanciers. Pour qu'elles soient accueillies, il faut absolument cette double condition de l'intention frauduleuse dans le débiteur, et du préjudice réellement éprouvé par les créanciers. Au surplus, ce sera à eux de prouver, et leur lésion, et la fraude de leur débiteur (*Vinn. hoc text.*); autrement les affranchissements seront réputés entièrement valables.

§ 1er.

Licet autem domino qui solvendo non est, *in testamento* servum suum cum libertate heredem instituere, ut liber fiat heresque ei *solus* et *necessarius;* si modo ei *nemo alius* ex eo testamento heres extiterit, aut quia nemo heres scriptus sit, aut quia is qui scriptus est, qualibet ex causa heres non extiterit. Idque eadem lege Ælia Sentia provisum est, et recte : valde enim prospiciendum erat, ut egentes homines quibus alius heres extiturus non esset, vel servum *suum necessarium heredem* haberent, qui *satisfacturus esset creditoribus;* aut hoc eo non faciente, creditores res hereditarias servi nomine vendant, *ne injuria* defunctus adficiatur.

Licet. Ce paragraphe rappelle une exception qui avait été expressément apportée dans la disposition de la loi *Ælia Sentia* : *Ne quis in fraudem creditorum manumittat, nisi quis unum ex servis suis testamento liberum et heredem esse jusserit* (*Vinn. h. text.*).

In testamento. Le testament conférait une telle faveur à l'affranchissement que, même sous l'ancienne jurisprudence, l'esclave ainsi institué obtenait, avec la liberté, les droits de cité, lors même qu'il n'aurait pas eu trente ans accomplis, ou qu'il n'eût pu devenir que *Latin Junien* ou *Déditice* par un affranchissement ordinaire (*Ulp. 1, reg.* § 14).

Solus. L'institution d'un autre héritier, par voie même de substitution (*L.* 57, *ff. de hered. inst.*), eût rendu nulle l'institution à l'égard de l'esclave, quoiqu'il ne fût pas cependant absolument nécessaire qu'il eût été écrit seul dans le testament (*Vinn. h. text.*). Mais alors, il fallait que celui qui avait été institué héritier avec lui, ne le devînt pas par une cause quelconque, par exemple, parce qu'il y aurait renoncé, ou parce qu'il serait décédé avant le testateur; *aut quia is qui scriptus est, qualibet ex causa heres non extiterit.*

Necessarius. L'esclave institué était appelé *heres necessarius*, non pas précisément parce qu'il était contraint *adire hereditatem*, mais parce que, soit qu'il le voulût, soit qu'il ne le voulût pas, le testament, après la mort du maître, avait pour effet immédiat de le rendre à la fois libre et héritier (*Vinn. h. text.; infr.* § 1, *de hered. qual. et diff.*).

Nemo alius. Qu'arrivait-il cependant, si plusieurs esclaves avaient été institués dans le même testament? L'institution n'était valable qu'à l'égard du premier écrit (*L.* 60, *ff. de hered. inst.*); mais elle était complètement nulle s'ils avaient été institués conjointement, à moins pourtant que celui ou ceux dont l'institution. avait excédé le pouvoir du testateur, ne fussent morts avant que le testament pût recevoir son effet (*L . 42, ff. eod. tit.*).

Suum necessarium heredem. Il faut remarquer ici une erreur de rédaction. L'esclave institué ne pouvait jamais être *suus necessarius heres*, mais seulement *necessarius heres*, car ces deux dénominations ne se confondent pas et appartiennent à diverses espèces d'héritiers (*inf. de hered. qualit. et differ.*). Le *necessarius heres* était l'esclave institué par testament (*dict. tit.* § 1); le *suus necessarius heres* était celui qui se trouvait sous la puissance paternelle (*dict. tit.* §.2). De même que le *necessarius heres*, il devenait l'héritier du testateur (*eod. loc.*), indépendamment de sa volonté; mais enfin, il n'était que soumis à la puissance paternelle, tandis que l'esclave était sous la puissance dominicale, ce qui, à défaut de toute autre différence, suffirait pour que l'esclave ne pût jamais recevoir le nom de *suus necessarius heres*.

Qui satisfacturus esset creditoribus. Les esclaves héritiers nécessaires, sont-ils tenus *ultra vires emolumenti*, en telle sorte qu'après avoir abandonné les biens héréditaires aux créanciers, ceux-ci aient le droit de s'emparer des choses qu'ils auraient acquises postérieurement par leur industrie ? Dans la rigueur du droit civil, oui. Mais le droit prétorien introduisit en leur faveur le bénéfice de séparation de biens, qui devait être demandé par eux, et qui ne leur était accordé qu'autant qu'ils n'avaient pas touché aux biens de l'hérédité (*dict. tit.* §1 ; *L . 1. §ult. ff. de separat.; Vinn. h. text.*).

Ne injuria. Il valait mieux faire retomber sur l'esclave l'ignominie d'une vente à l'encan, que de la rendre inséparable du nom du défunt, et de ternir ainsi sa mémoire. La liberté n'était-elle pas d'ailleurs pour l'esclave, un dédommagement suffisant ?

§ 2.

Idemque juris est, et si sine libertate servus heres institutus est. Quod nostra constitutio *non solum in domino* qui solvendo non est, sed generaliter constituit nova humanitatis ratione, ut ex ipsa scriptura institutionis etiam libertas ei competere videatur : cum non est verisimile, eum quem heredem sibi elegit, si prætermiserit libertatis dationem, servum remanere voluisse, et neminem sibi heredem fore.

Non solum in domino. Ainsi, que le maître soit solvable ou non , l'institution de l'esclave, comme héritier, quoiqu'il ne lui fasse pas en même temps don de la liberté , sera une preuve tacite de sa volonté de l'affranchir. Justinien adopte ici l'opinion d'Attilicinus, jurisconsulte proculéien.

§ 4.

Eadem lege Ælia Sentia domino minori *viginti annis* non aliter manumittere permittitur, quam si *vindicta* apud *consilium* justa causa manumissionis probata fuerint manumissi.

Eadem lege Ælia Sentio. C'est le second chef de la loi *Ælia Sentia.* Cette prohibition a été faite parce qu'on a craint que les mineurs ne se laissassent captiver par les manœuvres artificieuses et par les adulations de leurs esclaves, au point de diminuer inconsidérément leurs facultés (*Theoph.* § 4, *h. tit.*). D'ailleurs la liberté , et le droit de cité qui en est la suite , sont des faveurs trop précieuses pour qu'on ne s'expose pas à ce qu'elles procèdent d'une détermination irréfléchie (*Vinn. h. text.*).

Viginti annis. Nous verrons, dans le paragraphe 7, les modifications qui ont été successivement apportées par Justinien dans la fixation de l'âge primitivement exigé par la loi *Ælia Sentia.*

Vindicta. C'était le mode obligé de manumission dans cette circonstance. Nous avons déjà remarqué que la loi *Ælia Sentia* le prescrivait également, lorsque le maître avait une juste cause d'affranchir un esclave qui n'avait pas trente ans : *non aliter manumittere permittitur.* On soupçonne ici une altération de texte, et on voudrait substituer à ces mots *quam si vindicta,* ces autres *quam si dicta* (*Vinn. hic*), parce que, dit-on, Justinien ne faisant plus de distinction entre les différents modes de manumission , on a peine à comprendre pourquoi il conserve ici le mot *vindicta.* Mais il me semble que Justinien se reporte au temps de la loi *Ælia Sentia* , sous laquelle le mode de manumission mettait encore une grande différence entre les divers affranchissements.

Consilium. On appelait *conseil,* une assemblée présidée par le préteur assisté de cinq sénateurs et de cinq chevaliers romains, et qui se tenait à Rome à jours fixes. Dans les provinces, cette assemblée se composait du proconsul ou président et de vingt assesseurs qu'on appelait *récupérateurs,* et qui devaient tous être citoyens romains. Elle avait lieu au dernier jour du *conventus* ou réunion annuelle , pour l'examen des affaires et le jugement des contestations (*Gaïus, Inst. comment.* 1, § 20 et 31; *Ulp.* 1, *reg.* § 13; *Theoph.* § 4, *h. tit.*).

§ 5.

Justæ autem manumissionis causæ hæ sunt : veluti si quis *patrem* aut matrem, *filium* filiamve , aut *fratrem* sororemve naturales, aut pædagogum, nutricem, educatorem, aut alumnum alumnamve, aut collactaneum manumittat, aut servum procuratoris habendi gratia, aut ancillam matrimonii causa : dum tamen *intra sex menses* uxor ducatur, nisi *justa causa impediat* ; et qui manumittitur *procuratoris* habendi gratia, non minor decem et septem annis manumittatur.

Patrem. Celui qui est né de père et de mère esclaves, est esclave comme eux, et reste sous la puissance du même maître. Supposez que le maître l'institue son héritier, le fils deviendra alors lui-même le maître de son père et de sa mère, comme des autres choses de l'hérédité. Il aura donc une juste cause de manumission (*Vinn. h. text.* ; *Theoph.*, § 5, *h. tit.*).

Filium. Par exemple, si quelqu'un avait eu de son esclave des enfants (*Theoph. eod. loc.*).

Fratrem. Un père de famille a plusieurs enfants, les uns sont légitimes, les autres sont le fruit de son commerce avec une esclave. A sa mort, les enfants légitimes se trouveront avoir pour esclaves, ceux qui sont leurs frères ou sœurs par la nature (*Theoph. loc. cit.*). On conçoit que le frère légitime s'empresse de faire cesser, par l'affranchissement, un état aussi affligeant. Le maître avait également une juste cause d'affranchir l'esclave qui aurait avec lui un lien quelconque de parenté naturelle : *si sanguine eum contingit* (*L. 12*, *ff. de manum. vind.*).

Intra sex menses. On exigeait du maître, et avant de lui accorder sa demande, le serment d'épouser l'esclave qu'il voulait affranchir, dans le délai de six mois : *exacto prius jurejurando* (*L. 13*, *ff. eod. tit.*).

Justa causa impediat. Par exemple, si après l'affranchissement, le patron était élevé à la dignité de sénateur. Les membres du sénat ne pouvaient, en effet, épouser une femme affranchie (*L. 23*, *ff. de rit. nupt.*).

Procuratoris. Les commentateurs ne sont pas d'accord sur l'espèce de procureur dont il s'agit ici. Les uns prétendent que Justinien a voulu parler seulement du procureur *ad negotia* ; les autres, du procureur *ad lites.* Vinnius pense qu'ils ont tous raison, et que notre texte s'applique à l'un et à l'autre (*Vinn. hoc. text.*).

§ 6.

Semel autem causa probata, sive vera sit sive falsa, *non retractatur.*

Non retractatur. Et alors, on ne peut plus, sous aucun prétexte, se dispenser d'accorder la liberté pour laquelle on avait allégué une cause vraie ou fausse (*L. 9*, § 1, *ff. de manum. vind.*).

5

§ 7.

Cum ergo certus modus manumittendi minoribus viginti annis dominis per legem Æliam Sentiam constitutus erat, eveniebat ut qui quatuordecim annos ætatis expleverat, licet testamentum facere, et in eo sibi heredem instituere, legataque relinquere posset, tamen si adhuc minor esset viginti annis, libertatem servo dare non posset. Quod non erat ferendum, si is cui totorum bonorum in testamento dispositio data erat, uni servo dare libertatem non permittebatur. Quare nos similiter ei, quemadmodum alias res, ita et servos suos in ultima voluntate disponere quemadmodum voluerit, permittimus, ut et libertatem eis possit præstare ? Sed cum libertas inæstimabilis est, et propter hoc ante vigesimum ætatis annum antiquitas libertatem servo dare prohibebat, ideo *nos mediam* quodam modo viam eligentes, non aliter minori viginti annis libertatem *in testamento* dare servo suo concedimus, nisi septimum et decimum annum impleverit, et octavum decimum annum tetigerit. Cum enim antiquitas hujus modi ætati et pro aliis postulare concessit, cur non etiam sui judicii stabilitas ita eos adjuvare credatur, ut ad libertates dandas servis suis possint pervenire ?

Nos mediam. Justinien, en permettant aux mineurs de dix-huit ans d'affranchir leurs esclaves par testament, ne fait pas disparaître, par ce moyen intermédiaire, les inconséquences qu'il reproche à la loi *Ælia Sentia.* En effet, on peut toujours demander pourquoi un mineur de quatorze ans, qui aura la faculté pleine et entière de disposer par testament de tous ses autres biens, serait frappé d'incapacité lorsqu'il s'agit de donner, dans le même acte, la liberté à un esclave. Pour justifier une pareille inconséquence, il ne faut pas, comme il le fait, à la fin de notre paragraphe, comparer l'affranchissement par testament à la postulation, et dire , au moins implicitement : un mineur ne peut postuler avant dix-huit ans ; donc, avant cet âge, il ne pourra affranchir par testament, car, ainsi que le remarque fort bien Vinnius, il n'y a aucune espèce de parité (*Vinn. h. text.*). Plus tard, et dans ses Novelles, l'empereur ayant senti le peu de justesse d'une semblable conclusion, a décidé que, comme l'âge de puberté suffisait pour faire un testament, il suffirait aussi pour donner, par testament, la liberté aux esclaves qu'on voudrait affranchir (*Nov.* 119. *cap.* 2).

In testamento. Remarquez que , dans notre paragraphe , comme postérieurement dans la Novelle 119 , Justinien n'a pas touché à la disposition de la loi *Ælia Sentia* pour ce qui concerne les affranchissements entre vifs ; il n'a voulu réformer que ce qui , dans son chef relatif aux manumissions testamentaires , lui paraissait être, et était , en effet, inconséquent. Ainsi, quoique désormais il soit permis à l'âge de quatorze ans d'affranchir par testament , les manumissions entre vifs seront, comme par le passé , et sous l'empire primitif de la loi *Ælia Sentia* , radicalement nulles, si elles ont été faites par des mineurs qui n'avaient point encore atteint l'âge de vingt ans.

TITRE SEPTIÈME.

De l'abrogation de la loi Fusia Caninia. (De lege Fusia Caninia tollenda).

PR.

Lege Fusia Caninia *certus modus* constitutus erat in servis *testamento* manumittendis. Quam quasi libertates impedientem et quodam modo invidam, tollendam esse censuimus; cum satis fuerat inhumanum , vivos quidem licentiam habere *totam suam familiam* libertate donare, *nisi alia causa impediat* libertatem , morientibus autem hujus modi licentiam adimere.

Lege. La loi *Fusia Caninia* fut portée sous le règne d'Auguste dans le but d'empêcher que leur condition d'affranchis ne confondît un nombre trop considérable d'esclaves avec les véritables citoyens (*Sueton. in Aug. cap.* 40).

Certus modus. La loi *Fusia Caninia* contenait deux chefs bien distincts: 1o elle limitait les manumissions testamentaires en fixant , d'après le nombre des esclaves appartenant au testateur, le nombre de ceux qu'il pouvait affranchir. Le maître qui avait depuis deux jusqu'à dix esclaves , n'en pouvait affranchir que la moitié ; depuis dix jusqu'à trente , que le tiers ; depuis trente jusqu'à cent, que le quart ; depuis cent jusqu'à cinq cents,que le cinquième; mais dans aucun cas, et quel que fût le nombre de ses esclaves, il ne pouvait excéder cent manumissions (*Gaïus, comment.* 4, § 42 *et* 43 ; *Ulp. reg.* 1 , § 24 ; *Paul. sent. lib.* 4 , *tit.* 14, § 3 *et* 4); 2o elle prescrivait que chaque esclave fût nominativement affranchi (*Ulp. reg.* 1, § 25; *Paul. eod. loc.* § 1 ; *L.* 37 , *ff. de manum. testam.*). Le sénatus-consulte Orphitien avait cependant modifié cette dernière disposition en déclarant valable la manumission , par testament , d'un esclave qui n'aurait été désigné que par l'emploi qu'il remplissait (*L. 24, ff. eod. tit.; Paul. eod. loc.*).

Testamento. Les affranchissements entre vifs de tous les esclaves n'étaient pas prohibés, comme ceux par testament, par la loi *Fusia Caninia.* Il n'y a pas , en effet, lieu de craindre que les vivants se portent sans motifs à d'excessives libéralités. Ceux au contraire dont l'existence est près de s'échapper, se privent souvent volontiers de biens dont ils ne pourraient plus jouir. Combien de maîtres, d'ailleurs, ne voulaient-ils pas faire vanter leur générosité, lorsqu'on verrait suivant leurs funérailles, une foule d'esclaves, la tête parée du chapeau, insigne de la liberté que par vanité seulement ils leur avaient donnée (*Dionys. Halicarn. lib. 4; Vinn. h. text.*).

Totam suam familiam. On se servait souvent de cette expression , lorsqu'on voulait parler de tous les esclaves appartenant à un même maître (*Vinn. h. text.*).

Nisi alia causa impediat. Par exemple , si l'affranchissement avait eu lieu en fraude des créanciers , ou s'il avait été fait par un mineur de vingt ans entre vifs , ou de quatorze ans par testament (*vid. supr.*). Quant aux motifs qui ont porté Justinien à abroger la loi *Fusia Caninia*, ils sont fort légitimes, et le texte les fait comprendre assez, pour qu'il soit inutile d'en donner une explication plus développée.

TITRE HUITIÈME.

De ceux qui sont leurs maîtres, ou qui sont sous la puissance d'autrui. (De iis qui sui , vel alieni juris sunt).

Nous avons parcouru et expliqué la première division des personnes, et nous avons vu qu'elles se distinguaient en personnes libres et en esclaves : c'est, à proprement parler , leur division *naturelle*, c'est-à-dire donnée par le droit des gens auquel se réfère tout ce qui a été ajouté ensuite sur les ingénus , les affranchis et sur les diverses manières d'entrer, par les affranchissements , dans cette dernière condition. Dans le titre actuel , il s'agit de la division *civile* des personnes, division assez défectueuse, selon la remarque de Vinnius ; car, s'il était bon de nous montrer en quoi les esclaves diffèrent *civilement* des personnes *sui juris*, et de celles qui ne le sont pas , leur position avait été assez définie et précisée par ce qui précède pour qu'il fût inutile d'y revenir. Il suffisait de rappeler les esclaves dans la division *civile* des personnes , et alors, les différences de leur condition se fussent tout naturellement présentées à l'esprit. Quoi qu'il en soit, nous suivrons Justinien dans la marche qu'il a tracée ; nous commenterons ses nouveaux textes relatifs aux esclaves, et ceux relatifs aux personnes *alieni juris*. De cette façon, nous pourrons, comme il le dit lui-même, comprendre parfaitement ce que c'est que les personnes *sui juris*.

PR.

Sequitur de jure personarum alia divisio. Nam quædam personæ *sui juris sunt*, quædam *alieno juri* subjectæ. Rursus earum quæ alieno juri subjectæ sunt, aliæ in potestate parentium, aliæ in potestate dominorum sunt. Videamus itaque de iis quæ alieno juri subjectæ sunt, nam si cognoverimus quæ istæ personæ sunt, simul intelligemus, quæ sui juris sunt. Ac prius dispiciamus de iis qui in potestate dominorum sunt.

Sui juris sunt. Les personnes *sui juris* sont appelées pères de famille (*patres familias*), c'est-à-dire, ayant seules la puissance dans la famille (*L.* 195, § 2. *ff. de verb. signif.*), car ce titre qui leur est donné, est absolument indépendant du fait de la paternité, et peut leur appartenir lors même qu'elles n'auraient point d'enfant, ou qu'aucun autre individu ne serait, par le fait, soumis à leur puissance (*ead. leg.*). Pour être père de famille, il suffit de n'appartenir à la famille d'aucun autre, fût-on seul de la sienne. Un enfant peut donc, s'il n'a point de père, ou s'il ne naît point dans sa famille, se trouver en naissant père de famille ; car la mère qui lui donne le jour, fût-elle *sui juris*, c'est-à-dire, délivrée par une cause ou par une autre de la puissance de ses ascendants, ne saurait nuire à son indépendance. Il est de principe, en effet, que les enfants ne peuvent être *alieni juris* que dans la famille paternelle (*L.* 196, § 1, *ff. dict. tit.*). Les femmes peuvent, à la vérité, être *alieni* ou *sui juris* ; mais, dans ce dernier cas, elles sont toujours seules de leur famille : *mulier familiæ suæ et caput et finis est*, dit Ulpien (*L.* 195 , § 5, *ff. dict. tit.*).

Alieno juri. Il y a deux espèces d'individus *alieni juris*. Ce sont : 1º les esclaves, et la puissance que le père de famille exerce à leur égard est celle d'un maître : nous verrons tout-à-l'heure quelle en est l'étendue ; 2º les fils de famille (*filii familias*), ainsi nommés par opposition au père de famille, pour montrer qu'ils sont dans sa famille, et qu'il est comme eux de la famille. Ces derniers, ainsi que les esclaves, dépendent absolument du père de famille, dont la puissance sur ses enfants ne connaissait, dans le principe, aucunes limites. Nous verrons également plus tard ce qu'elle est actuellement, et comment elle a été successivement modifiée dans ce qu'elle avait de plus rigoureux. — Tout ce que nous venons de dire a pu donner déjà quelque intelligence de la composition de la famille romaine, qui pouvait quelquefois ne consister que dans un seul individu, *sui juris*, mais que cette qualité rendait le maître et le propriétaire unique des enfants légitimes qui lui naissaient, ou des esclaves qu'il pouvait acquérir. À sa mort, il se formait autant de familles différentes qu'il avait d'enfants, qui devenaient alors, chacun en particulier, les chefs d'une famille nouvelle composée, comme celle de leur père, de leurs enfants et des esclaves paternels qu'ils se partageaient. Il en était de même, si, de son vivant, il faisait sortir de sa famille un ou plusieurs de ses enfants par l'émancipation, ainsi que nous le verrons plus tard (*L*. 195, § 2, *ff. do verb. signif.*). Nous reviendrons plus d'une fois encore sur ces notions, mais il était utile de les donner maintenant pour l'intelligence de ce qui va suivre.

<h2 style="text-align:center">§ 1er.</h2>

In potestate itaque dominorum sunt servi. Quæ quidem *potestas* juris gentium est; nam apud *omnes peræque gentes* animadvertere possumus, dominis in servos vitæ necisque potestatem fuisse; et quodcumque per servum adquiritur, id *domino adquiritur.*

Potestas. La puissance des maîtres leur confère deux sortes de droits sur leurs esclaves : le droit de vie et de mort, absolu et illimité d'abord, restreint ensuite et renfermé successivement dans de justes bornes, ainsi que nous l'allons voir dans le paragraphe suivant ; et le droit d'acquérir par eux, et de tirer d'eux, comme de véritables choses, tous les produits dont ils sont susceptibles.

Omnes peræque gentes. Ceci ne doit pas être adopté sans restriction ; car le pouvoir donné aux maîtres de mettre à mort leurs esclaves, n'a pas été en usage chez plusieurs nations de l'antiquité, comme les Parthes, les Germains et les Grecs (*Grotius, lib.* 3 *de jur. bell. et pao. cap.* 14).

Domino acquiritur. Nous parlerons avec étendue de ce droit d'acquisition par les esclaves, lorsque nous arriverons au titre des Institutes *per quas personas cuique adquiritur.*

<h2 style="text-align:center">§ 2.</h2>

Sed hoc tempore nullis hominibus qui sub imperio nostro sunt, licet *sine causa* legibus cognita in servos suos *supra modum* sævire. Nam *ex constitutione* divi Pii Antonini, qui sine causa servum suum occiderit, non minus puniri jubetur, quam qui *alienum servum* occiderit. Sed et *major asperitas* dominorum ejusdem principis constitutione coercetur. Nam consultus a quibusdam præsidibus provinciarum de iis

servis, qui *ad œdem sacram*, vel ad statuas principum
confugiunt, præcepit ut, si intolerabilis videatur sævitia dominorum, cogantur servos suos *bonis conditionibus* vendere, ut
pretium dominis daretur; et recte. Expedit enim reipublicæ,
ne sua re quis male utatur. Cujus rescripti ad Ælium Martia-
num emissi verba hæc : «Dominorum quidem potestatem in servos suos illibatam esse oportet, nec cuiquam hominum jus
suum detrahi; sed *dominorum interest*, ne auxilium contra
sævitiam vel famem vel *intolerabilem injuriam* denegetur iis
qui juste deprecantur. Ideoque cognosce de querelis eorum
qui ex familia Julii Sabini ad statuam confugerunt; et
si vel durius habitos quam æquum est, vel infami injuria af-
fectos cognoveris, veniri jube, ita ut in potestatem domini non revertantur. Qui si meæ constitutioni fraudem fecerit, sciet me admissum severius executurum. »

Sine causa. Il ne faut pas conclure que lorsqu'il en aura un grave sujet,
le maître pourra comme autrefois, et en vertu d'un droit qui continuerait
de subsister en lui, donner la mort à son esclave. On veut dire seulement
que si l'esclave a été tué, la cause de sa mort excusera le maître, comme
elle l'excuserait même pour le meurtre d'un homme libre. Ainsi le maître,
en tuant un esclave surpris en adultère avec sa femme, ou qui attenterait
à ses jours, n'aurait pas commis un crime; mais, ce n'est pas parce qu'il
a droit de vie et de mort sur lui que son acte cesse d'être coupable, car
dans ces deux cas, la mort d'un homme libre eût été également excusable
(*L.* 1, § 3, 4 et 5, *ff. ad leg. Corn. de sicar.*).

Supra modum. On ne lit pas sans frémir, dans les auteurs anciens, les
raffinements de cruauté dont certains maîtres usaient à l'égard de leurs
esclaves. On en peut voir un exemple dans Sénèque (*de ira, lib.* 3, *cap.* 40).

Ex constitutione. Cette constitution d'Antonin n'est pas la première loi
qui soit venue refréner la puissance immodérée que les anciennes lois de
Rome avaient donnée aux maîtres sur leurs esclaves. Sénèque nous apprend
(*de benefic, lib.* 3, *cap.* 22), qu'au temps des premiers empereurs, un magistrat fut chargé de connaître des mauvais traitements exercés envers les
esclaves, et de les mettre à l'abri de la cruauté sanguinaire et souvent
libidineuse de leurs maîtres. Suétone rapporte (*in vit. Claud. cap.* 25), que
l'empereur Claude déclara libres les esclaves malades que leurs maîtres
abandonneraient, ne voulant pas les faire soigner, et ordonna qu'on pu-
nirait comme meurtriers ceux qui, au lieu de les exposer, s'en débarras-
seraient en les faisant tuer. Par la loi *Petronia*, portée l'an de Rome 814,
sous le règne de Néron, il fut défendu aux maîtres de faire, au gré de

leurs caprices, combattre leurs esclaves contre les bêtes féroces (*L.* 11, § 2, *ff. ad leg. Corn. de sicar.*). Adrien punit de mort le meurtre d'un esclave comme celui de tout autre homme (*L.* 1, § 2, *dict. tit.*). Puis vint la constitution d'Antonin le Pieux, dont parle notre texte; et enfin l'empereur Constantin confirma toute cette législation, et ne laissa plus aux maîtres que le droit de châtier modérément leurs esclaves (*L. un. Cod. de emend. serv.*).

Alienum servum. Et même un homme libre, ainsi que nous l'avons vu.

Major asperitas. Les maîtres ne restent pas cependant sans moyens de répression contre l'insubordination de leurs esclaves. Ce n'est que leur cruauté trop sanguinaire qu'on a voulu réprimer, et certes, les verges et les lanières dont il leur est permis de se servir, sont encore, entre leurs mains, des armes assez rigoureuses (*dict. leg.*).

Ad œdem sacram. Les temples et les statues des princes étaient des asiles, où les misérables pouvaient venir chercher un refuge contre les persécutions dont ils étaient l'objet (*Cod. de his qui ad eccles. conf.; L.* 1, § 1, *ff. de offic. præf. urb.; L. un. Cod. de his qui ad stat. princ. confug.*).

Bonis conditionibus. En général, personne ne peut être contraint de vendre ce qui lui appartient (*L.* 11, *Cod. de contrah. empt.*), lors même qu'on lui en offrirait un prix avantageux. Il n'y a d'exception à ce principe que pour des motifs d'utilité publique, et ces motifs se rencontrent dans le cas qui nous occupe, fortifiés encore par ce qui est dû de faveur à la liberté (§ *ult. infr. de donat.*), et par ce que l'humanité doit inspirer de compassion. Toutefois celui que l'on contraint à vendre sa chose, a le droit d'en demander un prix en rapport avec sa valeur, et dans l'espèce, les conditions de la vente devaient être avantageuses au maître; mais là s'arrêtait son droit; car les conditions de la vente devaient être également bonnes à l'égard de l'esclave, en ce sens que le maître ne pouvait pas, dans le dessein de sévir contre son esclave, même après la vente, imposer à l'acheteur l'obligation, par exemple, de le tenir aux fers, de ne jamais l'affranchir, ou de le transporter dans un climat mal sain (*Theoph.* § 2 *in medio, h. tit.*)

Dominorum interest. Si la loi n'avait donné aux esclaves aucun moyen de se soustraire à la violence de leurs maîtres, poussés par le désespoir ils auraient pu attenter à leur vie, ou tout au moins, ils se seraient dérobés par la fuite à leurs mauvais traitements. Les prescriptions de la loi ont donc été faites autant dans l'intérêt des maîtres que dans celui des esclaves.

Intolerabilem injuriam. Combien de maîtres voulaient abuser de leurs esclaves, et les rendre les instruments de leurs hideuses passions! La loi devait protéger les esclaves contre ces honteux déréglements.

TITRE NEUVIÈME.

De la Puissance paternelle. *(De patria potestate)*.

La puissance paternelle, chez les Romains, peut se définir : *Jus parentibus paternis, virilis sexus, sui juris, in liberos juste quæsitos, legibus concessum.*

Dans les premiers temps de Rome, la puissance des pères de famille sur leurs enfants, était aussi grande, aussi illimitée que celle des maîtres sur leurs esclaves. Une loi de Romulus donnait au père, non seulement le droit de battre de verges ses enfants, de les jeter en prison, mais encore de les mettre à mort et de les vendre (*Poth. Pand. lib.* 1, *tit.* 6, *sect.* 2, *art.* 4, § 1 *et* 17). L'enfant était, à l'égard de son père, une véritable chose dont il pouvait tirer tout le parti possible ; ce que l'enfant pouvait acquérir par son industrie, appartenait de droit à son père. Tel était, dans le principe, le double effet de la puissance paternelle (*Poth. loc. cit.* § 16). Voyons ce qu'elle est devenue dans la suite, et comment on l'a successivement réduite à ce qu'elle a été au temps de Justinien.

Le droit de vendre leurs enfants, fut le premier qu'on retira peu à peu aux pères de famille (*Poth. eod. loc.* § 18), comme le plus odieux peut-être, et le plus inexplicable de tous ceux attachés à leur puissance. Romulus fut celui qui leur conféra ce droit, et il le leur donna sans entraves, sans restriction, sans limites. Seulement, l'enfant ainsi vendu, ne cessait pas d'être ingénu ; il se trouvait par le fait en servitude, sans être esclave, (*L.* 10, *Cod. de patr. potest.*); celui qui l'avait acheté ne l'affranchissait pas, il lui faisait plutôt don de la liberté. Mais là se bornaient tous les avantages que son titre d'enfant lui méritait sur l'esclave : son sort était véritablement pire ; car l'esclave affranchi par un acheteur ne pouvait pas être repris par son ancien maître, au lieu que l'enfant, délivré de la servitude, retombait inévitablement sous la puissance de son père, à qui il était libre de le vendre de nouveau. Numa apporta la première modification à cette loi brutale, en empêchant les pères de vendre les enfants qui se seraient mariés avec leur consentement (*Dionys. Halicarn. lib.* 2, *cap.* 4). Vint ensuite la loi des Douze Tables qui voulut que le droit de vendre s'épuisât à la troisième mancipation, s'il s'agissait d'un fils : *si pater filium ter venumdavit, filius a patre liber esto,* et dès la première, lorsqu'il s'agissait d'une fille ou d'un enfant à un degré inférieur (*Ulp. reg. tit.* 10, § 1). Enfin, sous les empereurs, il fut définitivement interdit aux pères de vendre leurs enfants, à quelque titre que ce fût, onéreux ou gratuit (*L.* 1, *Cod. de patr. qui fil. suos*), excepté dans le seul cas d'une extrême misère (*Paul. sent. lib.* 5, *tit.* 1, § 1) ; et encore Constantin ne permit-il que la vente des enfants nouveaux-nés (*L.* 2, *Cod. de patr. qui fil. suos*).

Les pères conservèrent plus long-temps le droit de vie et de mort sur

6

leurs enfants , et ce ne fut que sous les empereurs , qu'on commença à le leur enlever. Trajan (*L. 5, ff. si a parent. quis manum.*), Adrien (*L. 5. ff. ad leg. Pompei.*), Alexandre Sévère, l'abolirent tout-à-fait, ne laissant aux pères que le droit d'infliger une légère correction à leurs enfants , et , dans le cas d'une faute grave , de les traduire devant le magistrat (*L. 3 , Cod. de patr. potest.*) qui devait, il est vrai, prononcer la sentence que le père dicterait, mais après avoir entendu le fils (*ead. leg.; L. 2, ff. ad leg. Corn. de sicar.*); d'ailleurs on supposait que le temps et la réflexion en ralentissant la colère du père , devaient rendre sa sentence moins rigoureuse, l'empêcher même de sévir contre son fils. Constantin appliqua enfin la peine des parricides aux pères qui se rendraient coupables du meurtre de leurs enfants (*L. un. Cod. de his qui parent. vel lib. occid.*).

Quant au droit d'acquérir par les enfants, qui est la seconde conséquence de la puissance paternelle , il a subi également plusieurs modifications importantes jusqu'à Justinien. Mais devant en parler plus tard avec étendue, lorsque nous arriverons au titre ix du second livre , nous nous abstenons d'en rien dire actuellement.

PR.

In potestate nostra sunt liberi nostri, quos ex *justis nuptiis* procreavimus.

Justis nuptiis. Outre le mariage proprement dit (*justæ nuptiæ*), il y avait, chez les Romains , une autre sorte d'union autorisée par les lois , et qu'on appelait le *concubinat* (*vid. ff. de concub.; Nov. Leon. 91*), mais qui n'avait aucun des effets civils des justes noces (*infr. § 12, de nupt.*). La loi n'établissait entre les enfants et leur père aucun lien de famille et de puissance (*loc. cit.; L. 11, ff. de stat. hom.*); ils suivaient la condition de leur mère , sans jamais être de sa famille (*L. 196, §. 1, ff. de verb. signif.*), et ils se trouvaient toujours *sui juris* en naissant, à la différence des enfants sortis d'une conjonction illicite , et qui pouvaient , si leur mère était esclave, naître *alieni juris*, c'est-à-dire soumis à la puissance du même maître (*L. 5 , § 1. ff. de stat. hom.*).

§ 3.

Qui igitur ex te et uxore tua nascitur, in tua potestate est. Item qui *ex filio tuo et uxore ejus* nascitur, id est nepos tuus et neptis, æque in tua sunt potestate, et pronepos et proneptis et deinceps ceteri. Qui tamen *ex filia tua* nascitur, in tua potestate non est, sed in patris ejus,

Ex filio tuo et uxore ejus. Le mariage n'émancipe pas les enfants ; le fils restant sous la puissance de son père, il serait inconciliable qu'il eût également ses enfants sous la sienne ; car, c'est un principe de droit, que celui qui est soumis à quelqu'un, ne peut pas être en même temps le maître d'un autre (*L*. 24, *ff. ad leg. Jul. de adult.*).

Ex filia tua. Nous l'avons déjà dit plusieurs fois, les enfants ne naissent jamais dans la famille maternelle ; il y a donc une raison de droit pour que, s'il y a mariage, les enfants qui en proviennent, appartiennent à la famille de leur père et soient exclusivement soumis à sa puissance (*L*. 196, § 1, *ff. de verb. signif.*). Outre cette raison générale, on pouvait, sous le droit ancien, en donner encore une autre ; c'est qu'à l'aide de certaines formalités employées à l'occasion du mariage, la femme subissait la petite diminution de tête, c'est-à-dire qu'elle sortait de sa famille pour entrer dans celle de son mari qui acquérait sur elle la véritable puissance paternelle, et avec lequel, s'il n'était pas *sui juris*, elle se trouvait sous la dépendance immédiate du père de famille. Ces formalités étaient la *confarréation*, la *coemption* et l'*usage*, fort en vigueur autrefois, mais qui disparurent peu à peu, et dont il n'était plus question au temps de Justinien (*vid. Gaïum, Inst.* 1, § 110-115).

§ 2.

Jus autem potestatis quod in liberos habemus *proprium est civium romanorum ;* nulli enim alii sunt homines, qui talem in liberos habeant potestatem, qualem nos habemus.

Proprium est civium romanorum. La puissance paternelle considérée dans ses premiers effets, c'est-à-dire en tant qu'elle commande le respect aux enfants, et qu'elle les soumet à leur père, aura, chez les Romains, comme chez tous les autres peuples, son principe dans le droit des gens, parce que nous voyons que ces premiers effets ont existé de tout temps, et chez toutes les nations. Mais à Rome, la puissance paternelle, examinée dans son ensemble, était tellement différente de ce qu'elle a jamais été ailleurs, que c'est avec raison que Justinien l'appelle quelque chose de propre aux citoyens romains, à l'égard desquels elle est plutôt une création de leur droit civil, qu'une institution du droit des gens, dont la loi positive a de beaucoup dépassé les premiers préceptes.

— Il nous reste à voir de quelles manières s'acquérait la puissance paternelle chez les Romains. Il n'y en avait que trois : 1º le *mariage* ; 2º la *légitimation ;* 3º l'*adoption.*

Ce sera la matière des deux titres qui vont suivre.

TITRE DIXIÈME.

Du Mariage. (De nuptiis).

Dans ce titre, Justinien va parler du mariage, et en expliquer toutes les conditions et les formalités. Mais il importe de ne pas oublier que, dans son plan, ce n'est, pour ainsi dire, qu'occasionnellement qu'il aborde actuellement cette matière. En effet, après avoir traité de la puissance paternelle et de ses effets, il était rationnel de nous dire comment elle s'acquiert. Or, c'est surtout, et le plus ordinairement par le mariage. D'un autre côté, comme il n'y a mariage, et par conséquent puissance paternelle, que lorsque toutes les conditions de la loi ont été remplies, il est bien important de les connaître toutes ; et voilà comment, dans un plan sage et bien tracé, les matières ont une liaison naturelle qui les fait expliquer l'une par l'autre. Justinien suivant toujours l'ordre qu'il s'est proposé, nous parlera ensuite de la légitimation, et enfin de l'adoption, comme deuxième et troisième moyens d'acquérir la puissance paternelle.

Pour établir plus d'ordre, nous partagerons ce titre en deux sections. La première traitera du *mariage*; la seconde de la *légitimation*.

SECTION PREMIÈRE. — *Du Mariage.*

TITRE IX, § 1er.

Nuptiæ autem, sive matrimonium, est viri et mulieris *conjunctio* individuam vitæ consuetudinem continens.

Nuptiæ. Nous citerons, comme plus complète, peut-être, la définition du Digeste : *Nuptiæ sunt conjunctio maris et feminæ, et consortium omnis vitæ ; divini et humani juris communicatio* (*L.* 1, *ff. de rit. nupt.*).

Conjunctio. Dans cette définition, le mot *conjunctio* ne signifie pas seulement l'union des corps, mais encore le consentement mutuel des contractants qui rend légitime leur union : *nuptias non concubitus, sed consensus facit* (*L.* 30, *ff. de reg. jur.*).

TITRE X. — PR.

Justas autem nuptias inter se *cives romani* contrahunt, qui secundum præcepta legum coeunt, masculi quidem *puberes,* feminæ autem viripotentes, sive patres familias sint, sive filii familias : dum tamen, si filii familias sint, *consensum habeant parentum* quorum in potestate sunt. Nam hoc fieri debere et civilis et naturalis ratio suadet, in tantum ut jussum parentis *præcedere debeat.....*

La loi romaine exigeait, dans les contractants, le concours de cinq conditions, pour qu'il y eût mariage. Ces conditions étaient : 1º le droit de cité ; 2º la puberté ; 3º le consentement des contractants ; 4º le consentement des parents ; 5o l'absence de tout empêchement *absolu* ou simplement *prohibitif*. Le paragraphe que nous expliquons fait mention de trois de ces conditions. Nous en parlerons successivement en suivant l'ordre que nous venons d'indiquer.

Cives romani. Première condition pour pouvoir contracter mariage. Il fallait que les parties fussent citoyens romains ; eux seuls avaient, en effet, le *jus connubii* (*Ulp. lib. reg. tit.* v, § 4). C'était donc en vain qu'on formait autrefois des unions avec des *peregrini*, des déportés ou des esclaves (*L. 3, Cod. de incest. et mut. nupt.*) ; le nom honorable du mariage ne leur était jamais donné, et elles n'en pouvaient prétendre les effets. Plus tard, cependant, les *peregrini* et surtout les *Latins* obtinrent quelquefois le *jus connubii* (*Ulp. lib. reg. tit.* v, § 4) ; enfin, sous Justinien, ainsi que nous l'avons vu, toute personne libre est en même temps citoyen romain, de sorte que les esclaves sont les seules personnes de l'empire qui ne peuvent contracter *justas nuptias*.

Puberes. Deuxième condition. La procréation des enfants étant le but du mariage, il devenait nécessaire de ne le permettre qu'à ceux qu'on présumerait en état de le remplir, et c'est cette raison qui a fait fixer un âge avant lequel la plupart des hommes sont véritablement incapables d'engendrer. Cet âge est celui de quatorze ans pour les hommes, et de douze ans pour les femmes (*L. 4, ff. de rit. nupt.* ; *infr. pr. quib. mod. tut.*).

Troisième condition. Le *consentement des contractants* (*L. 2, ff. de rit. nupt.*). Le mariage est le plus important des contrats ; or, dans tout contrat, et pour qu'il soit valable, on exige le consentement de ceux qui veulent s'obliger (*L. 1, § 3, ff. de pact.*). Ce consentement, outre qu'il est nécessaire qu'il émane d'une personne capable de consentir (*L. 16, ff. dict. tit.*), doit être exprès dans le mariage, et il n'est pas permis de le supposer. Il faut de plus qu'il soit libre, c'est-à-dire donné en pleine connaissance de cause, et sans qu'on l'ait arraché par violence (*L. 14, Cod. de nupt.*) ; car la puissance d'un père de famille ne va pas jusqu'à marier son fils sans que celui-ci y consente (*L. 12, Cod. dict. tit.*). Il faut remarquer cependant qu'il n'y a que l'erreur *personnelle* qui vicie le consentement au mariage, de même que la crainte purement *révérentielle* n'est pas censée avoir enlevé la volonté de se déterminer (*L. 22, ff. de rit. nupt.*) : *voluntas enim coacta, voluntas est.*

Consensum habeant parentum. Quatrième condition. Le droit naturel et le droit civil, ainsi que Justinien le dit expressément, se réunissent pour exiger le consentement des parents au mariage de leurs enfants (*L. 2, ff. dict. tit.*). On aperçoit aisément les raisons de convenance du droit naturel ; celles du droit civil sont fondées sur deux motifs : les enfants sont la chose du père de famille ; ils ne peuvent donc pas disposer de leur personne sans l'assentiment de celui à qui ils appartiennent. Toutefois, le père de famille n'a de pouvoir que pour empêcher l'enfant d'épouser telle ou telle personne ; il n'a pas le droit de lui interdire absolument le mariage (*L. 19, ff. de rit. nupt.*). En second lieu , il n'est pas permis de donner à son père des héritiers contre son gré , ce qui aurait lieu si on n'était pas obligé de requérir son consentement. Mais cette dernière raison n'est recevable qu'à l'égard du fils de famille , car la fille ne donne point des héritiers à son père , mais à son mari (*L.* 196, § 1, *ff. de verb. signif.*). Voyons maintenant quelle était la personne dont il était nécessaire d'obtenir le consentement , et quelles conditions devait réunir ce consentement pour être valable. S'il s'agissait d'une fille, le seul consentement qui lui fût indispensable était celui du père de famille , et lorsqu'elle se trouvait au troisième degré , c'est-à-dire petite-fille du père de famille , le consentement de son père , de sa mère ou de ses autres parents , n'était qu'un consentement de convenance dont le refus ne mettait point obstacle à son mariage (*L.* 46, § 1, *ff. de rit. nupt.*). Mais si c'était un fils de famille qui dût contracter mariage, outre le consentement du père de famille qui lui suffisait , s'il était au premier degré , il devait obtenir encore , s'il était placé à un degré inférieur, celui de son père propre (*L.* 46, § 1 , *dict. tit.*), parce que celui-ci devenant au décès de l'aïeul, père de famille , devait avoir , dans sa famille, non seulement le futur époux , mais encore tous les enfants qui proviendraient de son mariage : or , ainsi que nous l'avons dit , nul ne doit se trouver dans la famille et sous la puissance d'une personne malgré elle. De tout ce que nous venons de dire , il résulte que le consentement du père n'est plus nécessaire lorsque le fils est sorti de la famille , par exemple, par l'émancipation (*L.* 20 *et* 25, *ff. dict. tit.; L.* 8 , *Cod. de nupt.*), parce qu'alors il est *sui juris* (*infr.* § 6, *quib. mod. jus patr. potest. solv.*). Il y avait cependant une exception à ce principe, à l'égard des filles ou veuves mineures de vingt-cinq ans. Elles étaient obligées , par les constitutions des empereurs, d'obtenir , pour pouvoir se marier , le consentement de leur père , ou , à son défaut, celui de leur mère et de leurs plus proches parents ou alliés (*L.* 18 , *Cod. dict. tit.; L.* 1 , *Cod. Theod. de nupt.*). Mais en cas de refus de leur part, on permettait aux filles de se pourvoir devant le magistrat (*L.* 1 , 18 *et* 20 , *Cod. de nupt.*). Quant aux conditions requises pour que le consentement du père de famille fût valable, il devait en premier lieu être libre et donné avec pleine connaissance de cause. Le fils de famille ne pouvait donc se prévaloir d'un consentement fondé sur l'erreur, ou surpris à l'aide de machinations artificieuses. Il fallait encore, autant que possible , que ce consentement fut exprès (*L.* 34, *ff. de rit. nupt.*) ; toutefois, on le présumait, lorsque le père avait eu connaissance du mariage et qu'il ne s'y était point opposé (*L.* 5, *Cod de nupt.; L.* 7, § 1, *ff. de sponsal.*), ou bien, lorsqu'étant absent par captivité ou autrement , trois ans s'étaient écoulés sans qu'on eût entendu parler de lui (*L.* 9, § 1 ; *L.* 10 *et* 11, *ff. de rit. nupt.; L.* 12, § 3, *ff. de captiv.*).

Præcedere debeat. C'est encore une des conditions requises pour la validité du consentement paternel. Il doit nécessairement précéder le mariage qui autrement n'existe pas (*L.2, ff. de rit. nupt.*). L'enfant conçu à la suite d'une pareille union ne serait pas légitime (*L. 11, ff. de stat. hom.*), lors même que la ratification du mariage, par le père, interviendrait ensuite (*arg. ex leg. 63, ff. de rit. nupt.*), car cette ratification n'a point d'effet rétroactif, et elle ne sert qu'à rendre le mariage désormais bon et valide.

Mais il était des cas où les enfants étaient dispensés par la loi d'obtenir le consentement de leurs pères. C'était lorsque ceux-ci étaient incapables de donner ce consentement :

...... Unde quæsitum est, an furiosi filia nubere, an furiosi filius uxorem ducere possit ? Cumque *super filio variabatur*, nostra processit decisio qua permissum est, ad exemplum filiæ furiosi, filium quoque furiosi posse, et *sine patris interventu*, matrimonium sibi copulare, secundum datum *ex nostra constitutione modum.*

Super filio variabatur. On voit pourquoi il était plus difficile de dispenser le fils de famille du consentement paternel, que la fille ; car, celle-ci, comme nous l'avons dit, n'introduit point des héritiers dans la famille de son père, ce qui a lieu par le mariage du fils (*Vinn. h. text.*).

Sine patris interventu. Avec cette restriction cependant que, si l'aïeul seulement est en démence, le petit-fils devra obtenir le consentement de son propre père, et dans le cas où ce serait son père, le consentement de l'aïeul qui sera le seul nécessaire (*L. 9, pr. ff. de rit. nupt.*).

Ex nostra constitutione modum. C'est-à-dire que le curateur du père devait consentir au mariage, après avoir pris l'avis du préfet de la ville, à Rome, et, dans les provinces, celui du gouverneur et des évêques (*L. 25, Cod. de nupt.; L. 28, Cod. de episcop. aud.*).

Cinquième condition. *L'absence de tout empêchement.*

§ 1er.

Ergo non omnes nobis uxores ducere licet; nam a quarumdam nuptiis abstinendum est......

On entend par empêchement de mariage, tout obstacle qui s'oppose, ou pour un temps, ou pour toujours à ce que deux personnes se marient ensemble. Outre les conditions requises pour pouvoir contracter mariage, et dont l'absence formait de véritables empêchements, il y en avait six autres: c'était 1º la *parenté*, 2º l'*alliance*, 3º l'*honnêteté publique*, 4º la *dignité*, 5º la *puissance*, 6º le *crime*.

Premier empêchement. — La *parenté*. Il y a trois espèces de parenté : la parenté *purement naturelle* qui se forme entre deux individus par le fait de la nature, et qui subsiste entre eux indépendamment des modifications que le droit des gens ou le droit civil ont pu apporter, par la suite, à leur condition. Il y a parenté *naturelle*, par exemple, entre deux frères esclaves ; la parenté *civile* ainsi appelée, parce qu'elle n'existe que par la loi civile qui, à l'aide d'une fiction , a établi des liens *de famille* entre deux personnes étrangères par le *sang* , l'une à l'autre : telle est la parenté entre le père adoptif et l'enfant adopté ; la parenté *mixte* qui participe tout à la fois de la parenté naturelle et de la parenté civile, en ce que la loi est venue resserrer les liens de famille que la nature avait d'abord établis. C'est cette parenté qui lie l'un à l'autre, le père et l'enfant issu d'un mariage légitime (*L.* 4 ; § 2 , *ff. de grad. et affin.*).

Il faut distinguer, dans la parenté, la *ligne* et le *degré*. La *ligne* est la série ou l'ordre des parents ; le *degré* est la distance qui existe de l'un à l'autre. La ligne est *directe* ou *collatérale* : on appelle ligne *directe* la suite des degrés entre personnes qui descendent l'une de l'autre et qu'on nomme pour cette raison *ascendants* et *descendants ;* ligne *collatérale*, la suite des degrés entre personnes qui ne descendent pas les unes des autres, mais qui descendent d'un auteur commun. Les degrés se comptent par générations. En ligne directe , chaque personne engendrée forme un degré : ainsi, le fils est, à l'égard du père , au premier degré ; le petit-fils au second ; et réciproquement le père et l'aïeul, à l'égard des fils et petits-fils. En ligne collatérale, les degrés se comptent également par les générations, depuis l'un des parents, jusques et non compris l'auteur commun , et depuis celui-ci jusqu'à l'autre parent. Ainsi , deux frères sont au deuxième degré ; l'oncle et le neveu au troisième degré ; ainsi de suite (*infr. de grad. cognat.* ; *ff. de grad. et aff.*).

Ceci posé, il y a empêchement absolu au mariage en ligne directe, soit qu'il s'agisse d'une parenté mixte, civile ou naturelle , et cela indéfiniment, et sans que l'émancipation puisse le faire cesser.

1° *Dans le cas de parenté mixte.* ....Inter eas enim personas quæ parentum liberorumve locum *inter se obtinent ,* contrahi nuptiæ non possunt ; veluti inter patrem et filiam, vel avum et neptem, vel matrem et filium, vel aviam et nepotem , et usque ad infinitum. Et si tales personæ inter se coierint, nefarias atque incestas nuptias contraxisse dicuntur....

Inter se obtinent. Il eût été plus exact de dire *inter parentes et liberos* , selon la remarque de Vinnius (*hoc text.*), car les oncles paternels et maternels, vis-à-vis de leurs neveux sont, à proprement parler , ceux qui *parentum locum obtinent.*

2° *Dans le cas de parenté civile.* .....Et hæc adeo ita sunt, ut quamvis per adoptionem parentum liberorumve loco sibi esse cæperint, non possint inter se matrimonio jungi : in tantum ut etiam dissoluta adoptione *idem juris maneat.* Itaque eam quæ tibi per adoptionem filia vel neptis esse cæperit, non poteris uxorem ducere, quamvis eam emancipaveris.

Idem juris maneat. L'émancipation fait cesser tout lien de famille entre l'adoptant et l'adopté (*L.* 13, *ff. de adopt.*) ; mais il y a encore assez de raisons de pudeur et d'honnêteté publique, pour que le mariage soit prohibé entre le père adoptif et sa fille. En effet, qui ne rougirait de voir une femme traiter, comme son mari, celui qu'elle aurait auparavant regardé et respecté comme son père ? La prohibition s'étendait jusqu'à la mère du père adoptif et à sa femme, quoique entre elles et l'adopté il n'y eût aucun lien de famille (*L.* 23, *ff. de adopt.; L.* 14, *pr. ff. de rit. nupt.*). Il paraît cependant que l'adoption cessant, il devenait licite d'épouser la mère de son père adoptif (*Vinn. hoc text.*).

§ 10.

3° *Dans le cas de parenté naturelle.* Illud certum est, serviles quoque *cognationes* impedimento nuptiis esse, si forte pater et filia, aut frater et soror *manumissi fuerint.*

Cognationes. Ajoutez *et affinitates* (*L.* 14, § 3, *ff. de rit. nupt.*).

Manumissi fuerint. Les esclaves ne peuvent, en effet, contracter mariage tant qu'ils restent en servitude. Mais il ne faut pas croire cependant que l'espèce d'union qui se formait entre eux, et qu'on appelait *contubernium*, les autorisât à des conjonctions incestueuses aux yeux de la loi naturelle (*ead. leg.*).

— En ligne collatérale, le mariage est prohibé jusqu'au deuxième degré, et indéfiniment, comme en ligne directe, entre les collatéraux qui se tiennent lieu entre eux d'ascendants et de descendants (*L.* 53, *ff. dict. tit.; L.* 17, *Cod. de nupt.; L. ult. Cod. de incest. et inutil. nupt.*).

§ 2.

Inter eas quoque personas quæ ex transverso gradu cognationis junguntur, est quædam similis observatio, *sed non tanta.* Sane enim inter fratrem sororemque nuptiæ prohibitæ sunt, sive ab eodem patre eademque matre nati fuerint, sive ex alterutro

7

eorum. Sed si qua per adoptionem soror tibi esse cæperit, quamdiu quidem constat adoptio, sane inter te et eam nuptiæ consistere non possunt : cum vero per emancipationem adoptio sit dissoluta, poteris eam uxorem ducere. Sed et si tu *emancipatus fueris*, nihil est impedimento nuptiis. Et ideo constat, si quis generum adoptare velit, debere eum ante filiam emancipare ; et si quis velit nurum adoptare, debere eum ante filium emancipare.

Sed non tanta. Parce que d'abord, la prohibition ne s'étend pas indéfiniment, comme en ligne directe, au moins à l'égard des collatéraux autres que les oncles et les nièces, les tantes et les neveux, et qu'ensuite, dans la parenté collatérale civile, l'adoption cessant, l'empêchement cesse également.

Emancipatus fueris. Dès lors que je ne suis plus dans la famille de mon père, toute parenté est rompue entre moi et les enfants qu'il a adoptés, car l'adoption ne produit d'effet qu'envers l'adoptant et les membres de sa famille (*L*. 23, *ff. de adopt.*). Or, l'émancipation me fait précisément sortir de la famille de mon père, et voilà pourquoi, si je suis marié, mon père ne pourra, qu'en m'émancipant, adopter ma femme ; autrement nous nous trouverions non seulement dans la même famille, mais encore frère et sœur ensemble, ce qui est incompatible avec le lien du mariage (*Theoph. Inst. lib.* I, *tit.* x, § 2, *in fin.; L*. 67, § 2, *ff. de rit. nupt.*).

§ 3.

Fratris vero vel sororis *filiam* uxorem ducere non licet. Sed nec neptem fratris vel sororis quis uxorem ducere potest, *quamvis quarto gradu sint. Cujus enim filiam* uxorem ducere non licet, neque ejus neptem permittitur. Ejus vero mulieris quam pater tuus adoptavit, filiam non videris impediri uxorem ducere, quia *neque naturali neque civili* jure conjungitur.

Filiam. Le mariage n'a jamais été permis entre l'oncle et la nièce du côté maternel ; mais il n'en a pas été toujours ainsi à l'égard du mariage entre l'oncle et la nièce du côté paternel. Ulpien dit positivement que ces noces n'étaient pas prohibées (*fragment. tit.* v, § 6) ; et Paul le laisse également à entendre (*sentent. lib.* II, *tit.* xix, § 3.). L'empereur Claude, s'étant épris d'Agrippine, fille de son frère Germanicus, fit rendre un sénatus-consulte qui autorisait ces sortes de mariages, et c'est à cette occasion qu'ils devinrent licites, quoique l'exemple de Claude n'ait été suivi que par une seule personne (*Sueton. in Claud.* § 26 ; *Gaïus, Inst.*

comment. 1 , § 62). Cette licence dura jusqu'au règne de Constantin qui la prohiba expressément , et rangea une pareille union parmi les unions incestueuses (*L.* 1 , *Cod. Theod. de incest. nupt.*).

Quamvis quarto gradu sint. Ce n'est pas en considération du degré , mais , ainsi que nous l'avons déjà dit , à cause de la place qu'ils occupent vis-à-vis l'un de l'autre , *parentum liberorumve locum obtinent*, que le mariage de l'oncle et de la nièce , ou de la tante et du neveu a été défendu (*L.* 53 et 17, *ff. de rit. nupt.*; *L.* 17, *Cod. de nupt.*; *L. ult. Cod. de incest. nupt.*).

Cujus enim filiam. Cette règle entendue absolument et dans un sens universel est fausse. En effet, je puis épouser la petite-fille de mon aïeul, quoique je ne puisse pas épouser sa fille. Elle n'est donc vraie que dans l'hypothèse des enfants du frère et de la sœur , parce qu'ils tiennent lieu de descendants à leurs oncles et tantes (*Vinn. hoc text.*).

Neque naturali, neque civili. Il n'y a pas de lien naturel, parce que l'adoption ne donne pas les droits du sang; il n'y a pas de lien civil non plus, parce que personne ne devient oncle du côté maternel par adoption (*Vinn. hoc text.*; *L.* 12, § 4, *ff. de rit. nupt.*).

§ 3.

Item *amitam*, licet adoptivam, ducere uxorem non licet ; item nec materteram, quia parentum loco habentur. Qua ratione verum est magnam quoque amitam et materteram magnam prohiberi uxorem ducere.

Amitam. Amita est la tante du côté du père; *matertera* est la tante du côté de la mère. Remarquez que Justinien dit qu'on ne pourra pas épouser sa tante paternelle, quoiqu'elle ne soit qu'adoptive, et qu'il n'ajoute pas la même chose à l'égard de la tante maternelle adoptive. C'est qu'en effet, l'adopté n'a de lien de famille qu'avec les parents paternels de celui qui l'adopte : il n'en a aucun avec ses parents maternels (*L.* 12, § 4, *ff. de rit. nupt.*; *L.* 1, § 4, *ff. unde cognat.*; *L.* 23, *ff. de adopt.*).

§ 4.

Duorum autem fratrum vel sororum liberi, vel fratris et sororis jungi possunt.

Ces sortes de mariages furent défendus par Théodose le Grand , et permis ensuite par Arcade (*L.* 19 , *Cod. de nupt.*), dont la constitution reçut en définitive l'approbation de Justinien. Mais il paraît qu'après la mort de cet empereur, les mariages entre cousins germains redevinrent illicites ;

et c'est, dit-on, pour cette raison, que Théophile, dans sa paraphrase sur ce paragraphe, a dit : *non recte inter se nuptias contrahunt.*

Deuxième empêchement. — *L'affinité* ou *l'alliance.* On entend par *affinité*, cette *quasi-parenté* que le mariage fait naître entre l'un des conjoints, et la famille de l'autre conjoint (*L.* 4 , § 3, *ff. de grad. et affin.*). A proprement parler, il n'y a pas de degrés dans l'affinité (*dict. leg.* § 5). Cependant, à l'imitation de la parenté, on a imaginé d'établir que le mari , par exemple , serait allié aux parents de sa femme, dans la même ligne, et au même degré, qu'elle se trouverait elle-même parente avec eux. Comme dans la parenté véritable, il y a indéfiniment empêchement au mariage entre les alliés en ligne directe descendante ou ascendante.

§ 6.

Adfinitatis quoque veneratione a quarumdam nuptiis abstinendum est, ut ecce : privignam aut nurum, uxorem ducere non licet, quia utræque filiæ loco sunt. Quod ita scilicet accipi debet, si fuit nurus aut privigna tua. Nam si adhuc nurus tua est, id est, si adhuc nupta est filio tuo, alia ratione uxorem eam ducere non possis, quia eadem duobus nupta esse non potest. Item si adhuc privigna tua est, id est, si mater ejus tibi nupta est, ideo eam uxorem ducere non poteris, quia duas uxores eodem tempore habere non licet.

Ce paragraphe établit suffisamment la différence qui existe entre ces deux personnes *privigna aut nurus.* La belle-fille (*privigna*) est la fille que votre femme, par exemple, a eue d'un autre mari ; la bru (*nurus*) est la femme de votre fils (*L.* 14 , § 4. *ff. de rit. nupt.*).

§ 7.

Socrum quoque et novercam prohibitum est uxorem ducere, quia matris loco sunt ; quod et ipsum dissoluta demum adfinitate procedit. Alioquin, si adhuc noverca est, id est, si adhuc patri tuo nupta est, communi jure impeditur tibi nubere , quia eadem duobus nupta esse non potest. Item si adhuc socrus est, id est, si adhuc filia ejus tibi nupta est, ideo impediuntur nuptiæ, quia duas uxores habere non possis.

Ce paragraphe, contenant les mêmes prohibitions que le précédent, n'a pas besoin d'explication. — Dans l'affinité, le mariage n'a pas toujours été défendu entre les alliés dans la ligne collatérale (*L*. 4 , § 6 *et* 7 , *ff. de grad. et adfin.*). Les empereurs interdirent enfin le mariage entre les beaux-frères et belles-sœurs (*L*. 5 , *Cod. de incest. et inut. nupt.*) et réciproquement (*L*. 8 , *Cod. dict. tit.*) , de quelque manière que sa dissolution ait lieu *dissoluto quocumque modu conjugio* (*dict. leg*. 5 , *Cod. eod. tit.*)- Mais les commentateurs sont incertains si , comme dans la parenté , le mariage est prohibé entre les alliés *qui parentum liberorumve inter se locum obtinent*, c'est-à-dire, entre les alliés , au degré d'oncle et de nièce *et vice versa*. Les uns sont pour l'affirmative, les autres pour la négative (*Vinn. hoc text.* § 5). Nous nous déciderons dans le sens de la prohibition , en nous appuyant sur un texte qui nous paraît formel, quoique dans la place qu'il occupe, il semble ne se rapporter qu'aux mariages entre beaux-frères et belles-sœurs : *Hos itaque inter se , quod adfinitatis causâ parentum liberorumque loco habentur, matrimonio copulari nefas est* (*L*. 4 , § 7, *ff. de grad. et adfin.*). — L'affinité n'existe pas dans l'adoption ; l'adopté n'a d'alliés que dans sa famille naturelle; il n'en acquiert aucun dans sa famille adoptive (*dict. leg.* § 10 , *eod. tit.*). Il n'y a donc pas prohibition de mariage entre l'adopté et les alliés directs et collatéraux de son père adoptif, comme dans la parenté. Mais les cognations serviles admettent l'affinité, ainsi que nous en avons déjà fait la remarque; l'esclave ne pourra donc s'unir avec les alliés en ligne directe indéfiniment et collatérale jusqu'au troisième degré , que le *contubernium* lui aura faits (*L*. 14 , § 3 , *ff. de rit. nupt.*). Il en est de même à l'égard des alliés que le concubinat nous aura donnés (*L*. 4 , *Cod. de nupt.*).

§ 8.

Mariti tamen filius ex alia uxore , et uxoris filia ex alio marito , vel contra, matrimonium recte contrahunt , licet habeant fratrem sororemve ex matrimonio postea contracto natos.

Les parents du mari deviennent les alliés de la femme, et les parents de la femme, les alliés du mari; mais les parents de l'un des conjoints ne deviennent pas les alliés des parents de l'autre conjoint; autrement l'affinité n'aurait plus de bornes, et , selon la remarque de Vinnius, cette fiction aurait plus d'étendue que la parenté véritable (*Vinn. hoc text.*).

Troisième empêchement. — *L'honnêteté publique.* Lorsqu'il s'agit de mariage, il ne faut pas examiner seulement ce qu'on pourrait se permettre à la rigueur, mais encore ce qu'il convient d'observer (*L*. 42 , *pr. ff. de rit. nupt.* ; *L*. 197 , *ff. de reg. jur.*), car tout ce qu'il est loisible de faire, n'est pas à cause de cela toujours décent (*L*. 144 , *pr. ff. de reg. jur.*), et ce sont ces raisons de convenance et d'honnêteté publique qui ont donné naissance à certains empêchements de mariage.

§ 9.

Si uxor tua post divortium ex alio filiam procreaverit, hæc non est quidem privigna tua. Sed Julianus hujus modi nuptiis abstinere debere ait ; nam nec sponsam filii nurum esse, *nec patris sponsam* novercam esse, *rectius tamen* et jure facturos eos qui hujus modi nuptiis abstinuerint.

Nec patris sponsam. Justinien cite dans ce paragraphe trois cas d'empêchement au mariage, dont les motifs se sentent assez d'eux-mêmes pour qu'il soit inutile d'en parler. Mais ces cas ne sont pas les seuls , et il est bon de connaître les autres. L'honnêteté publique prohibait encore le mariage : 1º entre la femme et son affranchi (*L*. 3 , *Cod. de nupt.*), ou l'affranchi de son mari ou de son propre patron (*L*. 62, § 1. *ff. de rit. nupt.*), à moins qu'elle fût d'une condition si humble , que ce mariage pût encore être convenable pour elle ; et dans ce cas encore, elle devait prendre l'autorisation du juge, qui ne la donnait qu'en connaissance de cause (*L*. 13, *dict. tit.*). Mais cette prohibition n'existait que pour la femme, car nous avons vu qu'un maître pouvait affranchir son esclave dans le dessein de l'épouser (*supr.* § 5, *quib. ex caus. manum.*), et les enfants qu'il en avait, étaient considérés en tous points comme provenant de justes noces (*L*. 15, *Cod. de nupt.*) ; 2º entre l'enfant tenu sur les fonts baptismaux et celui ou celle qui avait répondu pour lui (*L*. 26, *Cod. dict. tit.*). Dans ce dernier cas , l'affinité spirituelle se réunissait aux raisons de convenance publique pour défendr e ce mariage.

Rectius tamen. Ces mots semblent indiquer que tous ces empêchements n'étaient que prohibitifs, et qu'ils pouvaient être levés par l'autorité du prince ; cependant, je ne vois dans aucune autre loi que l'on pût être dispensé de l'un des trois empêchements dont parle notre texte.

§ 11.

Sunt et aliæ personæ quæ *propter diversas rationes* nuptias contrahere prohibentur, quas in libris Digestorum seu Pandectarum ex veteri jure collectarum enumerari permisimus.

Propter diversas rationes. Ces diverses raisons qui mettent encore obstacle au mariage , sont la *dignité* , la *puissance* et le *crime*. Nous allons les expliquer tour à tour.

Quatrième empêchement. — La *dignité*. Cet empêchement fort ancien, puisqu'il a son origine dans la loi des Douze-Tables , mettait obstacle au mariage des sénateurs et de leurs descendants mâles ou du sexe féminin, non seulement avec les affranchis (*L. 44, pr. §1 et 8 ; L. 49, ff. de rit. nupt.*); mais encore, en vertu de la loi *Julia Papia* confirmée successivement par les constitutions des empereurs Marc-Aurèle, Commode (*L. 16, pr. L. 42, §1, ff. dict. tit.*), Constantin (*L. 1, Cod. de nat. liber.*), Valentinien et Marcien (*L. 7, Cod. de incest. nupt.*), avec toute personne d'une condition basse ou qui aurait exercé une profession mercenaire ou infâme (*L. 44, 43 et 44, ff. de rit. nupt.*). La loi *Julia Papia* avait même étendu ses prohibitions jusqu'aux ingénus (*dict. leg.*). Le mariage contracté au mépris de ces empêchements était nul (*L. 16, pr.; L. 42, §1, ff. dict. tit.*), et appelait les peines de l'infamie sur les infracteurs (*L. 1, Cod. de natur. liber.*). L'empêchement n'était pas cependant absolu, et le prince pouvait en accorder les dispenses (*L. 31 et 32, ff. de rit. nupt.*). Il n'existait même pas à l'égard des sénateurs ou de leurs enfants, qui, par une cause ou par une autre, avaient mérité de perdre leur dignité (*L. 27 et 47, ff. dict. tit.*). Justin (*L. 23, Cod. de nupt.*), et après lui Justinien (*L. 33, Cod. de episcop. aud.; L. fin. Cod. de nupt.*), restreignirent les premiers ces prohibitions. Enfin Justinien, dans sa Novelle 118, chap. 6, autorisa les grands de son empire, de quelque dignité qu'ils fussent d'ailleurs revêtus, à se marier avec les personnes même d'une condition considérée anciennement comme abjecte, pourvu toutefois qu'elles fussent libres. On obligeait seulement ceux qui se trouvaient, au moment de leur mariage, dans quelque dignité éminente, à passer un acte pour régler les conditions de leur union.

Cinquième empêchement. — La *puissance*. Il y avait empêchement, à cause de la puissance, dans les personnes qu'on pouvait soupçonner d'abuser de leur position et de leur autorité, et de diminuer par la violence, ou par des moyens quelconques, la liberté du consentement que le mariage exige dans les deux parties contractantes. Ainsi, ni le tuteur, ni curateur; même celui donné au ventre, ne pouvaient, sous les peines de l'infamie et de la nullité de leur mariage, épouser leurs pupilles avant l'âge où ils devaient leur rendre compte, c'est-à-dire, aux termes des lois anciennes, avant 26 ans, et sous Justinien, avant 29 ans, à moins cependant qu'ils eussent reçu la promesse du père, ou que celui-ci les eût destinés par testament pour époux à leurs pupilles (*L. 36, 66, 67, §4, ff. de rit. nupt.; L. 1 et 7, Cod. de interd. matrim.*). Cette prohibition s'étendait à tous leurs enfants et descendants mâles, adoptifs ou purement naturels (*L. 59, 60, §7, ff. de rit. nupt.; L. 4 Cod. de interd. matrim.*), et elle subsistait même après la mort de leur père (*L. 67, pr. supr. dict. tit.*). Toutefois, le prince pouvait relever de cet empêchement (*L. 7, Cod. de interd. matrim.*), et le mariage, bien entendu, n'était pas annulé lorsqu'il avait été contracté avant la tutelle ou la curatelle (*L. 3, Cod. dict. tit.; L. 67, §3, ff. supr. dict. tit.*). De plus, il faut remarquer que cette prohibition n'avait été faite que dans l'intérêt des pupilles du sexe féminin et qu'elle n'enveloppait pas d'autres personnes (*dict. leg. 67, §5; L. 64, §2, ff. eod.*

tit.; *L*. 5, Cod. *de interd. matrim.*). — Il y avait encore empêchement de mariage, à cause de la puissance, entre le gouverneur, les préfets militaires ou tribuns d'une province, et les femmes de cette province ou qui y étaient domiciliées (*L*. 38, *pr. et* 63, *ff. de rit. nupt.*; *L*. 190, *ff. de verb. signif.*). Cet empêchement prohibitif, même pour leurs enfants, du sexe masculin seulement (*L*. 57 *et* 38, § 2, *ff. de rit. nupt.*), n'existait pas s'ils avaient été fiancés avant leur entrée en fonctions dans la province (*dict. leg.* 38, § 1), et cessait absolument lorsqu'ils s'étaient démis de leurs places (*L*. 65, § 1, *ff. dict. tit.*; *L*. 6, Cod. *de nupt.*).

Sixième empêchement. — Le *crime*. Il était défendu au ravisseur d'épouser celle qu'il avait enlevée; et la femme, coupable d'adultère, ne pouvait, du vivant de son mari, contracter mariage avec un autre.

<h2 style="text-align:center">§ 12.</h2>

Si adversus ea quæ diximus aliqui coierint, *nec vir*, *nec uxor*, nec nuptiæ, nec matrimonium, *nec dos* intelligitur. Itaque ii qui ex eo coitu nascuntur, in potestate patris non sunt; sed tales sunt (quantum ad patriam potestatem pertinet), quales sunt ii quos mater vulgo concepit : nam *nec hi patrem habere intelliguntur*, cum is etiam pater incertus est. Unde solent spurii appellari, vel a græca voce quasi σποραδὺν concepti, vel quasi sine patre filii. Sequitur ergo, ut dissoluto tali coitu nec dotis exactioni locus sit. Qui autem prohibitas nuptias contrahunt, *et alias pœnas* patiuntur, quæ sacris constitutionibus continentur.

Si adversus ea. D'après ce paragraphe, il y a deux sortes de peines contre ceux qui ont contracté des unions illicites. 1° Leur mariage est nul de plein droit, comme tout ce qui est fait contre les inhibitions formelles de la loi (*L*. 5, Cod. *de leg.*), ou plutôt il n'a jamais existé. En conséquence, outre que les enfants sortis d'une pareille conjonction, sont assimilés en tous points aux enfants *vulgo concepti*, et sur lesquels le père ne peut prétendre aucun droit de puissance paternelle, il a été établi que non seulement il n'y aurait point de dot, mais encore, que si l'un des époux avait joui à ce titre d'un bien quelconque, ce bien serait confisqué, avec les fruits, au profit du fisc (*L*. 52, 61, *ff. de rit. nupt.*; *L*. 8, § 1, Cod. *de nupt.*; *L*. 4, Cod. *de incest. et inutil. nupt.*). 2° Ils encouraient, *pro qualitate delicti*, certaines peines particulières, dont nous parlerons ci-après.

Nec vir, nec uxor. Les titres honorables de mari et de femme sont l'apanage de justes noces ; ils ne peuvent servir à décorer la turpitude d'une autre union.

Nec dos. La dot n'est point nécessaire au mariage ; mais il ne peut y avoir de dot lorsqu'il n'y a pas mariage (*L*. 3 , *ff. de jur. dot.*).

Nec hi patrem habere intelliguntur. Il y a une différence bien remarquable, et que notre texte contient implicitement, entre les enfants *vulgo quæsiti*, et ceux nés *ex injustis nuptiis.* Les premiers, véritablement, sont censés n'avoir pas de père, car il leur est impossible de le connaître et de le désigner sûrement : *patrem demonstrare non possunt.* Les enfants, au contraire, provenus *ex injustis nuptiis*, ont un père que tout le monde peut connaître et nommer : *patrem demonstrare possunt* ; mais ce père, quant à la puissance paternelle , dont la loi ne le reconnaît pas digne , est censé ne pas exister, et c'est en ce point seulement que l'assimilation des enfants illégitimes aux enfants *vulgo quæsiti* est complète.

Et alias pœnas. Ces peines étaient infligées aux contractants *pro qualitate delicti* , c'est-à-dire que l'on faisait une distinction entre les alliances formées contre les injonctions de la loi civile , et celles contractées au mépris du droit des gens. Toutes ces conjonctions étaient flétries par la loi du nom de conjonctions incestueuses ; mais il n'y avait, à proprement parler , que les secondes qui méritassent cette dénomination. Lorsqu'il n'y avait eu qu'empêchement civil , le mariage, dans la plupart des cas , ne pouvait pas être validé ; mais on admettait quelques excuses et on atténuait la peine (*L*. 68 ; *L*. 57, § 1, 58, *ff. de rit. nupt.* ; *L*. 2, *Cod. si nupt. ex rescript. pet.* ; *L*. 4 , *Cod. de incest. nupt.*). Le châtiment était également moins grave. Arcade et Honorius décrétèrent que ceux qui auraient contracté un mariage défendu , ne pourraient non seulement se faire de donation mutuelle, mais encore qu'il leur serait interdit de disposer par testament de leurs biens, si ce n'est au profit de quelques parents en ligne directe ou collatéraux très-proches , indiqués par la loi. S'ils mouraient intestats , le fisc, à défaut de ces parents, recueillait leur hérédité (*L*. 6, *Cod. de incest. nupt.*). Mais lorsque l'empêchement était de droit naturel, la loi sévissait avec bien plus de rigueur. Les coupables étaient privés de leurs biens qui passaient aux enfants légitimes qu'ils pouvaient avoir ; sinon , ils étaient confisqués au profit du fisc. On leur ôtait tout droit de puissance paternelle sur leurs enfants légitimes ; on les exilait ; et ils subissaient même des châtiments corporels, s'ils étaient de basse condition (*Nov*. 12, *cap.* 1 *et* 2). — Il nous reste, sur ce titre , à parler de la *légitimation.*

SECTION DEUXIÈME. — *De la Légitimation.*

La légitimation est l'acte par lequel un enfant naturel, et par conséquent non soumis à la puissance paternelle, devient légitime et entre en même temps sous la puissance de son père. La légitimation ne pouvait jamais avoir lieu en faveur des enfants provenus d'une conjonction illicite, ou d'un commerce purement charnel, ou incestueux, ou adultérin (*L.* 44, *Cod. de episcop. et cleric.* ; *Nov.* 74, *cap.* 6). Les seuls enfants naturels susceptibles de jouir du bienfait de la légitimation étaient ceux nés d'une union que ne réprouvait point la loi civile, comme le *concubinat*, et la légitimation n'avait pas d'autre effet que de leur conférer les droits de famille qu'ils ne tenaient point de leur naissance. Mais il fallait qu'ils consentissent à être légitimés, parce qu'étant indépendants et pères de famille, on ne pouvait, contre leur gré, changer leur condition ni les soumettre à la puissance d'un autre. *Nemo invitus in patriam potestatem redigitur.* — Il y avait plusieurs formes de légitimation dont nous allons parler en expliquant le paragraphe suivant.

§ 13.

Aliquando autem evenit ut liberi qui, statim ut nati sunt, in potestate parentum non fiant, postea autem redigantur in potestatem parentum. Qualis est is qui, dum naturalis fuerat, postea *curiæ datus* potestati patris subjicitur. Nec non is qui a *muliere libera* procreatus, cujus matrimonium minime legibus interdictum fuerat, sed ad quam pater consuetudinem habuerat, postea ex nostra constitutione dotalibus instrumentis compositis, in potestate patris efficitur. *Quod et aliis liberis*, qui ex eodem matrimonio postea fuerint procreati, similiter nostra constitutio præbuit.

Curiæ datus. L'oblation à la *curie* était la première et la plus ancienne manière d'obtenir la légitimation. Le père présentait son enfant naturel à la curie dont il faisait lui-même partie, et demandait son inscription au nombre des *décurions* ; l'enfant devenait alors légitime. Si l'enfant naturel était une fille, son mariage avec un décurion suffisait pour la légitimer (*L.* 3, *Cod. de nat. liber.*). La curie était dans les provinces et les colonies ce que le sénat était à Rome, et les décurions qui composaient la curie avaient dans leur ville, le rang des sénateurs à Rome (*Vinn. hoc text.*). Les décurions étaient ainsi appelés, parce que, dans le principe, on avait pris le dixième de tous ceux qu'on envoyait en colonie, pour en former le conseil public qu'on nomma *Curie* (*L.* 239, § 5, *ff. de verb. signif.*).

A muliere libera. C'était la légitimation par *mariage subséquent*. Constantin et Zénon introduisirent ce mode de légitimation, mais à condition que le père n'aurait pas d'enfants légitimes, et qu'elle ne comprendrait que les enfants naturels nés avant leur constitution (*L.* 5, *Cod. de nat.*

liber.). Mais Justinien fît disparaître ces deux exceptions (*L.* 10 *et* 11, *Cod. dict. tit.; Nov.* 89, *cap.* 8), et la légitimation par mariage subséquent, ne fut plus astreinte qu'à deux conditions générales : 1º il était nécessaire qu'au temps de la conception il n'y eût point eu d'empêchement au mariage : *minime legibus interdictum fuerat;* 2º que l'on dressât un acte dotal, *dotalibus instrumentis compositis,* moins pour la validité du mariage, que pour le rendre public, et faire connaître que les nouveaux époux changent leur habitude en affection conjugale. Justinien est l'auteur de cette dernière condition. — Quant à la qualité d'ingénue que les lois anciennes demandaient dans la mère, d'après notre texte, cela n'est plus exigé, et le mariage subséquent légitime même les enfants d'une esclave que leur père a affranchie dans le dessein d'en faire son épouse (*Nov.* 78, *cap.* 4).

Quod et aliis liberis. Tous les commentateurs conviennent que le texte est ici vicieusement rédigé, mais ils ne sont pas d'accord sur les mots qu'on doit substituer. Les uns soutiennent qu'au lieu de ces termes, *quod et aliis liberis,* il faut lire *quod si alii liberi,* et les autres, *quod etsi nulli alii liberi.* Théophile a conservé la fin de ce paragraphe telle qu'elle est conçue, et Ferrières, sur ce texte, dit qu'on doit l'entendre dans le sens de la loi 11, *Cod. de natur. liber.,* c'est-à-dire que lorsqu'un homme épousait sa concubine enceinte, et qu'elle accouchait après le mariage, son enfant était légitime, ce dont on avait douté avant Justinien. — Outre les deux modes de légitimation qui précèdent, Justinien en a encore introduit deux autres, à savoir : la légitimation par rescrit du prince (*per rescriptum principis*), et la légitimation par testament (*testamento*). La première s'opérait lorsque, sur la demande du père, l'empereur déclarait légitime son enfant naturel ; mais il était nécessaire que le père n'eût pas d'autres enfants légitimes, et de plus qu'il fût dans l'impossibilité d'épouser sa concubine (*Nov.* 74, *cap.* 2; *Nov.* 89, *cap.* 9 *et* 10). La seconde avait lieu lorsque le père, dans son testament, déclarait ses enfants naturels ses légitimes successeurs ; mais cette disposition n'avait d'effet, qu'autant qu'elle était confirmée par le prince, sur la sollicitation des enfants *supplicantibus filiis* (*Nov.* 74, *cap.* 2, § 1).

TITRE ONZIÈME.

De l'Adoption. (De adoptionibus).

L'adoption est un acte solennel inventé par le droit civil pour imiter la nature, et en vertu duquel un individu est considéré comme le véritable fils de celui que la nature n'avait pas fait son père.

PR.

Non solum autem *naturales liberi* secundum ea quæ diximus *in potestate nostra sunt,* verum etiam ii quos *adoptamus.*

Naturales liberi. Cette expression ne désigne plus ici, comme ci-dessus, les enfants nés du concubinat ; elle s'applique, dans une autre acception à tous les fils de famille qui descendent réellement du chef. On les appelle *enfants naturels,* par opposition aux enfants adoptifs (*L.* 31 , *ff. de adopt.* ; *M. Ducaurroy*).

In potestate nostra sunt. Dans tout ce titre , on ne trouvera que le *principium* et le § 2 qui en est la modification, qui soient relatifs aux effets de l'adoption. Les autres paragraphes traiteront presque exclusivement de ses formes , et cela devait être : il ne faut pas , en effet, oublier le point de vue sous lequel Justinien envisage ici l'adoption. Il ne s'en occupe qu'en tant qu'elle procure la puissance paternelle ; or , il lui suffisait de constater et de rendre légal par les formes ce grand effet ; tous les autres qui n'en sont que la conséquence , comme le droit d'acquérir par le fils adoptif , le droit de succéder au père adoptif , sont autant de droits dont il doit être question ailleurs que dans un livre spécialement consacré aux personnes.

Adoptamus. L'origine de l'adoption est fort ancienne , et son premier motif a été de procurer quelque consolation à ceux qui n'ayant point d'enfants , désireraient goûter les douceurs de la paternité que la nature leur avait refusées , ou qui les ayant perdus , voudraient reporter sur des étrangers leur tendresse , et remplacer par de douces illusions les sentiments plus tendres dont un malheur cruel les avait privés. Depuis, on a étendu cette faveur à ceux mêmes qui avaient des enfants , mais avec les restrictions et sous les conditions que nous aurons soin de signaler.

On a donné le nom général d'adoption à l'acte volontaire par lequel on devient le père d'un individu ; mais la qualité dont cet individu jouissait avant que d'être adopté , a fait distinguer l'adoption en deux espèces ; et on l'a appelée *adoption simple* , lorsqu'il s'agissait de l'adoption d'un fils de famille , *adrogation* , lorsqu'il était question de l'adoption d'une personne *sui juris* (*L.* 1 , § 1 , *ff. de adopt.*). Les effets de ces deux adoptions étaient les mêmes , sauf pourtant quelques restrictions devenues assez nombreuses sous la législation justinienne ; mais les formes , ainsi que les conditions auxquelles elles étaient soumises , étaient différentes. Il y avait cependant des règles générales tenant à la nature même de l'adoption , et qui par conséquent étaient communes aux deux espèces. Voyons d'abord quelles étaient ces règles générales ; nous nous occuperons ensuite des formes particulières à l'*adoption proprement dite* et à l'*adrogation.*

§ 4.

1° Minorem natu majorem non posse adoptare placet. Adoptio enim naturam imitatur et pro monstro est ut major sit filius quam pater. Debet itaque is qui sibi filium per adoptionem vel adrogationem facit, plena pubertate, id est, *decem et octo annis* præcedere.

Decem et octo annis. C'est avec raison qu'on a exigé, pour pouvoir adopter, un âge plus avancé que pour le mariage. Il y a, en effet, un grand nombre d'individus dont la puberté ne se développe que tardivement, et qui conservent très long-temps l'extérieur de véritables enfants. On sent combien il eût été en opposition avec le but de l'adoption, qu'ils fussent fictivement ce que la nature ne leur aurait pas permis d'être véritablement. Remarquez au reste que notre paragraphe ne fait aucune distinction des hommes et des femmes; celles-ci devront donc également avoir accompli leur dix-huitième année pour qu'il leur soit permis d'adopter.

§ 5. — *Exception.*

Licet autem et in locum nepotis vel pronepotis, vel in locum neptis vel proneptis, vel deinceps adoptare, *quamvis filium quis non habeat.*

Quamvis filium quis non habeat. Il est aussi impossible en droit, d'être père de famille lorsqu'on n'a point d'épouse, qu'il est impossible de fait d'être aïeul lorsqu'on n'a point d'enfants ; si donc on a permis aux célibataires d'adopter (*L.* 30, *ff. de adopt.*), il devra être également licite de se donner par l'adoption un petit-fils. Ces deux exceptions prouvent que la faveur due aux adoptions a dû faire fléchir la rigueur des principes, et qu'il faut se contenter, si on veut se rapprocher le plus possible de la nature, de supposer que l'adoptant a un fils par lequel il aurait pu devenir aïeul, ou que le célibataire a une femme qui aurait pu le rendre père.

§ 6.

Et tam *filium alienum* quis in locum nepotis adoptare potest, quam nepotem in locum filii.

Filium alienum. Après les exceptions que nous venons de voir, il n'est pas étonnant qu'on permette, dans l'adoption, de changer l'ordre des degrés. La paternité par l'adoption n'étant qu'une paternité fictive, il n'est pas indispensable, selon la remarque fort juste de Théophile, dans sa paraphrase sur ce texte, que l'enfant que j'adopte, devienne mon fils dans le même rang et au même degré que celui que la nature lui avait assigné auprès de son père véritable. Je pourrai donc très bien adopter pour mon fils le petit-fils d'un étranger, ou pour mon petit-fils le fils d'un étranger, ainsi que le déclare expressément notre texte.

§ 7.

Sed si quis nepotis loco adoptet, vel quasi ex eo filio quem habet jam adoptatum, vel quasi ex illo quem naturalem in sua potestate habet; in eo casu et filius consentire debet, *ne ei invito suus heres adgnascatur.* Sed ex contrario, si avus ex filio nepotem det in adoptionem, *non est necesse filium consentire.*

Ne ei invito suus heres adgnascatur. Dans ce premier cas, on requérait le consentement du fils naturel ou adoptif, pour l'adoption du petit-fils, parce que devenant, à la mort de l'aïeul, père de famille, ceux qui retombent alors nécessairement sous sa puissance, ne doivent pas s'y trouver contre son gré, ainsi que nous l'avons déjà expliqué (*voyez page* 46). Mais remarquons l'espèce de notre paragraphe. Justinien suppose que l'aïeul adopte un individu qu'il veut faire considérer comme le fils de l'un de ses enfants naturel ou adoptif (*quasi ex eo filio*), et alors le consentement de celui-ci est nécessaire; autrement, si l'adoption a lieu simplement, c'est-à-dire, si l'aïeul ne veut faire considérer aucun de ses enfants comme le père de celui qu'il adopte, s'il adopte, par exemple, *tanquam ex incerto filio*, dans ce cas, la personne adoptée ne devant jamais être que le neveu de l'enfant ou des enfants de l'adoptant, ce dernier n'a pas besoin de leur consentement : *filii consensus non desideratur* (*L.* 43 *et seq. ff. h. tit.*). Au reste, le défaut de consentement de la part du fils à qui on le demande, n'empêche pas que le père de famille ne puisse adopter quelqu'un pour son petit-fils; seulement, les choses se passeront comme si l'adoption avait été faite simplement, c'est-à-dire que le petit-fils ne sera considéré que comme le neveu du fils de famille, et qu'il ne retombera jamais sous sa puissance (*Vinn. h. text.*).

Non est necesse filium consentire. Il ne s'agit plus, dans ce nouveau cas, d'imposer un héritier au fils de famille contre sa volonté; on suppose que l'aïeul veut donner en adoption son petit-fils véritable, *ex filio nepotem*, et alors, on ajoute avec raison qu'il n'est pas nécessaire que le fils y consente, car le petit-fils étant la chose du père de famille, comme le fils lui-même, l'aïeul pourrait le donner en adoption malgré le refus formel de son père.

§ 9.

2° Sed et illud utriusque adoptionis commune est, quod et ii qui *generare non possunt*, quales sunt spadones, adoptare possunt; castrati autem non possunt.

Generare non possunt. Rappelons-nous toujours que le but de l'adoption étant d'imiter la nature autant que possible, on ne devait pas la permettre à ceux qui naturellement étaient incapables d'être pères : on avait donc, à cet effet, distingué les impuissants en *spadons* et en *castrats.* Les premiers étaient ceux dont l'impuissance tenant à des causes qui pouvaient disparaître, n'était que temporaire. On feignait alors que leur impuissance avait cessé, et on leur permettait d'adopter ; les seconds, au contraire, étant radicalement et pour toujours impuissants, il était difficile de supposer la disparition d'une cause qui ne pouvait qu'exister toujours ; voilà pourquoi l'adoption leur était absolument interdite. Cependant l'empereur Léon finit par leur accorder cette faveur (*Nov.* 26).

§ 10.

3° Feminæ quoque adoptare non possunt, quia *nec naturales liberos* in sua potestate habent. Sed ex indulgentia principis ad solatium liberorum amissorum adoptare possunt.

Nec naturales liberos. Les enfants nés hors mariage, suivent la condition de leur mère, mais sans jamais être de sa famille, lorsqu'elle se trouve *sui juris*, ainsi que nous l'avons déjà répété plusieurs fois (*L.* 196, § 1. *ff. de verb. signif.*). C'était donc se mettre en opposition avec la loi civile que de leur permettre de se créer, par l'adoption, une maternité fictive, lorsque la véritable n'existait même pas légalement. Aussi le droit ancien leur refusait-il absolument la faveur de l'adrogation et même de l'adoption : *Feminæ neutro modo possunt adoptare*, dit Ulpien (*Reg.* 8, § 9), et Gaïus constate cette prohibition dans les mêmes termes (*Inst. comment.* 1, § 104). Plus tard, on crut devoir tempérer la rigueur du droit à leur égard, mais ce fut en continuant de leur interdire l'adrogation (*L.* 5, *Cod. de adopt.*) ; et même, l'adoption qu'on leur permit, n'était qu'une adoption imparfaite et très-restreinte par les conditions auxquelles elle était soumise. Ainsi, il n'y avait que les veuves (*Vinn. h. text.*; *L.* 5, *Cod. dict. tit.*) qui pussent obtenir du prince la faculté d'adopter, et dans le cas seulement où elles voudraient remplacer les enfants qu'elles auraient perdus. De plus, cette adoption ne leur conférait aucun droit de puissance maternelle sur la personne de leurs enfants adoptifs qui ne changeaient point de famille (*Pothier, Pand. h. tit.* sect. 1, art. 3, § 1 et 18, *note* (*c*), quoiqu'ils fussent cependant assimilés aux enfants que l'adoptante aurait eus d'un légitime mariage, et qu'ils lui succédassent *ab intestat*, comme ils succéderaient à un père adoptif étranger, dans le cas du paragraphe 2 de ce titre ; en un mot, si l'adoption leur était permise, elle l'était, *non ut filium habeant in potestate, sed ut solatium orbitatis, et heredem* (*L.* 5, *Cod. dict. tit.*). L'empereur Léon, dans ses Novelles

26 et 27, permit enfin l'adoption aux femmes mariées qui n'auraient jamais eu d'enfants, et même aux vierges.

§ 8.

4° *In plurimis* autem causis adsimilatur is qui adoptatus vel adrogatus est, ei qui ex legitimo matrimonio natus est. Et ideo si quis per imperatorem, sive apud prætorem vel apud præsidem provinciæ non extraneum adoptaverit, potest eumdem alii in adoptionem dare.

Le *principium* de ce titre nous a appris que les enfants adoptifs étaient sous la puissance du père de famille, comme ses enfants naturels. Or, comme il lui est permis de donner ceux-ci en adoption, il lui sera également licite de faire adopter les premiers par un étranger. Et ceci est rigoureusement vrai à l'égard des individus adrogés. Mais Justinien, ainsi que nous l'allons voir sous le paragraphe 2, ayant décidé que les fils de famille ne passeraient sous la puissance de l'adoptant qu'autant que celui-ci serait leur ascendant, au moins maternel, il s'ensuit qu'on a dû permettre seulement au père adoptif qui serait en même temps ascendant naturel, de faire adopter ses enfants adoptifs par d'autres : voilà pourquoi ces mots *non extraneum*, ont été intercalés dans notre texte, qui se trouvait parfaitement exact avant la constitution de Justinien insérée au Code (*L*. 10, *Cod. de adopt.*).

In plurimis. C'est qu'en effet, l'assimilation des enfants adoptés aux enfants légitimes n'est pas parfaite sur tous les points. Nous allons indiquer les principales différences qui existent entre eux. Ainsi, l'émancipation du fils adoptif le fait pour toujours sortir de la famille de son père adoptif (*L*. 37, § 1, *ff. h. tit.*), tandis que l'émancipation du fils naturel ne met point obstacle à ce qu'il rentre dans la famille de son père par l'adoption ; l'émancipation du fils entraîne celle de ses enfants (*L*. 14 *et* 41, *ff. dict. tit.* ; le père naturel au contraire peut émanciper son fils et retenir en sa puissance ses petits-fils, et *vice versa* (*infr*. § 7, *quib. mod. jus patr. potest. solv.*); enfin, le fils adoptif devient par l'émancipation absolument étranger à la famille de son père adoptif dans laquelle il cesse d'avoir aucun droit (*L*. 13 *et* 14, *ff. dict. tit.* ; *infr*. § 4 *de exhered. liber.* ; § 10 *et* 11, *de hered. quæ ab intest defer.*), au lieu que l'émancipation du fils naturel n'empêche pas que le droit prétorien ne l'appelle à l'hérédité *ab intestat* de son père.

5° Dans l'adoption proprement dite, comme dans l'adrogation, la loi exigeait, pour qu'elles fussent valables, la présence personnelle et le consentement de toutes les parties intéressées (*L*. 5, 24 *et* 25, § 1, *ff. de adopt.*). Cependant, s'il s'agissait de l'adoption d'un fils de famille, son consentement, quoiqu'il fût également demandé , parce qu'en principe les enfants naturels ne peuvent pas être précisément contraints de changer de famille, et de passer sous la puissance d'un père étranger (*arg. ex leg.* 11, *ff. de his qui sui vel alien. jur. sunt*), son consentement , disons-nous , n'avait pas besoin d'être aussi formel que celui de l'adrogé ; il suffisait qu'il ne s'opposât pas absolument à la volonté que son père avait manifestée de le donner en adoption (*L.* 5 , *ff. de adopt.*) , et cela est si vrai , que l'enfant , quoique incapable de consentement , pouvait être adopté (*L.* 42 , *ff. eod. tit.*'.

6° L'adoption et l'adrogation ne pouvaient être dissoutes que par l'émancipation ; le terme ou la condition apposée à l'adoption n'empêchait point qu'elle ne subsistât après ce terme, ou après l'événement de cette condition ; on n'a point, en effet, des enfants pour un temps seulement (*L.* 34 , *ff. dict. tit.*).

7° Enfin , l'adoption nulle par défaut de forme pouvait être validée par le prince (*L.* 38 , *ff. h. tit.*), mais avec connaissance de cause , et lorsqu'il serait bien certain que la confirmation de l'adoption ne préjudicierait en aucune façon aux droits des tiers (*L.* 39 , *ff. eod. tit.*).

— Il nous reste à examiner quelles étaient les formes particulières à chaque espèce d'adoption.

§ 1er.

Adoptio autem duobus modis fit, aut *principali rescripto*, aut *imperio magistratus*.....

Principali rescripto. Avant le règne des empereurs , le peuple romain avait seul le droit de permettre à un individu de changer sa condition (*Vinn. h. text.*). En conséquence, l'adrogation ne pouvait se faire que dans l'assemblée générale des comices , et voici quel en était le mode. Les pontifes étaient les arbitres de l'utilité de l'adrogation,et ils examinaient si aucune des causes prévues par la loi, et qui sont les mêmes sous Justinien , ainsi que nous le verrons ci-après , ne pouvait , par son existence , y mettre obstacle. Cela fait, on interpellait les deux parties : on demandait à celui qui se proposait d'adopter , si son intention était bien de prendre telle personne en adoption , et de le reconnaître en cette qualité pour son enfant légitime ; et, à celui qui voulait se faire adroger , s'il consentait à devenir son fils ? Ensuite , on interrogeait le peuple en ces termes : *Velitis, jubeatis, Quirites, uti L. Valerius (verb. grat.) L. Titio tam jure legeque filius sibi siet, quam si ex eo patre matreque familias ejus natus esset ; uti ei vitæ necisque in eo potestas siet , uti patri endo (id est , in) filio est ? Hæc ita , uti dixi , ita vos, Quirites, rogo (Pothier, Pand. hoc tit.*). Le consentement du peuple obtenu , on faisait une loi ; et l'adrogation était dès ce moment parfaite. Les comices ne se tenant qu'à Rome ,

l'adoption d'un individu *sui juris*, dans les provinces, ne recevait pas le
nom d'adrogation, et elle s'opérait par l'autorité du gouverneur (*Gaïus*,
4, § 100; *Ulp. reg.* 8, § 4). De ce que l'adrogation n'avait lieu que dans
les comices, il s'ensuivait que certaines personnes, n'ayant pas le droit
d'y assister, ne pouvaient être adrogées : telles étaient les femmes et le
plus souvent, les impubères (*Ulp. ibid.* § 5; *Gaïus*, *ibid.* § 101 *et* 102).
Nous verrons plus tard que cette faveur de l'adrogation leur fut définitivement concédée. La loi *Regia*, ayant transféré aux empereurs toute la
puissance et l'autorité qui résidaient dans le peuple romain, les rescrits
du prince, à Rome, comme dans les provinces, remplacèrent les lois des
comices, et furent désormais les seules formalités nécessaires pour obtenir
l'adrogation (*L.* 2 *et* 6, *Cod. de adopt.*).

   Imperio magistratus. Sous l'ancien droit, ce magistrat était à Rome le
préteur, et, dans les provinces, le proconsul ou son légat (*Gaïus*, *ibid.*
§ 102; *Ulp. eod. loc.* § 5). L'adoption était permise à l'égard de tout fils
de famille du sexe masculin ou féminin, pubère ou impubère; mais comme
elle avait pour effet immédiat d'enlever au père naturel toute puissance
sur son enfant pour la transférer au père adoptif, on n'y arrivait que par
les formalités de la mancipation qui seule pouvait épuiser tout-à-fait la
puissance du père de famille. En conséquence, ce dernier se présentait
devant le magistrat, et là, en présence de cinq témoins, d'un *Antestat* et
d'un *Libripens*, il mancipait son fils au père adoptif en prononçant ces
paroles : *mancipo tibi hunc filium qui meus est.* Le père adoptif, une pièce
de monnaie à la main, et se saisissant du fils, répondait : *Hunc ego hominem jure Quiritium meum esse aio, isque mihi emptus est hoc œre, œneaque
libra;* puis il touchait la balance de la pièce et la remettait au père,
comme le prix de la mancipation de son fils. Cette mancipation était
réitérée jusqu'à trois fois s'il s'agissait d'un fils, parce qu'à la troisième
fois seulement le droit de puissance paternelle était détruit; il suffisait de
l'accomplir une seule fois pour un petit-fils ou pour une fille. Aujourd'hui,
toutes ces vaines formalités n'existent plus; il suffira donc, pour que l'a-
doption soit valable, de se présenter devant le magistrat compétent qui
prononcera sur la demande du père, après toutefois que celui-ci aura fait
consigner dans un acte authentique, sa volonté de donner son fils en
adoption, et que le fils *présent*, n'aura manifesté aucune opposition au
désir de son père (*L. fin., Cod. de adopt.*). Le magistrat compétent est
celui *apud quem plena legis actio est* (*L.* 1, *Cod. eod. tit.*). On entend par
action de la loi, ce qui se fait d'après les prescriptions et les formes que
la loi a ordonnées pour certains actes solennels; et on dit qu'un magistrat
habet legis actionem, lorsque la loi le désigne spécialement, et le charge de
l'exécution de ces actes (*Vinn. h. text.*). L'adoption, l'émancipation, sont
des actes solennels pour lesquels la loi a prescrit plusieurs formalités; et
les magistrats nommés pour les exécuter étaient à Rome les consuls et les
préteurs, et dans les provinces, les gouverneurs et quelquefois les magis-

trats municipaux, en vertu d'un privilége spécial (*Paul. sent. 2, tit. 25, §4*).

......Imperatoris auctoritate adoptare *quis* potest eos *easve* qui quæve sui juris sunt ; quæ species adoptionis dicitur *adrogatio*.....

Quis. Les hommes seuls peuvent adroger ; et la loi, en permettant aux femmes l'adoption simple (*L. 5, Cod. de adopt.*), est allée aussi loin qu'elle pouvait le faire.

Easve. Anciennement, l'adrogation des femmes n'était jamais permise, et nous en avons tout-à-l'heure donné la raison. Mais depuis que les lois des comices furent remplacées par les rescrits impériaux, les mêmes raisons contre l'adrogation des femmes n'existant plus, cette faveur leur fut accordée (*L. 21, ff. de adopt.*). Il en était de même, à l'égard des impubères, dont l'adrogation tantôt permise, tantôt interdite, ne fut définitivement autorisée que par Antonin le Pieux (*Gaïus, 1, § 102; Ulp. reg. 8, § 5*), et encore avec des règles particulières, ainsi que nous l'allons voir sous le paragraphe 3.

Adrogatio. On appelait ainsi cette espèce d'adoption, parce qu'elle était le résultat de la *rogation* que l'on adressait au peuple dans l'assemblée des comices ; ou bien encore, parce que *is qui adoptat, rogatur, id est, interrogatur, an velit eum quem adoptaturus sit, justum sibi filium esse, et is qui adoptatur, rogatur an id fieri patiatur* (*L. 2, pr. ff. de adopt.*).

§ 3.

Cum autem *impubes* per principale rescriptum adrogatur, *causa cognita* adrogatio permittitur, et exquiritur causa adrogationis an honesta sit expediatque pupillo ; et cum quibusdam conditionibus adrogatio fit : id est, *ut caveat* adrogator *personæ publicæ*, si intra pubertatem pupillus decesserit, restituturum se bona illis qui, si adoptio facta non esset, *ad successionem ejus venturi essent*. Item non alias emancipare eum potest adrogator, nisi causa cognita dignus emancipatione fuerit, et tunc sua bona ei reddat. Sed etsi decedens pater eum exheredaverit, vel vivus sine justa causa eum emancipaverit, jubetur *quartam partem* ei bonorum suorum *relinquere*, videlicet præter bona quæ ad patrem adoptivum transtulit, et quorum commodum ei postea adquisivit.

Impubes. Une des raisons pour lesquelles on ne permettait pas autrefois aux impubères de se faire adroger, était que l'adrogation ne pouvant avoir lieu sans le consentement de celui qui était adrogé (*L. 24 et 25, pr. § 1, ff. de adopt.*), l'impubère n'était pas capable de donner un consentement valable, ni son tuteur pour lui, parce que le tuteur n'a pas assez d'autorité pour soumettre à la puissance d'un autre, un père de famille dont la personne et les intérêts lui ont été confiés.

Causa cognita. L'adrogation ne se faisait jamais sans qu'au préalable, on examinât s'il était utile ou non de la permettre (*L. 15, § 2, ff. h. tit.*). Dans l'ancienne Rome, et au temps des comices, le soin de cet examen était confié au collége des pontifes ; nous l'avons déjà dit plus haut. Lorsque les rescrits des empereurs eurent seuls le droit de permettre l'adrogation, un magistrat, *habens legis actionem* pour l'adoption, fut chargé de cet examen qui se faisait, dans le cas d'adrogation d'un impubère en présence de ses plus proches parents, et avec l'autorisation de son tuteur. Cet examen roulait sur un assez grand nombre d'articles ; mais il fallait à cet égard distinguer entre l'adrogation des pubères et celle des impubères. Lorsqu'il s'agissait d'un pubère, la loi lui supposant assez de discernement pour ne pas s'engager sans raison et contre ses intérêts, l'examen ne se portait que sur l'adrogateur, et dans le but seulement de savoir si on devait ou non lui permettre l'adrogation. C'est ainsi qu'on s'enquérait scrupuleusement de sa moralité (*L. 17, § 2 ; L. 15, § 2, ff. de adopt.*) ; on lui demandait son âge, et s'il avait moins de soixante ans on lui refusait d'adroger, à moins pourtant qu'il ne fût dans un état de faiblesse et de maladie habituelles. Le motif de la loi était que, lorsqu'on est encore assez jeune pour se procurer des enfants par les voies ordinaires, cela valait mieux que de chercher à se faire une paternité fictive par l'adoption. Lorsque l'adrogateur avait déjà plusieurs enfants naturels ou adoptifs, la faculté d'adroger ne lui était concédée, que lorsqu'on avait reconnu que les facultés des autres enfants ne seraient pas trop considérablement diminuées par le fait de cette nouvelle adoption (*L. 17, § 3, ff. eod. tit.*). La même raison rendait très-difficile l'adrogation de plusieurs individus à la fois ; il fallait prouver que l'on en avait une juste raison (*dict. leg. 15, § 3*). Mais lorsqu'il s'agissait de l'adrogation d'un impubère, outre qu'on examinait avec le même soin si l'individu qui se présentait pour l'adroger réunissait toutes les conditions que nous venons de dire, on recherchait encore si l'adrogation devait offrir quelque avantage à l'impubère. Car celui-ci n'étant pas en état de se livrer par lui-même à ces recherches et d'apprécier leur résultat, la loi devait prendre ce soin pour lui. En conséquence, le magistrat estimait les biens du pupille et ceux de son futur père adoptif, afin de juger définitivement par la comparaison, de l'utilité réelle de l'adoption. (*L. 17, § 2, ff. dict. tit.*). Lorsque l'adrogateur offrait une trop grande disproportion de fortune, on le rejetait, à moins que sa vie tout entière, n'eût été tellement probe et honnête, son affection pour le mineur tellement vraie, que tout le monde la connût et fût prêt à en rendre témoignage (*ead. leg.* § 4). Ce n'était pas tout, car lors même que celui qui se présentait pour adroger eût offert de grands avantages pécuniaires, on ne devait lui accorder cette faveur qu'autant que les liens du sang, ou d'une amitié bien connue et pour ainsi dire sacrée, l'unissaient déjà au pupille (*ead. leg.* § 4). L'exclusion des tuteurs et curateurs était de rigueur ; on craignait avec raison que ce ne fût pour eux un moyen de se dispenser de rendre leurs comptes (*ead. leg. pr.*).

Ut caveat. Lorsque le père adoptif réunissait toutes les conditions requises pour que l'adrogation pût lui être permise, et qu'il avait été en même temps reconnu qu'elle serait avantageuse au mineur, elle était prononcée par le magistrat ; mais aussitôt une nouvelle obligation était imposée à l'adrogateur, celle de donner caution *fidéjussoire* (*L*. 18, 19 *et* 20, *ff. dict. tit.*; *L*. 2, *Cod. de adopt.*). Par cette caution, le père adoptif s'engageait lui et ses héritiers (*L*. 22, *pr. ff. eod. tit.*) à trois choses : 1º en cas de décès du pupille, avant l'âge de puberté, à restituer sa succession à ses héritiers naturels ; 2º à lui rendre ses biens, s'il venait à l'émanciper ; 3º à lui donner en outre le quart de ses propres biens, s'il l'avait émancipé sans cause raisonnable , ou s'il l'avait déshérité (*hic text.*). La loi donnait une action utile contre l'adrogateur qui avait omis de donner caution (*L*. 19, § 1, *ff. dict. tit.*).

Personæ publicæ. Id est, tabulario. On ne donnait pas caution entre les mains des agnats, à cause de l'ignorance où l'on était quel serait celui d'entre eux qui, à la mort de l'impubère, se trouverait au degré le plus proche pour lui succéder *ab intestat* (*Vinn. h. text.*).

Ad successionem ejus venturi essent. Ces expressions comprennent non seulement les héritiers légitimes du pupille, mais encore tous ceux à qui la mort de l'impubère, s'il n'avait point été adrogé, eût profité d'une manière quelconque, par exemple, les esclaves affranchis, les héritiers des secondes tables donnés au pupille par son père, les légataires, l'esclave substitué, etc. (*L*. 19. *pr. ff. dict. tit.*).

Quartam partem. Ce quart s'appelle *quarte antonine.* Les interprètes pensent généralement que cette *quarte* s'entendait non pas du quart de tous les biens de l'adrogateur, mais seulement du quart de la portion de biens qui revenait à chaque enfant, et dont le père ne pouvait disposer par testament (*Vinn. h. text.*).

Relinquere. Justinien se sert avec raison de cette expression *relinquere*, parce qu'en effet la quarte n'est due qu'à la mort du père adoptif (*L*. 1, § 21, *ff. de collat.*).

§ 11.

Illud proprium est adoptionis illius *quæ per sacrum oraculum* fit, quod is qui liberos in potestate habet, si se adro-

gandum dederit, non solum ipse potestati adrogatoris subjicitur, sed etiam liberi ejus in ejusdem fiunt potestate, tanquam nepotes. Sic enim et divus Augustus non ante Tiberium
adoptavit, quam is Germanicum adoptasset, ut protinus adoptione facta incipiat Germanicus Augusti nepos esse.

Cet effet de l'adrogation qui peut d'abord paraître extraordinaire, n'a
rien cependant que de très-simple, et il serait même difficile qu'il en fût
autrement. Il est inconciliable qu'on soit à la fois fils de famille et père de
famille ; or, c'est ce qui arriverait, si les enfants de l'adrogé ne devenaient
pas comme lui soumis à la puissance du père adoptif. On voit tout de suite
pourquoi la même chose n'arrive pas dans l'adoption proprement dite.

Quæ per sacrum oraculum. C'est la variante de ces autres mots : *per rescriptum principis.*

§ 1er.

.....Imperio *magistratus* adoptare licet eos easve qui quæve
in potestate parentum sunt, sive primum gradum liberorum
obtineant, qualis filius, filia ; *sive inferiorem*, qualis est nepos, neptis, pronepos, proneptis.

Magistratus. Apud quem plena legis est actio, c'est-à-dire les consuls et
les préteurs à Rome, et dans les provinces les gouverneurs (*vid. supr.*).

Sive inferiorem. Nous avons vu que dans ce cas, il n'était pas nécessaire
que l'enfant fût placé dans sa famille adoptive, au même rang et au
même degré que celui qu'il occupait dans sa famille naturelle (*supr.*
§ 5 et 6).

§ 2.

Sed hodie ex nostra constitutione, cum filiusfamilias a patre naturali *extraneæ personæ* in adoptionem datur, jura potestatis patris naturalis minime dissolvuntur, nec quicquam ad
patrem adoptivum transit, nec in potestate ejus est, licet ab intestato jura successionis ei a nobis tributa sint. Si vero pater
naturalis non extraneo, sed avo filii sui materno ; vel, si ipse
pater naturalis *fuerit emancipatus*, etiam avo paterno vel
proavo simili modo paterno vel materno filium suum dederit in
adoptionem : in hoc casu, quia concurrunt in unam personam
et naturalia et adoptionis jura, manet stabile jus patris adop-

tivi, et naturali vinculo copulatum, et legitimo adoptionis nodo constrictum, ut et in familia et in potestate hujus modi patris adoptivi sit.

Sed hodie. Autrefois, l'adoption d'un fils de famille opérait sa translation immédiate dans la famille et sous la puissance de son père adoptif, et lui faisait perdre tous ses droits dans celle de son père naturel, et dans sa succession. Mais quelquefois il en résultait de graves inconvénients pour l'adopté. Ainsi, à la mort de son père légitime, il ne pouvait rien prétendre dans sa succession; et si ensuite l'émancipation le faisait sortir de sa famille adoptive, il devait perdre également l'hérédité du père adoptif. Justinien sentit le besoin d'adoucir ces conséquences trop rigoureuses de l'adoption; c'est pourquoi, dans sa constitution qu'on lit au Code (*L. pen. de adopt.*), il décréta qu'à l'avenir, l'adopté n'aurait d'autre titre, vis-à-vis de son père adoptif, que celui de fils, mais sans passer sous sa puissance, et d'autre droit que celui de lui succéder *ab intestat*, à moins cependant que l'adoptant ne fût déjà son ascendant paternel ou maternel, auquel cas l'adoption conserverait la plénitude et l'étendue de ses anciens effets. Par ce moyen, Justinien remédiait aux inconvénients de l'ancienne législation.

Extraneæ personæ. Cette expression comprend toutes les personnes qui ne sont pas les ascendants paternels ou maternels du fils de famille. Ainsi, les oncles et tantes sont eux-mêmes, en ce qui concerne l'adoption *extraneæ personæ* (*Vinn. h. text.*).

Fuerit emancipatus. L'émancipation du fils n'emportant pas nécessairement celle des petits-fils, il arrive très souvent que le fils sort seul de la famille de son père, et ne peut par conséquent faire adopter ses enfants par leur aïeul. Justinien suppose donc que l'émancipation des enfants a eu lieu en même temps que celle de leur père.

— Il nous reste à dire un mot de l'effet de l'adoption à l'égard des esclaves.

§ 12.

Apud Catonem bene scriptum refert antiquitas, servos, si a domino adoptati sint, ex hoc ipso posse liberari. Unde et nos eruditi *in nostra constitutione*, etiam eum servum quem dominus actis intervenientibus filium suum nominaverit, liberum esse constituimus, licet hoc ad jus filii accipiendum non sufficiat.

Ainsi, l'adoption d'un esclave n'a jamais été valable; mais elle lui tenait du moins lieu d'affranchissement. Justinien ne fait que confirmer et rendre plus large cette faveur du droit ancien.

In nostra constitutione. Cette constitution est la loi unique au Code *de latina libertate tollenda.*

TITRE DOUZIÈME.

Des différentes manières par lesquelles finit la puissance paternelle. (Quibus modis jus patriæ potestatis tollitur).

PR.

Videamus nunc quibus modis ii, qui alieno juri sunt subjecti, eo jure liberentur. Et quidem quemadmodum liberentur servi a potestate dominorum, ex iis intelligere possumus quæ de servis manumittendis superius exposuimus....

Justinien, dans les titres v, vi, vii et viii qui précèdent, est entré dans des développements assez longs sur les différentes manumissions, pour qu'il fût dispensé désormais de nous redire comment les esclaves pouvaient sortir de la puissance dominicale. En avançant dans son œuvre, il nous a montré d'autres personnes soumises à une puissance d'une autre nature, mais aussi réelle, et dont toutes les causes, tous les effets nous ont été soigneusement détaillés. Cette puissance, nous l'avons vu, n'est autre que la puissance paternelle, dont il importait que nous connussions également la fin; car si le pouvoir dominical peut subsister indéfiniment, s'il n'a d'autre principe de dissolution que dans la volonté de celui qui le possède, et qui consent à s'en départir (1), il n'en est pas de même du pouvoir paternel dont le terme naturel, nécessaire, est au moins la mort du père ou du fils. C'est donc suivre un plan logique que de nous parler dans ce titre des diverses causes de dissolution de la puissance paternelle. Les commentateurs en comptent sept (*Vinn. proem. hoc tit.*), dont une seule, la mort, peut être appelée une cause naturelle et nécessaire, les six autres étant, soit comme peines, soit comme récompenses, de pures créations du droit civil. En voici l'énumération : 1o la mort, 2o la déportation, 3o la servitude de la peine, 4o la captivité, 5o la dignité du fils, 6o l'émancipation, 7o l'adoption.

Au lieu de suivre dans notre commentaire cette énumération, nous croyons qu'il sera plus exact et plus rationnel de rapporter à trois causes principales, dont les quatre autres ne sont à proprement parler que des espèces, l'extinction de la puissance paternelle.

Nous disons donc que cette puissance se dissout 1o par la mort, 2o par la diminution de tête, 3o par la dignité du fils.

_____

(1) *Nam domini mort, non servitutis liberationem, sed dominii mutationem inducit*, dit Théophile, dans sa paraphrase sur le *principium* de ce titre.

Et afin que les différentes divisions, que nous nous proposons d'établir, ne se confondent pas les unes dans les autres, et se retiennent plus facilement, nous croyons utile de partager ce titre en autant de sections.

SECTION PREMIÈRE. — *De la Mort.*

PR.

......Hi vero, qui in potestate parentis sunt, *mortuo eo sui juris fiunt.* Sed hoc distinctionem recipit. Nam *mortuo patre,* sane omni modo filii filiæve sui juris efficiuntur ; *mortuo vero avo,* non omnino nepotes neptesque sui juris fiunt : sed ita, si post mortem avi in potestatem patris sui *recasuri non sunt.* Itaque si moriente avo pater eorum vivit, et in potestate patris sui est, tunc post obitum avi, in potestate patris sui fiunt. Si vero is, quo tempore avus moritur, aut jam mortuus est, aut *per emancipationem* exiit de potestate patris, tunc ii, qui in potestatem ejus cadere non possunt, sui juris fiunt.

Mortuo eo sui juris fiunt. C'est-à-dire que chacun des enfants du défunt, devient à son tour père de famille, chef d'une famille nouvelle (*L.* 195, § 2, *ff. de verb. signif.*), qui se compose, ainsi que nous l'avons dit plus haut (*voyez page* 37), des enfants qu'il peut avoir lui-même, et des esclaves qu'il a acquis, ou qui lui sont échus dans le partage des biens paternels.

Mortuo patre. Ce père est ici celui à la puissance duquel les enfants se trouvaient soumis, et dont le décès les rend *sui juris* (*Vinn. hoc text.*).

Mortuo vero avo. La mort de l'aïeul, lorsqu'il a un fils, ne rend pas ses petits-fils indépendants, parce que la puissance de l'aïeul étant la seule raison qui empêchât que le père n'eût ses enfants en sa puissance, cette raison disparaît dès que l'empêchement est levé par la mort de l'aïeul.

Recasuri non sunt. Ce qui a lieu dans deux cas, comme Justinien l'explique aussitôt après : 1º lorsque le fils est mort lui-même, au moment du décès de l'aïeul ; 2º lorsqu'il est sorti de sa puissance par une cause quelconque, par exemple, par l'émancipation.

Per emancipationem. L'émancipation une fois accomplie, détruit toute espèce de lien civil entre le père de famille et l'enfant émancipé ; ils sont censés étrangers l'un à l'autre : et pour en donner un exemple qui puisse servir d'explication à notre texte, supposez que l'aïeul ait émancipé son fils, en retenant son petit-fils sous sa puissance : eh bien ! le petit-fils, au décès de l'aïeul, deviendra inévitablement *sui juris,* lors même qu'à cette époque le fils émancipé aurait repris, par l'adoption, le rang qu'il occu-

10

pait autrefois dans la famille (*L*. 41 , *ff. de adopt.*). Les enfants , au contraire, que la dignité à laquelle ils sont élevés , délivre du joug de la puissance paternelle, comme nous le verrons ci-après , conservent dans leur famille l'intégrité de leurs droits, et leurs enfants , à la mort de l'aïeul, retombent sous leur pouvoir (*Nov*. 81, *cap*. 2).

SECTION DEUXIÈME. — *De la Diminution de tête.*

Avant de montrer comment la diminution de tête peut opérer, dans tous les cas où on la subit, la dissolution de la puissance paternelle, il importe de dire ce que c'est: voilà pourquoi nous allons transporter et fondre dans notre titre tout ce qui , dans le titre XVI du premier livre des Institutes, est relatif à la diminution de tête, comme étant plus convenablement et plus utilement placé ici.

TITRE XVI. — PR.

Est autem capitis deminutio, *status mutatio*, eaque *tribus modis accidit*. Nam aut maxima est capitis deminutio, aut minor quam quidam mediam vocant, aut minima.

Status mutatio. La diminution de tête, en général , est donc un changement survenu dans l'état, dans la position d'un individu. La diminution de tête vient de ce que la famille , la cité que l'on quitte compte une tête de moins. Mais par inversion , on a appelé *capite minutus*, l'individu par lequel s'opère la diminution (*M. Ducaurroy*).

Tribus modis accidit. Tria enim sunt quæ habemus , libertatem, civitatem, familiam (*L*. 11, *ff. de cap. minut.*). La diminution de tête devra donc nous frapper plus fortement ou plus faiblement, selon que nous perdrons ces trois choses à la fois ou l'une d'elles seulement.

§ 1er.

Maxima capitis deminutio est, cum aliquis simul et civitatem et libertatem amittit: quod accidit in his qui servi pœnæ efficiuntur atrocitate sententiæ, vel libertis ut ingratis erga patronos condemnatis, vel his qui se ad pretium participandum venundari passi sunt.

En vertu du sénatus-consulte Claudien, la femme libre, qui se serait livrée à l'esclave d'autrui , pouvait , sur la dénonciation du maître de cet esclave, devenir esclave elle-même, et encourir ainsi la grande diminution de tête (*Gaius, Inst.* 1, § 160 ; *Paul.* 2, *sentent. tit.* XXI). Nous avons déjà parlé de ce cas (*vid. supr. page* 18) ; mais il était bon de le noter ici, et de l'adjoindre à ceux qui faisaient subir la grande diminution de tête, quoiqu'il n'ait aucune espèce de rapport avec les autres qui mettent fin à la puissance paternelle.

§ 2.

Minor sive media capitis deminutio est, cum civitas quidem amittitur, libertas vero retinetur : quod accidit ei cui aqua et igni interdictum fuerit, vel ei qui in insulam deportatus est.

§ 3.

Minima capitis deminutio est, cum civitas retinetur et libertas, sed status hominis commutatur : quod accidit his qui cum sui juris fuerint, cœperunt alieno juri subjecti esse; vel contra, veluti si filiusfamilias a patre emancipatus fuerit, est capite minutus.

§ 4.

Servus autem manumissus capite non minuitur; quia nullum caput habuit.

Servile caput nullum jus habet, ideo nec minui potest : dit Paul, *in leg.* 3, § 1, *ff. de cap. min.* La diminution de tête ne peut avoir lieu, en effet, que lorsqu'on possède l'une de ces trois choses : la liberté, la cité, la famille ; or, l'esclave ne jouit d'aucun de ces droits, comme nous l'avons longuement expliqué dans les titres qui précèdent ; civilement parlant, il ne compte que comme chose, aussi ne peut-il subir de diminution de tête quelle quelle soit.

— Nous avons laissé presque sans commentaire les textes sur la diminution de tête, non pas parce qu'ils ne présentaient rien à élucider, mais parce qu'ils trouveront tout naturellement leur interprétation dans ce qui va suivre. Maintenant nous allons revenir sur nos pas, et rapporter à chaque espèce de diminution de tête, tout ce qui, en l'opérant, éteint nécessairement la puissance paternelle.

1° *La grande diminution de tête.* L'entrée en esclavage est, à proprement parler, la seule cause qui puisse faire subir la grande diminution de tête, puisqu'il n'y a que les esclaves qui soient privés à la fois de la liberté et des droits de cité. Or, le droit des gens et le droit civil reconnaissent quatre manières de devenir esclaves : 1º par la servitude de la peine, 2º par la captivité, 3º par la révocation de l'affranchissement, 4º par la vente frauduleuse qu'une personne libre a consentie d'elle-même.

Nous avons donné déjà assez d'explications sur ces deux derniers cas (*vid. supr. pag.* 18), pour qu'il soit utile de les répéter. Il suffit de constater que l'affranchi dont la manumission est révoquée, et que l'homme libre qui se rend esclave, lorsqu'il s'est vendu, perdent, s'ils ont des enfants, tout droit de puissance paternelle sur eux ; car il est inconciliable que l'on puisse simultanément se trouver soumis au pouvoir de quelqu'un, en restant le maître d'un autre. Nous allons donc exclusivement nous occuper de la *servitude de la peine* et de la *captivité*.

TITRE XII , § 3.

De la servitude de la peine. Pœnæ servus effectus filios in potestate habere desinit. Servi autem pœnæ efficiuntur, qui in metallum damnantur, et qui bestiis subjiciuntur.

Pœnæ servus. On entend par esclave de la peine, tout individu condamné à une peine dont la sentence a pour effet immédiat de le rendre esclave, non d'un maître, mais de sa peine à laquelle il reste, pour ainsi dire, attaché (1). Ces peines étaient entre autres la condamnation aux mines, ou aux bêtes féroces. On les appelait *capitales* (*L*. 28, *pr. ff. de pœn.*), parce qu'elles faisaient mourir civilement le condamné, en le frappant à la fois dans sa liberté, et dans ses droits de citoyen et de famille (*L*. 6, § 2, *ff. eod. tit.* ; *L*. 209, *ff. de reg. jur.*). La condamnation aux bêtes était capitale (*L*. 11, § 3, *ff. de pœn.*), dans toute l'étendue de cette expression, puisque les malheureux, contre lesquels elle avait été prononcée, étaient destinés à périr tôt ou tard, dans les jeux du cirque, comme gladiateurs, ou sous la dent des animaux. Dans l'échelle des peines romaines, celle des mines venait au premier degré (*L*. 28, *pr. ff. eod. tit.*), après celles toutefois qui punissaient du dernier supplice, c'est-à-dire, de la mort (*L*. 21, *ff. dict. tit.*), et qui étaient assez nombreuses. Elle était perpétuelle de sa nature (*L*. 28, § 6, *ff. eod. tit.*), quoiqu'on la prononçât quelquefois à temps ; mais alors, elle ne faisait que contrarier momentanément la liberté naturelle, et laissait subsister le droit de cité (*L*. 8, § 8 ; *L*. 28, § 6, *ff. eod. tit.*). Constantin, en abolissant les jeux sanglants du cirque (*L*. 1, *Cod. de gladiat.*), fit qu'il n'y eut plus qu'une seule cause de servitude de peine, et enfin Justinien, dans sa Novelle 22, chap. 8, supprima tout-à-fait cette servitude, de sorte que, par la suite,

---

(1) Il est si vrai que ces condamnés étaient regardés comme les esclaves de leur peine seule, que l'institution d'héritier, à l'égard de l'un d'eux, était réputée non écrite, comme faite envers quelqu'un qui n'est l'esclave de personne, pas même de César (*L*. 17, *pr. ff. de pœn.*).

la condamnation aux mines n'opéra plus que la moyenne diminution de
tête.

§ 5.

De la captivité. Si ab hostibus captus fuerit parens , quamvis servus hostium fiat , tamen pendet jus liberorum propter jus postliminii : quia hi qui ab hostibus capti sunt , si reversi fuerint , omnia pristina jura recipiunt. Idcirco reversus etiam liberos habebit in potestate ; quia postliminium fingit eum , qui captus est , semper in civitate fuisse. Si vero ibi decesserit , exinde ex quo captus est pater, filius sui juris fuisse videtur. Ipse quoque filius neposve si ab hostibus captus fuerit , similiter dicimus , propter jus postliminii , jus quoque potestatis parentis in suspenso esse. Dictum est autem postliminium a LIMINE et POST. Unde eum qui ab hostibus captus est , et in fines nostros postea pervenit , postliminio reversum recte dicimus ; nam limina sicut in domibus finem quemdam faciunt , sic et imperii finem limen esse veteres voluerunt. Hinc et limen dictum est , quasi finis quidam et terminus. Ab eo postliminium dictum est , quia ad idem limen revertebatur , quod amiserat. Sed et qui captus victis hostibus recuperatur, postliminio rediisse existimatur.

Celui qui tombe au pouvoir des ennemis devient leur esclave par le droit de la guerre , et perd conséquemment , avec la liberté et les droits de cité, toutes les prérogatives qui y sont attachées , notamment celle d'avoir ses enfants sous sa puissance. Cependant , comme dans ce cas , la servitude n'est point la suite d'une peine , mais la conséquence d'une grande infortune, dont on pouvait d'ailleurs prévoir la fin, il convenait d'empêcher que la rigueur de la loi civile n'aggravât une position déjà si malheureuse , en la perdant tout-à-fait par le dépouillement prématuré de droits qu'il était possible de conserver. Tels sont les motifs qui ont fait inventer la fiction célèbre du *postliminium*, dont Justinien nous donne l'étymologie dans la suite de ce paragrahe. Cette fiction considérait tous les droits des captifs, comme suspendus par l'événement de leur captivité et leur en garantissait le recouvrement, en cas de retour , ou de reprise sur les ennemis. *Omnia jura pristina recipiunt*, dit notre texte, c'est-à-dire qu'ils jouissaient de nouveau de tous leurs droits de famille , de puissance paternelle , de cité, de propriété, dont la suspension momentanée n'empêchait pas que les captifs ne fussent censés être restés toujours dans la cité : *quia postliminium fingit eum qui captus est, in civitate semper fuisse.* Cette faveur s'étendait, à cause de cela, aux droits qui leur eussent été acquis, si leur captivité n'avait pas eu lieu (*arg. ex leg.* 22. *pr. ff. de capt. et postlim. revers.*), par exemple, à ceux provenant d'une succession, ou des stipulations de leurs enfants et de leurs esclaves (*ead. leg.* § 1; *L.* 11, *ff. de verb. obligat.*); mais elle ne concernait pas les droits de fait, comme ceux que donne une possession qui aurait été interrompue pendant la captivité (*L.* 12, § 2, *ff. supr. dict. tit.*). Toutefois, une fiction ne peut s'avancer plus loin que la réalité; il arrivait souvent que le captif terminait son existence dans les fers, et alors, il eût été contraire à tous les principes de le réputer mort dans l'intégrité de ses droits. Dans ce cas, à quelle époque sa mort civile avait-elle commencé? à l'instant de sa captivité, ou seulement au moment de son décès? Telle était la question que l'on pouvait se poser (*Gaïus, Inst.* 1, § 129), et qu'une nouvelle fiction, celle de la loi *Cornelia*, a résolue en faisant remonter la perte des droits civils et de la liberté à l'époque même de la captivité, *exinde ex quo captus est pater.* Cette fiction qui n'était au surplus qu'une appréciation juste des événements, puisqu'elle considérait comme éteints des droits qui devaient en effet ne plus renaître, cette fiction, disons-nous, avait la plus grande importance. Ainsi, il était constant que les enfants étaient devenus *sui juris*, à compter de la captivité de leur père, et, par conséquent, ce qu'ils avaient, à partir de ce moment, acquis par stipulation, ou reçu à titre de libéralité testamentaire ou entre vifs, leur appartenait en propre (*L.* 22, § 2, *ff. de capt. et postl. revers.*), et ne venait point, comme pécule, se confondre dans l'hérédité paternelle qu'on supposait avoir été ouverte antérieurement, ni se partager entre tous les cohéritiers. Tous les effets des fictions du *postliminium* et de la loi *Cornelia* étaient, du reste, réciproques dans le cas de captivité du fils (*hoc text.*).

2º *La moyenne diminution de tête.* Deux peines autrefois faisaient encourir la moyenne diminution de tête : l'interdiction du feu et de l'eau, et la déportation. Cette dernière remplaça peu à peu l'autre, dont nous ne parlerons pas à cause de cela.

§ 1er.

De la déportation. Cum autem is qui ob aliquod maleficium *in insulam deportatur*, civitatem amittit, sequitur ut, qui eo modo ex numero civium romanorum tollitur, perinde quasi eo mortuo, desinant liberi in potestate ejus esse. *Pari ratione*, et si is, qui in potestate parentis sit, in insulam deportatus fuerit, desinit in potestate parentis esse. Sed si ex indulgentia principis restituti fuerint, *per omnia* pristinum statum recipiunt.

In insulam deportatur. La déportation succéda, chez les Romains, à la peine de l'interdiction du feu et de l'eau. Ce fut Auguste qui opéra cette substitution, d'après les conseils de son épouse Livie, qui redoutait les entreprises des interdits dispersés en cent lieux (*Pothier*, *Pand. lib.* 48, *tit.* XIX. *sect.* 1, *art.* 1, § 3). La peine de la déportation était perpétuelle (*L.* 18, § 1, *ff. de interd. et releg.*); elle consistait à être transporté dans une île déterminée, avec défense d'en sortir: la formule de la sentence prononcée par le magistrat, était celle-ci: *Deporto te in illam insulam* (*Theoph. Inst. hoc tit.* § 1). Du moment de cette sentence, l'individu contre lequel elle était portée, changeait d'état (*L. ult.* § 1, *ff. de interd. et releg.*), pourvu toutefois que le prince eût ratifié sa peine, en ordonnant le transport du condamné dans son île; car le magistrat avait bien le pouvoir de porter la sentence, mais non celui de la faire exécuter (*L.* 2, § 1, *ff. de pœn.*; *L.* 15, § 1, *ff. de interd. et releg.*). La liberté naturelle, avec les droits qui en sont la suite, comme ceux d'acquérir, de vendre, d'exercer un commerce ou une industrie (*L.* 15, *pr. ff. de interd. et releg.*), restait au déporté; mais il perdait la qualité de citoyen romain, et, avec elle, toutes les prérogatives qui y sont attachées. Ainsi, il ne pouvait recevoir aucune libéralité testamentaire, ni disposer à ce titre des biens acquis depuis sa déportation (*ead. leg.*). Sa condition, en un mot, était celle des *Peregrini* auxquels il était complètement assimilé, comme autrefois l'avaient été ceux qui subissaient la peine de l'interdiction du feu et de l'eau (*Ulp. reg.* 10, § 3; *L.* 1, *Cod. de hered. instit.*).

Pari ratione. En effet, dit Ulpien, *neque peregrinus civem romanum, neque civis romanus peregrinum in potestate habere potest* (*reg.* 10, § 3).

Per omnia. La grâce du condamné octroyée en termes généraux n'impliquait que la remise de la peine. Pour qu'il y eût recouvrement de la puissance paternelle et des droits de famille et de cité, il fallait une concession expresse du prince. Le déporté rentrait alors dans sa précédente condition (*pristinum statum*), avec tous les droits que la déportation lui avait enlevés (*vid. Cod. de sent. pass.*).

— Il existait à Rome, une autre peine dite la *relégation* qui, bien qu'ayant quelque ressemblance avec la déportation, différait essentiellement de celle-ci par sa nature et par ses effets. Cette peine pouvait être prononcée de trois manières: ou bien on interdisait au coupable la résidence dans certains lieux, ou on lui défendait l'accès dans tous les lieux, à l'exception d'un seul qu'on lui assignait: cette sorte de relégation était appelée *lata fuga*; ou bien, et c'était la plus grave, on le reléguait dans une île (*L.* 5, *ff. de interd. et releg.*). Voici maintenant comment elle se distinguait de la déportation: 1° elle pouvait n'être infligée que pour un temps (*L*. 14, *pr. ff. eod. tit.*), tandis que la déportation était nécessairement perpétuelle (*L*. 18, § 1, *ff. eod. tit.*); 2o elle n'entraînait la confiscation des biens du condamné, qu'autant que la sentence le portait expressément; cette confiscation était au contraire l'une des conséquences de la déportation (*L*. 1, 7, § 4; *L*. 14, § 1, *ff. dict. tit.*; *L*. 39, *pr. ff. de jur. fisc.*); 3o temporaire ou perpétuelle, elle conservait au coupable tous ses droits de citoyen, et, par conséquent, la puissance paternelle, au lieu que la déportation ne laissait subsister que la liberté naturelle (*L* 4, 7, § 3; *L*. 18, *pr. ff. dict. tit.*). Les relégués pouvaient même recevoir des honneurs publics, comme l'érection de leurs statues (*L*. 17, *ff. dict. tit.*); 4o enfin, à la différence de la déportation, que le magistrat de province qui l'avait prononcée ne pouvait faire exécuter, tout magistrat [1] pouvant porter une sentence de relégation, avait également le droit d'en commander l'exécution (*L*. 14, § 2, *ff. dict. tit.*).

Ces différences entre les deux peines étaient donc assez grandes pour que Justinien dût prévenir toute erreur, en faisant suivre le paragraphe 1er, d'un autre paragraphe qui indiquât expressément que principalement en ce qui touche la puissance paternelle, la relégation n'avait pas les effets de la déportation.

§ 2.

Relegati autem patres in insulam, in potestate sua liberos retinent. *Et ex contrario* **liberi relegati in potestate parentum remanent.**

> *Et ex contrario.* Il eût été, ce semble, plus juste de dire : *et vice versa.*
>
> 3o *La petite diminution de tête.* La petite diminution de tête a lieu par l'adoption et par l'émancipation qui opèrent en même temps la dissolution de la puissance paternelle.

§ 8.

De l'adoption. **Sed et si pater filium quem in potestate habet,** *avo vel proavo naturali* **secundum nostras constitutiones super his habitas,** *in adoptionem dederit* **: id est, si hoc ipsum actis intervenientibus apud competentem judicem manifestaverit, præsente eo qui adoptatur et non contradicente,**

---

[1] A Rome, il n'y avait que le prince, le sénat, le préfet de la ville, et dans les provinces le gouverneur, qui eussent le pouvoir de condamner à la relégation. Les consuls , ni les préteurs n'en avaient le droit. La raison en est que la répression des crimes n'était point de leur compétence (*ff. de offic. præfect. urb.*).

nec non eo præsente qui adoptat ; *solvitur quidem jus potestatis* patris naturalis : transit autem in hujus modi parentem adoptivum, in cujus persona et adoptionem esse plenissimam antea diximus.

Avo vel proavo naturali. Nous avons développé si longuement le titre de l'adoption, qu'il est complètement inutile de revenir sur des notions que l'on doit posséder et qui n'ont plus besoin de commentaire.

In adoptionem dederit. Ce qu'il importe ici de remarquer, c'est que l'adrogation, comme l'adoption simple, éteint la puissance paternelle, puisque l'adrogé, s'il a des enfants , les fait entrer avec lui dans la famille et sous la puissance du père adoptif (*supr.* § 11, *de adopt.*).

Solvitur quidem jus potestatis. Ainsi , on peut dire qu'en général l'adoption opère l'extinction du pouvoir paternel, et il n'y a d'autre exception à ce principe que celle apportée par la constitution de Justinien (*vid, supr. pay.* 74), dans le cas où un fils de famille aurait été donné en adoption *extraneæ personæ*.

§ 6.

De l'émancipation. Præterea *emancipatione* quoque desinunt liberi in potestate parentum esse....

Emancipatione. L'émancipation est un acte légitime et solennel, fait devant le magistrat compétent , et par lequel un père délivre volontairement un ou plusieurs de ses enfants de sa puissance. Les lois romaines ont mis en usage, à diverses époques successives, plusieurs sortes d'émancipation : l'émancipation *ancienne* ou *légitime ;* l'émancipation *ex imperiali rescripto ;* enfin l'émancipation *justinienne.*

1° ....Sed *emancipatio* antea quidem vel per antiquam legis observationem procedebat , quæ per imaginarias venditiones et intercedentes manumissiones celebrabatur....

Emancipatio. L'émancipation ancienne tenait ses formalités de la loi des Douze-Tables qui les avait prescrites pour le cas d'une véritable vente , et que les jurisconsultes trouvèrent bon d'étendre à l'adoption, ainsi que nous l'avons vu (*vid. supr. pag.* 66), et à l'émancipation, parce que l'une et l'autre délivrant de la puissance paternelle , celle-ci ne pouvait s'épuiser et disparaître que par les formalités de la mancipation (*Pothier , Pand. tit.* VII, *sect.* 2, *art.* 1, § 36). Voici , quant à l'émancipation, quelles étaient, d'après Gaïus , ces formalités. Le père comparaissait devant le magistrat avec l'enfant qu'il voulait émanciper, accompagné d'un citoyen qui devait lui tenir lieu de père (*alius pater adhibetur*), et qu'on appelait *Fiduciaire ;* et là , en présence de cinq témoins, d'un *Antes-*

tat et d'un *Libripens*, tous citoyens romains, il mancipait son fils au *Fiduciaire*, en prononçant ces paroles : *Mancipo tibi hunc filium qui meus est*. Le *Fiduciaire*, une pièce de monnaie à la main, se saisissait de l'enfant, et répondait : *Hunc ego hominem ex jure Quiritium meum esse aio, isque mihi emptus est hoc ære æneaque libra ;* puis, touchant la balance de la pièce, il la remettait au père, comme le prix fictif de la mancipation de son fils. Lorsqu'il s'agissait d'un fils, le *Fiduciaire*, après chaque mancipation, l'affranchissait *vindicta*, afin que le père pût le manciper jusqu'à trois fois, parce qu'alors seulement le droit de puissance paternelle était éteint. Une seule mancipation et un seul affranchissement suffisaient, s'il était question d'émanciper une fille ou un petit-fils. Le *Fiduciaire* était ainsi appelé, parce qu'il contractait avec le père de l'enfant un engagement dit *pactum contractæ fiduciæ*, et par lequel il s'obligeait, après la troisième mancipation, de rémanciper lui-même le fils à son père, afin que le troisième affranchissement se fît par celui-ci, et lui procurât, avec la qualité de patron, les droits qui y sont attachés. Quand ce pacte n'intervenait point, le fils recevait le dernier affranchissement du *Fiduciaire*, auquel passait alors, au préjudice du père, la qualité de patron (*Gaïus, Inst.* 1, § 119, 132, 134; *Ulp. reg.* 10, § 1; *Paul.* 2, *sent. tit.* 25, § 2 et seq.; *Theoph. Inst. hoc tit.*; *Pothier, Pand. tit.* 8, *sect.* 2, *art.* 1, § 2 et 39; *Ferrières, Inst. comment. h. text.*).

2° ....Vel ex imperiali rescripto....

Cette émancipation s'appelait *anastasienne*, du nom de l'empereur Anastase qui l'avait introduite. Elle supprimait toutes les formalités de l'ancienne, et obligeait seulement à solliciter l'émancipation de la gracieuse volonté de l'empereur, et à déposer entre les mains du magistrat, le rescrit impérial qui l'avait permise (*L.* 5, *Cod. de emancip.*).

3° ....Nostra autem providentia etiam hoc in melius per constitutionem reformavit, ut fictione pristina explosa, recta via ad competentes judices vel magistratus parentes intrent, et sic filios suos vel filias, vel nepotes vel neptes, ac deinceps a sua manu dimittant....

Nostra autem providentia. C'est ici l'émancipation *justinienne*, et la constitution qui l'a autorisée est contenue dans la loi 6 au Code *de emanc. liber.*

Recta via. Justinien ne se contente pas de supprimer les vaines et fictives formalités de l'ancienne émancipation (*fictione pristina explosa*), comme l'avait déjà fait la constitution de l'empereur Anastase, il améliore encore celle-ci, en permettant à l'avenir d'émanciper en se présentant, avec ou sans autorisation du prince (*recta via*), devant les magistrats compétents (*apud quos plena legis actio est*) (*L.* 1, *Cod. de adopt.; Paul.* 2, *sent.*

tit. **xxv.** §4. Voyez au surplus plus haut, page 66, pour savoir quels étaient ces magistrats, et ce qu'on doit entendre par cette expression *apud quem legis actio est*). L'émancipation n'est donc plus qu'une déclaration, par suite de laquelle un fils de famille devient *sui juris;* mais ce qu'il faut remarquer, c'est que Justinien ne rejette que les solennités extérieures, et qu'il conserve à l'émancipation tous les effets qu'elle tenait de son ancienne forme. Nous allons en avoir la preuve dans la suite de notre paragraphe.

....Et tunc *ex edicto prætoris* in bonis hujus filii vel filiæ, vel nepotis vel neptis, qui quæve a parente manumissus vel manumissa fuerit, eadem jura præstantur parenti, quæ tribuuntur patrono in bonis liberti. Et præterea si impubes sit filius vel filia, vel cæteri, ipse parens ex manumissione *tutelam* ejus nanciscitur.

Comme dans l'ancien droit, où il était vrai de dire que l'enfant avait été réduit par la vente de son père à l'état de servitude, mais seulement imaginaire (*L.* 3, § 1. *ff. de cap. minut.*), l'émancipation, quoique dégagée de ses antiques formes, est toujours considérée comme un affranchissement donnant par conséquent à l'émancipant tous les droits d'un véritable patron sur les biens de son fils (*eadem jura præstantur parenti, quæ tribuuntur patrono in bonis liberti*); et même, afin que ces droits soient dans tous les cas garantis au père, Justinien veut que l'émancipation soit toujours censée faite *contracta fiducia* (*L.* 6, *Cod. de emanc. liber.; infr.* § *ult. de legit. adgnat. success.*).

Ex edicto prætoris. Le préteur était l'un des magistrats *habens legis actionem* pour l'adoption et l'émancipation (*vid. supr. pag.* 66).

Tutelam. Cette tutelle est celle dont il sera question plus bas au titre **xviii** *de legitima parentum tutela.*

— Après avoir parlé de l'émancipation en général et de ses formes, nous allons ajouter quelques explications sur les conditions que la loi exigeait pour qu'elle pût s'accomplir. La première était qu'elle procédât de la volonté réfléchie et non contrainte du père de famille, parce que l'émancipation emportant le dessaisissement de sa puissance, ce dessaisissement devait être le résultat d'un assentiment libre et complet de sa part.

§ 10.

Et quidem neque naturales liberi, *neque adoptivi* ullo *pene modo* possunt cogere parentes de potestate sua eos dimittere.

Neque adoptivi. Nous avons vu, en effet, que ceux-ci se trouvaient, par le fait de l'adoption, aussi strictement liés au père de famille que ses propres enfants eux-mêmes.

Pene modo. Justinien emploie à dessein cette expression *pene*, parce qu'en effet il y avait quelques exceptions à ce principe général. Ainsi, un père qui aurait traité ses enfants avec trop de rigueur (*L. ult. ff. si a parent. quis manum.*), qui leur aurait ordonné de faire des choses contraires à la pudeur (*L. 6, Cod. de spectac.*; *L. 12, Cod. de episc. aud.*), ou qui les aurait abandonnés, et leur aurait refusé des aliments (*L. ult. Cod. de inf. expos.*), pouvait être contraint par le juge, *causa cognita* (*L. 32, pr. ff. de adopt.*), de les émanciper. Il en était de même dans le cas où le mineur qui s'est donné en adoption, prouvait que cette adoption lui était désavantageuse (*L. 32, pr. cum seq. ff. de adopt.*; *L. 5, §6, ff. de minor.*), et dans celui où un père aurait accepté un legs sous la condition d'émanciper son fils (*Paul. 4, sent. tit. xiii, § 1*). Enfin, dans le droit des Novelles, les enfants issus du premier mariage d'un père qui en aurait contracté un second incestueux, devenaient libres à dater de son supplice (*Nov. 12, cap. 2*). La loi du reste n'admettait point la validité d'une émancipation faite contre le gré du fils (*Paul. 2, sent. tit. xxv, § 5*; *L. pen. ult. Cod. de emanc. liber.*), parce qu'un père, malgré sa puissance, ne peut pas précisément contraindre son fils à sortir de sa famille et à changer de condition (*L. ult. ff. de his qui alien. vel sui jur. sunt*); et par argument de ce qui se passait alors dans l'adoption, on concluait qu'il fallait au moins que le fils de famille ne s'opposât pas formellement au dessein que son père avait de l'émanciper (*L. 5, 24 et 25, § 1*; *L. 42, ff. de adopt.*; § 8, *hoc tit.*; *L. 5, Cod. de adopt.*).

§ 7.

Admonendi autem sumus, liberum arbitrium esse ei qui filium et ex eo nepotem vel neptem in potestate habet, filium quidem de potestate dimittere, nepotem vero vel neptem retinere; et e converso, filium quidem in potestate retinere, nepotem vero vel neptem manumittere, vel omnes sui juris efficere. Eadem et de pronepote et pronepte dicta esse intelligantur.

Ce paragraphe est tiré de la loi 28, *ff. de adopt.* La faculté donnée au père de choisir tel ou tel de ses enfants pour l'émanciper, est une conséquence de sa puissance paternelle. Tous les individus, en effet, qui composent la famille, sont, à quelque degré qu'ils soient d'ailleurs placés, soumis également à la puissance du *paterfamilias*. Celui-ci peut donc porter son choix sur tel individu qu'il jugera à propos d'émanciper, sans avoir même besoin du consentement du père, s'il y en a un. Nous avons vu qu'il en était de même dans l'adoption (*supr.* § 7, *de adopt.*). Cependant, s'il s'agissait d'adopter quelqu'un, le père de famille, comme nous l'avons vu encore, était obligé de requérir le consentement de son fils, *ne si invito suus heres adgnascatur.* Mais ici ce n'est plus le cas : on ne donne pas un héritier au fils ; on fait au contraire sortir de la famille un enfant sur lequel, comme père, il n'a qu'un droit de puissance éventuel, subordonné à la condition du décès de l'aïeul et qui peut ne se réaliser jamais. Du reste, une question pouvait s'élever dans le cas où le père de famille aurait émancipé son fils dont l'épouse se trouverait enceinte au moment de l'émancipation. A qui l'enfant devrait-il appartenir? au fils émancipé, parce qu'il n'est plus dans la famille de son père, ou bien à celui-ci? Justinien examine et résout cette question dans le paragraphe qui va suivre.

§ 9.

Illud autem scire oportet, quod si nurus tua ex filio tuo conceperit, et filium postea emancipaveris vel in adoptionem dederis prægnante nuru tua, nihilominus quod ex ea nascitur, in potestate tua nascitur. Quod si post emancipationem, vel adoptionem conceptus fuerit, patris sui emancipati vel avi adoptivi potestati subjicitur.

La décision de ce paragraphe est fondée sur ce que les enfants suivent, en ce qui concerne le droit de famille et de puissance paternelle, la condition que leur père avait au temps de la conception, et non à celui de la naissance (*arg. ex leg.* 7 et 26, *ff. de stat. hom.*). Si donc, à l'époque de l'émancipation du fils, son épouse a conçu, l'enfant à naître sera inévitablement soumis à la puissance de son aïeul ; si au contraire, il n'a été conçu que depuis l'émancipation, comme son père était alors *sui juris*, c'est à lui exclusivement qu'il appartiendra.

— Il nous reste à dire sur l'émancipation, que l'enfant émancipé ne pouvait plus rentrer que par l'adoption dans la famille de son père (*L.* 12, *ff. de adopt.*), mais sans que ses enfants qu'il a laissés dans cette famille pussent jamais retomber sous sa puissance (*L.* 41, *ff. eod. tit.*); et que, comme l'affranchissement auquel nous voyons qu'elle continue toujours d'être assimilée, elle pouvait être révoquée pour cause d'ingratitude envers l'émancipant (*L. un. Cod. de ingrat. liber.*).

SECTION TROISIÈME. — *De la Dignité du fils.*

TITRE XVI. — § 5.

Quibus autem dignitas magis quam status permutatur,

capite non minuuntur; et idéo senatu motum capite non minui constat.

Capite non minuuntur. La dignité du fils est une cause toute particulière d'extinction de la puissance paternelle, et tout-à-fait différente de la diminution de tête. Nous voyons, en effet, qu'il est de principe, que le changement survenu dans la position d'un individu, par son élévation à une charge publique, ou par sa destitution, n'est pas une cause suffisante pour opérer même la petite diminution de tête. Il fallait donc une disposition formelle de la loi pour qu'il pût y avoir, dans le cas de nomination à certaines dignités, dissolution du pouvoir paternel.

TITRE XII. — § 4.

Filiusfamilias, si militaverit, vel si senator vel consul factus fuerit, remanet in potestate patris; *militia* enim, vel consularis dignitas, de patris potestate filium non liberat. *Sed ex constitutione* nostra *summa patriciatus dignitas, illico imperialibus codicillis præstitis*, filium a patria potestate liberat. Quis enim patiatur, patrem quidem posse per emancipationis modum suæ potestatis nexibus filium relaxare, imperatoriam autem celsitudinem non valere eum, *quem sibi patrem elegit*, ab aliena eximere potestate?

Militia. Chez les Romains, servir dans l'armée, c'était être élevé à une espèce de fonction publique qui donnait droit à un assez grand nombre de priviléges. On pouvait donc croire qu'elle exemptait aussi de la puissance paternelle; voilà pourquoi Justinien avertit positivement qu'il n'en est pas ainsi.

Sed ex constitutione. Cette constitution est la loi dernière au Code *de consulibus.* Il faut remarquer ici que, dans l'ancien droit, les pontifes appelés *Flamines Diales*, et les vierges consacrées à Vesta, étaient délivrés du pouvoir paternel (*Ulp. reg.* 10, § 5).

Summa patriciatus dignitas. Cette dignité du patriciat n'était pas, selon la remarque de Vinnius, la première de l'empire, puisqu'elle ne venait, par exemple, qu'après celle de consul; mais elle avait de plus l'avantage d'être perpétuelle (*Vinn. hoc text.*).

Illico codicillis imperialibus præstitis. C'est-à-dire qu'on cessait d'être soumis à la puissance paternelle, à partir de la délivrance des patentes impériales.

Quem sibi patrem elegit. Les Patrices étaient considérés comme les pères du prince et de l'empire. Aussi Claudien s'amuse-t il à faire épigrammatiquement allusion à cette qualité, à l'occasion du patrice Eutrope, dont les biens avaient été confisqués au profit du fisc, et vendus à l'encan :

Direptas quid plangis opes, quas natus habebit ?
Non aliter poteras principis esse pater.

— Dans sa Novelle 81, Justinien voulut que certaines dignités, comme l'épiscopat, le consulat, la préture, les préfectures du prétoire et de la ville, et en général toutes les charges qui font sortir de la curie, exemptassent les titulaires de la puissance paternelle (*Nov.* 81, *cap.* 1 *et* 3), sans toutefois mettre obstacle, comme dans les autres cas de dissolution du pouvoir paternel, à ce que leurs enfants, à la mort de l'aïeul, retombassent sous leur propre puissance (*Nov.* 81, *cap.* 2).

TITRE TREIZIÈME.

Des Tutelles. (De tutelis).

PR.

Transeamus nunc *ad aliam divisionem* personarum. Nam ex his personis quæ in potestate non sunt, quædam vel in tutela sunt vel in curatione, quædam neutro jure tenentur. Videamus ergo de his quæ in tutela vel curatione sunt : ita enim intelligemus cæteras personas quæ neutro jure tenentur. Ac prius dispiciamus de his quæ in tutela sunt.

Ad aliam divisionem. A proprement parler, la division des personnes *sui juris* en pubères et en impubères, est une division fondée sur la nature, et l'une des premières par rapport aux personnes. Il est même vraisemblable que Justinien, en annonçant qu'il passait à une autre division, s'est rappelé celle résultant naturellement de la différence des âges. Mais dans le plan des Institutes, ce n'est, à vrai dire, qu'une subdivision ; car après avoir énoncé que les personnes libres pouvaient être *sui juris, vel alieni juris* par leur soumission à la puissance paternelle, il distingue les premières en trois classes : celles qui sont en tutelle, celles qui sont en curatelle, celles enfin qui n'ont ni tuteur, ni curateur.

§ 1er.

Est autem tutela (ut Servius definivit) *vis ac potestas in capite libero, ad tuendum eum qui propter œtatem se defendere nequit, jure civili data ac permissa.*

Vis ac potestas. Certains commentateurs ont voulu voir, dans ces deux expressions, une double signification, se rapportant au double pouvoir confié au tuteur d'agir par lui-même et d'autoriser. Mais il est plus vraisemblable que l'alliance de ces deux mots n'offre qu'un pléonasme, comme dans plusieurs autres textes, où ils se trouvent également répétés.

In capite libero. Le mineur est l'objet de la tutelle (*Vinn. hoc text.*); mais la tutelle ne peut s'exercer, comme le dit notre texte, que sur une tête libre, c'est-à-dire, que sur un individu délivré de la puissance paternelle, car les fils de famille n'ont pas besoin de tuteur.

Ad tuendum eum. Ces expressions indiquent à la fois le but de la tutelle, et les devoirs du tuteur, devoirs qui s'étendent non seulement à la protection de la personne du pupille, mais encore à la défense de ses biens. On voit par là que la tutelle n'a été créée que dans l'intérêt du mineur, à la différence de la puissance du père qui fait du fils sa chose propre, et s'attribue en conséquence tout ce qui vient de lui, sans lui laisser aucun droit.

Propter œtatem. L'âge est en même temps la raison et la seule cause de la tutelle; il fallait nécessairement protéger le pupille contre l'inexpérience et la faiblesse de ses jeunes années; aussi lui est-elle imposée, même contre son gré. Ce sont autant de motifs pour la distinguer de la curatelle; car, en général, on ne force point le mineur de 25 ans d'accepter un curateur (*infr.* § 2, *de curat.*), et de plus, on n'en nomme que dans le cas de certaines affaires difficiles, ou d'infirmités graves, ainsi que nous le verrons plus tard.

Jure civili. La tutelle étant en usage chez presque tous les peuples, on peut dire d'elle qu'elle prend sa source dans le droit des gens, dont les principes démontrent suffisamment la nécessité de surveiller les intérêts de ceux que leur âge empêche de le faire par eux-mêmes (*infr.* § 6, *de atilian. tutor.*). Mais la tutelle chez les Romains, a quelque chose de si particulier à ce peuple, leur loi civile lui a donné des formes et des effets si différents de ceux qu'elle a reçus ailleurs, que Justinien la considère justement comme le résultat du droit civil qui l'a permise.

Data ac permissa. Cette expression signifie qu'il y a deux sortes de tutelle : l'une permise par la loi, l'autre déférée par elle. Nous dirons tout-à-l'heure quel était le nom de chacune de ces tutelles, et nous examinerons en même temps si l'on n'en connaissait pas d'autres.

§ 2.

Tutores autem sunt, qui eam vim ac potestatem habent; exque ipsa re nomen acceperunt. Itaque appellantur tutores, quasi tuitores atque defensores ; sicut æditui dicuntur qui ædes tuentur.

Ce paragraphe est suffisamment expliqué par ce qui précède. Nous ajouterons seulement que de même que la tutelle est imposée au mineur, de même elle est une charge forcée pour le tuteur, excepté dans les cas d'excuse prévus par la loi : *datur invito et in invitum*. La raison en est toute simple ; dès lors qu'on avait reconnu pour le mineur, la nécessité d'une protection, il fallait la lui assurer ; et cela ne pouvait avoir lieu qu'en contraignant certaines personnes de se charger de ce soin. Seulement, la loi a dû apporter de sages restrictions à cette obligation, par exemple, la faire retomber d'abord sur les personnes que leur position vis-à-vis du pupille désignait les premières, ou en faire la compensation et comme le contrepoids de certains avantages.

— La loi des Douze-Tables avait introduit à Rome deux espèces de tutelle ; la tutelle *testamentaire* et la tutelle *légitime*. La première consistait dans le choix fait par le père de famille, d'un individu qu'il désignait dans son testament, ou au moins dans un codicille confirmé par testament (*L*. 3, *pr. ff. de testam. tutel.*), pour être le tuteur de l'enfant impubère que sa mort devait rendre *sui juris*. Cette tutelle, quoiqu'elle ne résultât pas directement de la loi, ne valait cependant que par elle. La deuxième, au contraire, était conférée par la loi elle-même, et on l'appelait à cause de cela *légitime*. Elle n'avait lieu qu'à défaut de la tutelle testamentaire qui lui était préférée, de même que l'on préfère, dans le cas de succession, les héritiers institués, à ceux qui ne viennent que *ab intestat* (*L*. 39, *ff. de adquir. hered.; L*. 89, *ff. de reg. jur.*). A cette tutelle, et postérieurement à la loi des Douze-Tables, s'en est jointe une troisième, qu'on pourrait appeler également légitime, puisqu'en définitive c'est la loi qui la confère, mais qu'on a distinguée par le nom de tutelle *dative* ou *atilienne*. Cette tutelle était déférée par certains magistrats, le plus ordinairement à défaut des tutelles testamentaire et légitime, ou lorsqu'il n'y avait plus lieu de les espérer pour le pupille. Enfin, il paraît qu'il existait une quatrième espèce de tutelle, celle des femmes pubères, *sui juris*. Mais comme les Institutes n'en parlent pas, et que d'ailleurs, tous les commentateurs conviennent que c'est un point encore fort obscur du droit romain, nous nous contenterons de renvoyer à Gaïus (*Inst.* 1, § 149 *à* 153, 157, 171, 190), et à Ulpien (*reg.* 11, § 1 *et* 8).

§ 3.

De la tutelle testamentaire. Permissum est itaque *parentibus, liberis impuberibus* quos *in potestate habent*, testamento tutores dare. Et hoc in filios filiasque *procedit omnimodo;* nepotibus vero neptibusque ita demum parentes possunt testamento tutores dare, si post mortem eorum in patris sui potestatem non sunt recasuri. Itaque si filius tuus mortis suæ tempore in potestate tua sit, nepotes ex eo non poterunt testamento tuo tutores habere, quamvis in potestate tua fuerint : scilicet, quia mortuo te in potestatem patris sui *recasuri sunt.*

Permissum est. La tutelle testamentaire est préférée à toute autre tutelle, parce que l'on suppose que le choix du père a été dicté par sa sollicitude et par sa connaissance exacte de ce qui convenait le mieux aux intérêts du mineur. Toutefois, cette nomination d'un tuteur, n'a d'effet que par la permission de la loi, qui seule peut autoriser un acte (*L. 7, ff. de leg.*), et lui donner une existence à laquelle des résultats soient attachés.

Parentibus. Pourvu cependant qu'ils soient pères de famille, c'est-à-dire ascendants paternels du mineur ; car eux seuls ont reçu de la loi une faculté qui n'est à vrai dire, qu'un effet de la puissance paternelle (*L. 40, ff. de administr. tutor.; L. 1, pr. ff. de testam. tutel.; L. 73, § 1, ff. de reg. jur.*).

Liberis impuberibus. Nous avons vu, en effet, qu'il n'y avait de tutelle qu'à cause de l'âge (*propter ætatem*). Au surplus la loi ne fait aucune distinction entre les impubères du sexe masculin, et ceux du sexe féminin (*L. 1, pr. ff. de testam. tutel.*) : tous peuvent recevoir des tuteurs testamentaires, lors même qu'ils auraient été formellement exhérédés, parce que l'exhérédation n'éteint pas la qualité d'héritier sien, et ne rend pas non plus l'impubère maître absolu de sa personne (*L. 4 et 10, § 2, ff. eod. tit.; Vinn. hoc text.*).

In potestate habent. Cette condition est impérieusement exigée pour que le père de famille puisse nommer un tuteur testamentaire. Il faut absolument que l'enfant soit soumis à sa puissance (*L. 73, § 1, ff. de reg. jur.*). Le paragraphe 5 qui parle du tuteur testamentaire donné au fils émancipé, ne contient pas même une exception à ce principe, ainsi que nous l'expliquerons.

Procedit omnimodo. Le fils ou la fille se trouvant sous la puissance immédiate du père de famille, étant ses héritiers siens (*dict. leg. 73, § 1*), et devant à sa mort être *sui juris*, rien ne met obstacle, s'ils sont impubères, à ce qu'ils reçoivent un tuteur de son choix.

Recasuri sunt. Dans ce cas, en effet, le pouvoir paternel a passé dans une autre main, mais il subsiste toujours à l'égard du mineur. Celui-ci n'est donc pas *sui juris*, et par conséquent il ne peut y avoir de tutelle, puisque cette charge ne s'exerce que sur une tête libre (*in capite libero.*).

§ 4.

Cum autem in compluribus aliis causis *posthumi* pro jam

natis habeantur et in hac causa placuit non minus posthumis quam jam natis testamento tutores dari posse : si modo in ea causa sint ut, si vivis parentibus nascerentur, sui et in potestate eorum fierent.

Posthumi. Le posthume est l'enfant conçu , dont la naissance est postérieure au décès du père de famille. Dans l'ancien droit , les posthumes étant mis au nombre des personnes incertaines (*infr.* § 25 , 26 *et* 27, *de legat.*), ne pouvaient être l'objet d'une disposition testamentaire. Mais par la suite , on s'habitua à les considérer comme nés sous plusieurs rapports (*in compluribus aliis causis*), c'est-à-dire , toutes les fois qu'il s'agissait de leur intérêt (*L*, 7 ,*et penult. ff. de stat. hom.*), comme lorsque le père de famille voudrait les instituer ou les déshériter (*infr.* § 1 *et* 2 , *de exhered. liber.*). Dans le cas qui nous occupe (*in hac causa*), l'intérêt du posthume justifie pleinement la fiction de la loi ; on ne peut nier, en effet , qu'il ne soit plus avantageux pour lui de recevoir un tuteur du choix de son père , que de s'en voir imposer un qui n'aurait peut-être pas la même sollicitude pour sa personne et pour ses biens. Mais remarquez que quoique le posthume soit réputé né , la tutelle cependant ne commence pas de suite , mais seulement au moment de sa naissance; car il n'y a pas de pupille dans le sein maternel (*L.* 161 , *ff. de verb. signif.*).

§ 5.

Sed si emancipato filio tutor a patre testamento datus fuerit, confirmandus est ex sententia præsidis *omnimodo*, id est, sine inquisitione.

Ce paragraphe , ainsi que nous l'avons dit , ne contient pas une exception au principe rigoureux qui veut que l'enfant soit en la puissance du père de famille, pour que celui-ci puisse lui nommer un tuteur par testament. Lors donc qu'un tuteur testamentaire a été donné à un fils émancipé , par exemple , le père a fait quelque chose qui outre-passait son pouvoir , et dont la nullité est radicale. Ce qui le prouve , c'est que cette nomination du tuteur , pour avoir quelque effet , doit recevoir la confirmation du magistrat (*confirmandus est*). Ce dernier confère donc véritablement la tutelle; le choix du père n'est qu'une indication que l'on doit préférer , parce que l'affection paternelle subsistant après l'émancipation, on suppose toujours qu'il a fait le meilleur choix. Au surplus , ce n'est pas seulement dans le cas de notre paragraphe , que le magistrat intervient , pour valider par son autorisation la nomination du tuteur testamentaire faite par le père. Cette autorisation est nécessaire dans tous les cas où le père a fait une nomination nulle, par exemple ; s'il n'a pas nommé le tuteur dans un testament, ou dans un codicille confirmé pa ₁testament.

Cette nomination n'est encore qu'une désignation qui n'aura d'effet que par la confirmation légale (*L.* 1 , § 1, *ff. de confirm. tutor.*).

La mère, le patron , un étranger ne peuvent nommer un tuteur testamentaire , parce que l'impubère qui le recevrait n'est pas en leur puissance (*L.* 2 , *ff. eod. tit.*). Cependant , s'ils ont en même temps institué le mineur leur héritier (*L.* 4 , *ff. de testam. tutel.*), le choix qu'ils ont fait d'un tuteur pour lui est ordinairement confirmé par le magistrat (*L.* 1 , § 1 ; *L.* 2 , *pr. et* § 1 , *ff. supr. dict. tit.*), mais après toutefois qu'on s'est enquis soigneusement des mœurs et de la capacité de l'individu désigné (*dict. leg.*). Cette confirmation , à la différence de celle qui suit le choix du père, et qui se fait purement et simplement, c'est-à-dire, sans enquête préalable (*L.* 1 , § 1, *ff. eod. tit.*) , cette confirmation, disons-nous , est donc abandonnée à la prudence du magistrat, qui ne la prononce que *ex inquisitione* , lorsque les renseignements recueillis sont-favorables.

Omnimodo. Justinien se sert de cette expression qui semble écarter toutes exceptions, parce qu'en effet elles se présenteront dans des circonstances extrêmement rares. Il est cependant certains cas dans lesquels le magistrat devra s'abstenir de confirmer le choix du père. Ce sera lorsqu'il apparaîtra clairement, d'après les changements survenus dans la position ou dans la personne du tuteur, que le testateur eût révoqué sa nomination, s'il avait pu les connaître : ainsi, par exemple, si ayant choisi l'un de ses amis pour être tuteur de ses enfants, celui-ci était devenu son ennemi ; ou même si étant fort riche lorsqu'il avait été désigné, le tuteur était depuis tombé dans la misère (*L.* 4 , *ff. de testam. tutel.*).

TITRE QUATORZIÈME.

Quels sont ceux qui peuvent être nommés tuteurs par testament. (Qui testamento tutores dari possunt).

Le titre dans lequel nous entrons a deux choses pour objet. Il examine les règles particulières de la tutelle testamentaire; il indique les individus qui peuvent être nommés tuteurs par testament. En suivant ce plan , nous nous occuperons d'abord des règles de la tutelle testamentaire.

§ 4.

PREMIÈRE RÈGLE. Certæ autem rei vel causæ tutor dari non potest, quia personæ non causæ vel rei tutor datur.

La tutelle est une charge indivisible : confiée au tuteur pour défendre principalement la personne de son pupille, elle lui impose en même temps un devoir de protection générale pour ses intérêts. C'eût donc été la dénaturer que de permettre qu'on la séparât de l'administration des biens

(*L. 12, ff. de testam. tutel.*), ou qu'on la conférât seulement pour une chose déterminée, ou pour la surveillance d'une seule affaire. Si toutefois le patrimoine d'un pupille était situé en différentes provinces fort éloignées les unes des autres, il est évident que les soins d'un seul tuteur ne pourraient pas suffire; pour ce cas, la loi a permis la nomination de plusieurs tuteurs (*L. 27, pr. ff. de tutor. et curator. dat.; L. 15, ff. de testam. tutel.*); mais il n'y a que l'administration qui soit partagée (*L. 36, ff. de adm. et peric. tutor.*), car ils sont tous donnés à la personne du pupille.

§ 3.

DEUXIÈME RÈGLE. *Ad certum tempus*, vel *ex certo tempore*, vel *sub conditione*, vel *ante heredis institutionem*, posse dari tutorem non dubitatur.

Ad certum tempus. C'est-à-dire que la tutelle cessera à l'époque fixée par le testateur, et sera continuée alors par la tutelle légitime, ou à son défaut, par la tutelle dative (*infr. § 1, de atilian. tutor.*).

Ex certo tempore. Dans ce cas, au contraire, la tutelle ne commence qu'au bout d'un certain temps. L'intervalle qui s'écoule entre le décès du testateur et l'époque indiquée pour le commencement de la tutelle est rempli par la tutelle dative (*infr. § 1, de utilian. tutor.; L. 11, pr. ff. de testam. tutel.*).

Sub conditione. Jusqu'à son événement, il y a lieu à la tutelle atilienne; mais si elle vient à manquer, le pupille tombe alors sous la protection de son tuteur légitime. Il est bon de faire connaître ici que la tutelle légitime ne peut jamais exister tant qu'il y a lieu d'espérer la tutelle testamentaire. Bien plus, si le tuteur testamentaire est excusé ou renvoyé comme suspect, on ne revient pas à la tutelle légitime; la tutelle testamentaire est remplacée alors par la tutelle atilienne (*dict. leg. 11, pr. § 1 et 2, ff. eod. tit.*).

Ante heredis institutionem. Autrefois, toute disposition testamentaire écrite avant l'institution d'héritier était nulle (*infr. § 34, de legat.*). Les Proculéiens soutenaient cependant qu'il était au moins dans l'esprit de la loi d'admettre une exception en faveur de la tutelle testamentaire, parce que, disaient-ils, la nomination d'un tuteur ne distrait rien de l'hérédité, et n'impose aucune charge à l'héritier (*Gaïus, Inst. 2, § 231*). Cette opinion des Proculéiens que les Sabiniens repoussaient vivement, doit prévaloir aujourd'hui, non précisément à cause des motifs qu'ils allèguent, mais parce que Justinien a admis en principe général qu'il importe peu que l'institution d'héritier précède ou suive les autres dispositions testamentaires (*infr. § 34, de legat.*).

§ 5.

Si quis filiabus suis vel filiis tutores dederit, etiam post-

humæ vel posthumo dedisse videtur ; quia filii vel filiæ appellatione et posthumus et posthuma continentur. Quod si nepotes sint, an appellatione filiorum et ipsis tutores dati sint ?
Dicendum est ut et ipsis quoque dati videantur ; si modo
LIBEROS dixerit : cæterum si FILIOS, non continebuntur ; aliter
enim filii, aliter nepotes appellantur. Plane si posteris dederit,
tam filii posthumi, quam cæteri liberi continebuntur.

Ce paragraphe contient une règle d'interprétation qui aidera à décou-
vrir les véritables intentions du testateur, dans le cas où les circonstances
ne seront pas là, pour faire apprécier la valeur des expressions dont il se
sera servi.

— Voyons maintenant quels sont ceux qu'on pouvait nommer tuteurs
testamentaires. On exigeait pour cela le concours de deux conditions :
1º il fallait avoir faction de testament avec le testateur (*L. 21, ff. de
testam. tutel.*), c'est-à-dire, pouvoir être l'objet d'une disposition testamentaire de sa part (*infr. §5, de hered. qual. et differ.*); 2º il fallait de
plus que la personne désignée fût capable d'une charge publique, car la
tutelle en est une. Aussi excluait-on les femmes de la tutelle, à moins que,
par une concession spéciale, le prince n'accordât à une mère la tutelle de
ses enfants (*L. 18, ff. de tutel.* ; *M. Ducaurroy*).

<h2 style="text-align:center">PR.</h2>

Dari autem tutor potest testamento non solum paterfamilias, sed etiam etiam *filiusfamilias.*

Filiusfamilias. On a faction de testament avec les fils de famille (*infr.*
§ 4, *de hered. qual. et differ.*); et de plus la loi non seulement les reconnaît capables de remplir une charge publique, mais encore les répute à
cet égard pères de famille (*L. 9, ff. de his qui sui vel alien. jur. sunt*),
d'où il suit qu'ils peuvent être tuteurs, soit testamentaires, soit atiliens.
Vainement dirait-on qu'étant sous la puissance d'autrui, ils ne peuvent
avoir personne sous leur pouvoir (*L. 24, ff. ad leg. Jul. de adult.*); car la
puissance qui vient de la tutelle est tout-à-fait différente de la puissance
paternelle, et n'est point incompatible avec elle (*L'inn. h. text.*).

<h2 style="text-align:center">§ 1er.</h2>

Sed et servus proprius testamento cum libertate recte *tutor
dari potest.* Sed sciendum est, eum et sine libertate tutorem
datum, *tacite libertatem directam accepisse videri,* et per hoc

recte tutorem esse. Plane si *per errorem* quasi liber tutor datus sit, aliud dicendum est. Servus autem alienus pure *inutiliter testamento datur* tutor; sed ita, CUM LIBER ERIT, utiliter datur. Proprius autem servus *inutiliter eo modo tutor datur.*

Tutor dari potest. L'esclave a faction de testament avec son maître, puisqu'il peut recevoir de lui la liberté, et, sous ce rapport, rien n'empêche qu'il ne soit nommé par testament le tuteur de ses enfants. Cependant il manque encore de l'une des conditions requises pour pouvoir être tuteur ; car il est incapable d'aucune fonction publique. Mais remarquons qu'au moment où la tutelle s'ouvrira, l'incapacité de l'esclave aura disparu, puisqu'alors le don de la liberté que contient le testament aura eu son effet par le décès du testateur.

Tacite libertatem directam accepisse videri. Anciennement, si la liberté n'avait pas été expressément donnée, l'esclave ne pouvait être tuteur. Plus tard, et à cause de la faveur due à la liberté, on supposa que l'esclave nommé tuteur par le testament de son maître, devait être affranchi par l'héritier institué (*L.* 10, § *ult. ff. de testam. tutel.*; *L.* 24, § 10, *ff. de fideicommiss. libert.*; *L.* 9, *Cod. eod. tit.*); mais ce n'était là qu'une liberté fidéi-commissaire, et non point une liberté directement conférée par le fait seul de la nomination de l'esclave comme tuteur, telle, en un mot, que Justinien veut qu'elle soit aujourd'hui.

Per errorem. On ne peut, en effet, dire que telle était la volonté du maître, puisqu'il y avait erreur complète de sa part. Or l'erreur ne peut jamais servir de base à un droit.

Inutiliter testamento datur. Lorsqu'il s'agit de l'esclave d'autrui, le testateur sait très-bien que la liberté ne lui sera pas conférée, parce qu'il l'aura désigné simplement pour le tuteur de ses enfants. C'était donc à lui de prendre les mesures nécessaires pour que sa volonté fût suivie de quelque effet : s'il l'a négligé, il indique suffisamment par là qu'il ne tenait pas beaucoup à son choix, et qu'il n'était pas véritablement dans sa pensée de donner cet esclave pour tuteur à ses enfants. Mais d'un autre côté, on ne peut nier que le testateur a connu l'incapacité du tuteur par lui nommé ; on doit donc présumer qu'il a disposé pour le temps où sa volonté pourra produire son effet. Aussi, Ulpien veut-il que la nomination de l'esclave, même faite purement et simplement, contienne toujours cette condition *cum liber erit*, qui, selon lui, n'a pas besoin d'être exprimée formellement, et qu'en conséquence l'héritier, en vertu du fidéi-commis qu'elle renferme, soit contraint d'acheter cet esclave à son maître pour l'affranchir ensuite (*L.* 1, § *ult. de testam. tutel.*), et réaliser ainsi le vœu tacite du testateur. La constitution des empereurs Valérien et Gallien, insérée dans la loi 9 au Code *de fideicommiss. heredit.*, admet cette décision d'Ulpien, à moins que les circonstances ne prouvent que le testateur ait voulu faire une nomination pure et simple, auquel cas elle serait nulle.

Inutiliter eo modo tutor datur. Ici on ne peut plus supposer au maître l'intention tacite d'affranchir son esclave ; car ce n'est pas vouloir véritablement que de remettre au hasard une chose qui dépendait entièrement de sa volonté (*L. 22* , *ff. de condition. instit.*).

§ 2.

Furiosus vel minor viginti quinque annis tutor testamento datus, tutor tunc erit, cum compos mentis aut major viginti quinque annis factus fuerit.

Il résulte de ce paragraphe, qu'on peut nommer tuteurs par testament tous ceux dont l'incapacité actuelle peut n'être que momentanée , et Justinien, nous en donne pour exemple le furieux et le mineur de vingt-cinq ans. Toutes les fois donc que le testateur a nommé un incapable , on suppose la condition tacite de la cessation de son incapacité. La tutelle testamentaire est en suspens jusqu'à cette époque ; et on nomme en attendant un tuteur datif (*infr.* § 1 , *de atilian. tutor.*). Cependant si le mineur de vingt-cinq ans ne devait atteindre sa majorité qu'après la puberté du pupille , sa nomination serait nulle, et il n'y aurait lieu à la tutelle dative qu'à défaut de tuteurs légitimes (*Vinn. h. text.*).

De la tutelle légitime. Justinien , après avoir examiné les différentes règles de la tutelle testamentaire , passe maintenant à cette espèce de tutelle qu'on appelle légitime , parce c'est la loi qui la défère , à défaut de la tutelle testamentaire, et lorsqu'il n'y a plus lieu de l'espérer pour le pupille (*L. 11*, *ff. de testam. tutel.*). On distingue quatre sortes de tutelles légitimes :

1o Celle des *Agnats* , 2o celle des *Patrons* , 3o celle des *Ascendants* , 4o celle dite *Fiduciaire.*

Ce sera la matière des quatre titres qui vout suivre.

TITRE QUINZIÈME.

De la Tutelle légitime des Agnats. (De legitima adgnatorum tutela).

PR.

Quibus autem testamento tutor datus non est , his ex lege duodecim tabularum *adgnati* sunt tutores, qui vocantur legitimi.

Adgnati. La loi appelant les agnats à la succession(*infr.de legit. adgnat. succes.*), on devait leur imposer préférablement à toutes autres personnes la charge de la tutelle.

TITRE XVI. — § 7.

Cum autem ad adgnatos tutela pertineat, non simul ad omnes pertinet, sed ad eos tantum qui *proximiore gradu sunt* : vel si plures ejusdem gradus sunt, ad omnes pertinet : veluti si plures fratres sunt qui unum gradum obtinent, pariter ad tutelam vocantur.

Proximiore gradu sunt. Il est de toute justice que les agnats qui sont au degré le plus proche, soient chargés de la tutelle, puisqu'ils sont seuls appelés à l'hérédité légitime (*infr. de legit. adgnat. success.*). Remarquez cependant que l'administration de la tutelle est confiée à un seul, lorsqu'il y a plusieurs agnats (*L.* 5, § 2, *ff. de legit. tutor.*).

— La tutelle légitime étant déférée aux agnats dans le cas où le père de famille meurt *intestat*, il faut examiner comment il peut mourir intestat relativement à la tutelle, et quels sont les agnats du pupille.

TITRE XV. — § 2.

Quod autem lex ab intestáto vocat ad tutelam adgnatos, non hanc habet significationem, si omnino non fecerit testamentum is qui poterat tutores dare ; sed si, quantum ad tutelam pertinet, intestatus decesserit ; quod tunc quoque accidere intelligitur, cum is qui datus est tutor, vivo testatore decesserit.

Le père de famille qui n'a fait aucun testament meurt bien certainement *intestat* de toutes manières (*infr. pr. de hered. quæ ab intest. defer.*), et ses enfants, après son décès, sont inévitablement sous la tutelle de leurs agnats, s'ils en ont. Mais, d'après notre texte, la signification de ce mot s'applique encore au testateur qui, dans son acte de dernière volonté, n'a fait aucune disposition relativement à la tutelle de ses enfants, ou qui en ayant fait une, la voit défaillir par l'effet de circonstances imprévues, par exemple, par le prédécès du tuteur nommé (*hoc text.*). Ces deux cas ne sont pas les seuls. Le père de famille qui a limité la tutelle par un terme (*supr.* § 3, *de tutel.*), qui a voulu qu'elle ne commençât qu'à l'événement d'une condition qui ne se réalise pas (*eod.* §.), meurt *intestat*, au moins pour ce qui reste à courir de la tutelle. Enfin, il peut arriver que le tuteur décède naturellement ou civilement (*infr.* § 3 et 4, *quib. mod. tut. fin.*), après le père de famille, mais avant la fin de la tutelle ; ce dernier sera donc encore mort *intestat*, et il y aura lieu de faire succéder la tutelle légitime à la tutelle testamentaire (*L.* 6, *ff. de legit. tutor.*).

13

§ 1er.

Sunt autem adgnati , cognati per virilis sexus conjunctionem conjuncti, quasi a patre cognati : veluti frater ex eodem patre natus , fratris filius neposve ex eo ; item patruus et patrui filius, neposve ex eo. At qui per feminini sexus personas conjunctione junguntur, adgnati non sunt, sed alias naturali jure cognati. Itaque amitæ tuæ filius non est tibi adgnatus, sed cognatus , et invicem tu illi eodem jure conjungeris ; quia qui ex ea nascuntur, patris non matris familiam sequuntur.

Pour bien comprendre ce paragraphe, il faut distinguer les diverses personnes qui sont unies par les liens du sang , et dont le nom générique est celui de *cognats*, en trois classes : les ascendants , les descendants et les collatéraux. Les ascendants sont le père et la mère, l'aïeul et l'aïeule , et ainsi de suite en remontant. Les descendants sont le fils et la fille , le petit-fils et la petite-fille , etc. Enfin les collatéraux sont ceux qui ne descendent pas les uns des autres, mais d'un auteur commun. Maintenant les ascendants sont toujours agnats avec leurs descendants, et réciproquement ceux-ci avec leurs ascendants. Mais lorsqu'on arrive à la ligne collatérale, les divers parents qui la composent sont entre eux *agnats* ou *cognats*. Ils sont *agnats*, lorsqu'ils se trouvent parents par la ligne paternelle (*per virilis sexus cognationem conjuncti*) , parce qu'alors , ils sont *ex eadem familia* ou *ejusdem familiæ* (*L.* 10 , § 2 , *ff. de grad. et affin.; Ulp. reg.* 11 , § 4). Ainsi, on est agnat avec ses oncles et tantes de père , avec ses frères ou ses sœurs du même père , avec les fils et filles de ses oncles paternels ou de ses frères , mais non avec les fils et filles des tantes paternelles ou de ses sœurs. Ceux-ci ne sont que des *cognats* , parce que , comme le dit notre texte, *non matris familiam sequuntur*. Voilà ce que c'est que la *cognation*. Elle a lieu dans tous les cas où il y a parenté par la ligne féminine (*per feminini sexus conjunctionem*). Lorsqu'on est agnat avec quelqu'un, on est en même temps son cognat (*Paul. sentent.* 4 , *tit.* 8 , § 14) , parce que la cognation n'est autre chose que la parenté naturelle que l'agnation n'empêche pas ; mais on ne peut être agnat, lorsqu'on n'est que cognat (*ibid.*).

§ 3.

Sed adgnationis quidem jus omnibus modis capitis deminutione *plerumque perimitur;* nam adgnatio juris civilis nomen est. Cognationis vero jus non omnibus modis commutatur ;

quia civilis ratio civilia quidem jura corrumpere potest , naturalia vero non utique.

Plerumque perimitur. Justinien se sert de cette locution *plerumque* , parce qu'il y a , en effet, une exception depuis qu'Anastase a conservé les droits d'agnation entre l'enfant émancipé et ses frères et sœurs (*L.* 4, *Cod. de legit. tutel. ; infr.* § 1 , *de success. cognat.*).

Le paragraphe 6 du titre suivant, que nous transporterons ici, va servir de complément d'explication à celui-ci.

TITRE XVI. — § 6.

Quod autem dictum est manere cognationis jus etiam post capitis deminutionem , hoc ita est, si minima capitis deminutio interveniat ; manet enim cognatio. Nam si maxima capitis deminutio interveniat, jus quoque cognationis perit, utputa servitute alicujus cognati ; et ne quidem si manumissus fuerit, *recipit cognationem.* Sed etsi in insulam quis deportatus sit, cognatio solvitur.

Il résulte de ces deux textes , que l'agnation se dissout beaucoup plus facilement que la cognation, et la raison en est toute simple. L'agnation étant un titre commun aux membres d'une même famille , il devait être perdu pour quiconque sortirait de la famille. Or, la petite diminution de tête enlève précisément à la famille ; elle devait donc suffire pour opérer la dissolution de l'agnation. La cognation , au contraire, est indépendante du lien de famille ; aussi ne disparaît-elle qu'avec la liberté ou la qualité de citoyen , du moins quant à ses effets civils ; car le lien naturel subsiste toujours, et , à proprement parler , il est indissoluble.

Recipit cognationem. L'affranchissement donne une liberté nouvelle , mais ne rétablit pas la personne dans son état primitif. Il faut pour cela que le prince , par une concession expresse , veuille bien rétablir l'affranchi dans l'intégrité de ses droits (*vid. Cod. tit. de sent. pass.*). — Il nous reste à dire sur la tutelle légitime des agnats , que Justinien , dans ses Novelles , a supprimé toutes les différences qu'on mettait autrefois entre l'agnation et la cognation , et a décidé que les cognats seraient appelés , conjointement avec les agnats , à la succession et à la tutelle légitimes , suivant la proximité de degré (*Nov.* 118 , *cap.* 4 *et* 5).

TITRE SEIZIÈME.

De la Diminution de tête. (De capitis deminutione).

On se rappelle que nous avons fondu tout ce titre dans celui qui précède, et dans le titre douzième. Nous ne reviendrons pas sur ce que nous avons dit, et nous allons passer de suite au titre dix-septième qui traite *de. la tutelle légitime des Patrons.*

TITRE DIX–SEPTIÈME.

De la Tutelle légitime des patrons. (De legitima patronorum tutela).

Ex eadem lege duodecim tabularum, libertorum et libertarum tutela *ad patronos liberosque eorum* pertinet, quæ et ipsa *legitima tutela vocatur* : non quia nominatim in ea lege de hac tutela caveatur, sed quia perinde accepta est per interpretationem, ac si verbis legis introducta esset. Eo enim ipso quod hereditates libertorum libertarumque, si intestati decessissent, jusserat lex *ad patronos liberosve* eorum pertinere, crediderunt veteres voluisse legem etiam tutelas ad eos pertinere : cum et adgnatos, quos ad hereditatem lex vocat, eosdem et tutores esse jusserit, quia plerumque ubi successionis est emolumeutum, ibi et tutelæ onus esse debet. Ideo autem diximus PLERUMQUE, quia si a femina impubes manumittatur, ipsa ad hereditatem vocatur, *cum alius sit tutor.*

Ad patronos liberosque eorum. Les affranchis impubères n'étant point fils de famille, et par conséquent n'étant soumis à la puissance de personne, ne peuvent recevoir de tuteurs testamentaires, puisque, ainsi que nous l'avons vu, il n'y a que les pères de famille qui aient la faculté de désigner par testament un tuteur aux enfants qui sont sous leur puissance (*supr.* § 3, *de tutel.*). D'un autre côté, les affranchis, civilement parlant, n'ont point de parents ; la tutelle légitime semblerait donc ne pas devoir exister non plus pour eux. La loi des Douze-Tables ne contenait aucune disposition expresse pour la tutelle des patrons ; mais comme il était nécessaire de recourir à un moyen, afin de ne pas permettre que les affranchis impubères restassent sans tuteurs, les prudents remarquant que la loi déférait toujours la tutelle à l'héritier présomptif, par une sorte de compensation des avantages que l'hérédité lui promettait (*L.* 1, *pr. ff. de legit. tutor.; L.* 10, *ff. de reg. jur.; hoc text.*), pensèrent, par une sage interprétation, qu'il était dans l'esprit de la loi que la tutelle des affranchis impubères fût confiée également à leurs héritiers *ab intestat*, c'est-à-dire, à leurs patrons (*L.* 3, *pr. ff. de legit.; tutor. hoc text.*.).

Legitima tutela vocatur. C'est avec raison qu'on appelle cette tutelle légitime, parce que cette dénomination convient non seulement à ce qui a été expressément établi par la loi , mais encore à tout ce qui vient d'elle par voie d'interprétation (*L. 6, § 1, ff. de verb. signif.*).

Ad patronos. Les patrons sont appelés à la tutelle légitime de leurs affranchis impubères, dans le cas même d'une manumission faite en vertu d'un fidéi-commis (*L. 3, § 1, ff. de legit. tutor.*)

Liberosve. Les enfants ne deviennent tuteurs de l'affranchi qu'après le décès de leurs pères, ou lorsque ceux-ci, par une cause ou par une autre, ne sont plus capables de remplir cette charge. Cela est simple à observer, lorsqu'il n'y a qu'un seul patron ; mais lorsqu'il y en a plusieurs, quelle règle suit-on ? Si tous les patrons sont morts, ou sont devenus incapables , la tutelle appartient concurremment à leurs enfants (*L. 3, § 6, ff. de legit. tutor.*); mais dans le cas de décès ou d'incapacité d'un ou plusieurs d'entre eux seulement, la tutelle reste entre les mains des autres (*dict. leg. § 5*). On suit encore une autre règle , quand la tutelle descend aux enfants : si l'un des patrons a laissé un fils , et l'autre seulement un petit-fils, le premier est seul admis à la tutelle , comme il serait seul admis à l'hérédité de l'affranchi (*dict. leg. § 7*). — La loi *Ælia Sentia* permet aux mineurs de vingt ans , et même à ceux d'un âge inférieur, lorsqu'ils en ont une cause légale, d'affranchir leurs esclaves (*supr. § 4, cui et ex quib. caus. manumit. non licet*). Ces patrons seront-ils les tuteurs de leurs affranchis impubères ? Non, car on ne peut être tuteur, si on n'a atteint la majorité parfaite, c'est-à-dire , l'âge de vingt-cinq ans (*infr. de fiduc. tutel.; § 13, de excusat. tutor.*).

Cum alius sit tutor. Il y a donc des cas où l'hérédité se sépare de la tutelle. Justinien cite le cas de la femme que son sexe rend incapable de cette fonction publique (*L. 18, ff. de tutel.; L. 2, ff. de reg. jur.*). La tutelle passe alors, comme si la femme n'existait pas, à ceux qu'elle empêche d'arriver à l'hérédité (*L. 1, § 1; L. 10, pr. ff. de legit. tutor.*).

TITRE DIX-HUITIÈME.

De la Tutelle légitime des ascendants. (De legitima parentum tutela).

Exemplo patronorum recepta est et alia tutela , quæ et ipsa legitima vocatur. Nam si quis filium aut filiam, nepotem aut neptem ex filio, et deinceps impuberes emancipaverit, legitimus eorum tutor erit.

Exemplo patronorum. Lorsque nous avons retracé les formes de l'ancienne émancipation (*voyez page 84*) , nous avons dit qu'elle se faisait ordinairement *contracta fiducia* , et qu'alors le père obtenait sur son fils émancipé tous les droits d'un véritable patron. La tutelle de ce fils, s'il était impubère, lui était conséquemment déférée. Si, au contraire, le *pactum contractæ fiduciæ* n'intervenait point entre le père émancipateur et l'acquéreur imaginaire, c'était ce dernier qui était patron, et à qui, en vertu de ce titre, appartenait la tutelle. Justinien, nous l'avons dit également, a voulu que l'émancipation désormais fût toujours censée faite *contracta fiducia* (*L. 6, Cod. de emanc. liber.*) ; le père est toujours considéré comme le patron de son enfant émancipé, et c'est à lui exclusivement qu'à l'exemple des véritables patrons, est confiée la tutelle. Mais s'il mourait avant la puberté du pupille, quel serait à l'avenir le tuteur de celui-ci ? Il n'a plus d'agnats, puisque l'émancipation l'a fait sortir de la famille. Le père, il est vrai, pourra lui donner par testament un tuteur qui sera confirmé (*vid. supr.* § 5, *de tutel.*) ; mais il peut arriver aussi qu'il décède intestat, et alors on retombe dans les mêmes inconvénients. La loi a résolu cette difficulté, en faisant passer la tutelle aux mains des enfants restés en la puissance du père de famille, c'est-à-dire, d'abord au père de l'émancipé, puis à son défaut à ses frères, et enfin à défaut de ceux-ci à ses oncles paternels. C'est cette tutelle que l'on appelle tutelle *Fiduciaire*, et qui forme la matière du titre suivant que nous allons expliquer.

TITRE DIX-NEUVIÈME.

De la Tutelle fiduciaire. (De Fiduciaria tutela).

Est et alia tutela, *quæ fiduciaria appellatur*. **Nam si pater filium vel filiam, nepotem vel neptem, vel deinceps impuberes manumiserit, legitimam nanciscitur eorum tutelam. Quo defuncto, si liberi virilis sexus ei existant,** *fiduciarii tutores* **filiorum suorum, vel fratris vel sororis et cæterorum efficiuntur. Atqui patrono legitimo tutore mortuo, liberi quoque ejus legitimi sunt tutores. Quoniam filius quidem defuncti, si non esset a vivo patre emancipatus, post obitum ejus sui juris efficeretur, nec in fratrum potestatem recideret, idcoque nec in tutelam. Libertus autem, si servus mansisset, utique eodem jure apud liberos domini post mortem ejus futurus esset. Ita tamen hi ad tutelam vocantur, si perfectæ ætatis sint : quod nostra constitutio in omnibus tutelis et curationibus observari generaliter præcepit.**

Quæ fiduciaria appellatur. On peut définir la tutelle fiduciaire, celle qui, à la mort de l'ascendant émancipateur, est déférée à ses autres enfants mâles et majeurs de vingt-cinq ans, restés en sa puissance, sur la personne de l'enfant impubère émancipé. Trois sortes de personnes peuvent être appelées à cette tutelle : 1° le père, si l'impubère a été émancipé par l'aïeul sous la puissance duquel le père se trouvait alors; 2° les frères, si l'impubère a été émancipé par le père commun; 3° les oncles, si l'impubère émancipé par l'aïeul avait, par exemple, avant le décès de ce dernier, perdu son père, ou s'il n'avait point de frères (*Theoph. Inst. comment. hoc tit.*).

Fiduciarii tutores. Tous les commentateurs se demandent ici pourquoi le père émancipateur, étant un véritable patron, ne transmet à ses enfants qu'une tutelle fiduciaire sur l'émancipé, tandis que les enfants du patron sont, comme lui, les tuteurs légitimes de l'affranchi. Justinien lui-même a prévu cette question, et sa réponse, vraie pour la tutelle des frères et des oncles, est au moins fausse à l'égard du père qui, au décès de l'aïeul émancipateur, devient tuteur fiduciaire de ses propres enfants (*Cujac. not. ad Inst. hoc tit.* ; *M. Ducaurroy*). Il faut donc chercher une autre solution. Nous croyons, nous, avec M. Ducaurroy (*tome 1er , n° 246*), que la différence provient de ce que les enfants du patron, succédant au droit de patronage, deviennent, comme leur père, héritiers présomptifs de l'affranchi, et, conformément au système de la loi des Douze-Tables, ses tuteurs légitimes ; au lieu que les enfants restés sous la puissance de l'ascendant émancipateur, ne succédant pas à son patronage fictif, devenaient tuteurs sans être héritiers présomptifs de l'émancipé. — La tutelle fiduciaire est appelée *légitime* , dans le sens le plus étendu de cette expression, et parce qu'elle n'est donnée par personne (*L.* 5, *pr. ff. de legit. tutor.*).

Quod nostra constitutio. La constitution dont Justinien parle ici est celle insérée dans la loi 5 au Code *de legit. tutel.* Il paraît qu'autrefois le tuteur légitime ne pouvait faire valoir sa puberté que comme une excuse qui ne le dispensait que temporairement de la tutelle (*L.* 10, § 7, *ff. de excusat.*). Nous donnerons à ce sujet quelques explications, lorsque nous commenterons le paragraphe 13 du titre *de excusationibus tutorum vel curatorum.*

De la tutelle dative ou *atilienne*. Il nous reste à parler de cette troisième espèce de tutelle qui, ainsi que nous l'avons dit, a été introduite postérieurement à la loi des Douze-Tables, pour suppléer au défaut des tutelles *testamentaire* et *légitime*.

TITRE VINGTIÈME.

Du tuteur Atilien et de celui qui était donné en vertu de la loi Julia et Titia. (De Atiliano tutore , et eo qui ex lege Julia et Titia dabatur).

Dans ce titre, on examine principalement deux choses : dans quels cas y a-t-il lieu de nommer un tuteur datif? comment et par qui ce tuteur est-il nommé? On nommait un tuteur datif:

PR.

1° Si cui *nullus omnino* tutor fuerat....

Nullus omnino. On suppose ici le défaut absolu de tout tuteur testamentaire ou légitime. S'il ne s'agissait que de confirmer le choix d'un tuteur désigné par le testament d'une personne qui ne pouvait pas le faire, ou qui ne l'aurait pas fait régulièrement, s'il y avait possibilité de donner au mineur un tuteur légitime, ne fût-il que fiduciaire, on ne pourrait pas procéder à la nomination d'un tuteur atilien (*Theoph. h. text.; Vinn. hic*).

§ 1er.

2° Sed et si in testamento tutor sub conditione, aut ex die certo datus fuerat, quandiu conditio aut dies pendebat, ex iisdem legibus tutor alius interim dari poterat. Item si pure datus fuerat, quandiu ex testamento *nemo heres existebat,* tandiu ex iisdem legibus tutor petendus erat; *qui desinebat esse tutor,* si conditio extiterat, aut dies venerat, aut heres extiterat.

Le *principium* de ce titre a posé en règle générale qu'on ne pouvait songer à la tutelle dative, que lorsqu'il était bien constant que le mineur n'avait ni tuteurs testamentaires, ni tuteurs légitimes. Notre paragraphe prévoit le cas où un tuteur testamentaire ayant été nommé, un intervalle plus ou moins long s'écoulera entre le décès du testateur, et l'entrée en gestion du tuteur désigné, et il nous dit que cet intervalle devra être rempli par la tutelle dative, et non par la tutelle légitime, parce qu'il est de principe, que celle-ci ne peut exister tant qu'il y a lieu d'espérer la tutelle testamentaire (*L. 11, pr. ff. de testam. tutel.*).

Nemo heres existebat. Tant qu'il n'a pas été fait adition de l'hérédité, toutes les dispositions testamentaires sont en suspens, et leur confirmation ou leur caducité dépend entièrement du parti que prendra l'héritier (*L. 9, ff. dict. tit.*). Pendant tout le temps que l'institué se réverve pour délibérer, la tutelle testamentaire n'existe qu'en espérance; à proprement parler, le mineur n'a point de tuteur (*dict. leg.*); aussi, peut-on et même doit-on lui en nommer un. — Pour bien comprendre le cas dont Justinien veut parler, il faut supposer que le père a institué un héritier en déshéritant son fils auquel il s'est contenté de nommer dans son testament un tuteur (*Theoph. comm. h.; text. Vinn. hic*); autrement le fils étant l'héritier nécessaire de son père (*infr. § 2, de hered. qual. et differ.*), et, en cette qualité , saisi immédiatement de son hérédité , il n'y aurait pas lieu à la tutelle atilienne, puisque le tuteur testamentaire qui lui aurait été nommé entrerait de suite en fonction.

Qui desinebat esse tutor. Remarquez que dans l'espèce dont il s'agit, le tuteur atilien n'étant nommé pour ainsi dire qu'en attendant, cessera de l'être dans tous les cas. Ainsi , par exemple , si la condition exigée par le testateur vient à se réaliser, il n'est plus tuteur , et il est remplacé par celui désigné dans le testament ; si , au contraire, elle vient à défaillir , il cesse encore d'être tuteur, mais ce sera pour céder ses fonctions aux héritiers légitimes (*arg. ex leg.* 11, § 3 , *ff. de test. tutel.*).

§ 2.

3° Ab hostibus quoque tutore capto , ex his legibus tutor petebatur : qui desinebat esse tutor, si is qui captus erat, in civitatem reversus fuerat ; nam reversus recipiebat tutelam jure postliminii.

C'est toujours par conséquence du principe qui veut qu'on ne passe point à la tutelle légitime , tant que la tutelle testamentaire peut encore être espérée, qu'on nomme dans ce cas un tuteur datif. Il est incertain , en effet, si le tuteur captif ne viendra pas, par l'effet du *postliminium* , reprendre la tutelle. Mais si sa mort arrivée lorsqu'il est encore au pouvoir des ennemis, fait cesser cette incertitude , il y a lieu alors à la tutelle légitime (*L*. 11, § *ult. dict. tit.; L.* 9, § 2, *ff. de tutel. et ra tion. distrah.*).

4° Enfin , lorsque le tuteur testamentaire s'était excusé ou avait été renvoyé comme suspect de la tutelle, dans ce cas particulier , et quoiqu'il n'y eût plus d'espérance de tutelle testamentaire, on n'avait point recours à la tutelle légitime ; mais le magistrat qui recevait son excuse ou qui le destituait , devait nommer un tuteur à sa place (*L*. 11, § 1 *et* 2 , *ff. de testam. tutel.*).

— Voyons maintenant comment et par qui étaient nommés les tuteurs atiliens.

PR.

1° ....Ei dabatur in urbe quidem Roma a prætore urbano et *majore parte tribunorum* plebis tutor ex lege Atilia : in provinciis vero a præsidibus provinciarum ex lege Julia et Titia.

Chez les Romains , le droit de nommer un tuteur n'appartenait à aucun magistrat *vi suæ jurisdictionis ;* il n'était que le résultat d'une concession expresse , et de l'autorisation d'une loi spéciale (*L*. 6, § 2, *ff. de tutel.*). La loi *Atilia* , pour Rome, et , pour les provinces, la loi *Julia* et *Titia,* furent les premières lois sur la tutelle dative. La première permit au préteur urbain, avec la majeure partie des tribuns du peuple, de nommer les tuteurs ; la seconde conféra ce droit aux gouverneurs ou présidents des provinces. Ces deux lois sont fort anciennes : on suppose que la loi *Atilia* a été portée l'an de Rome 557, et la loi *Julia Titia*, en l'année 723. C'est d'elles que sont venus aux tuteurs datifs, les noms de tuteurs *Atiliens* ou *Julio-Titiens* (*Theoph. comment. h. text.*).

Majóre parte tribunorum. Les tribuns du peuple étaient au nombre de dix (*L. 2, § 34, ff. de orig. jur.*), et ordinairement, ils ne pouvaient prendre de décisions qu'à l'unanimité. Par une exception introduite en faveur de la tutelle, on admit qu'il suffirait que six d'entre eux se rangeassent à l'avis du préteur, pour que la nomination du tuteur fût valable (*Vinn. h. text.*).

§ 3.

2° Sed ex his legibus tutores pupillis desierunt dari, posteaquam *primo consules* pupillis utriusque sexus tutores ex inquisitione dare cœperunt, *deinde prætores* ex constitutionibus. Nam supra dictis legibus, neque de cautione a tutoribus exigenda rem salvam pupillis fore, neque de compellendis tutoribus ad tutelæ administrationem *quicquam cavebatur.*

Primo consules. Suétone nous apprend (*in vit. Claud. cap. 23*, que ce fut l'empereur Claude qui dérogea le premier aux lois *Atilia* et *Julia-Titia*, en chargeant les consuls de nommer à l'avenir, à l'exclusion de tous autres magistrats, les tuteurs datifs (*Vinn. h. text.*).

Deinde prætores. Cette nouvelle dérogation est attribuée à Antonin le philosophe (*Vinn. hoc text.*). Il y avait dix-huit préteurs (*L. 2, § 34, ff. de orig. jur.*), sur lesquels il paraît que deux seulement, créés exprès, avaient le droit de nomination (*Ferrières, Inst. comment. sur le § 5*). Au surplus, les consuls et les préteurs ne conféraient la tutelle que *ex inquisitione.* Cet examen roulait principalement sur quatre points, ainsi que Modestin nous l'apprend. On s'enquérait si celui qu'on voulait charger de la tutelle était de vie simple et de mœurs pures ; s'il avait une fortune suffisante ; s'il n'avait pas intrigué pour se faire nommer ; s'il n'avait pas acheté son élection à la tutelle (*L. 21, § 5 et 6 de tutor. dat.*).

Quicquam cavebatur. C'est donc à cause de ce double motif que les lois *Atilia* et *Julia Titia* ne contenaient aucunes dispositions relatives à la caution à exiger des tuteurs, ni à la contrainte à exercer contre eux en cas de refus de se charger de la tutelle, que Claude et Antonin apportèrent les modifications que nous venons de voir.

§ 4.

3° Sed hoc jure utimur, ut Romæ quidem præfectus urbi

vel prætor *secundum suam jurisdictionem*, in provinciis autem præsides ex inquisitione tutores crearent; vel magistratus jussu præsidum, si non sint magnæ pupilli facultates.

Ce paragraphe parle des modifications que l'usage avait insensiblement fait succéder à celles déjà apportées aux lois *Atilia* et *Julia-Titia* par les constitutions des empereurs.

Secundum suam juridictionem. Pour bien comprendre la portée de ces mots, il est nécessaire d'entrer dans quelques explications sur les fonctions et sur l'étendue de pouvoir confié au préfet de la ville et aux préteurs. Dans l'origine, le droit de nomination à la tutelle n'appartenait point à ces magistrats. Au premier était attribué seulement, avec le pouvoir général de rendre la justice, celui de réprimer les crimes et de leur appliquer les peines portées par la loi; aux seconds, la connaissance et le jugement des affaires et des contestations qui s'élevaient entre les particuliers (*L*. 1, *pr. ff. de offic. præfect. urb.*; *L*. 2, § 27, *ff. de orig. jur.*). Le territoire dans lequel ils exerçaient leurs charges avait également une limitation différente. Le pouvoir du préfet s'étendait sur toute la ville jusqu'au centième mille autour de Rome; celui du préteur se renfermait dans l'enceinte de la ville même (*L*. 1, § 4, *ff. de offic. præf. urb.*). Lorsque le droit de conférer la tutelle fit partie de la juridiction du préfet de la ville et du préteur, il s'étendit ou se restreignit nécessairement aux personnes et au territoire soumis à leur autorité respective. Ainsi le préfet, hors de la ville, et jusqu'à la centième pierre, pouvait seul nommer un tuteur à ceux qui se trouvaient dans cette délimitation; dans la ville, il en donnait également, mais seulement, selon quelques commentateurs, aux pupilles riches et de condition (*Theoph. h. text.*). Le préteur, au contraire, se bornait à la ville et aux mineurs d'une classe ou d'une fortune inférieures (*arg. ex leg.* 1, *Cod. de tutor. et curat. illust.*).

Magistratus. Les magistrats dont il est question ici, sont les magistrats municipaux (*L*. 3, *ff. de tutor. dat.*).

Jussu præsidum. Le droit de nommer un tuteur est donné par la loi seule (*L*. 6, § 2, *ff. de tut.*); il ne peut être le résultat d'une délégation (*L*. 8, *pr. ff. de tutor. dat.*). Si donc les magistrats municipaux peuvent, en certains cas, conférer la tutelle, ce n'est pas en vertu de l'ordre des gouverneurs, mais en vertu de la loi qui leur en a donné le pouvoir (*L*. 3, *ff. dict. tit.*). On veut donc simplement faire entendre ici que, s'il s'agit d'un mineur dont la fortune n'est pas considérable, le président aura la faculté, ou de procéder par lui-même à la nomination, ou d'en remettre le soin aux municipaux, s'il ne veut pas user de la préférence qui lui est réservée.

§ 5.

4° Nos autem *per constitutionem nostram* hujus modi dif-

ficultates hominum resecantes, nec expectata jussione præsidum, disposuimus, si facultas pupilli vel adulti usque ad
quingentos solidos valeat, defensores civitatum una cum ejusdem civitatis religiosissimo antistite, vel alias publicas personas,
id est, magistratus, vel juridicum Alexandrinæ civitatis, tutores vel curatores creare, *legitima cautela* secundum ejusdem
constitutionis normam præstanda, videlicet eorum periculo
qui eam accipiunt.

Per constitutionem nostram. Cette constitution est la loi 30 au Code *de
episcop. aud.* Elle modifie le droit antérieur à Justinien, en ce qu'elle
retire la préférence aux gouverneurs de province (*nec expectata jussione
præsidum*), lorsque la fortune du pupille n'excède pas cinq cents solides,
et permet aux magistrats municipaux de concert avec les autres personnes
publiques (il faut lire *vel aliis publicis personis, vel magistratus, vel juridicum*, etc., dit Cujas. *Vinn. hic*) désignées dans notre paragraphe, de
nommer dans ce cas directement le tuteur.

Quingentos solidos. C'est le solide d'or. Cette pièce de monnaie représentait cent sesterces. Cinq cents solides valaient donc cinquante mille sesterces, c'est-à-dire, environ 12,000 fr. de nos jours.

Legitima cautela. On imposait aux magistrats qui nommaient un tuteur
de lui demander caution, parce qu'ils étaient dispensés de provoquer une
enquête. Les magistrats supérieurs, au contraire, ne pouvant nommer
qu'après enquête, n'étaient pas obligés de faire donner caution au tuteur
qu'ils avaient choisi (*infr.* § 4, *de satisdat. tutor.*). — Dans les deux paragraphes suivants, Justinien revient à quelques idées générales sur la
nature et les conséquences de la tutelle.

§ 6.

Impuberes autem in tutela esse naturali juri conveniens
est, ut is qui perfectæ ætatis non sit, alterius tutela regatur.

§ 7.

Cum igitur pupillorum pupillarumque tutores negotia gerunt, post pubertatem tutelæ judicio rationes reddunt.

TITRE VINGT-UNIÈME.

De l'autorisation des Tuteurs. (De auctoritate tutorum).

L'autorisation du tuteur peut se définir : *pura et expressa negotii pupil-*

laris approbatio, a præsente tutore, in præsenti negotio, bonâ fide inter-
posita.

La minorité est par elle-même indivisible, en ce sens que l'incapacité dont elle frappe, existe jusqu'au dernier moment de sa durée ; cependant, comme l'autorisation du tuteur n'est également que le complément d'une faculté que la loi déclare imparfaite dans le mineur, on s'est habitué à reconnaître, en ce qui concerne cette autorisation, deux périodes bien distinctes dans la pupillarité. Jusqu'à l'âge de sept ans révolus, le pupille est dans l'enfance ; il est incapable de recevoir aucune pensée sérieuse, et, surtout hors d'état, comme son nom d'*infans* l'indique, de l'exprimer. Pendant tout ce temps, le tuteur n'autorise qu'improprement ; car c'est lui seul qui agit au nom du mineur, et pour lui (*negotia gerit.*). Au sortir de l'enfance, le pupille commence à avoir quelque intelligence (*aliquem intellectum*); il agit alors par lui-même ; mais comme il n'a pas encore le jugement nécessaire (*animi judicium*), pour se préserver de toute erreur préjudiciable à ses intérêts (*L.* 189, *ff. de reg. jur.*), la loi le dispense, dans certains cas, de se faire autoriser par son tuteur, et dans d'autres, elle l'oblige à prendre cette autorisation.

PR.

Auctoritas autem tutoris in quibusdam causis necessaria pupillis est, in quibusdam non est necessaria. Ut ecce, *si quid dari sibi stipulantur,* non est necessaria tutoris auctoritas; quod *si aliis* pupilli *promittant,* necessaria est. Namque placuit meliorem quidem suam conditionem licere eis facere, etiam sine tutoris auctoritate ; deteriorem vero, non aliter quam tutoris auctoritate. Unde in his causis ex quibus obligationes mutuæ nascuntur, ut in emptionibus, venditionibus, locationibus, conductionibus, *mandatis,* depositis, si tutoris auctoritas non interveniat, ipsi quidem qui cum his contrahunt, *obligantur;* at invicem pupilli *non obligantur.*

Aux termes de ce paragraphe, il faut donc poser en principe que l'autorisation du tuteur n'est indispensable au mineur que dans le cas où celui-ci peut faire sa condition pire, et non point lorsqu'il la rend meilleure ; ce qui se réduit à dire que le pupille ne peut s'obliger, ni aliéner sans autorisation, mais qu'il en est dispensé lorsqu'il acquiert. Empirer sa condition, ce n'est pas précisément consentir à perdre quelque chose, car le tuteur alors ne devrait même pas autoriser ; c'est simplement se placer dans la condition d'obligé, la moins bonne aux yeux de la loi, quoiqu'on puisse en tirer pour soi compensation ou même avantage. Voilà pourquoi il est défendu aux mineurs de stipuler au profit de quelqu'un sans y être autorisé ; pourquoi, sans cette autorisation, il leur est également interdit de former des contrats synallagmatiques tels que la vente, l'échange, etc. ; parce que, s'ils obligent quelqu'un envers eux, ils s'obligent aussi envers cette personne (*mutuæ obligationes nascuntur*), qui peut les rendre victimes de leur inexpérience.

Si quid dari sibi stipulantur. Par la stipulation, on peut non seulement acquérir une chose en se la faisant promettre, mais encore se faire décharger d'une obligation qu'on avait contractée (*L. 1, ff. de accept.*), se faire remettre une dette, par exemple. Le pupille est également apte à ces deux sortes de stipulations sans autorisation (*L. 2, dict. tit.; L. 9, pr. ff. de auctor. tutor.*), parce qu'il améliore par là sa condition.

Si aliis promittant. Ou s'ils font à quelqu'un la remise d'une obligation quelconque contractée envers eux, ou d'une action qu'ils pourraient exercer. En consentant ainsi à se départir de leurs droits, ils les aliènent, ils empirent leur sort, et, par conséquent, ils ont besoin d'autorisation (*L. 5, L. 9, ff. de auctor. tutor.*). Le paiement n'est qu'un mode d'extinction des obligations (*infr. pr. quib. mod. toll. obligat.*) ; le prêt n'oblige que l'emprunteur (*L. 19, ff. de verb. signif.*); mais comme il y a en même temps aliénation de la somme ou de l'objet payé ou prêté, le mineur ne peut le faire sans y être autorisé (*L. 9, pr. ff. de auct. tutor.*). Les mêmes motifs rendent nul l'affranchissement fait par le mineur non autorisé (*dict. leg.* § 1).

Mandatis. Le mineur ne peut conférer de mandat ni en accepter, sans le consentement de son tuteur, parce qu'il s'expose à l'action *directe* ou *contraire* du mandat. Il en est de même du dépôt.

Obligantur. L'obligation tient du côté de ceux qui ont contracté avec le mineur, parce que, en général, il y a présomption que l'on est instruit de l'état et de la position de l'individu avec lequel on contracte (*L. 19, pr. ff. de reg. jur.*). L'excuse fondée sur l'ignorance est d'autant moins recevable dans les contrats formés avec des impubères, que leur extrême jeunesse devait suffire pour tenir en garde l'autre partie (*Vinn. hic*) : si elle s'est avancée aussi loin, c'est de sa faute ; elle ne peut donc pas se départir d'une obligation quelle a si volontairement acceptée.

Non obligantur. Remarquez qu'en déclarant qu'il n'y a pas obligation pour le pupille non autorisé, la loi ne veut pas dire que, dans la vente, par exemple, il pourra recevoir le prix et se dispenser de livrer la chose ; ce serait faire oubli du principe d'équité naturelle qui veut que personne ne s'enrichisse au détriment d'autrui (*L. 206, ff. de reg. jur.*). Le seul avantage du pupille est qu'il dépend de lui de contraindre l'autre partie à l'accomplissement du contrat en offrant de l'accomplir lui-même, ou de s'en désister, sans pouvoir être forcé de l'exécuter. Si même l'obligation avait été remplie en partie par celui qui s'était engagé avec lui, le pupille devrait la restitution de tout ce dont il est devenu plus riche (*L. 5*, § 1, *ff. de auctor. tutor.*).

§ 1er. — *Exception.*

Neque tamen hereditatem adire, neque *bonorum possessionem* petere, neque *hereditatem ex fideicommisso* suscipere aliter possunt, nisi tutoris auctoritate, quamvis illis lucrosa sit, nec ullum damnum habeat.

Plusieurs interprètes ont épuisé toute leur science, pour trouver la raison de cette exception apportée au principe qui établit que le mineur peut valablement faire, sans autorisation, tous les actes qui peuvent rendre sa condition meilleure. Le *quamvis illis lucrosa sit* du texte les a véritablement courroucés. Il semble cependant qu'il était facile de se dire qu'il n'y a rien de plus périculeux en général que l'adition d'une hérédité, puisqu'elle oblige au paiement de toutes les dettes, même de celles qu'il était le plus difficile de connaitre. Il faut pour apprécier sûrement les chances bonnes ou mauvaises d'une acceptation, une maturité de jugement que la loi ne reconnaît pas au pupille (*L.* 189, *ff. reg. jur.*). Pourquoi donc s'étonner qu'on ait établi le tuteur juge dans ce cas, et qu'on ait suppléé par son autorisation au défaut d'intelligence du mineur ?

Bonorum possessionem. La possession de biens entraîne les mêmes conséquences que l'hérédité ; ceux qui en sont investis sont, comme de véritables héritiers, obligés à l'acquittement de toutes les dettes et charges (*infr. de bon. poss.*). On ne devait donc pas, en permettant aux mineurs de la demander sans autorisation, les exposer à faire inconsidérément un acte de cette importance.

Hereditatem ex fideicommisso. Il y a hérédité fidéicommissaire, lorsque le testateur ne pouvant instituer directement un individu avec lequel il n'a pas faction de testament, charge une autre personne, ou s'il n'a point fait de testament, son héritier *ab intestat* de remettre à cet individu tout ou partie de son hérédité. Le sénatus-consulte Trébellien ayant déclaré que le fidéicommissaire serait *heredis loco*, et que les actions actives ou passives de l'hérédité seraient données pour ou contre lui (*infr. de fideicom. hered. et ad sc. trebell.*), on sent qu'il y avait les mêmes raisons pour que le pupille n'acceptât pas seul.

§ 2.

Tutor autem statim in ipso negotio præsens *debet auctor fieri*, si hoc pupillo prodesse existimaverit. Post tempus vero aut per epistolam interposita auctoritas nihil agit.

Nous passons maintenant à l'examen des conditions que la loi exigeait dans l'autorisation du tuteur, pour qu'elle fût valable.

Debet auctor fieri. Le tuteur est appelé ici *auctor* parce que son autorisation, (mot qui vient du verbe *augere*, *auctum*), augmente la force de l'acte fait par le pupille et complète sa capacité (*integrat personam pupilli*). Cette autorisation doit être libre de la part du tuteur (*L. 1, § 1, ff. de auct. tut.*); expresse et formelle (*L. 3, ff. eod. tit.; L. 1, § 2, ff. de tutel.*), le silence ne tenant pas lieu d'autorisation; pure et simple, lors même que l'obligation contractée par le pupille serait conditionnelle (*L. 8, ff. de auct. tut.*). Elle doit être donnée par le tuteur en personne (*præsens*), et au moment où l'affaire se conclut (*statim in ipso negotio*). Une autorisation qui précéderait le contrat, ou qui lui serait postérieure, ne vaudrait rien (*hoc text.*)

§ 3.

Si inter tutorem pupillumque *judicium agendum sit*, quia ipse tutor in re sua auctor esse non potest, non *prætorius tutor* ut olim constituitur, sed *curator in locum ejus* datur : quo interveniente judicium peragitur, et eo peracto curator esse desinit.

Judicium agendum sit. Si le mineur avait plusieurs tuteurs, on ne lui nommerait pas de curateur, parce que l'un d'eux devrait l'assister dans le procès contre celui des tuteurs avec lequel la contestation se serait élevée (*L. 24, ff. de testam tutel.*).

Prætorius tutor. On appelait ce tuteur *prétorien*, parce qu'il était nommé par le préteur urbain (*Gaïus, Inst. 1, § 184*).

Curator in locum ejus. Ceci est plus conforme à la règle, qu'on ne nomme pas un tuteur pour une affaire déterminée (*supr. § 4, qui testam. tutor. dar. poss.*). Au reste, ce paragraphe est devenu d'une application bien rare depuis que par le droit des Novelles, nul, si ce n'est la mère, ne peut plus être tuteur des impubères dont il serait débiteur ou créancier, et si le tuteur devient débiteur ou créancier du pupille depuis son entrée en fonctions, on doit lui adjoindre un curateur pour le temps de la tutelle (*Nov. 72, cap. 1 et 2; Nov. 94*).

TITRE VINGT—DEUXIÈME.

De quelles manières finit la Tutelle. (Quibus modis tutela finitur).

Parmi les différentes causes qui mettent fin à la tutelle, les unes viennent du côté du pupille, les autres du côté du tuteur, et enfin, il y en a qui sont particulières à certaines espèces de tutelles (*Vinn. proem. hoc tit.*). Nous aurons soin d'indiquer à quelles personnes ou à quelle sorte de tutelle on doit rapporter les divers cas d'extinction de la tutelle dont Justinien parle dans ce titre, lorsqu'il ne le fera pas lui-même.

PR.

Pupilli pupillæque, cum puberes esse cœperint, *tutela liberantur.* Pubertatem autem veteres quidem non solum ex annis, sed etiam ex habitu corporis in masculis æstimari volebant. Nostra autem majestas dignum esse castitate nostrorum temporum bene putavit, quod in feminis et antiquis impudicum est visum esse, id est, *inspectionem habitudinis corporis,* hoc etiam in masculos extendere. Et ideo *sancta constitutione* promulgata, pubertatem in masculis post quartum decimum annum completum illico initium accipere disposuimus antiquitatis normam in femininis personis bene positam suo ordine relinquentes, ut post duodecimum annum completum viri potentes esse credantur.

A tutela liberantur. Nous avons dit sur la définition de la tutelle que l'âge était à la fois la cause et la seule raison de la tutelle (*voy. page* 88); il est aussi la cause la plus ordinaire de sa fin. Il paraît qu'autrefois on n'était pas d'accord sur l'époque précise de la puberté. Les Sabiniens voulaient qu'elle se révélât par des signes extérieurs; les Proculéiens la faisaient commencer à un âge fixe, enfin Priscus exigeait la réunion de l'âge et des signes extérieurs (*Ulp. reg.* 11, § 28). Justinien tranche toutes ces difficultés en adoptant l'opinion des Proculéiens comme la plus raisonnable; et désormais les mâles seront pubères à quatorze ans accomplis, sans aucune distinction. La fin de notre texte nous avertit que, comme autrefois, les femmes seront réputées pubères, lorsqu'elles auront atteint leur douzième année.

Inspectionem habitudinis corporis. Malgré l'assertion de Justinien, plusieurs interprètes doutent très fort que cet usage ait jamais été admis par les lois. Ils le regardent comme indigne de la gravité des mœurs des Romains. On peut voir dans Vinnius (*hoc tit.*), les raisons qu'ils allèguent pour justifier leurs doutes.

Sancta constitutione. Cette constitution est la loi 3 au Code *quand. tutor. vel curat. esse desin.*

§ 1er.

Item finitur tutela, *si adrogati sint* adhuc impuberes, *vel*

15

deportati ; item *si in servitutem pupillus redigatur* ut ingratus a patrono, vel *ab hostibus fuerit captus.*

Si adrogati sint. L'adrogation, nous l'avons vu, soumet à la puissance paternelle de l'adrogateur (*supr.* § 44 *de adopt.*). Or, il est inconciliable que l'on soit simultanément sous le pouvoir d'un père et d'un tuteur. Il est de l'essence de la tutelle, qu'elle s'exerce sur une tête libre (*in capite libero*) (*supr.* § 4 *de tutel.*). On reconnaît dans ce cas la petite diminution de tête (*supr.* § 3, *de cap. demin.*).

Vel deportati. C'est ici la moyenne diminution de tête (*ibid.* § 2). Nous ne reviendrons pas sur les effets de la déportation, ni sur les notions que nous en avons données (*voy. page* 79) ; nous dirons seulement qu'on ne doit pas s'étonner que des impubères puissent être condamnés à la déportation, car la loi, lorsqu'ils sont *proximi pubertati*, les reconnaît capables de commettre en connaissance de cause les crimes qui font encourir cette peine (*L.* 444, *pr. ff. de reg. jur.*).

Si in servitutem pupillus redigatur. Théophile (*hoc text.*) cite l'exemple d'un pupille qui aurait mérité par son ingratitude envers son patron, de voir révoquer le don que celui-ci lui aurait fait de la liberté. C'est la grande diminution de tête. (*supr.* § 4, *de cap. demin.*).

Ab hostibus fuerit captus. Dans ce cas, la tutelle n'est pas absolument finie. Si le mineur est délivré de sa captivité, elle recommencera par l'effet du *postliminium* (*Vinn. hic*).

§ 3.

Simili modo finitur tutela morte vel pupillorum vel tutorum.

Ici finissent les diverses causes qui, du côté du pupille, mettent fin à la tutelle. Il faut observer que toutes ces causes, à la différence de quelques-unes de celles qui sont propres à la personne du tuteur, opèrent la dissolution de toute tutelle, et qu'elles l'opèrent *ipso jure.* Nous allons voir que lorsqu'il s'agit du tuteur, il existe certains cas dans lesquels l'intervention du magistrat est nécessaire pour que la tutelle soit éteinte. Le paragraphe que nous expliquons nous annonce que la mort du tuteur est une des causes d'extinction de la tutelle. Voici quelles sont les autres.

§ 4.

Sed et capitis deminutione tutoris, per quam libertas vel civitas ejus amittitur, *omnis tutela perit.* Minima autem capitis deminutione tutoris, veluti si se in adoptionem dederit, *legitima tantum tutela perit*, cæteræ non pereunt. Sed pupilli et pupillæ capitis deminutio, *licet minima sit,* omnes tutelas tollit.

Omnis tutela perit. Par la grande diminution de tête, on devient esclave, par la moyenne on devient étranger (*L.* 10, § 3, *ff. de in jus voc.; Ulp. reg. tit.* 10, § 3); dans ces deux cas, on perd donc la qualité de citoyen romain. Or, la tutelle étant une fonction publique, il n'y a que les citoyens romains qui soient dignes de l'exercer.

Legitima tantum tutela perit. La raison pour laquelle la tutelle légitime périt seule par la petite diminution de tête, est que cette tutelle est inséparable des droits d'agnation qui disparaissent précisément par cette diminution (*supr.* § 3, *de legit. adynat. tutel*). Quant aux autres tutelles testamentaire et dative, nous avons vu qu'elles s'accordent parfaitement bien avec la qualité de fils de famille (*supr. pr. qui testam. tutor. dar. poss.*). L'adrogation du tuteur lui conférant un titre qui n'est pas incompatible avec celui qu'il possède déjà, il peut donc conserver la tutelle qui lui a été léguée par testament, ou à laquelle le magistrat l'a nommé. Au surplus, dans le droit nouveau, la petite diminution de tête n'est plus une cause d'extinction de la tutelle légitime; puisque, par sa Novelle 118, Justinien a supprimé toutes les différences que la loi ancienne mettait entre les agnats et les cognats, et qu'il a rendu ces derniers capables d'être, concurremment avec les autres, tuteurs légitimes des impubères qui leur sont unis par les liens du sang (*Novel.* 118, *cap.* 5).

Licet minima sit. Nous en avons donné la raison sur le paragraphe premier.

<h2 style="text-align:center">§ 2.</h2>

Sed et si *usque ad certam conditionem* datus sit testamento, æque evenit ut desinat esse tutor existente conditione.

Usque ad certam conditionem. Cette cause d'extinction devrait être particulière seulement à la tutelle testamentaire, parce qu'il n'y a qu'elle qui puisse être limitée à un temps, ou par une condition (*supr.* § 3, *qui testam. tutor. poss. dar.*). Mais quoique la tutelle dative ne reçoive ni jour, ni condition (*L.* 6, § 1, *ff. de tutel.*), il n'en est pas moins vrai qu'étant souvent confiée provisoirement et pour remplir l'intervalle de temps qui s'écoule entre le décès du testateur, et le jour, ou la réalisation de la condition qu'il a fixée pour le commencement de la tutelle testamentaire, elle doit finir forcément par l'événement de ce terme ou de cette condition (*supr.* § 3, *qui testam. tutor. dar. poss.*).

<h2 style="text-align:center">§ 5.</h2>

Præterea qui ad certum tempus testamento dantur tutores, finito eo deponunt tutelam.

Les explications que nous avons données sur le paragraphe précédent, serviront d'interprétation à celui-ci.

§ 6.

Desinunt autem tutores esse, qui vel removentur a tutela ob id quod suspecti visi sunt, vel ex justa causa *sese excusant* et onus administrandæ tutelæ deponunt, secundum ea quæ inferius proponemus.

Dans ces deux derniers cas, la tutelle ne finit pas de plein droit, comme dans ceux que nous avons précédemment examinés. L'intervention du magistrat est nécessaire; c'est à lui qu'appartient le soin d'apprécier s'il y a ou non cause légitime de suspicion ou d'excuse. Au surplus, le magistrat enlève aux tuteurs plutôt l'administration de la tutelle que la tutelle même; aussi, les tuteurs renvoyés comme suspects ou excusés sont toujours remplacés par des tuteurs datifs (*L*. 11, § 1, 2, *ff. de testam. tutel.*).

Sese excusant. Il faut entendre que le tuteur a présenté une excuse qui l'a fait décharger pour toujours de la tutelle; car l'excuse temporaire alléguée par le tuteur ne lui enlève pas cette qualité (*L*. 6, *ff. de tutor. dat.*).

TITRE VINGT-TROISIÈME.

Des Curateurs. (De Curationibus).

Ainsi que nous l'avons vu dans le *principium* du titre des tutelles, Justinien a fait trois subdivisions des personnes *sui juris* : celles qui sont en tutelle, celles qui sont en curatelle, celles qui n'ont ni tuteurs ni curateurs. Après avoir examiné quelles étaient les personnes soumises à la puissance d'un tuteur, il convenait de parler de celles auxquelles la loi donne un curateur. Un individu peut être en curatelle pour deux causes principales : d'abord à cause de son âge, ce qui comprend tous les mineurs de vingt-cinq ans sans distinction de sexe; ou bien parce qu'il est atteint d'une infirmité grave d'esprit ou de corps, d'où il suit que les furieux, les prodigues, les insensés, les sourds-muets, tous ceux en un mot qui gémissent sous le poids d'une maladie incurable, doivent être pourvus d'un curateur. La curatelle peut donc se définir : *potestas jure constituta ad curandus res ejus qui quoquo modo rebus suis superesse non potest* (*Vinn. proem. h. tit.*). De ces premières notions doivent apparaître déjà les différences, ou les similitudes qui existent entre la tutelle et la curatelle. Nous aurons soin de les noter dans le cours de ce titre.

PR.

Masculi *puberes*, et feminæ viri potentes usque *ad vicesi-*

mum quintum annum completum *curatores accipiunt ;* qui licet puberes sint, adhuc tamen ejus ætatis sunt *ut sua negotia tueri non possint.*

Pubères. Les pubères sont autrement appelés *adultes* ou *adolescens*, du verbe latin *adolescere*, *croître*, parce que le temps de l'adolescence dure autant que le corps croît et se fortifie, et que le jugement se forme. Remarquons que la curatelle étant le plus ordinairement donnée à cause de l'âge, il y a sous ce rapport, similitude avec la tutelle.

Ad vicesimum quintum annum. Depuis la puberté jusqu'à l'âge de vingt-cinq ans, la raison existe sans doute dans le mineur, mais elle y est encore bien incomplète, et comme le dit Ulpien : *Fragile est, et infirmum hujus ætatis consilium multisque captionibus suppositum* (*L.* 1, *ff. de minor.*).

Curatores accipiunt. Nous verrons sur le paragraphe 2 qu'on n'impose pas un curateur au mineur, comme on impose un tuteur aux pupilles. On suppose donc ici que les mineurs ont demandé un curateur. Au reste, le prince peut accorder des dispenses d'âge qui confèrent aux mineurs tous les droits de la majorité, sauf cependant qu'ils ne peuvent aliéner ou hypothéquer leurs immeubles qu'après en avoir obtenu, comme tous les autres mineurs, la permission par décret (*L.* 3, *Cod. de his qui ven. ætat.*). Cette dispense d'âge ne peut être octroyée aux hommes avant vingt ans, ni aux femmes avant dix-huit (*L.* 2, *pr. et* § 1, *Cod. eod. tit.*).

Ut sua negotia tueri non possint. Ainsi, à la différence de la tutelle qui n'est donnée qu'à la personne du pupille, et qui, si elle s'occupe des biens, ne s'en occupe, pour ainsi dire, qu'occasionnellement, la curatelle laisse le mineur parfaitement maître de sa personne ; ce n'est que pour être assisté dans l'administration et la défense de ses intérêts, qu'il peut prendre un curateur.

§ 2.

Item *inviti adolescentes* curatores non accipiunt, *præterquam in litem ;* curator enim et *ad certam causam* dari potest.

Inviti adolescentes. C'est encore une différence avec la tutelle. Celle-ci *datur invito et in invitum ;* au lieu que la curatelle ne peut jamais avoir lieu sans que les adultes le veuillent bien ; d'où il suit qu'eux seuls peuvent la demander (*L.* 2, § *ult. ff. qui pet. tut. ; L.* 13, § 2, *ff. de tut. et curat.*). Mais alors ils sont contraints de rester en curatelle jusqu'à leur vingt-cinquième année (*dict. leg. ; Vinn. hic*), à moins qu'ils n'obtiennent les dispenses d'âge dont nous avons parlé. Quant à la question de savoir si autrefois on forçait les mineurs de recevoir des curateurs, comme elle ne présente pas un grand intérêt, et que d'ailleurs les interprètes ne sont pas d'accord, nous nous contenterons de renvoyer à la dissertation de Vinnius (*hoc text.*).

Præterquam in litem. Peu importe que ce soit en demandant ou en défendant (*L*. 2, *Cod. qui leg. pers. stand. in jud.*); il est mineur, et dès lors il n'a pas qualité pour ester en jugement. Il y a encore deux autres exceptions au principe qu'on ne peut imposer de curateurs au mineur : 1° pour les paiements qu'il aurait à recevoir (*L*. 7, § 2, *ff. de minor.*) ; 2° pour les comptes que son tuteur aurait à lui rendre (*L*. 1 *et* 7, *Cod. qui pet. tut.*). Dans ces différents cas, si le curateur n'est pas demandé par le mineur lui-même, l'adversaire, le débiteur ou le tuteur ont le droit sinon de faire nommer directement un curateur, au moins de refuser de satisfaire le mineur, jusqu'à ce que celui-ci se soit fait donner un curateur spécial ; et cela, pour empêcher que, sous le prétexte de lésion, on ne revînt sur ces actes importants, et qu'on ne demandât la restitution en entier (*restitutionem in integrum*) que le droit prétorien accordait aux mineurs de vingt-cinq ans, dans tous les cas où ils avaient été lésés.

Ad certam causam. Nouvelle dissemblance de la curatelle avec la tutelle. Nous avons vu que celle-ci ne pouvait être donnée pour une affaire déterminée (*supr.* §4, *qui testam. tut. dar. poss.* ; *vid. pag.* 88).

<h2 style="text-align:center">§ 3.</h2>

Furiosi quoque *et prodigi*, *licet majores* viginti quinque annis sint, tamen in curatione sunt *adgnatorum* ex lege duodecim tabularum. *Sed solent Romæ* præfectus urbi vel prætor, et in provinciis præsides ex inquisitione eis curatores dare.

Et prodigi. Le prodigue est celui qui ne connaît aucune mesure dans ses dépenses, et qui dissipe follement son patrimoine (*L*. 1, *pr. ff. de curat.*). *A* la différence du furieux qui doit être en curatelle, *ipso jure*, par cela même qu'il est furieux, le prodigue ne peut recevoir de curateur qu'après que le préteur, *causa cognita*, lui a ôté, par une sentence expresse dont la formule a été conservée par Paul (*sent.* 3, *tit.* 4, § 7), l'administration de ses biens (*Vinn. hic*; *Pothier*, *Pand. lib.* 27, *tit.* 10, § 1).

Licet majores. La folie et la prodigalité sont ici les seules raisons de la curatelle. Jusqu'à l'âge de vingt-cinq ans, les furieux et les prodigues peuvent, comme tous les autres mineurs, être pourvus d'un curateur ; mais alors, c'est à cause de leur âge et non pas à cause de leur état (*L*. 3, § 1, *ff. de tutel.* ; *L*. 1, *Cod. de cur. furios.*).

Adgnatorum. C'est le seul cas de curatelle légitime. La loi des Douze-Tables ne la déférait que lorsque le père de famille était mort *intestat* (*Ulp. reg.* 12, § 3). Toutefois, elle n'était pas, comme la tutelle légitime,

une sorte de compensation des espérances de l'hérédité ; car, à la différence des impubères, les fous et les prodigues peuvent avoir des enfants
qui excluraient les agnats de la succession légitime. Aussi, relativement à
la curatelle des affranchis, n'a-t-on jamais étendu au patron ce que la loi
des Douze-Tables avait dit des agnats (*M. Ducaurroy, n° 274, in fin.*).

Sed solent Romœ. Justinien dit que la curatelle des fous ou des prodigues
est le plus ordinairement dative, parce que dans le cas où leur père serait
mort sans faire de testament, ils peuvent n'avoir point d'agnats, ou en
avoir seulement qui soient inhabiles à gérer la curatelle (*L. 13, ff. de cur.
furios.*), et parce que, dans le cas contraire, les curateurs ne se constituant
pas par testament (*§ 1, h. tit.*), l'intervention du magistrat est nécessaire
au moins pour confirmer le choix du père (*eod. §°*).

§ 4.

Sed et mente captis, et surdis, et mutis, et qui perpetuo
morbo laborant, quia rebus suis superesse non possunt, curatores dandi sunt.

La loi ne parle pas des aveugles. C'est qu'en effet, leur infirmité peut
encore, dans la plupart des cas, leur permettre de présider par eux-
mêmes au soin de leurs affaires (*Vinn. hic*). — Jusqu'à présent, nous avons
vu que la curatelle n'existe qu'à l'égard des mineurs de vingt-cinq ans,
ou de ceux qui, après cet âge, sont atteints d'une infirmité grave d'esprit
ou de corps. La suite de ce titre va nous apprendre que quelquefois les impubères peuvent aussi être pourvus de curateurs qui sont plutôt des administrateurs que de véritables curateurs (*L. 13, pr. ff. de tutel.*).

§ 5.

Interdum autem et pupilli curatores accipiunt, ut puta si
legitimus tutor non sit idoneus, *quoniam habenti tutorem*
tutor dari non potest. Item si testamento datus tutor, vel a
prætore vel præside, idoneus non sit ad administrationem, nec
tamen fraudulenter negotia administret, solet ei curator ad-
jungi. Item in locum tutorum qui non in perpetuum, sed ad
tempus a tutela excusantur, solent curatores dari.

Ainsi, d'après ce texte, lorsque les tuteurs testamentaires, légitimes ou
datifs, sont incapables de gérer la tutelle, ou qu'ils ont présenté une excuse qui les a fait dispenser temporairement, il y a lieu de leur adjoindre
un curateur. Remarquons ici que si la gestion du tuteur testamentaire ou
datif, en attestant son inaptitude, révélait quelque fraude, on devrait,

comme suspect, le dépouiller tout-à-fait de son titre (*hoc text.*; *L.* 6. *Cod. de suspect. tutor.*); mais s'il s'agit d'un tuteur légitime, la loi a pensé qu'à raison du respect qui lui était dû en sa qualité de parent ou de patron, il valait mieux fermer les yeux, et se contenter de mettre à couvert les intérêts du pupille par la nomination d'un curateur (*infr.* § 2, *de suspect. tutor.*). Il faut joindre à ces différents cas dans lesquels il y a lieu de nommer un curateur au pupille, ceux dont il est question dans le § 3, *de auct. tut.* et dans le § 2, *de excusat.*

Quoniam habenti tutorem. Vinnius fait avec raison la remarque que très souvent on nomme un tuteur au mineur qui en a déjà un. Gaïus nous apprend qu'un grand nombre de sénatus-consultes avaient permis de donner un tuteur au pupille dont le tuteur serait devenu sourd-muet ou furieux (*L.* 17, *ff. de tutel.*). Nous avons vu précédemment que le renvoi du tuteur pour cause de suspicion, que l'admission d'une excuse perpétuelle, que sa captivité chez les ennemis n'opéraient pas précisément la dissolution de la tutelle (*L.* 11, § 2, 3 et 4, *ff. de testam. tutel*; *supr.* § 2, *de atilian. tutor.*), et cependant, dans tous ces cas, on ne laissait pas que de procéder à la nomination d'un nouveau tuteur. La règle proposée par notre texte, n'est donc pas toujours vraie, ou plutôt, il est vraisemblable que le préteur avait la faculté de nommer tantôt un tuteur, tantôt un curateur, suivant, par exemple, que l'absence du premier tuteur lui semblait devoir durer toujours ou seulement quelque temps (*Vinn. hic*).

§ 6.

Quod *si tutor* adversa valetudine vel alia necessitate impeditur quominus negotia pupilli administrare possit, et pupillus *vel absit vel infans sit*, quem velit *actorem*, periculo ipsius tutoris prætor, vel qui provinciæ præerit, decreto constituet.

Si tutor. Remarquez que dans les mêmes circonstances, un curateur pourrait également s'adjoindre l'agent dont il est question dans la suite du paragraphe (*L. un. Cod. de act. a tut. seu cur. dand.*).

Vel absit vel infans sit. Si le pupille était présent, ou au-dessus de l'enfance, rien ne nécessiterait la nomination d'un agent, le pupille pouvant très bien, avec l'autorisation de son tuteur, se constituer un procureur (*L.* 11, *Cod. de procurat.*).

Actorem. Pomponius appelle cet agent *adjutorem tutelæ* (*L.* 13, § 1, *ff. de tutel.*). — Voyons maintenant par qui et comment les curateurs étaient nommés.

§ 1er.

Dantur autem curatores *ab hisdem magistratibus*, a quibus et tutores.—Sed curator testamento non datur, sed datus tamen confirmatur decreto prætoris vel præsidis.

Ab hisdem magistratibus. Pour connaître quels étaient ces magistrats, on peut se reporter aux explications que nous avons données sur le *principium* et les paragraphes 3, 4 et 5 du titre *de atiliano tutore*, etc. (*voyez pag. 106 à 108*). Voyez également ce que nous avons dit sur le paragraphe 5 du titre des tutelles à propos du tuteur testamentaire donné au fils émancipé (*supr. pag. 94*). — La plupart des causes qui mettent fin à la tutelle, mettent également fin à la curatelle. Les unes opèrent son extinction de plein droit, comme la majorité du pubère, l'adrogation, la mort, la servitude, la déportation du curateur ou du mineur; les autres ne l'opèrent que lorsque le magistrat est intervenu, comme dans le cas où le curateur est excusé ou renvoyé pour cause de suspicion (*Vinn. hic*).

TITRE VINGT-QUATRIÈME.

De la Caution des tuteurs et curateurs. (De satisdatione tutorum vel curatorum).

Jusqu'ici on a parlé séparément des tuteurs et des curateurs. Nous avons dit quels devoirs particuliers imposaient ces deux titres différents, quelles conditions la loi exigeait pour qu'on en fût jugé digne, et par quelles causes diverses ils venaient à disparaître et à s'effacer. Tout ce qui va suivre, dans les trois derniers titres de ce livre, sera commun à la tutelle et à la curatelle. Aussi devra-t-on à peu de chose près, rapporter aux curateurs, ce qui pour plus de brièveté, ne serait dit que des tuteurs, et *vice versa*. A peine les tuteurs et les curateurs sont-ils investis de leurs fonctions, que certaines obligations créées par la loi dans l'intérêt des personnes commises à leurs soins, commencent aussitôt pour eux. La première de ces obligations leur impose le devoir de faire inventaire des biens du pupille ou de l'adulte (*L. 7, pr. ff. de adm. tut.; L. 24, Cod. eod. tit.*); la deuxième de prêter le serment d'administrer en bons pères de famille (*Nov. 78, cap. ult.*), et à cet effet leurs biens sont frappés d'une hypothèque tacite (*L. 20, Cod. de adm. tut.*); la troisième enfin, de donner caution pour garantir les mineurs contre toute fraude de leur part. Cette dernière obligation forme la matière du titre que nous allons expliquer. On entend en général par *caution*, toute sûreté, garantie ou précaution que l'on prend pour soi ou pour autrui (*M. Ducaurroy, n° 284*). Souscrire un billet, donner un gage, promettre verbalement, faire serment, obliger quelqu'un avec soi et pour soi, sont autant de manières de donner caution. Nous verrons quelle est celle de ces différentes cautions qui doit être fournie dans le cas de tutelle ou de curatelle. Dans ce titre au surplus, il n'est pas question simplement de la caution à exiger des tuteurs et curateurs, on parle encore d'une action subsidiaire réservée aux pupilles et aux adultes contre les magistrats chargés de demander la caution, et qui ne l'auraient pas fait, ou qui auraient admis une caution insuffisante (*infr.* § 2, *h. tit.*).

PR.

Ne tamen pupillorum pupillarumve et eorum qui quæve in curatione sunt, negotia a curatoribus tutoribusve *consumantur vel deminuantur*, curat prætor ut et tutores et curatores *eo nomine satisdent*. Sed hoc non est perpetuum; nam tutores *testamento dati* satisdare non coguntur, quia fides eorum et diligentia ab ipso testatore probata est. Item *ex inquisitione* tutores vel curatores dati satisdatione non onerantur, quia idonei electi sunt.

Consumantur vel deminuantur. Les lois anciennes qui avaient établi les diverses sortes de tutelles, et tracé les règles propres à chacune d'elles, ne contenaient aucunes dispositions relatives à la caution (*supr.* § 3, *de atilian. tut.*); de sorte que leur prévoyance était inutile et souvent même funeste aux mineurs, dont les biens pouvaient être dissipés ou diminués sans qu'ils eussent aucun moyen de se faire garantir contre ces dilapidations. Cet état de choses dura jusqu'au temps d'Antonin le Pieux qui, le premier, sentit le besoin de faire disparaître un pareil vice de la législation romaine, en obligeant désormais les tuteurs à donner caution pour répondre de la sûreté de leur administration.

Eo nomine satisdent. La satisdation est donc la caution que doivent fournir les tuteurs et curateurs. Elle a lieu lorsqu'une tierce personne appelée *fidéjusseur* intervient, et joint son engagement personnel à celui du principal obligé. Dans le cas de notre paragraphe, le fidéjusseur promettait de rendre le pupille ou l'adulte indemnes de tout le dommage que pouvait leur causer l'administration du tuteur ou curateur (*L.* 1 *et pass. ff. rem pup. salv. for.*). L'obligation de donner caution a été prescrite par les constitutions des empereurs; mais elle est appelée *prétorienne*, parce qu'elle s'exigeait par l'ordre du préteur.

Testamento dati. On y joint ceux qui ont été nommés par le testament du père de famille, mais dont la nomination a eu besoin d'être confirmée par le magistrat (*L.* 3, *ff. de confirm. tut.*). Cette faveur toutefois ne s'étend pas à ceux confirmés sur le choix fait par tout autre que le père. Ainsi le tuteur nommé par le testament de la mère ou du patron et confirmé (*L. 1, § 1, dict. tit.*) devrait donner caution. Cependant, comme il n'est jamais confirmé que *ex inquisitione* (*dict. leg.*), il en sera dispensé (*arg. ex leg. 8, ff. de curat. furios.*), mais par un autre motif que les tuteurs testamentaires. Notre texte ne place pas les tuteurs légitimes au nombre de ceux qui ne sont pas tenus de donner caution. C'est qu'en effet, il n'y a d'exception qu'en faveur du père et du patron, et encore ne sont-ils jamais dispensés de plein droit, mais seulement lorsque le préteur, *causa cognita*, les a déchargés de cette obligation (*L. 5, § 1, ff. de legit. tut.*).

Ex inquisitione. La caution n'ayant d'autre avantage que celui d'assurer les intérêts des mineurs, il était inutile de la prescrire dans le cas où la nomination des tuteurs et curateurs avait été faite sur enquête, parce qu'alors ils avaient été reconnus en possession de toutes les garanties suffisantes pour motiver leur élection (*quia idonei electi sunt*). Il est de principe, que la nécessité de la caution cesse, lorsqu'il y a eu enquête (*L. 8, ff. de curat. furios.*). *Fides inquisitionis*, dit Papinien, *pro vinculo cedit cautionis* (*L. 13, § 2, in fin. ff. de tut. et curat. dat.*).—Dans le paragraphe qui va suivre, il est question d'un cas où, par exception, les tuteurs testamentaires et datifs sont tenus de fournir caution.

§ 1er.

Sed si ex testamento vel inquisitione duo pluresve dati fuerint, potest unus offerre satis de indemnitate pupilli vel adolescentis, et contutori, vel concuratori præferri, ut solus administret; vel ut contutor satis offerens præponatur ei, et ipse solus administret. Itaque per se non potest petere satis a contutore vel concuratore suo; sed offerre debet, ut electionem det contutori vel concuratori suo, utrum velit satis accipere an satisdare....

Les fonctions de tuteur et de curateur ne peuvent être remplies d'une manière avantageuse au mineur, qu'autant qu'une seule personne en est chargée. Plusieurs tuteurs ou curateurs multiplient les difficultés de la gestion en la divisant, et ils peuvent même se faire un tort réciproque, puisque la faute d'un seul rend tous les autres solidaires de la réparation du dommage qu'elle peut occasionner (*L. 6, Cod. arbitr. tutel.; L. pen. Cod. de divid. tut.*). Aussi, lorsque plusieurs tuteurs ou curateurs ont été nommés par testament ou par le magistrat, il n'y en a ordinairement qu'un appelé *onéraire* qui administre; les autres sont simplement *honoraires*, c'est-à-dire qu'ils restent sans gestion, quoiqu'ils soient toujours responsables envers le pupille (*L. 3, § 2 et 6, ff. de adm. et peric. tut.*). Voici le moyen que notre texte donne à ceux qui voudraient se rendre tuteurs *onéraires*, ou seulement *honoraires*, pour y parvenir; car ils ne peuvent contraindre directement leurs collègues, ni à donner caution, ni à se départir de la gestion. C'est d'offrir à leurs co-tuteurs ou co-curateurs de donner caution, et de les forcer ainsi à abandonner l'administration, ou à fournir eux-mêmes caution, s'ils tiennent à s'en charger. Par là, ils se mettent parfaitement à couvert. En effet, ou leur collègue refuse, et alors ils n'ont plus à craindre son incurie ou son incapacité, puisqu'ils administrent seuls; ou bien il accepte, et dans ce cas, ils sont à peu près à l'abri de ses fautes, puisqu'il a donné une caution à laquelle on devra s'adresser avant d'obtenir un recours contre eux. — Dans la suite de ce paragraphe, Justinien prévoit le cas où ne voulant pas offrir caution, l'un des tuteurs ou curateurs voudrait cependant se décharger de la gestion; et alors il prescrit d'examiner d'abord si, dans l'acte de nomination, l'un des tuteurs n'a pas été expressément désigné pour administrer. Si cette désignation n'a pas été faite, ou si celui qui a été désigné ne veut pas gérer seul (*dict. leg.* § 7), alors il y a lieu, pour les tuteurs ou curateurs, soit de s'entendre entre eux pour élire un ou plusieurs administrateurs, soit de prier le préteur d'intervenir pour les départager.

....Quod si nemo eorum satis offerat; si quidem adscriptum fuerit a testatore quis gerat, ille gerere debet. Quod si non fuerit adscriptum, quem major pars elegerit, ipse gerere debet, ut edicto prætoris cavetur. Sin autem ipsi tutores dissenserint circa eligendum eum vel eos qui gerere debent, prætor partes suas interponere debet. Idem et in pluribus ex inquisitione datis probandum est, id est, ut major pars eligere possit, per quem administratio fieret.

— Avant de passer à l'action subsidiaire, réservée aux pupilles et aux adultes, contre les magistrats chargés de demander caution aux tuteurs et curateurs, et qui ne l'auraient pas fait, ou qui auraient admis une caution insuffisante, il importe d'examiner quels étaient les moyens de contrainte que la loi pouvait mettre en usage contre les tuteurs ou curateurs qui auraient refusé de donner caution, ou de se charger de la tutelle ou de la curatelle.

<h2 style="text-align:center">§ 3.</h2>

Quibus constitutionibus et illud exprimitur ut, nisi caveant utores vel curatores, *pignoribus captis* coerceantur.

Quibus constitutionibus. Ces constitutions sont celles des empereurs Antonin le Pieux ou de Marc-Aurèle. Nous avons dit plus haut (*voyez page* 106) que les lois anciennes ne contenaient aucunes dispositions pour forcer les tuteurs et curateurs de se charger des fonctions qui leur étaient attribuées.

Pignoribus captis. Suivant Théophile (*comment. h. text.*), on s'emparait de leurs biens par l'ordre des magistrats ; et ; si après cette saisie, ils persistaient dans leur refus, on les traitait comme suspects (*L*. 3, *Cod. de suspect. tut.*).

§ 2.

Sciendum autem est, non solum tutores vel curatores pupillis vel adultis cæterisque personis ex administratione rerum teneri ; sed etiam in eos qui satisdationem accipiunt, *subsidiariam actionem esse,* quæ ultimum eis præsidium possit adferre. Subsidiaria autem actio in eos datur, qui aut omnino a tutoribus vel curatoribus satisdari non curaverunt, aut non idonee passi sunt caveri. Quæ quidem tam ex prudentium responsis quam ex constitutionibus imperialibus etiam *in heredes eorum* extenditur.

Subsidiariam actionem esse. L'action dont il est parlé ici, est appelée subsidiaire, parce qu'en effet elle n'appartient aux pupilles et aux adultes qu'après qu'ils ont inutilement fait usage de toutes celles que la loi met entre leurs mains, pour circonvenir leurs tuteurs ou curateurs, à raison de leur administration. Il y a cependant une distinction importante à établir ici pour l'exercice de cette action , suivant que les magistrats chargés de demander caution, ont négligé absolument de le faire , ou se sont contentés d'en accepter une insuffisante. Dans le premier cas, ces magistrats peuvent être actionnés de suite ; dans le second, ils ne peuvent l'être qu'après que les biens des tuteurs ou curateurs et des fidéjusseurs qui ont répondu pour ces derniers, ont été discutés et se trouvent insuffisants (*Vinn. h. text.*).

In heredes eorum. Mais tout en passant contre les héritiers des magistrats, cette action devient moins rigoureuse que contre le magistrat lui-même : ses héritiers ne sont plus tenus pour lui que de ses fautes graves (*L*. 4 . *ff. de mag. conv.; L*. 2, *Cod. eod.; Vinn. hic*).

§ 4.

Neque autem præfectus urbi, neque prætor, neque præses provinciæ, neque quis alius cui tutores dandi jus est, hac actione tenebitur ; sed hi tantummodo *qui satisdationem exigere* solent.

Qui satisdationem exigere. C'est-à-dire, les magistrats inférieurs, ceux , par exemple, dont il est question dans le paragraphe 5 *de atilian.*

tut., etc.; car si ces magistrats ont aussi le droit de nommer des tuteurs, ils n'ont qu'un droit restreint et qu'ils ne peuvent pas exercer dans toute sa plénitude, comme les fonctionnaires supérieurs que nomme notre texte.

TITRE VINGT-CINQUIÈME.

Des Excuses des tuteurs et des curateurs. (De excusationĭbus tutorum vel curatorum).

La tutelle et la curatelle sont des charges publiques (*pr. h. tit*) créées dans un intérêt général, et que, par conséquent, on ne peut refuser ni abandonner sans en avoir un juste motif. Ces motifs ont été prévus par la loi, et on les appelle excuses. S'excuser n'est donc pas autre chose que l'allégation, devant le magistrat, d'une cause légale, en vertu de laquelle on lui demande d'être dispensé d'une tutelle ou d'une curatelle qui vous est déférée, ou qu'on a commencé à gérer (*Vinn. proem. h. tit.*). Les raisons d'excuses sont assez nombreuses; elles sont pour la plupart communes aux tuteurs et aux curateurs. Parmi elles, il y en a que le magistrat ne peut refuser d'admettre; il en est aussi qui doivent être appréciées par lui et qu'il peut rejeter. Quelques unes exemptent pour toujours de la tutelle; d'autres au contraire n'en déchargent que temporairement. Nous prendrons le soin de faire remarquer ces différences.

PR.

Excusantur autem tutores vel curatores variis ex causis....

Afin d'introduire plus d'ordre, nous rapporterons, ainsi que plusieurs auteurs l'ont fait, toutes les excuses des tuteurs ou des curateurs à trois classes.

Première classe. Elle comprend les excuses fondées sur un privilège, comme le nombre des enfants, les fonctions publiques, la profession des arts libéraux. Les paragraphes qui, dans le texte, admettent ces excuses, sont le *principium* du titre et les paragraphes 1, 2, 3 et 15.

1° *Le nombre des enfants.* .....Plerumque autem propter liberos, sive in potestate sint, sive emancipati. Si enim tres liberos *superstites* Romæ quis habeat, vel in Italia quatuor, vel in provinciis quinque, a tutela vel cura potest excusari, exemplo cæterorum munerum : nam et tutelam vel curam placuit publicum munus esse....

Cette cause d'exemption de la tutelle a été créée par loi *Papia Poppæa*, dans le but de favoriser l'accroissement de la population. Ce n'est donc pas à cause des sollicitudes que l'éducation des enfants et leur entretien procurent à un père, qu'il est dispensé de la tutelle, mais en récompense de ce qu'il a donné à la patrie un grand nombre de citoyens. Voilà pourquoi les enfants que le père a émancipés ou donnés en adoption, lui comptent pour s'excuser de la tutelle, quoiqu'il n'en soit plus chargé; voilà aussi pourquoi ceux qu'il a adoptés ne peuvent lui servir : toutefois le nombre des enfants n'est jamais une raison pour dispenser le père de la tutelle ou de la curatelle de ces mêmes enfants (*L*. 36, §1, *ff. de excus. tut. vel cur.*).

Superstites. La fin du *principium* de ce titre contenant la confirmation du principe ici posé, et l'exception qui lui a été apportée, nous la transcrirons de suite.

.....Filii autem superstites tantum ad tutelæ vel curæ muneris excusationem prosunt ; defuncti non prosunt. Sed si in bello amissi sunt, quæsitum est an prosint ? Et constat eos solos prodesse, *qui in acie amittuntur ;* hi enim qui pro republica ceciderunt, in perpetuum per gloriam vivere intelliguntur.

Qui in acie amittuntur. Si donc ils avaient péri autrement qu'en combattant, par exemple, lorsqu'ils étaient retenus comme otages, ils ne compteraient pas à leur père (*L*. 18, *ff. eod. tit.*).

.....Sed *adoptivi liberi non prosunt :* in adoptionem autem dati, naturali patri prosunt. Item *nepotes ex filio* prosunt, ut in locum patris succedant ; *ex filia non prosunt.....*

Adoptivi liberi non prosunt. Pour deux raisons : d'abord, parce que, ainsi que nous l'avons dit, le privilège d'exemption de la tutelle fondé sur le nombre des enfants, n'a été introduit par la loi *Papia Poppœa*, que pour favoriser la population ; et ensuite, parce que comptant à leur père naturel, comme l'ajoute notre texte, il ne peuvent servir à excuser deux personnes.

Nepotes ex filio. Quel que soit le nombre des petits-enfants, ils ne sont jamais comptés que pour le fils qu'ils représentent (*L*. 2, § 7, *h. tit.*).

Ex filia non prosunt. Parce qu'ils servent déjà à une personne, c'est-à-dire, à leur père, ou à leur aïeul paternel (*L*. 2, *Cod. qui numer. liberor.*).

§ 1er.

2° *Les fonctions publiques.* Item divus Marcus *in semenstribus* rescripsit, eum qui *res fisci* administrat, a tutela vel cura *quandiu administrat,* excusari posse.

In semenstribus. Les sémestres étaient des conseils composés de quinze sénateurs choisis. Ces conseils duraient pendant six mois, et on y faisait un premier examen des affaires qui devaient être ensuite portées devant le reste du sénat. Auguste avait établi ces sémestres, qui, à ce qu'il paraît, furent renouvelés par Marc-Aurèle (*Vinn. h. text.*).

- *Res fisci.* Le fisc était le domaine particulier du prince, distinct du trésor public (*ærarium*); sous les derniers empereurs, on les confondit ensemble.

Quandiu administrat. Cette excuse n'est donc que temporaire, bornée au temps que durent les fonctions.

§ 2.

Item qui *reipublicæ causa absunt,* a tutela vel cura excusantur. Sed et si fuerint tutores vel curatores , deinde reipublicæ causa abesse cœperint, a tutela vel cura excusantur, quatenus reipublicæ causa absunt, et interea curator loco eorum datur. Qui si reversi fuerint, recipiunt onus tutelæ; nam nec anni habent vacationem, ut Papinianus libro quinto responsorum rescripsit ; nam hoc spatium habent ad novas tutelas vocati.

Reipublicæ causa absunt. Sont réputés absents pour le service de la république, ceux qui sont sortis de la ville où ils ont leur domicile, pour s'acquitter ailleurs de quelque emploi public qui leur est confié (*L.* **32**, 35 *et* 38, *ff. ex quib. caus. maj.*). Il résulte de notre texte, que l'absence pour les affaires de la république excuse pour toujours d'une tutelle qui a été déférée pendant l'absence, mais qu'elle ne dispense que temporairement de la tutelle ou de la curatelle dont on était chargé auparavant. Si celui qui s'est absenté pour la république est appelé à une tutelle aussitôt après son retour , il peut demander un délai d'un an pour se reposer, et vaquer à ses propres affaires (*L.* **2**, *Cod. si tut. vel cur. reip. caus. absit*); c'est là ce qu'on entend par *anni habere vacationem,* délai qui n'est jamais imparti, à ceux qui étaient tuteurs ou curateurs au moment de leur départ (*L.* **10**, § 2, *Cod. dict. tit.*). Ils doivent immédiatement reprendre la tutelle ou la curatelle qu'ils n'avaient pu gérer pendant leur absence.

§ 3.

Et qui *potestatem aliquam* habent, se excusare possunt, ut divus Marcus rescripsit; *sed cœptam* tutelam *deserere non possunt.*

- *Qui potestatem aliquam.* On entend ici non seulement les hauts fonctionnaires, comme les préfets, les gouverneurs de province, mais encore les magistrats inférieurs (*L. 6*, § 46; *L. 17*, § 5, *ff. h. tit.*), à l'exception cependant des édiles (*L. 17*, § 4; *L. 15*, § 12, *eod. tit.*).

Sed cœptam. Il suffit pour cela de s'être immiscé, en quoi que ce soit, dans l'administration (*L. 17*, § 5, *eod. tit.*).

Deserere non possunt. Ainsi même pendant la durée de leur magistrature, la tutelle ou la curatelle ne peut être abandonnée par eux. On voit la différence qui existe entre ce cas et celui d'absence (*supr.* § 2).

§ 15.

2° *La profession des arts libéraux.* Item Romæ grammatici, rhetores et medici, et qui in patria sua id exercent *et intra numerum sunt*, a tutela vel cura habent vacationem.

Et intra numerum sunt. C'est-à-dire qu'il faut que l'on soit du nombre de ceux à qui le privilége d'exercer ces professions libérales a été octroyé. Il y avait, en effet, dans chaque ville, une limitation plus ou moins restreinte suivant l'importance de la ville (*L. 6*, § 2, *h. tit.*). — Outre la double condition d'être *intra numerum* et d'exercer à Rome ou dans sa patrie, on en exigeait une troisième pour qu'il pût y avoir immunité de la tutelle ou de la curatelle. C'était d'avoir reçu l'approbation expresse de la curie de la ville dans laquelle on se proposait d'exercer (*dict. leg.* 6, § 4). — Les personnes dont il est parlé dans notre texte, n'étaient pas les seules que la libéralité de leur profession exemptassent de la tutelle. Les orateurs, les sophistes, les philosophes (*dict. leg.* § 1, 5 *et* 8). les jurisconsultes (*L. 30*, *ff. h. tit.*), en étaient également déchargés. On étendit même cette faveur aux athlètes couronnés (*supr. dict. leg.* 6, § 13). Enfin Justinien comprit dans ces exceptions les évêques, les clercs et les moines (*L. 52*, *Cod. de episcop. et cler.; Nov.* 123).

Deuxième classe. Elle comprend les excuses fondées sur le danger que pourrait avoir l'administration de certaines personnes à raison de procès ou d'inimitiés. Ces motifs d'excuse sont contenus dans les paragraphes 4, 9, 10, 11, 12.

§ 4.

1° *Les procès.* Item propter litem quam cum pupillo vel adulto tutor vel curator habet, excusare nemo se potest, *nisi forte de omnibus bonis* vel hereditate controversia sit.

Nisi forte de omnibus bonis. Il en serait de même s'il s'agissait d'une partie considérable des biens du pupille ou du tuteur (*L. 20 et 21, h. tit.*); mais il faut toujours que ce soit un procès considérable; autrement, il n'y aurait pas lieu d'excuser le tuteur ou curateur (*hic text.*), mais seulement de faire assister le mineur par un curateur spécial (*supr.* § 3, *de auct. tut.*). — Il faut rappeler ici que, par sa Novelle 72, Justinien a déclaré tous les créanciers ou débiteurs du pupille, incapables d'être tuteurs, à l'exception de la mère.

§ 9.

2° *Les inimitiés.* Item si *propter inimicitias* aliquem testamento tutorem pater dederit, hoc ipsum præstat ei excusationem : sicut per contrarium *non excusantur*, qui se tutelam administraturos patri pupillorum promiserunt.

Propter inimicitias. On suppose ici que la nomination a été faite par le père de famille en haine du tuteur ; et pour lui imposer une charge. Dans ce cas, l'inimitié viendrait du côté du père. Au surplus, il appartiendra au magistrat d'apprécier si le ressentiment a dicté le choix du père, ou si celui-ci n'a pas voulu plutôt prouver qu'il avait cessé d'être hostile au tuteur, en lui donnant cette marque de confiance (*L.* 6, § 17, *ff. h. tit.*.)

Non excusantur. Celui qui a promis au père d'être le tuteur de ses enfants, ne peut plus, par aucun moyen d'excuse, à moins qu'il ne soit postérieur à sa promesse, se faire décharger de cette tutelle. En engageant ainsi sa foi, il est présumé avoir renoncé aux excuses qu'il pouvait avoir (*L.* 15, *ff. h. tit.* ; *L.* 29, § 1, *ff. de testam. tut.*).

§ 10.

Non esse admittendam excusationem ejus *qui hoc solo utitur*, quod ignotus patri pupillorum sit, *divi fratres* rescripserunt.

Qui hoc solo utitur. Nous avons dit que l'inimitié bien prouvée du père contre l'individu choisi par lui pour tuteur, n'était pas toujours une raison suffisante d'excuse ; à plus forte raison, lorsque la personne désignée n'aura d'autre motif à alléguer que celui d'être entièrement inconnue au testateur ; car celui-ci peut nommer qui bon lui semble, et il est d'un bon citoyen de prêter son assistance à ceux qui ont besoin de lui.

Divi fratres. Il s'agit ici de Marc-Aurèle, et de Lucius Vérus, son frère adoptif (*Vinn. hic*).

§ 11.

Inimicitiæ quas quis cum patre pupillorum vel adultorum exercuit, *si capitales fuerunt*, nec *reconciliatio* intervenit, a tutela vel cura *solent excusare*.

Si capitales fuerunt. On entend par inimitié capitale, celle qui est le résultat nécessaire d'une accusation intentée par le père contre le tuteur, dans le but de faire perdre à celui-ci la vie, la liberté ou l'honneur (*arg. ex leg.* 103, *ff. de verb. signif.*).

Reconciliatio. Le père est l'offenseur dans le cas de notre paragraphe ; il faut donc que la réconliation vienne du côté du tuteur ; car c'est à lui seul qu'il appartient de pardonner l'injure qui lui a été faite (*Vinn. hic*).

Solent excusare. S'ils ne se faisaient pas excuser, ils seraient renvoyés de la tutelle ou de la curatelle comme suspects (*L.* 3, § 12, *ff. de suspect. tut.*). C'est là simplement ce que veut dire cette expression *solent excusare* ; il n'y a pas faculté d'excuser ou de ne pas excuser, il faut que le tuteur abandonne la tutelle d'une manière ou d'une autre ; mais on lui laisse préférer la voie de l'excuse.

§ 12.

Item qui *status controversiam* a pupillorum patre passus est, excusatur a tutela.

Status controversiam. Si le père, par exemple, lui contestant son état d'homme libre, avait voulu le revendiquer comme esclave. Une pareille tentative est assimilée par la loi à une accusation capitale (*L.* 14, *ff. de bon. libert.*) ; et il y a lieu dès lors de présumer le ressentiment du tuteur (*Vinn. hic*).

Troisième classe. Elle comprend les excuses fondées sur la nécessité de proportionner les charges aux facultés de chaque personne. Ainsi, la charge de trois tutelles, la pauvreté, la maladie, le manque absolu d'éducation, l'âge, l'état militaire, sont autant de motifs d'excuse pour la tutelle et la curatelle.

§ 5.

1° *La charge de trois tutelles.* Item *tria onera tutelæ non adfectatæ*, vel curæ præstant vacationem, *quamdiu administrantur* : ut tamen plurium pupillorum tutela, vel cura eorumdem bonorum, veluti fratrum, *pro una computetur.*

Tria onera. Cette expression, dont Justinien ne se sert pas sans dessein, indique que, pour que l'excuse résultant de trois tutelles soit valable, il faut qu'on en supporte véritablement le fardeau. Ainsi, les tuteurs honoraires, quoiqu'ils soient responsables envers les pupilles de la dissipation de leurs biens (*L.* 60, § 3, *ff. de rit. nupt.*), n'ont pas la faculté de s'exempter d'une quatrième tutelle (*L.* 15, § 9, *ff. h. tit.*) ; car cette excuse n'est fondée que sur l'embarras que cause l'administration de plusieurs tutelles, et sur la difficulté d'en rendre compte. Il suffit cependant que les trois tutelles soient gérées par un individu de la même famille, pour que l'excuse de la quatrième soit recevable à l'égard de ses autres parents. Le fils, par exemple, pourra très bien alléguer les trois tutelles dont son père est chargé ; celui-ci, celles dont son fils est grévé ; le frère, celles qui ont été imposées à son frère qui est avec lui soumis à la puis-sance du même père, pourvu toutefois, lorsqu'il s'agit du fils, que la res-ponsabilité de ses tutelles doive, en définitive, retomber sur son père (*L. 5, § ult. ff. h. tit.*).

Non adfectatœ. Les tutelles que l'on a briguées ne comptent point (*L. 15, § 15, ff. h. tit.*), parce qu'en s'offrant ainsi volontairement, on laisse pré-sumer ou qu'on a renoncé à ses moyens d'excuse, ou qu'on ne s'est peut-être présenté que dans l'espérance de se procurer quelque bénéfice de son administration.

Quamdiu administrantur. Il en serait de même si la tutelle ou la cura-telle devaient finir dans un court espace de temps (*L. 17, ff. h. tit.*). On voit que cette excuse est seulement temporaire.

Pro una computetur. Cette excuse s'accorde donc moins en considération du nombre des pupilles, que de la difficulté résultant de la multitude et de la séparation des patrimoines (*L. 3, ff. h. tit.*) ; d'où il suit que quelque-fois une seule tutelle, lorsqu'elle est compliquée, devient une cause suffi-sante d'exemption (*L. 31, § 4, ff. h. tit.*). Il résulte de ce que nous avons dit sur ce paragraphe, que l'excuse qu'il admet est une de celles que le magistrat doit apprécier et ne prononcer qu'après examen.

§ 6.

2° *La pauvreté.* Sed et *propter paupertatem* excusationem tribui, tam divi fratres quam per se divus Marcus rescripsit, si quis imparem se oneri injuncto possit docere.

Propter paupertatem. C'est encore au magistrat qu'il appartient d'ad-mettre cette excuse, lorsqu'il lui aura été prouvé que le tuteur est dans un état de gêne si grand qu'il y aurait de l'injustice à disposer des mo-ments qui lui sont nécessaires pour soutenir son existence. Il est d'ailleurs de l'intérêt du mineur que son tuteur puisse répondre de son administra-tion. Nous verrons plus bas que la pauvreté n'est pas une cause d'exclusion (*infr. § 12, de susp. tut.*).

§ 7.

3° *La maladie.* Item propter adversam valetudinem, prop-ter quam nec suis quidem negotiis interesse potest, excusatio locum habet.

La maladie excuse pour toujours, ou pour un temps, selon qu'elle est elle-même temporaire ou perpétuelle (*L. 10, § 8 ; L. 12, pr. ff. h. tit.*).

§ 8.

4° *Le défaut d'éducation.* Similiter eum *qui litteras nesciret,* excusandum esse divus Pius rescripsit : *quamvis et imperiti* litterarum possunt ad administrationem negotiorum sufficere.

Qui litteras nesciret. C'est-à-dire, ceux qui ne savent ni lire ni écrire ; cette excuse a été admise, parce que l'on a présumé la trop grande difficulté qu'il y aurait pour eux à tenir des comptes exacts et réguliers.

Quamvis et imperiti. Vinnius cherchant à concilier notre texte avec celui du paragraphe 19 de la loi 6, *ff. h. tit.*, croit que Justinien entend parler du cas où un homme, ne sachant ni lire, ni écrire, aurait été nommé tuteur d'un pupille dont le patrimoine très-médiocre offrirait une grande facilité pour la gestion, et qu'alors il dit que cet homme ne pourrait se faire une excuse de son ignorance, si d'ailleurs il n'était pas absolument dépourvu d'intelligence (*Vinn. h. text.*).

§ 13.

5° *L'âge.* Item major *septuaginta annis* a tutela vel cura excusare se potest. Minores autem viginti quinque annis *olim quidem excusabantur.* A *nostra autem constitutione* prohibentur ad tutelam vel curam adspirare, adeo ut nec excusationis opus fiat. Qua constitutione cavetur ut nec pupillus ad legitimam tutelam vocetur, nec adultus : cum erat incivile, eos qui alieno auxilio in rebus suis administrandis egere noscuntur, et aliis reguntur, aliorum tutelam vel curam subire.

Septuaginta annis. Il faut avoir accompli sa soixante-dixième année ; si elle n'était que commencée, l'excuse ne serait pas acceptée ; car il est de principe, que, lorsqu'il s'agit d'immunités procurées par l'âge, il est nécessaire que cet âge soit complet (*L. 2, pr. ff. h. tit. ; L. 3, ff. de jur. immun.*).

Olim quidem excusabantur. Vinnius accuse ici une erreur de Tribonien. Ce n'est, en effet, que dans le cas de tutelle légitime que les mineurs pouvaient autrefois être excusés ; car les magistrats ne choisissaient jamais des mineurs pour tuteurs datifs, et nous avons vu, que lorsqu'un mineur est institué tuteur par testament, on se contente de le remplacer par un curateur jusqu'à ce qu'il soit capable lui-même de gérer, mais sans jamais l'excuser à cause de son âge (*supr.* § 2, *qui testam. tut. dar. poss.*). Par sa constitution, Justinien n'innove donc que par rapport aux tuteurs légitimes qu'il déclare à l'avenir incapables d'être investis de cette qualité, s'ils sont mineurs (*vid. Vinn. h. text.*).

Nostra autem constitutione. Cette constitution est la loi 5 au Code *de legit. tut.*

§ 14.

6° *L'état militaire. Idem* et in milite observandum est, ut nec volens ad tutelæ onus admittatur.

Idem. C'est-à-dire que, comme les mineurs, ils sont tout-à-fait incapables de gérer la tutelle (*L. 4, Cod. qui dar. tutor.*). Quant à la question de savoir si les vétérans, c'est-à-dire, ceux qui ont honnêtement quitté le service, sont relevés de cette incapacité, et peuvent seulement s'excuser, *copiose disputatur*, dit Vinnius (*h. text.*).

— Toutes les causes d'excuses que nous avons examinées jusqu'à présent sont communes aux tuteurs et aux curateurs. Voici maintenant celles qui sont particulières aux curateurs.

§ 18.

Qui tutelam alicujus gessit, invitus curator ejusdem fieri non compellitur : in tantum ut, licet paterfamilias qui testamento tutorem dedit, adjecerit *se eumdem curatorem* dare, tamen invitum eum curam suscipere non cogendum divi Severus et Antoninus rescripserunt.

Se eumdem curatorem. Il y a exception à l'égard de l'affranchi que son patron, après l'avoir nommé pour tuteur à ses enfants, aurait désigné pour être ensuite leur curateur, et cela à cause du bienfait de la liberté qu'il a reçu de lui (*L. 5, Cod. de excus. tut. vel curat.*).

§ 19.

Iidem rescripserunt, maritum uxori suæ curatorem datum *excusare se posse*, licet se immisceat.

Excusare se posse. Il ne faut pas inférer de ces expressions que le mari a la faculté de présenter ou de ne pas présenter son excuse : il est absolument inhabile à être le curateur de la femme (*L. 2, Cod. qui dar. tut.; L. 14, ff. de cur. fur.*); il doit donc déserter la curatelle, quand bien même il se serait immiscé, et on ne peut pas même dire que ce soit là une exception au principe qui défend d'admettre une excuse de la part de celui qui a commencé à gérer. — Nous passons maintenant à la manière dont les tuteurs et curateurs devaient présenter leurs excuses, et au délai qui leur était imparti pour les faire connaître.

§ 16.

.....Qui autem excusare se volunt, *non appellant ;* sed intra dies quinquaginta continuos ex quo cognoverunt, excusare se debent, cujuscumque generis sunt, id est, *qualitercumque dati* fuerint tutores, si intra centesimum lapidem sunt ab eo loco ubi tutores dati sunt. Si vero ultra centesimum habitant, dinumeratione facta viginti millium diurnorum et amplius triginta dierum : quod tamen, ut Scævola dicebat, sic debet computari ne minus sint quam quinquaginta dies.

Non appellant. Autrefois, on ne pouvait obtenir la dispense d'une tutelle, comme de toute autre charge publique qu'en proposant ses excuses sur l'appel de la sentence qui l'avait déférée. Marc-Aurèle introduisit une grande différence entre les tutelles et les autres fonctions publiques. Les dernières sont les seules dont on puisse s'excuser de la manière anciennement prescrite (*L.* 1 , § 2, *ff. quand. appell.*). Quant à la tutelle, on propose ses excuses au magistrat qui l'a déférée, ou, s'il s'agit d'une tutelle testamentaire ou légitime, au magistrat qui a le droit de nommer des tuteurs. Si l'excuse est rejetée, il est permis alors de se pourvoir par voie d'appel (*dict. leg.* § 1), et la sentence du premier juge est réformée, s'il y a lieu.

Qualitercumque dati. Malgré l'assertion de plusieurs interprètes, qui pensent que les tuteurs légitimes ne sont pas susceptibles d'être excusés, on voit que Justinien n'en excepte aucun, et lors même que les excuses qui ont successivement passé sous nos yeux, ne seraient pas, pour la plupart, évidemment applicables aux tuteurs légitimes comme aux autres, il n'y aurait pas le moindre doute en rapprochant de ces mots *qualitercumque dati,* ces autres, *cujuscumque generis sint.* — Nous pensons qu'il suffira de lire le texte avec attention pour connaître le délai que la loi accordait aux tuteurs et aux curateurs pour proposer leurs excuses.

Qui autem vult se excusare , si plures habeat excusationes et de quibusdam non probaverit, aliis uti intra tempora non prohibetur.....

Lorsqu'on a plusieurs excuses, est-on obligé de les dénoncer et de les faire juger toutes à la fois ? Vinnius et quelques autres commentateurs admettent comme plus probable qu'elles doivent être au moins proposées en même temps, parce que, disent-ils, il ne faut pas laisser au tuteur la faculté de consumer un temps précieux dans la recherche de vaines excuses. Mais il nous semble que cette opinion est contredite formellement par notre texte qui permet la dénonciation successive, pourvu que l'on soit encore dans le délai.

§ 17.

Datus autem tutor ad universum patrimonium datus esse creditur.

C'est une des conséquences du principe qu'on ne peut être tuteur pour une chose déterminée (*supr.* § 4, *qui testam. tut. dar. poss.*). Mais de même que dans certaines tutelles d'une gestion fort étendue et très-compliquée, on peut obtenir l'adjonction d'un ou plusieurs tuteurs qui se partagent l'administration (*voyez page 92*); de même aussi peut-on quelquefois s'excuser pour partie de la tutelle, lorsque, par exemple, les biens sont situés dans des provinces trop éloignées les unes des autres (*L.* 19 *et* 21, § 2, *ff. h. tit.*).

§ 20.

Si quis autem falsis allegationibus excusationem tutelæ meruit, non est liberatus onere tutelæ.

Un jugement rendu sur de faux motifs est susceptible seulement de rescision (*L.* 33, *ff. de re jud.*). Mais, par une exception admise dans l'intérêt des pupilles, il a été décidé que le tuteur qui aurait surpris la religion du juge, l'aurait fait vainement (*L.* 1, *Cod. si tut. vel cur. fals. alleg.*), et que, de plein droit, il continuerait d'être responsable de la tutelle dont il aurait ainsi frauduleusement tenté de s'affranchir (*hoc text.*).

TITRE VINGT-SIXIÈME.

Des Tuteurs et Curateurs suspects. (De suspectis tutoribus vel curatoribus).

PR.

Sciendum est suspecti *crimen* ex lege duodecim tabularum descendere.

Crimen. C'est-à-dire, l'accusation dirigée contre le tuteur, et non pas le délit par lequel il s'est rendu suspect (*Vinn. hic*).

§ 5.

Suspectus autem est, *qui non ex fide* tutelam gerit, licet solvendo sit, ut Julianus quoque rescripsit. *Sed et antequam* incipiat tutelam gerere tutor, posse eum quasi suspectum removeri idem Julianus rescripsit ; et secundum eum constitutum est.

Qui non ex fide. Ces expressions s'appliquent non seulement au tuteur dont la gestion est frauduleuse, mais encore à celui qui n'administre pas avec tout le zèle et la diligence qu'il doit apporter (*L.* 3, § 18, *ff. h. tit.*; *L.* 5, *Cod. eod.*). Les appréhensions de la loi ont même été poussées tellement loin dans l'intérêt des pupilles, qu'elle regarde comme suspect le tuteur ou le curateur dont elle présume l'inimitié, et qu'elle les destitue de leurs fonctions s'ils ne s'empressent pas de s'excuser (*supr.* § 11 *et* 12, *de excus.*; *L.* 3, § 12, *ff. de suspect. tut.*).

Licet solvendo sit. La loi fait plus d'attention à la fidélité et aux bonnes mœurs des tuteurs et des curateurs qu'à leur fortune (*L.* 5 *et* 6, *ff. h. tit.*), et elle aime mieux, avec raison, prévenir le dommage que d'exposer le mineur aux chances d'une réparation. *Expedit pupillo rem suam salvam habere, quam tabulas rem salvam fore cautionis,* dit Papinien (*L.* 5, *ff. h. tit.*).

Sed et antequam. Si, par exemple, le tuteur ou le curateur refusent de donner caution (*L.* 1 *et* 3, *Cod. de tut. qui satisd. non deder.*). Il paraît que la loi des Douze-Tables ne permettait de destituer comme suspects, que les tuteurs et curateurs qui avaient commencé à gérer, et qui l'avaient fait avec fraude ou négligence (*arg. ex leg.* 4, *ff.* § 4, *h. tit.*). Mais dans la suite, les constitutions des empereurs (*L.* 2 *et* 3, *Cod. dict. tit.*), introduisirent qu'un tuteur pourrait être dépouillé de son titre avant même qu'il eût commencé à administrer, si par un motif quelconque il se rendait justement suspect (*L.* 7, § 3; *L.* 8, *ff. h. tit.*).

§ 12.

Novissime sciendum est, eos qui fraudulenter tutelam vel curam administrant, etiamsi satis offerant, removendos a tutela ; quia satisdatio tutoris propositum malevolum non mutat, sed diutius grassandi in re familiari facultatem præstat. Suspectum enim eum putamus, qui moribus talis est ut suspectus sit. Enim vero tutor vel curator, quamvis pauper est, fidelis tamen et diligens, *removendus non est* quasi suspectus.

18

Ce paragraphe contient lui-même son explication. On y voit reproduit ce que nous avons dit plus haut, que toutes les garanties de fortune et de caution ne sont point comptées au tuteur, s'il n'y joint celles plus certaines de la probité et des bonnes mœurs. Bien plus, on aime mieux voir en quelque sorte défaillir les sûretés matérielles du mineur, si d'ailleurs elles se trouvent remplacées dans le tuteur par d'autres reposant sur des bases plus élevées et plus sûres.

Remorendus non est. Malgré la faveur dont le tuteur pauvre et honnête jouit aux yeux de la loi, on a coutume de lui adjoindre un curateur, afin que la fortune du mineur ne soit pas mise en péril (*L. 6, Cod. h. tit.*); on peut même l'écarter comme suspect parce qu'il ne donne pas caution (*L. 2, Cod. de tut. qui satisd. non deder.*). — Voyons maintenant quels étaient les magistrats qui avaient le droit de prononcer le renvoi des tuteurs et curateurs.

§ 1er.

Datum est autem jus removendi tutores suspectos Romæ prætori; et in provinciis, præsidibus earum et legato proconsulis.

Nous avons dit que le droit de donner des tuteurs n'était imparti à certains magistrats, qu'en vertu d'une concession expresse et d'une désignation spéciale de la loi (*L. 6, § 2, ff. de tut; vid. supr. pay. 105*). Il n'en est pas de même pour les magistrats qui ont le droit de connaître d'une accusation de suspicion. Ce droit leur appartient *vi suæ jurisdictionis*; dès lors, ils peuvent très bien le déléguer, et voilà pourquoi le légat du proconsul est ici mis au nombre de ceux qui peuvent renvoyer un tuteur suspect (*L. 1, § 3 et 4, hoc tit.*).

§ 2.

Ostendimus, qui possent de suspecto cognoscere; nunc videamus, qui suspecti fieri possint. Et quidem omnes tutores possunt, sive testamentarii sint sive non, sed alterius generis tutores. Quare et si legitimus sit tutor, accusari poterit. Quid si patronus? Adhuc idem erit dicendum: dummodo meminerimus famæ patroni *parcendum*, licet ut suspectus remotus fuerit.

Parcendum. La loi indique le moyen de ménager la réputation du patron ou de tout autre tuteur légitime, dont la gestion révélerait l'infidélité. Au lieu de les renvoyer comme suspects, on pourra se contenter de mettre à couvert les intérêts du mineur, en leur adjoignant un curateur (*supr. § 5, de curat.; L. 9, ff. h. tit.*).

§ 3.

Consequens est ut videamus, qui possunt suspectos postulare. Et sciendum est quasi publicam esse hanc actionem, hoc est, omnibus patere. Quinimo et mulieres admittuntur ex rescripto divorum Severi et Antonini, sed eæ solæ quæ pietatis necessitudine ductæ ad hoc procedunt, ut puta mater : nutrix quoque et avia possunt; potest et soror. Sed et si qua alia mulier fuerit, cujus prætor perpensam pietatem intellexerit non sexus verecundiam egredientis, sed pietate productam non continere injuriam pupillorum, admittet eam ad accusationem.

§ 4.

Impuberes non possunt tutores suos suspectos postulare; puberes autem curatores suos ex consilio necessariorum suspectos possunt arguere : et ita divi Severus et Antoninus rescripserunt.

Impuberes. Les impubères n'ont pas, en général, le jugement assez formé pour apprécier sainement les actes de l'administration de leurs tuteurs, et y reconnaître l'infidélité nécessaire pour motiver une accusation de suspicion.

§ 7.

Si quis autem suspectus postulatur, quoad cognitio finiatur, *interdicitur ei administratio*, ut Papiniano visum est.

Interdicitur ei administratio. Pendant la durée des poursuites, et jusqu'à ce qu'elles soient terminées, on nomme un autre tuteur au pupille (*L. 7, Cod. h. tit.*).

§ 8.

Sed si suspecti cognitio suscepta fuerit, posteaque tutor vel curator decesserit, extinguitur suspecti cognitio.

Les poursuites pour cause de suspicion, s'éteindraient également dans tous les cas qui mettent fin à la tutelle ou à la curatelle (*L. 1, ff. h. tit.*). — Il nous reste à voir quels étaient les effets de la sentence prononcée contre le tuteur ou le curateur suspects.

§ 6.

Suspectus autem *remotus*, si quidem ob dolum, famosus est, si ob culpam, non æque.

Remotus. Le renvoi de la tutelle ou de la curatelle, est la conséquence nécessaire de toute accusation de suspicion prouvée contre les tuteurs et curateurs (*L.* 4, § 3; *L.* 10, *ff. h. tit.*). Mais il en est qui, outre qu'ils sont dépouillés de leurs fonctions, encourent de plus une note d'infamie. Ce sont ceux dont l'administration a été convaincue de dol (*L.* 9, *Cod. h. tit.*). On entend par dol, toute machination frauduleuse employée contre quelqu'un dans l'intention de lui nuire (*L.* 1, § 2, *ff. de dol.*). La faute, au contraire, consiste dans le préjudice causé à une personne, mais sans dessein arrêté de lui faire tort. On distingue en droit trois sortes de fautes : la faute grave, la faute légère, la faute très-légère. La faute grave est assimilée au dol (*L.* 226, *ff. de verb. signif.*), et, par conséquent, elle entraîne la peine de l'infamie. Justinien, par ces mots, *si ob culpam, non æque*, ne veut donc parler que de la faute légère, c'est-à-dire, de cette négligence, de cette inertie, qui accuse plutôt l'incapacité que la mauvaise intention. Au surplus, la sentence qui prononcera le renvoi d'un tuteur, devra exprimer la cause qui y aura donné lieu ; et la réputation du tuteur se trouvera entachée, ou à l'abri de l'infamie, suivantqu'elle aura prononcé sa déchéance pour cause de dol, ou simplement pour négligence (*L.* 4, § 1 et 2, *ff. h. tit.*). Enfin, il est certains cas de suspicion qui exposent les tuteurs et curateurs à des peines toutes particulières. Ce sont les cas dont il est question dans les paragraphes 9, 10 et 11.

§ 9.

Si quis tutor copiam sui non faciat, ut alimenta pupillo decernantur, cavetur epistola divorum Severi et Antonini, ut in possessionem bonorum ejus pupillus mittatur ; et quæ mora deteriora futura sunt, dato curatore distrahi jubentur. Ergo ut suspectus removeri poterit, qui non præstat alimenta.

D'après l'inventaire que chaque tuteur ou curateur est obligé de faire des biens de son pupille (*L.* 7, *ff. de adm. tut.*), le préteur fixe la somme qu'il sera permis au tuteur de dépenser annuellement pour l'éducation et l'entretien du mineur. C'est ce qu'on appelle décerner des aliments. A cet effet, le tuteur doit se présenter devant le préteur (*copiam sui facere*) ; s'il s'en dispense sans cause légitime, par exemple, s'il demeure caché (*L.* 3 et 7, § 2, *h. tit.*), il est suspect, et on l'écarte de la tutelle. Mais ce n'est pas à cela seulement que se borne le châtiment dont il est frappé ; on envoie le pupille en possession de ses biens qui sont vendus, du moins ceux susceptibles de détérioration, probablement pour subvenir aux nécessités du mineur.

§ 10.

Sed si quis præsens negat propter inopiam alimenta non posse decerni, si hoc per mendacium dicat, remittendum eum esse ad præfectum urbi puniendum placuit : sicut ille remittitur, qui data pecunia ministeriis tutelam *redemit*.

Redemit. Ainsi, ceux qui auraient, à prix d'argent, obtenu de n'être point tuteurs, seraient punis des mêmes peines que ceux qui auraient acheté leur nomination.

§ 11.

Libertus quoque, si fraudulenter tutelam filiorum vel nepotum patroni gessisse probetur, ad præfectum urbi remittitur puniendus.

On voit que ces trois nouveaux cas de suspicion indiqués dans ces deux paragraphes, ont paru tellement graves au législateur, qu'outre les peines générales, il a cru devoir encore y attacher des châtiments corporels. Les coupables sont, à cet effet, renvoyés devant le préfet de la ville, parce que le préteur, qui les destitue comme suspects, n'a pas, ainsi que lui, le droit d'infliger ces sortes de châtiments.

FIN DU LIVRE PREMIER.

ÉLÉMENTS

DE DROIT ROMAIN,

ou

INSTITUTES DE L'EMPEREUR JUSTINIEN.

***

LIVRE DEUXIÈME.

TITRE PREMIER.

De la division des choses et de leur qualité. (De rerum divisione et qualitate).

Le droit civil, avons-nous vu plus haut, a trois objets différents : les personnes, les choses et les actions (*supr.* § 12, *de jur. nat. gent. et civ. vid. pag.* 45). Le premier livre des Institutes a été consacré aux personnes, comme étant celles en faveur de qui le droit a été établi (*dict.* §º). Nous passons maintenant aux choses dont nous aurons à nous occuper jusqu'au TITRE VI du quatrième livre, où l'on commence à traiter des actions.

PR.

Superiore libro de jure personarum exposuimus : modo videamus de rebus, quæ *vel in nostro patrimonio* vel extra patrimonium nostrum habentur. Quædam enim naturali jure communia sunt omnium, quædam publica, quædam universitatis, quædam nullius, pleraque singulorum, quæ ex variis causis cuique adquiruntur, sicut ex subjectis apparebit.

Vel in nostro patrimonio. On entend par *choses*, tout ce qui peut être l'objet d'un droit corporel ou incorporel. Elles sont, dit le texte, dans notre patrimoine, ou hors de notre patrimoine. Une chose est dans le patrimoine de quelqu'un, lorsqu'elle est *in bonis*, c'est-à-dire, lorsqu'il en a la propriété ou simplement même la possession, et qu'il peut, à l'occasion de cette chose, se servir soit d'une exception, soit d'une action (*L.* 52, *ff. de acquir. rer. dom.*). Dans ce cas, la signification du mot *choses*, n'a pas une étendue plus grande que celui de *pecunia* (*L.* 5, *ff. de verb. signif.*). Les choses hors du patrimoine, sont évidemment celles dont on n'a ni la propriété, ni la possession, mais que l'on peut acquérir quelquefois, et pour lesquelles sont faites les divisions que contient la fin de ce paragraphe, et que nous allons expliquer l'une après l'autre.

1° *Des choses communes.* Les choses communes sont celles dont la propriété n'appartient à personne, mais dont chacun use ou peut user également.

§ 1er.

Et quidem naturali jure communia sunt omnium hæc : aer, *aqua profluens*, et mare et per hoc littora maris. Nemo igitur ad littus maris accedere prohibetur, *dum tamen villis* et monumentis et ædificiis abstineat; quia non sunt juris gentium, sicut et mare.

Aqua profluens. L'eau qui coule sans s'arrêter, c'est-à-dire, l'eau des fleuves. Il y a, en effet, une différence remarquable entre l'eau des fleuves et les fleuves mêmes. L'eau des fleuves est *commune*, parce que coulant perpétuellement, elle change sans cesse de région et ne peut, par conséquent, être une dépendance des territoires divers qu'elle traverse. Le fleuve au contraire, c'est-à-dire, ce grand tout dont l'eau ne forme qu'une partie, est *public*, parce qu'il existe séparément pour chaque contrée dont il est une portion (*Vinn. in* § 2, *h. tit.*).

Dum tamen villis. Les rivages de la mer sont communs; mais on peut, en observant certaines conditions, ainsi que nous le verrons ci-après (*infr.* § 5, *h. tit.*), s'emparer d'une portion libre de ces rivages, pour y construire une maison, par exemple. C'est alors une propriété particulière dont on a le droit d'interdire l'accès, *quia non est juris gentium.* Toutefois, la portion ainsi occupée ne change point de nature; on n'est réellement propriétaire que de l'édifice inhérent au sol; celui-ci redevient commun, et il est rendu à sa primitive condition aussitôt que les constructions ont disparu (*L.* 14, § 1, *ff. de acquir. rer. dom.*).

§ 3.

Est autem littus maris, quatenus hybernus fluctus maximus excurrit.

2° *Des choses publiques*. Il est assez difficile de se former une idée bien nette des choses que Justinien appelle *publiques*, et de bien préciser la différence qui existe entre elles et les choses *communes*. Marcien n'avait pas cru devoir les séparer (*L*. 2 *et* 4, *ff. de div. rer.*), parce que les unes et les autres sont véritablement communes, chacun ayant le droit d'en user. Voici cependant comment on distinguera les choses publiques des choses communes. Celles-ci, avons-nous dit, ne sont la propriété de personne, au lieu que les choses publiques peuvent, comme dépendances d'un territoire, être considérées comme appartenant au peuple habitant ce territoire, au moins en ce qui concerne le droit d'en régler l'usage. Au nombre des choses publiques, Justinien cite les fleuves, leurs rives, les ports et les rivages de la mer qui entoure un pays particulier.

§ 2.

Flumina autem omnia et portus publica sunt. Ideoque jus piscandi *omnibus commune est* in portu fluminibusque.

Omnibus commune est. La distinction entre les choses communes et publiques n'empêche donc pas que leur usage ne soit également commun à tous. Seulement, lorsqu'il s'agit de choses publiques, chaque peuple aura le droit exclusif de régler cet usage, de le restreindre même pour sa plus grande utilité et son intérêt. C'est ainsi qu'on pourra très bien surveiller la navigation des fleuves et prendre les mesures nécessaires pour qu'elle ne soit pas troublée (*ff. de flumin.*).

§ 4.

Riparum quoque usus *publicus est juris gentium*, sicut ipsius fluminis. Itaque navem ad eas adplicare, funes arboribus ibi natis religare, onus aliquod in his reponere cuilibet liberum est, sicut per ipsum flumen navigare. Sed proprietas earum illorum est quorum prædiis hærent : qua de causa arbores quoque in iisdem natæ eorumdem sunt.

Publicus est jure gentium. Il n'y a que l'usage des rives d'un fleuve qui soit public. Quant aux rives mêmes, elles ne le sont pas, parce qu'elles appartiennent aux riverains. Aussi, à la différence des bords de la mer, ne pourra-t-on pas les posséder par occupation, ni y élever aucune construction (*L*. 15, *ff. de acquir. rer. dom.*). Au surplus, l'usage des rives d'un fleuve se restreint aux cas indiqués et prévus par notre texte, et à ceux analogues ; et, sous ce rapport, on peut dire que les rives d'un fleuve et les rivages de la mer rentrent également dans la classe des choses communes (*arg. ex leg.* 5, *ff. de div. rer.*).

§ 5.

Littorum quoque usus publicus juris gentium est, sicut ip-sius maris; et ob id quibuslibet liberum est casam ibi po-nere, in quam se recipiant, sicut retia siccare et ex mari re-ducere. Proprietas autem eorum *potest intelligi nullius esse*, sed ejusdem juris esse cujus et mare, et quæ subjacet mari, terra vel arena.

Potest intelligi nullius esse. C'est la raison de la différence entre les rivages de la mer et les rives d'un fleuve. De celles-ci, il n'y a que l'usage qui soit public, parce que la rive elle-même a un maître qui ne peut être dépossédé. Les rivages de la mer, au contraire, n'appartenant à personne, peuvent, à cause de cela, devenir la propriété du premier occupant et lui servir, non seulement pour les besoins de la navigation, ou de la pêche, mais encore pour s'y construire une habitation. Dans ce dernier cas toutefois, il sera nécessaire d'obtenir l'autorisation du magistrat (*L*. 50, *ff. de acquir. rer. dom.*) qui, avant de l'accorder, devra apprécier si l'établissement qu'on se propose de faire n'aura pas l'inconvénient de nuire à l'abordage ou à la navigation. Sous ce rapport, les rivages rentrent dans la classe des choses publiques (*L*. 112, *ff. de verb. signif.*), au nombre desquelles Justinien les compte justement parce qu'ils font partie du territoire sur lequel s'exerce la juridiction du peuple dont ils bordent le pays; c'est en ce sens que, suivant Gaïus (*L*. 3, *ff. ne quis in loc. publ.*), les rivages appartiennent au peuple qui les tient sous son empire (*voyez* M. *Ducaurroy*, n° 333).

3° *Des choses communes aux membres d'une même corporation.* Ce sont celles dont la propriété appartient à une corporation quelconque, et l'usage à tous les membres de cette corporation.

§ 6.

Universitatis sunt, non singulorum, veluti quæ in civitatibus sunt, theatra, stadia et similia, si qua alia sunt *communia civitatum*.

Communia civitatum. Ne sont point choses *universitatis*, le trésor, les esclaves, toutes celles en un mot qui, quoiqu'elles appartiennent à la cor-poration, ne sont pas cependant au service ou à la disposition des indivi-dus. Ces choses d'ailleurs ne sont pas hors du patrimoine, mais bien au contraire dans le patrimoine de la corporation; et si on les appelle *publi-ques*, ce n'est que par opposition aux propriétés privées (*L*. 15, *ff. de verb. signif.*).

19

4° *Des choses qui ne sont à personne.* Les choses communes ne sont la propriété de personne; mais elles servent à un usage commun, et de plus, on peut quelquefois s'en rendre maître. Mais il est des choses tellement hors du commerce général qu'elles n'appartiennent, et ne peuvent jamais appartenir à personne. Ces choses sont celles qu'on peut appeler par excellence choses *nullius*, et elles sont telles de droit divin.

§ 7.

Nullius autem sunt res sacræ et religiosæ et sanctæ : quod enim divini juris est, id nullius in bonis est.

Il y a donc trois espèces de choses *nullius* : les choses *sacrées*, les choses *religieuses* et les choses *saintes*. Les trois paragraphes qui vont suivre en parleront successivement.

§ 8.

Sacræ res sunt, *quæ rite et per pontifices* Deo consecratæ sunt, veluti ædes sacræ et *donaria* quæ rite ad ministerium Dei dedicata sunt. Quæ etiam *per nostram constitutionem* alienari et obligari prohibuimus, excepta causa redemptionis captivorum. Si quis vero auctoritate sua quasi sacrum sibi constituerit; sacrum non est, sed profanum. Locus autem in quo ædes sacræ sunt ædificatæ, etiam diruto ædificio sacer adhuc manet, ut et Papinianus rescripsit.

Quæ rite per pontifices. Ainsi, pour qu'une chose puisse devenir sacrée, il faut qu'elle soit consacrée *rite*, c'est-à-dire, selon le mode prescrit, consistant dans l'observation de certaines solennités, et dans l'obtention de l'autorisation du prince (*L.* 6, § 3; *L.* 9, § 1, *ff. de div. rer.*). Il faut en outre que cette consécration soit faite par le prince lui-même, comme réunissant le souverain pontificat à l'autorité législative, ou par les pontifes, si le prince se contente simplement d'autoriser (*dict. leg.*). A défaut de cette double condition, la chose reste profane (*h. text.*); car, si chacun peut rendre à son gré un terrain religieux (*infr.* § 9), il n'en est pas de même des choses sacrées à qui une autorité privée ne peut conférer ce caractère. Le terrain une fois consacré de la manière prescrite l'est pour toujours ; la démolition des édifices qu'il supporte ne lui fait pas perdre ce caractère (*hoc text.*), et de tout temps, on avait proclamé qu'un lieu sacré ne pouvait être ni aliéné, ni engagé (*L.* 9, § 5, *ff. de div. rer.*).

Donaria. Ce sont les vases sacrés, les ornements, tous les objets précieux, en un mot, donnés en reconnaissance d'un bienfait qu'on croyait avoir reçu de Dieu (*Vinn. hic*).

Per nostram constitutionem. Cette constitution de Justinien est la loi 22 au Code *de sacr. eccl.* Les aliénations qu'elle permet sont celles seulement des *donaria*, et pour deux causes : pour racheter les captifs, et pour le soulagement des pauvres dans les temps de disette (*L*. 21, *Cod. h. tit.*). Postérieurement, Justinien autorisa ces aliénations pour libérer l'église des dettes qu'elle aurait contractées (*Nov.* 120, *cap.* 10).

§ 9.

Religiosum locum unusquisque *sua voluntate facit*, dum mortuum infert in locum suum. In communem autem *locum purum* invito socio inferre non licet; *in commune vero sepulcrum* etiam invitis cæteris licet inferre. Item si alienus ususfructus est, proprietarium placet, nisi consentiente usufructuario, locum religiosum non facere. In alienum locum concedente domino licet inferre; et licet postea *ratum non habuerit* quam illatus est mortuus, tamen religiosus fit locus.

Sua voluntate facit. La simple destination d'un lieu pour la sépulture ne suffit pas pour le rendre religieux; mais ce caractère est acquis au terrain aussitôt qu'on y a inhumé véritablement (*L*. 6, § 1, *ff. de religios.*) et à perpétuelle demeure (*L*. 40, *ff. dict. tit.*), le cadavre ou les os d'un homme libre ou esclave (*L*. 2, *ff. eod. tit.*), pourvu toutefois qu'on soit le maître du terrain que cette destination doit retirer du commerce, ou sinon, qu'on obtienne le consentement du propriétaire, ou de ceux qui ont sur le fonds un droit quelconque, comme les communistes, les usufruitiers, etc. (*hoc text.; L*. 6 *et* 4, *ff. eod. tit.*).

Locum purum. On appelle *lieu pur* celui qui n'est ni sacré, ni religieux, ni saint (*L*. 2, § 4, *ff. de relig.*), et quelquefois aussi celui qui n'est pas bât, par opposition à celui qui l'est (*Vinn. hic*).

In commune vero sepulcrum. Cela suppose qu'une ou plusieurs personnes peuvent avoir, sinon la propriété d'un terrain religieux, au moins le droit d'y faire inhumer leurs morts, exclusivement à toutes autres. A Rome, en effet, on se choisissait un lieu de sépulture pour soi, les siens ou ses héritiers (*L*. 5, *ff. de relig.*). Le terrain, à la première inhumation, devenait religieux, ainsi que nous l'avons dit, et par conséquent inaliénable, en ce sens qu'il ne pouvait être l'objet principal et direct d'aucun contrat; mais le droit d'y être enterré pouvait très bien se transmettre, soit aux héritiers, soit même à l'acquéreur du fonds de terre dans lequel se trouvait l'emplacement religieux (*L*. 4, *Cod. de relig.*).

Ratum non habuerit. Quelques éditions écrivent, en supprimant la négation ; *licet postea ratum habuerit.* Voyez sur le mérite de cette suppression, et sur le sens qu'elle donnerait au texte, Vinnius (*h. text.*), et M. Ducaurroy (*n°* 340).

§ 10.

Sanctæ quoque res, veluti muri et portæ, *quodam modo divini juris sunt,* et ideo nullius in bonis sunt. Ideo autem muros sanctos dicimus, quia *pœna capitis* constituta sit in ēos qui aliquid in muros deliquerint. Ideo et legum eas partes, quibus pœnas constituimus adversus eos qui contra leges fecerint, sanctiones vocamus.

Sanctæ. Dans son acception ordinaire, l'adjectif *saint* signifie tout ce qui est sacré, religieux, pur, vénérable, inviolable ; mais notre texte lui donne une signification beaucoup plus restreinte. Ce mot *saint* s'applique simplement ici à toutes les choses que les sanctions de la loi ont protégées contre les injures et les attaques des hommes (*L.* 8, *ff. de divis. rer.*).; et de ce nombre sont les murs et les portes des cités.

Quodammodo divini juris sunt. Ce n'est qu'improprement, en effet, que les choses saintes sont de droit divin; et c'est seulement le respect qu'on leur doit, qui les a fait assimiler aux choses sacrées et religieuses.

Pœna capitis. Rémus ayant franchi les murailles de Rome au mépris de la défense de son frère Romulus, celui-ci le fit périr, et ordonna qu'à l'avenir tous ceux qui se rendraient coupables de ce crime encourraient le même châtiment. Telle est l'origine de la loi qui prononce la peine de mort contre les violateurs des murailles (*L. ult. ff. de div. rer.*).

5° *Des choses qui appartiennent aux particuliers.* Ces choses sont les plus nombreuses : ce sont celles que nous avons dans notre domaine, ou simplement *in bonis*, et que nous pouvons acquérir de diverses manières , ainsi que nous l'apprendra la suite de ce titre , dont tout ce qui précède n'est, à vrai dire, que les prolégomènes.

§ 11.

Singulorum autem hominum multis modis res fiunt : quarumdam enim rerum dominium nanciscimur jure naturali, quod, sicut diximus, appellatur jus gentium; quarumdam jure civili. Commodius est itaque a vetustiore jure incipere : palam est autem vetustius esse jus naturale, quod cum ipso genere humano rerum natura prodidit. Civilia enim jura tunc esse cœperunt, cum et civitates condi et magistratus creari et leges scribi cœperunt.

Ainsi, il y a pour les particuliers deux grandes manières d'acquérir la propriété des choses qui sont dans le commerce, *par le droit des gens* ou *par le droit civil*. Pour introduire plus d'ordre, nous diviserons ce qui nous reste à expliquer de ce titre en deux parties. La première traitera des manières d'acquérir la propriété par le droit des gens ; la seconde, de celles qui font acquérir la propriété par le droit civil. Mais auparavant, nous pensons qu'il est utile d'entrer dans certaines explications.

—En droit, on ne s'occupe des choses, que pour apprécier les droits que les personnes peuvent avoir sur elles. Ces droits sont de deux espèces : le droit *réel* (*jus in re*), et le droit *personnel* (*jus ad rem*). Le droit *réel* est celui que nous avons sur le corps même de la chose, en telle sorte que cette chose continue d'être notre propriété, quoiqu'elle ait passé dans les mains d'un autre, à moins que nous n'en ayons consenti l'aliénation. Le droit *personnel* est le droit que nous avons à une chose, en vertu de l'obligation par laquelle une personne s'est engagée à nous la livrer.

Le *domaine* ou la *propriété* est le droit réel le plus étendu qu'on puisse avoir sur les choses. On le définit : *jus utendi, fruendi et abutendi quatenus juris ratio patitur*. Il existe plusieurs distinctions du droit de propriété. 1o Ce droit est *direct* ou *utile*. *Direct*, lorsqu'on a le titre sans les avantages de la propriété, ou du moins avec de très-faibles avantages, comme le maître d'un champ emphytéotique ; *utile*, lorsqu'on a les avantages sans avoir le titre, comme un fermier, un emphytéote ; 2o la propriété est *pleine* ou *nue*. La pleine propriété est la propriété réunie avec l'usufruit, la nue propriété est la propriété séparée de l'usufruit. 3o Elle est *bonitaire*, lorsqu'on a acquis par le droit des gens ; ou *quiritaire*, lorsqu'au contraire on a acquis par le droit civil. Remarquons que cette division ancienne a été presque entièrement effacée par Justinien. Enfin elle est *perpétuelle* ou *révocable*. *Perpétuelle*, lorsque le droit qui en résulte ne peut être enlevé au maître sans sa volonté ; *révocable*, lorsque, dans certains cas, ce droit peut périr entre les mains du maître, même contre sa volonté, par exemple, dans les biens grévés de fidéicommis.

Revenons maintenant à la division des Institutes, en faisant observer que le titre qui nous occupe, traite uniquement des manières d'acquérir *séparément*.

PREMIÈRE PARTIE.

Des manières d'acquérir par le droit des gens.

Beaucoup de commentateurs, prodigues de divisions et de subdivisions, ont trouvé un grand nombre de manières différentes d'acquérir par le droit des gens ; mais ils ont pris pour des modes d'acquisition ce qui n'en était que des variétés. Nous n'entrerons point dans leurs distinctions, et nous nous contenterons de dire que ces divers modes d'acquisition peuvent se réduire à trois, qui sont : l'*occupation* ; l'*accession* et la *tradition*. Nous en ferons la matière d'autant de sections.

SECTION PREMIÈRE. — *De l'Occupation.*

L'occupation est un mode d'acquérir par le droit des gens, en vertu duquel une chose qui n'appartenait à personne, devient la propriété de celui qui s'en empare le premier. On énumère quatre espèces d'occupation : 1º la chasse, l'oiselerie (*aucupium*) et la pêche qui sont soumises toutes les trois aux mêmes règles, et ont les mêmes conséquences ; 2º l'occupation proprement dite ; 3º l'invention ; 4º le butin fait sur l'ennemi.

§ 12.

1º *De la chasse, de l'oiselerie (aucupium) et de la pêche.* Feræ igitur bestiæ et volucres et pisces, id est, omnia animalia quæ mari, cœlo et terra nascuntur, simul atque ab aliquo capta fuerint, jure gentium statim illius esse incipiunt : quod enim ante nullius est, id naturali ratione occupanti conceditur. Nec interest, feras bestias et volucres utrum in suo fundo quisque capiat, *an in alieno.* Plane qui in alienum fundum ingreditur venandi aut aucupandi gratia, potest a domino, si is providerit, *prohiberi ne ingrediatur.* Quidquid autem eorum ceperis, eo usque tuum esse intelligitur, donec tua custodia coercetur. Cum vero evaserit custodiam tuam, et in naturalem libertatem se receperit, tuum esse desinit, et rursus occupantis fit. Naturalem autem libertatem recipere intelligitur, cum vel oculos tuos effugerit, vel ita sit in conspectu tuo, ut difficilis sit ejus persecutio.

An in alieno. Que l'animal se trouve sur le fonds de celui qui s'en empare, ou qu'il soit sur le fonds d'un étranger, il n'en conserve pas moins sa liberté naturelle ; et il n'y a que celui qui a eu assez d'adresse pour l'en priver, qui puisse véritablement s'en prétendre le propriétaire (*Vinn. hic*).

Prohiberi ne ingrediatur. Mais si, malgré la défense du maître, un animal sauvage avait été pris par celui à qui l'accès de la propriété avait été formellement interdit, qu'arriverait-il ? l'animal n'en serait pas moins sa proie ; et ce qui le prouve, c'est que le maître au lieu de pouvoir exercer contre lui l'action en revendication qui ne peut appartenir qu'au propriétaire de la chose revendiquée, aurait simplement une action dite *injuriarum* (*L. 13*, § *ult. ff. de injur.*). Tel n'est pas cependant l'avis de Cujas (4, *observ.* 2,), qui attribue au maître la propriété de l'animal saisi sur son fonds, lorsqu'il en a défendu l'entrée (*arg. ex leg.* 55, *ff. de acquir. rer. dom.*). — Dans le paragraphe suivant, Justinien donne une solution à une question qui avait partagé jusqu'à lui les jurisconsultes.

§ 13.

Illud quæsitum est an, si fera bestia ita vulnerata sit ut capi possit, statim tua esse intelligatur. Quibusdam placuit statim esse tuam, et eo usque tuam videri donec eam persequaris. Quod si desieris persequi, desinere tuam esse, et rursus fieri occupantis. Alii non aliter putaverunt tuam esse, quam si eam ceperis. Sed posteriorem sententiam nos confirmamus, quia multa accidere possunt ut eam non capias.

Trébatius avait adopté l'opinion de ceux qui pensaient qu'on avait acquis la propriété d'une bête fauve, aussitôt qu'on l'avait blessée de manière à pouvoir l'atteindre facilement, pourvu toutefois que l'on n'abandonnât point sa poursuite. Gaïus, au contraire, dont l'avis a été suivi par Justinien, soutenait qu'on n'en devenait point propriétaire qu'on ne l'eût effectivement prise (*L. 5*, § 1, *ff. de acquir. rer. dom.*). Cette décision est assurément la plus sage. Mille circonstances peuvent faire, en effet, que l'animal poursuivi parvienne à s'échapper, et comment alors pourrait-on se prétendre propriétaire d'une chose qu'on n'aura même jamais en sa possession ? — Il est des animaux dont le naturel est sauvage, et que cependant l'art des hommes est parvenu à apprivoiser. Tels sont les cerfs, les paons, les colombes, les abeilles, etc. Les textes qui vont suivre déterminent les circonstances dans lesquelles ces animaux vous seront acquis, et celles dans lesquelles ils cesseront de vous appartenir.

§ 14.

Apium quoque natura fera est. Itaque quæ in arbore tua consederint, antequam a te alveo includantur, non magis tuæ intelliguntur esse, quam volucres quæ in arbore tua nidum fecerint : ideoque si alius eas incluserit, is earum dominus erit. Favos quoque si quos effecerint, quilibet eximere potest. Plane integra re, si provideris ingredientem fundum tuum, poteris eum jure probibere ne ingrediatur. Examen quoque quod ex alveo tuo evolaverit, eo usque intelligitur esse tuum, donec in conspectu tuo est, nec difficilis ejus est persecutio : alioquin occupantis fit.

Nous pensons qu'une lecture attentive de ce paragraphe, qui n'est d'ailleurs que l'application à de nouveaux exemples, de principes déjà énoncés, suffira pour sa complète intelligence.

§ 15.

Pavonum et columbarum fera natura est : *nec ad rem pertinet*, quod ex consuetudine avolare et revolare solent; nam et apes idem faciunt, quarum constat feram esse naturam. Cervos quoque ita quidam mansuetos habent, ut in silvas ire et redire soleant; quorum et ipsorum feram esse naturam nemo negat. In iis autem animalibus quæ ex consuetudine abire et redire solent, talis regula comprobata est, ut eo usque tua esse intelligantur, *donec animum revertendi habeant;* nam si revertendi animum habere desierint, etiam tua esse desinunt, et fiunt occupantium. Revertendi autem animum videntur desinere habere tunc, cum revertendi consuetudinem deseruerint.

Nec ad rem pertinet. C'est-à-dire que cette habitude d'aller et de revenir n'empêche pas que leur nature ne reste sauvage, et que, par conséquent, on puisse acquérir leur propriété par l'occupation ou la perdre par celle d'un autre.

Donec animum revertendi habeant. Les circonstances pourront seules faire apprécier si les animaux sauvages dont parle le texte, auront ou non, perdu l'esprit de retour. Il n'y a pas, à cet égard, de règle fixe à poser (*Vinn. hic*). Si quelqu'un avait employé des moyens de ruse pour empêcher, par exemple, des pigeons de retourner à leur colombier, et leur avait ainsi méchamment fait perdre l'esprit de retour, il n'y a pas de doute qu'une action *in factum* ne fût donnée contre lui, et qu'il pût même être exposé à des poursuites justifiées par ses manœuvres frauduleuses (*L. 8, § 1, ff. fam. erc.; L. 37, ff. de furt.*). — Il est à remarquer que tout ce que nous avons dit sur l'occupation des rivages, sur les animaux pris à la chasse, sur les abeilles, les paons, les pigeons et les cerfs, peut se justifier par les principes du *postliminium.* Ce sont, en effet, autant de conquêtes sur l'état primitif des choses, conquêtes dont toutes les traces disparaissent par le rétablissement de l'ordre naturel. Ainsi, de même que les prisonniers qui parviennent à s'échapper, les animaux, lorsqu'ils cessent d'être *custodia coercita*, recouvrent leur liberté, et n'appartiennent plus à celui qui s'en était d'abord emparé. Voilà pourquoi aussi on distingue à l'égard des animaux sauvages, s'ils ont conservé ou perdu l'esprit de retour ; car on sait que le droit de *postliminium* ne profitait jamais à ceux qui auraient eu l'intention de retourner chez l'ennemi (*L.* 6 , *ff. de div. rer.* ; M. *Ducaurroy*, n°s 345 et 348 , *passim.*). Les mêmes principes s'appliqueront au butin fait dans un combat (*infr.* § 47) ; s'il échappe au pouvoir des vainqueurs, il est réputé n'avoir jamais été capturé.

§ 46.

Gallinarum autem et anserum non est fera natura ; idque ex eo possumus intelligere, quod aliæ sunt gallinæ quas feras vocamus, item alii anseres quos feros appellamus. Ideoque si anseres tui aut gallinæ tuæ aliquo casu turbati turbatæve evolaverint, licet conspectum tuum effugerint, quocumque tamen loco sint, tui tuæve esse intelliguntur ; et qui lucrandi animo ea animalia retinet, furtum committere intelligitur.

Gallinarum autem. Il ne s'agit plus ici des animaux sauvages, mais bien des animaux domestiques dont la nature est d'être en puissance de l'homme, et à qui, par conséquent, on ne saurait faire l'application des principes du *postliminium*. Ces animaux pourront donc s'égarer ou être perdus, sans cesser pour cela d'appartenir à leur maître , envers lequel on se rendra coupable de vol , si on s'en empare.

2° *De l'occupation proprement dite.* Elle consiste à s'emparer d'un lieu qui n'appartenait à personne. Exemple :

§ 22.

Insula quæ in mari nata est , quod raro accidit , occupantis fit ; nullius enim esse creditur....

Pareillement, si je construis sur pilotis dans la mer, la partie de mer que mes constructions occuperont sera à moi (*L.* 30, § 4 , *ff. de adq. rer. dom.*). Mais il est nécessaire que je prenne auparavant l'autorisation du préteur, ainsi qu'il a été dit , à l'égard des constructions que l'on voudrait élever sur les rivages de la mer (*L.* 50, *ff. eod. tit.* ; *vid. supr. pag.* 145).

3° *De l'invention.* L'invention est un mode d'acquisition, en vertu duquel une chose que nous trouvons, et qui n'a jamais appartenu à personne , ou qui a cessé de lui appartenir ; devient notre propriété de droit naturel.

20

§ 39.

Thesauros quos quisque *in loco suo* invenerit, divus Hadrianus naturalem æquitatem secutus ei concessit qui invenerit; idemque statuit, *si quis in sacro* aut religioso loco fortuito casu invenerit. At si quis in alieno loco, non data ad hoc opera, sed fortuito, invenerit, dimidium inventori, dimidium domino soli concessit; et convenienter, si quis in Cæsaris loco invenerit, dimidium inventoris, dimidium Cæsaris esse statuit. Cui conveniens est ut, si quis *in fiscali loco* vel publico vel civitatis invenerit, dimidium ipsius esse, dimidium fisci vel civitatis.

Thesauros. On entend par *trésor*, un dépôt d'argent fait depuis un temps immémorial, et dont le maître ne peut plus être connu (*L.* 31, § 1, *ff. de adq. rer. dom.*). Par conséquent, ne serait pas trésor une somme cachée en terre, uniquement pour la mieux conserver (*dict. leg.*). Non seulement celui qui justifierait en être le propriétaire pourrait la revendiquer (*L.* 67, *ff. de rei. vind.*); mais encore celui qui s'en serait emparé sciemment aurait commis un vol (*supr, dict. leg.*).

In loco suo. Le trésor trouvé par le propriétaire dans son propre fonds lui appartient en totalité, soit qu'il l'ait découvert par hasard, soit qu'il ait fait pratiquer des fouilles pour le rechercher. On lui défend seulement d'avoir recours à la magie pour connaître l'existence de ce trésor (*L. un. Cod. de thesaur.*). Le fonds grevé d'usufruit ne cessant pas pour cela d'être notre propriété (*arg. ex pr. infr. de hered. inst.*), le trésor découvert dans ce fonds par le propriétaire lui serait acquis en totalité; mais il n'en aurait que la moitié, si un étranger ou l'usufruitier en avaient été les inventeurs *quoniam thesaurus in fructu non comparatur* (*L.* 63, § 3, *ff. de adq. rer. dom; Vinn. hic*). Il en serait de même, si l'inventeur était le créancier auquel le fonds aurait été donné en gage, sous la condition toutefois que le propriétaire du fonds se trouvera libéré de sa dette envers le créancier gagiste et inventeur du trésor, au délai fixé pour le paiement; autrement le créancier aurait toujours eu la propriété du fonds, et par conséquent il ne devrait rien restituer à son débiteur (*dict. leg.* 63, § 4).

Si quis in sacro. Dans ce cas encore, la totalité du trésor appartient à l'inventeur. Ainsi l'a décidé Justinien d'après Adrien, préférant la constitution de ce prince à celle des empereurs Marc-Aurèle et Lucius Vérus, qui, dans ce cas, attribuaient la moitié du trésor au fisc (*L.* 3, § 10, *ff. de jur. fisc.*). Mais il faut que le hasard ait seul conduit à la découverte du trésor; toute recherche faite dans l'intention de le trouver est sévèrement prohibée; autrement les lieux sacrés, saints et religieux eussent été exposés à des violations perpétuelles (*Vinn. hic*). — La suite du paragraphe

donne la moitié du trésor à l'inventeur, lorsque celui-ci l'a découvert
dans un fonds qui ne lui appartenait pas; l'autre moitié est dévolue, soit
au propriétaire, soit à César, soit au fisc, soit à la cité, selon que le
fonds est une propriété privée, dans le domaine particulier du prince, ou
dans celui de l'état ou d'une ville. Cependant il est toujours nécessaire
que l'invention ait eu lieu fortuitement et *non data ad hoc opera;* ainsi le
veut une constitution de Léon dont la transgression ferait perdre à l'inventeur la moitié qui lui est due (*L. un. Cod. de thesaur; L. 63, § 3, ff.
de adq. rer. dom.*).

In fiscali loco. Il n'est pas inutile d'expliquer ici les distinctions qui
résultent de notre texte entre les biens de César, les biens fiscaux, les
biens publics et les biens des cités. Les biens de César sont les biens pa-
trimoniaux du prince. Les biens fiscaux sont, par exemple, les biens des
proscrits, les biens sans maîtres, et ceux qui entrent dans le fisc par la
voie des impôts. Ces biens sont également dans le domaine privé du
prince, mais il ne les possède qu'à cause de son titre et *ratione imperii* (*L.
2, § 4, ff. ne quid in loc. pub.*). Nous avons vu plus haut (*voyez pages 144
et 145*), ce qu'on doit entendre par biens publics et biens des cités. Il est
superflu de revenir sur des explications auxquelles il est facile de recourir.

<h2 style="text-align:center">§ 18.</h2>

Item lapilli et gemmæ et cætera quæ in littore inveniuntur,
jure naturali statim inventoris fiunt.

Le paragraphe 39e relatif aux trésors, et le paragraphe 18e que nous
venons de transcrire, s'occupent de choses, ou qui n'ont point de maître,
ou qui sont censées n'en point avoir, parce qu'il est impossible de le reconnaître; et ils décident avec raison, que l'invention de ces choses en attri-
buera la propriété à celui qui les aura trouvées le premier. Ces choses ne
sont pas les seules dont le mode d'occupation appelé *invention* peut faire
acquérir la propriété. Il en est, en effet, qui ont eu un maître bien
connu; mais ce maître s'en est dégoûté, il n'a plus voulu qu'elles fissent
partie de ses biens, et les ayant abandonnées de fait et d'intention, il a
consenti par là même à ce qu'elles devinssent la propriété exclusive de
celui qui s'en emparerait postérieurement (*L. 5, § 1, ff. pro derel.*). Justinien voit dans cet abandon une espèce de tradition : il lui semble qu'on
doit l'assimiler au cas dont il est question dans le paragraphe 46; mais c'est
à tort : car lorsqu'on abandonne une chose, on le fait purement et simplement, parce qu'on n'en veut plus, et sans s'occuper de ce qu'elle pourra
devenir par la suite. Il faut donc dire avec les commentateurs dont l'opinion est la plus imposante, qu'on acquiert la propriété des choses que
leurs maîtres ont ainsi abandonnées, par l'invention et non par la tradition
(*Vinn. hic; M. Ducaurroy, n° 405*). C'est donc remettre à sa véritable place
le paragraphe 47, que de le transcrire ici.

§ 47.

Qua ratione verius esse videtur, si rem pro derelicto a domino habitam occupaverit quis, statim eum dominum effici. Pro derelicto autem habetur, *quod dominus ea mente abjecerit, ut in rerum suarum esse nolet* : ideoque statim dominus esse desinit.

Quod dominus ea mente abjecerit. Ainsi, comme nous l'avons déjà dit, il faut absolument le concours du fait et de l'intention, pour que la chose soit *abandonnée* dans le sens légal. Pour que la propriété acquise puisse en effet subsister, on n'exige pas absolument la détention *matérielle* de la chose; il suffit qu'on la détienne *moralement*, c'est-à-dire que l'on soit persistant dans son intention de ne pas s'en dessaisir. Il n'y a réellement abdication volontaire de la propriété, qu'autant qu'après avoir abandonné la chose, on déclare n'en plus vouloir; alors seulement, il est possible d'acquérir par occupation, parce qu'il n'y a plus de propriétaire (*statim dominus esse desinit*). Ces principes suffiront pour l'intelligence du paragraphe qui va suivre, et qui n'est, à proprement parler, que le commentaire de celui-ci.

§ 48.

Alia causa est earum rerum quæ in tempestate maris, levandæ navis causa, ejiciuntur. Hæ enim dominorum permanent, quia palam est eas non eo animo ejici quod quis eas habere non vult, sed quo magis cum ipsa navi maris periculum effugiat. Qua de causa, si quis eas fluctibus expulsas, vel etiam in ipso mari nactus, lucrandi animo abstulerit, furtum committit. Nec longe discedere videntur ab his quæ de rheda currente non intelligentibus dominis cadunt.

4º *Du butin fait sur l'ennemi.* En général, l'occupation ne peut nous faire acquérir que la propriété des choses qui n'ont jamais appartenu à personne, ou qui ont cessé d'appartenir à quelqu'un : c'est donc par exception que le butin fait sur l'ennemi est acquis à ceux qui s'en emparent les premiers.

§ 17.

Item ea quæ ex hostibus capimus, jure gentium *statim nostra fiunt* : adeo quidem ut et liberi homines in servitutem

nostram deducantur. Qui tamen, si evaserint nostram potestatem et ad suos reversi fuerint, pristinum statum recipiunt.

Statim nostra fiunt. Ceci ne doit pas cependant être admis sans distinction. Il est certain, en effet, que les propriétés immobilières dont on s'emparait sur l'ennemi étaient adjugées au fisc (*L.* 20, § 1, *ff. de capt. et postl.*), ainsi que les choses mobilières dont les soldats s'étaient rendus maîtres dans l'action (*L. penult. ff. ad leg. Jul. pecul.*); ceux-ci ne profitaient guères que des objets mobiliers qu'ils dérobaient à l'ennemi dans leurs excursions particulières (*Pothier, Pand. lib.* 44, *tit.* 1, *n*° 11), probablement parce qu'ils ne s'acquittaient plus alors d'un service commandé dans l'intérêt du prince et du peuple (*Vinn. hic*).

SECTION DEUXIÈME. — *De l'Accession.*

L'accession est un mode d'acquérir en vertu du droit des gens, par la force et la puissance de la propriété que nous avons déjà sur une chose.

L'accession peut être produite de trois manières diverses : 1° par ce qui naît de notre chose ; 2° par ce qui s'unit à notre chose de manière à en devenir une partie accessoire ; 3° par ce qui est confectionné au moyen de notre chose.

1° *De l'accession produite par ce qui naît de notre chose.* L'enfant né de l'esclave dont nous avons actuellement la propriété, nous appartient également : le fœtus, avant d'être mis au jour, étant une portion des entrailles de sa mère (*L.* 1, § 1, *ff. de insp. ventr.*), il résulte que l'enfant tombe au pouvoir du maître qui possède sa mère au jour de la naissance, et non pas au pouvoir de celui qui en avait la propriété à l'époque de la conception, parce que c'est au moment de la naissance seulement que s'accomplit la séparation (*L.* 65, *ff. de adq. rer. dom.* ; *L.* 12, *Cod. de rei vind.*) : il résulte encore que l'enfant ne peut jamais appartenir au maître du père (*L.* 5, § 2, *Cod. eod. tit.*).

§ 19.

Item ea *quæ ex animalibus* dominio tuo subjectis nata sunt, eodem jure tibi adquiruntur.

Quæ ex animalibus. Il en est de même à l'égard des fruits que produisent nos arbres, ou nos récoltes de toute nature. — Une question s'élève ici. Si celui qui a recueilli les fruits des arbres, ou profité des récoltes, était seulement possesseur des arbres et du terrain qui les ont fait naître, quelles seraient, relativement à ces fruits, les conséquences de l'action en revendication ? Nous allons en trouver la solution dans le paragraphe 35.

§ 35.

Si quis a non domino quem dominum esse crediderit, *bona fide* fundum emerit, vel ex donatione aliave qualibet justa causa æque bona fide acceperit, naturali ratione placuit *fructus* quos percepit, ejus esse *pro cultura et cura.* Et ideo si postea dominus supervenerit, et fundum vindicet, de fructibus *ab eo consumptis* agere non potest. Ei vero qui alienum fundum sciens possederit, non idem concessum est : itaque cum fundo etiam fructus, *licet consumpti sint,* cogitur restituere.

Il y a donc une double distinction à établir d'abord entre les fruits *perçus* et ceux qui ne le sont pas, et ensuite entre le possesseur de bonne ou de mauvaise foi. Les fruits *perçus*, c'est-à-dire, ceux qui sont détachés d'une manière quelconque de l'arbre ou du sol auxquels ils tenaient, ne peuvent plus être réclamés contre le possesseur de bonne foi (*L.* 25, § 1, *ff. de usur. et fruct.*; *L.* 78, *ff. de rei vind.*; *L.* 48, *ff. de adq. rer. dom.*), si toutefois il les a consommés (*hic text.*); c'est une indemnité de ses soins et de ses frais : le possesseur de mauvaise foi en doit, au contraire, et dans tous les cas, la pleine et entière restitution. Quant aux fruits *non perçus*, l'action en revendication les saisit comme la chose dont ils forment une partie intégrante; et il est évident qu'il n'y a plus alors de distinction à faire entre le possesseur de bonne ou de mauvaise foi.

Bona fide. On entend par possesseur de bonne foi, celui qui possède comme propriétaire, en vertu d'un titre translatif de propriété dont il ignore les vices, comme un acte de vente, une donation, etc.; si le titre ne transférait que la jouissance, par exemple, si c'était un bail, il n'y aurait pas de bonne foi, lorsque le bail serait expiré, à posséder comme propriétaire. Peu importe, au surplus, que l'acte transfère la propriété à titre onéreux ou gratuit; cela résulte positivement de notre texte. Pour que la bonne foi existe, on demande que le possesseur ait cru acquérir du légitime propriétaire (*quem dominum esse crediderit*), ayant capacité pour aliéner (*L.* 13, § 2, *ff. de public. in rem act.*; *L.* 27, *ff. de cont. empt.*), ou tout au moins de celui qui, comme mandataire ou comme tuteur, aurait eu le pouvoir de consentir au profit d'autrui l'aliénation d'une chose qui ne lui appartenait pas (*L.* 109, *ff. de verb. signif.*; *L. ult. ff. pro empt.*; *L.* 13, § 2, *de public. in rem act.*; *L.* 27, *ff. de cont. empt.*). On demande encore que sa bonne foi se soit continuée jusqu'à l'époque de la revendication exercée par le propriétaire (*L.* 23, § 1, *ff. de adq. rer. dom.*).

Fructus. Les fruits sont *naturels*, *industriels* ou *civils.* Les fruits *naturels* sont ceux qui sont le produit spontané de la chose, comme les fruits des arbres, le croît des animaux ; les fruits *industriels* sont ceux au contraire que les soins et l'industrie de l'homme forcent la terre à produire, par exemple, les moissons, les légumes et les raisins (*L.* 28 *et* 45, *ff. de usur.*). Enfin, les fruits *civils* sont ceux qui ne proviennent pas du corps même de la chose, mais qui se perçoivent à son occasion, en vertu de conventions particulières. Tels sont les loyers des maisons et des héritages, les arrérages de rentes et autres revenus annuels. Ce ne sont pas de véritables fruits, mais comme ils se perçoivent et se renouvellent tous les ans, on les répute tels, *vicem fructuum obtinent*, et on les distingue des véritables fruits en les qualifiant de fruits *civils* (*L.* 121, *ff. de verb. signif.* ; *L.* 34, *ff. de usur.* ; *L.* 62, *ff. de rei vind.*).

Pro cultura et cura. Ce n'est pas là cependant la véritable raison qui a fait attribuer au possesseur de bonne foi, les fruits par lui recueillis et consommés. C'est surtout à sa bonne foi qu'on a eu égard (*L.* 136, *ff. de reg. jur.*). En effet, si les fruits étaient seulement une indemnité de ses soins et de ses frais, on devrait également les accorder au possesseur de mauvaise foi qui s'est soumis sans doute aux mêmes travaux (*Vinn. h. text.*).

Ab oc consumptis. Il paraîtrait donc qu'il serait tenu de la restitution des fruits *perçus*, mais encore existants (*L.* 22, *Cod. de rei vind.*). Remarquez aussi que la demande fait cesser à l'égard de tout possesseur la présomption de bonne foi : *post litem constestatam omnes possessores sunt pares* ; le propriétaire aurait donc le droit d'exiger qu'on lui restituât tous les fruits perçus à partir de cette époque, soit qu'on les eût consommés, soit qu'ils fussent encore en nature (*L.* 62, § 1 ; *L.* 33, *ff. de rei vind.*).

Licet consumpti sint. Ce ne serait plus alors par l'action en revendication que le propriétaire pourrait agir contre le possesseur de mauvaise foi, car il est de principe que *extinctæ res vindicari non possunt* (§ 26, *h. tit.*), mais seulement par condiction (*L.* 3, *Cod. de cond. ex leg.*).

2° *De l'accession produite par ce qui s'unit à notre chose de manière à en devenir une partie accessoire.* Lorsque deux choses sont unies l'une à l'autre, il est évident que la chose principale doit donner la propriété de la chose accessoire. Tout ce qui est ajouté à un tout quelconque, comme un bras à une statue, appartient, par droit d'accession, au maître du tout (*L.* 26, § 1, *ff. de adq. rer. dom.*). Mais il n'est pas toujours aussi facile de distinguer la partie accessoire de la partie principale, et de décider ainsi la question de propriété entre deux individus. Pothier (*Pand. lib.* 41, *tit.* 1, n° 14, 22 *et* 23), donne trois règles qui serviront à reconnaître dans quels cas une chose doit être regardée comme principale, ou comme accessoire.

Première règle. Lorsque deux choses sont jointes ensemble, celle-là est la chose principale qui pourrait subsister séparée de l'autre, et celle-là, la chose accessoire, qui ne pourrait subsister sans son union avec l'autre. Nous trouvons, dans les Institutes, plusieurs exemples justificatifs de cette première règle. Tels sont les textes relatifs aux constructions élevées, aux arbres plantés, aux semences jetées sur le terrain d'autrui, aux lettres tracées sur des tablettes appartenant à autrui.

§ 29.

Cum in suo solo aliquis ex aliena materia ædificaverit, ipse intelligitur dominus ædificii, quia *omne quod inædificatur, solo cedit*. Nec tamen ideo is qui materiæ dominus fuerat, desinit dominus ejus esse; sed tantisper neque vindicare eam potest, neque ad exhibendum de ea re agere propter legem duodecim tabularum, quâ cavetur ne quis tignum alienum ædibus suis junctum eximere cogatur, sed duplum pro eo præstet per actionem quæ vocatur de tigno injuncto. Appellatione autem tigni omnis materia significatur, ex qua ædificia fiunt. Quod ideo provisum est, ne ædificia rescindi necesse sit. Sed si aliquâ ex causa dirutum sit ædificium, poterit materiæ dominus, si non fuerit duplum jam persecutus, tunc eam vindicare et *ad exhibendum* de ea re agere.

Le propriétaire du fonds acquiert donc la maison qui en est l'accessoire, *quia omne quod solo inædificatur , solo cedit*; mais la maison prise dans son ensemble; car les matériaux, considérés isolément, continuent à appartenir à leur ancien propriétaire. L'assemblage, en effet, n'en détruit pas la substance; et d'ailleurs, il est de principe qu'on ne peut, sans son fait, voir transférer ce qui est à soi dans le domaine d'un autre (*L. 41, ff. de reg. jur.*). Il semblerait donc que celui dont on a employé les matériaux pourrait agir *ad exhibendum*, afin de pouvoir revendiquer ensuite; mais la loi des Douze-Tables a cru devoir faire fléchir la rigueur des principes, *ne ædificia rescindantur et ruinis aspectus urbis deformetur* (*hoc text. ; L. 2, Cod. de ædif. priv.*). Tant que l'édifice sera debout; le propriétaire des matériaux n'aura donc, ni l'action *ad exhibendum*, ni, à plus forte raison, l'action en revendication; seulement, la même loi lui permet d'intenter contre le constructeur de bonne ou de mauvaise foi, l'action dite *de tigno juncto*, au moyen de laquelle il se fera payer le double de la valeur des matériaux. Mais s'il préfère ne pas faire usage de cette action, et que, par un événement quelconque, l'édifice vienne à être renversé, comme alors le constructeur n'a pas acquis la propriété des matériaux en payant le double de leur valeur, rien ne s'oppose plus à ce que le propriétaire agisse *ad exhibendum*, et revendique ensuite. Remarquez que le constructeur de mauvaise foi, bien qu'il eût payé le double de la valeur des choses, serait encore tenu de rendre les objets volés (*L. 2, ff. de tign. junct.*), et par conséquent de démolir (*L. 23, S. 6, ff. de rei vind.*).

Omne quod solo inædificatur. Il est nécessaire que les édifices soient inhérents au sol, pour qu'ils en soient regardés comme une partie accessoire. Les constructions mobiles, comme les tentes, les habitations roulantes qui se trouveraient momentanément sur le sol d'autrui ne deviendraient pas, à cause de cela, sa propriété (*L.* 60 , *ff. de adq. rer. dom.*).

Ad exhibendum. L'action *ad exhibendum* qui est de l'usage le plus fréquent , est une action personnelle et mobilière par laquelle nous forçons quelqu'un à produire une chose certaine et mobilière que nous redemandons (*ff. ad exhibend.*). Elle est , le plus souvent , préparatoire de l'action en revendication , qui est une action *réelle* dont on se sert pour rentrer dans la possession et propriété d'une chose particulière (*L.* 4 , *ff. de rei vind.*).

§ 30.

Ex diverso , si quis in alieno solo sua materia domum ædificaverit , illius fit domus cujus et solum est. Sed hoc casu materiæ dominus proprietatem ejus amittit , quia voluntate ejus intelligitur alienata , utique si non ignorabat se in alieno solo ædificare ; et ideo licet diruta sit domus , materiam tamen vindicare non potest. Certe illud constat , si in possessione constituto ædificatore , soli dominus petat domum suam esse , nec solvat pretium materiæ et mercedes fabrorum , posse eum per exceptionem doli mali repelli , utique si bonæ fidei possessor fuerit qui ædificavit. Nam scienti alienum solum esse , potest objici culpa , quod ædificaverit temere in eo solo quod intelligeret alienum esse.

Ce paragraphe est toujours la conséquence de ce principe que *omne quod solo inædificatur, solo cedit.* Nous voyons qu'on y établit une grande différence entre le constructeur de bonne foi , et celui qui savait bien qu'il élevait un édifice sur un sol qui ne lui appartenait pas. Le premier perd , il est vrai, la propriété de ses matériaux ; mais il peut opposer à l'action en revendication par laquelle le propriétaire du terrain veut le faire déguerpir de la maison dont il est en possession , l'exception *doli mali* qui lui fera rembourser le prix des matériaux et de la main d'œuvre, si le propriétaire ne consent pas lui-même à lui accorder cette indemnité. Toutefois, cette exception lui sera inutile, s'il ne possède pas ; le maître du terrain n'ayant pas à intenter l'action en revendication, l'exception qui n'est que la garantie de l'action , ne pourra pas être produite contre une action qui ne se met pas en mouvement. La voie d'action serait la seule possible alors ; mais Vinnius (*h. text.*) énumérant à cette occasion les diverses actions du

21

droit romain, n'en trouve aucune qui puisse lui appartenir. Tout moyen de droit lui manquera donc dans ce cas pour se faire restituer la valeur de ses dépenses, et il n'aura plus que la seule ressource d'attendre que la destruction de l'édifice lui permette d'agir *ad exhibendum* et de revendiquer ensuite (*L. 2, ff. de rei vind.; Vinn. hic*). Telle est, d'après notre texte, la condition du constructeur de bonne foi. Quant au constructeur de mauvaise foi, si l'on se référait uniquement à la rigoureuse décision de notre paragraphe, il est certain que non seulement il ne pourrait opposer l'exception *doli mali*, mais même qu'il n'y aurait pour lui, après la démolition de l'édifice, ni action *ad exhibendum*, ni action en revendication (*hic text.; L. 7, § 12, ff. de adq. rer. dom.*). On suppose, en effet, qu'il s'est dessaisi volontairement de la propriété de ses matériaux, et qu'il les a employés sur le fonds d'autrui *animo donandi*. Mais des textes positifs lui concèdent jusqu'à l'exception de dol, comme au constructeur de bonne foi (*L. 37, ff. de rei vind.*), et l'action en revendication des matériaux après la démolition de l'édifice (*L. 2, Cod. eod. tit.*). Le juge est même autorisé, dans le cas où l'exception de dol ne serait pas opposée, à faire rembourser au possesseur évincé tout ce que celui-ci aurait dépensé de bonne foi, et tout ce que les dépenses faites de mauvaise foi auraient ajouté à la valeur du fonds (*L. 38, ff. de hered. pet.; M. Ducaurroy*, nos 377, 378, 379 *et* 380).

§ 31.

Si Titius alienam plantam in solo suo posuerit, ipsius erit ; et ex diverso, si Titius suam plantam in Mævii solo posuerit, Mævii planta erit : *si modo utroque casu radices egerit.* Ante enim quam radices egerit, ejus permanet cujus et fuerat. Adeo autem ex eo tempore quo radices agit planta, proprietas ejus commutatur ut, si vicini arbor ita terram Titii presserit ut in ejus fundum radices egerit, Titii effici arborem dicamus ; rationem enim non permittere ut alterius arbor esse intelligatur, quam cujus in fundum radices egisset. Et ideo prope confinium arbor posita, si etiam in vicini fundum radices egerit, *communis fit.*

Si modo utroque casu radices egerit. Ainsi, jusqu'à ce que l'arbre ait pris racine dans le sol étranger, il demeure la propriété de son ancien maître. Mais aussitôt qu'il a tiré les sucs nourriciers du nouveau sol, on le considère comme un autre arbre ; la propriété en est transférée au propriétaire du sol ; et même après que l'arbre a été arraché, il ne retourne plus à son premier maître (*L. 26, § 2, ff. de adq. rer. dom.*). Celui-ci, s'il possède, ne peut plus opposer, comme dans le cas précédent, que l'exception *doli mali* pour se faire indemniser. Cependant, il a de plus que le constructeur de l'édifice élevé sur la propriété d'autrui, une action utile en revendication, lorsqu'il ne possède pas (*L*. 5, § 3, *ff. de rei vind.*), ou bien une action personnelle *in factum*.

Communis fit. C'est donc toujours les racines que l'arbre a poussées, et non la situation de son tronc, qui décident de sa propriété, lorsqu'il se trouve planté près de la limite de deux héritages. Si les racines se sont portées d'un seul côté, l'arbre appartient exclusivement au propriétaire du sol dans lequel les racines ont poussé; si elles se sont étendues sur les deux héritages, l'arbre est commun entre les deux propriétaires. Tel n'était pas cependant l'avis de Pomponius qui voulait que la question de propriété fût décidée par la situation du tronc (*L.* 6, § 2, *ff. arbor. furt. cæsar.*).

§ 32.

Qua ratione autem plantæ quæ terræ coalescunt, solo cedunt, eadem ratione frumenta quoque quæ sata sunt, solo cedere intelliguntur. Cæterum sicut is qui in alieno solo ædificaverit, si ab eo dominus petat ædificium, defendi potest per exceptionem doli mali secundum ea quæ diximus, ita ejusdem exceptionis auxilio tutus esse potest is qui alienum fundum sua impensa bona fide conseruit.

Les explications que nous avons données sur les paragraphes précédents serviront à l'intelligence de celui-ci. On y voit que celui qui a semé dans le fonds d'autrui pourra, comme le constructeur de bonne foi qui est en possession, se garantir par l'exception *doli mali*, contre l'action en revendication du propriétaire dans le sol duquel il a jeté la semence. Nous passons maintenant à l'examen des autres exemples contenus dans ce titre à l'appui de la règle que nous avons posée.

§ 33.

Litteræ quoque, licet aureæ sint, perinde chartis membranisque cedunt, ac solo cedere solent ea quæ inædificantur aut inseruntur; ideoque si in chartis membranisve tuis carmen vel historiam vel orationem Titius scripserit, hujus corporis non Titius sed tu dominus esse videris. Sed si a Titio petas tuos libros tuasve membranas, nec impensas scripturæ solvere paratus sis, *poterit se Titius defendere* per exceptionem doli mali, utique si earum chartarum membranarumve possessionem bona fide nactus est.

Poterit se Titius defendere. On suppose toujours que Titius sera en possession des tablettes ou du parchemin sur lesquels il a écrit ; autrement, nous avons vu, par les exemples précités, qu'il ne pourrait faire usage de l'exception *doli mali*, et qu'il manquerait même de tout moyen de droit pour se faire restituer ses frais d'écriture ou de copie. Beaucoup d'auteurs s'étonnent, avec raison ce semble, que Justinien n'ait pas admis, à l'égard de l'écriture, l'exception que le paragraphe suivant contient pour la peinture. Combien, en effet, de nobles compositions oratoires ou historiques, ne l'emportent-elles pas en excellence sur le parchemin ou les tablettes qui les reçoivent !

§ 34.

Si quis in aliena tabula pinxerit, *quidam putant* tabulam picturæ cedere; aliis videtur picturam, qualiscumque sit, tabulæ cedere. Sed nobis videtur melius esse tabulam picturæ cedere : ridiculum est enim picturam Apellis vel Parrhasii in accessionem vilissimæ tabulæ cedere. Unde si a domino tabulæ imaginem possidente, is qui pinxit, eam petat, nec solvat pretium tabulæ, poterit per exceptionem doli mali submoveri. At si is qui pinxit, possideat, consequens est ut *utilis actio* domino tabulæ adversus eum detur : quo casu, si non solvat impensam picturæ, poterit per exceptionem doli mali repelli, utique si bona fide possessor fuerit ille qui picturam imposuit. Illud enim palam est quod, sive is qui pinxit, subripuit tabulam, sive alius, competit domino tabularum *furti actio.*

Quidam putant. Paul soutenait cette opinion (*L.* 23, § 3, *ff. de rei vind.*) que rejetait Gaïus (*Inst. comment.* 2, § 78 ; *L.* 9, § 2, *ff. de adq. rer. dom.*). On voit que Justinien a préféré la dernière, *propter artis excellentiam.* Voici donc quelle sera la condition respective du peintre et du propriétaire de la toile. Au premier appartiendra l'action *directe* en revendication, parce qu'il est propriétaire, sauf à se voir opposer l'exception *doli mali* par le maître de la toile, détenteur de celle-ci, s'il refusait de lui en payer la valeur. Jusqu'ici, ce sont toujours les mêmes principes accommodés à la différence que l'exception a créée dans la position des parties. Le détenteur de la chose accessoire est toujours suffisamment protégé contre le propriétaire qui revendique. Mais la loi fait plus encore pour le propriétaire de la toile dans le cas qui nous occupe. S'il ne possède pas, au lieu de rester sans recours contre le peintre propriétaire, ainsi que le constructeur de bonne foi non détenteur, elle lui permet l'action *utile* en revendication de sa toile, de telle sorte que le peintre se trouverait réduit à son tour à l'exception de dol, si on ne lui offrait pas le rembour-sement de sa peinture. Mais ce dernier pourrait paralyser l'effet de l'action utile en payant immédiatement la valeur de la toile ; car cette action utile n'est qu'un moyen indirect de faire indemniser celui qui ne possède plus (*Vinn. hic*).

Utilis actio. On entend par actions *utiles*, celles que la loi, par une considération d'équité, donne à ceux qui n'auraient pas qualité pour exercer l'action directe, en les supposant au lieu et place des personnes à qui cette action serait permise. Ainsi, dans le cas de notre texte, le maître de la toile aura l'action utile de revendication, au moyen de laquelle il obtiendra ce que lui ferait obtenir l'action directe de revendication qu'il ne peut intenter, parce qu'il n'est pas propriétaire.

Furti actio. L'action de vol aurait pour conséquences de permettre au propriétaire de la toile l'action *directe* de revendication, sans que le peintre, si on ne lui offrait pas d'indemnité, pût se servir de l'exception *doli mali* et obtenir, par une voie quelconque, le remboursement de ses frais. La propriété de la toile ne lui aurait donc jamais été acquise *vi accessionis*, et, par argument de ce qui est supposé dans ce cas à l'égard du constructeur de mauvaise foi, il serait censé avoir eu l'intention de faire usage gratuitement de son talent et de ses couleurs.

Deuxième règle. Si de deux choses unies pour former un seul tout, l'une ne peut point être regardée comme l'accessoire de l'autre, celle-là est réputée principale qui est la plus considérable en valeur, ou en volume, si les valeurs sont à peu près égales (*L. 27, ff. de adq. rer. dom. ; Pothier, dict. loc.*).

Troisième règle. Lorsqu'une matière non travaillée est unie à une matière également non travaillée, elles sont égales, et l'une ne peut être regardée comme l'accessoire de l'autre. Il en serait autrement, si une matière non travaillée était unie à une autre matière travaillée : celle-ci serait regardée comme la chose principale. Exemples : Titius fond l'argent de Séius avec le sien ; la masse d'argent qui en est formée appartient à tous les deux : mais au contraire, Titius soude sa coupe avec le plomb ou l'argent de Séius ; la coupe, dans ce cas, est la propriété exclusive de Titius ; seul, il pourra former l'action en revendication contre tout possesseur de sa coupe. — Nous passons maintenant à quelques autres cas particuliers d'accession, produits également par l'union et l'incorporation de la chose étrangère, à la nôtre.

§ 20.

De l'Alluvion. Præterea quod per alluvionem agro tuo flumen adjecit, jure gentium tibi adquiritur. Est autem alluvio incrementum latens. Per alluvionem autem id videtur adjici, quod ita paulatim adjicitur, *ut intelligere non possis* quantum quoquo momento temporis adjiciatur.

Ut intelligere non possis. Il est impossible également de savoir à qui les parcelles de terre ainsi apportées successivement ont appartenu, et voilà pourquoi le propriétaire de la rive profite des atterrissements qui s'y sont formés. — Il faut se garder toutefois de confondre l'alluvion avec l'*avulsion* qui a lieu, lorsque la force de l'eau détache une portion de terrain d'une rive pour la porter sur l'autre. Cette portion de terrain continue d'être la propriété de son maître.

§ 21.

Quod si vis fluminis partem aliquam ex tuo prædio detraxerit, et vicini prædio attulerit, palam est eam tuam permanere.....

Cependant, si le terrain ainsi déplacé adhérait au sol d'autrui, pendant un temps assez long pour que les arbres transplantés y prissent racine, la propriété de ces arbres serait acquise au maître du sol :

.....Plane, si longiore tempore fundo vicini tui hæserit, arboresque quas secum traxerit in eum fundum radices egerint, ex eo tempore videntur vicini fundo adquisitæ esse.

Radices egerint. Nous avons vu plus haut (*vid. pay.* 162) que l'arbre est alors considéré comme un arbre nouveau, et que sa propriété est irrévocablement transférée au maître du terrain qui lui a fourni les sucs nourriciers. Le cas qui nous occupe, n'est donc qu'une nouvelle application de ce principe.

§ 22.

De l'île qui naît dans un fleuve. .....*Insula* in flumine nata, quod frequenter accidit, si quidem mediam partem fluminis tenet, communis est eorum qui ab utraque parte fluminis prope ripam prædia possident, pro modo latitudinis cujusque fundi, quæ latitudo prope ripam sit. Quod si alteri parti proximior sit, eorum est tantum qui ab ea parte prope ripam prædia possident. Quod si aliqua parte divisum sit flumen, deinde infra unitum, agrum alicujus in formam insulæ redegerit, ejusdem permanet is ager cujus et fuerat.

Insula. Une île peut se former dans un fleuve de trois manières différentes : 1º lorsque le fleuve entoure un champ qui n'était pas primitivement dans son lit (*L. 7, § 4, ff. de adq. rer. dom.*); 2o lorsqu'il laisse à sec une partie de son lit et se met à couler autour ; 3o lorsque, par plusieurs alluvions successives, il amoncelle des terres au-dessus de son lit et les augmente peu à peu (*L. 30, § 2, ff. eod.*). Dans ces deux derniers cas seulement, il peut y avoir partage des terres entre les propriétaires riverains, conformément aux règles que contient notre paragraphe. La propriété n'est point changée, lorsque l'île se forme de la première manière (*hic text.; L. 30, § 2, ff. eod. tit.*). Observons toutefois, que les îles qui se forment dans un fleuve par l'amoncellement des terres, ou par la dessiccation de son lit, n'accroissent qu'aux propriétaires des champs riverains non limités (1) (*occupatorii seu arcifinii*), et non à ceux des champs auxquels des bornes ont été assignées (*divisi aut adsignati*) (*Pothier, Pand. lib. 41, part. 1o ; sect. 2, no 34 ; Vinn. h. text.*). Observons encore que l'alluvion ne peut avoir lieu que par un fleuve. Les lacs, les étangs débordent quelquefois; quelquefois aussi ils se dessèchent; malgré cela, ils conservent toujours leurs limites, c'est-à-dire qu'ils ne donnent, ni n'enlèvent rien par alluvion aux propriétaires qui ont des fonds de terre sur leurs bords (*L. 16 et 12, ff. eod. tit.*). — Qu'arriverait-il, si un fleuve abandonnait son ancien lit pour s'en frayer un nouveau ?

§ 23.

Quod si naturali alveo in universum relicto, alia parte fluere cœperit, prior quidem alveus eorum est qui prope ripam ejus prædia possident, pro modo scilicet latitudinis cujusque agri, quæ latitudo prope ripam sit. Novus autem alveus ejus juris esse incipit, cujus et ipsum flumen, id est publicus. Quod si post aliquod tempus ad priorem alveum reversum fuerit flumen, rursus novus alveus eorum esse incipit qui prope ripam ejus prædia possident.

L'ancien lit accroît donc aux propriétaires riverains, en proportion de la largeur du terrain que chacun occupe sur la rive. Mais si le fleuve retournait à son premier lit en abandonnant le nouveau, à qui ce dernier appartiendrait-il? au maître dont il était autrefois la propriété *cujus antea fuit*, dit Pomponius (*L. 30, § 3, ff. de adq. rer. dom.*). Toutefois, Justinien semble préférer ici l'opinion contraire qui attribue le lit du fleuve aux propriétaires riverains (*L. 7, § 5; L. 28, ff. eod. tit.*), dit Gaïus (*dict. leg. 5*), défenseur de cette opinion. Vinnius prétend que cette question

---

(1) Les champs *limités* étaient ceux qu'on avait séparés du domaine public, jusqu'à concurrence d'une certaine mesure que ceux à qui ils étaient assignés, ne pouvaient étendre de quelque manière que ce fût.

doit se décider d'après les circonstances (*h. text.*). Au surplus, l'accroissement ne profitera jamais aux propriétaires des terres riveraines qui ont reçu une assignation limitative (*vid. supr.*). — Voyons ce qui a lieu dans le cas où le champ se trouverait momentanément couvert par une inondation.

§ 24.

Alia sane causa est, si cujus totus ager inundatus fuerit : neque enim inundatio *fundi speciem commutat ;* et ob id , si recesserit aqua, palam est eum fundum ejus manere cujus et fuit.

Fundi speciem commutat. C'est là , la grande raison que l'on oppose aux considérations d'équité qui parlent en faveur de l'ancien maître , dans le le cas du paragraphe précédent. Votre fonds, lui disait-on , a été complètement dénaturé par les envahissements du fleuve : une force majeure a détruit votre propriété ; comment pourrait-elle vous être restituée ? par droit d'alluvion ? mais il faut être riverain , et vous ne l'êtes pas, puisque votre fonds n'existe plus (*dict. leg.* 7, § 5 *et* 38 , *eod. tit.*). On le voit de suite, la même question ne peut s'élever dans un cas d'inondation; le fonds ne peut pas être dénaturé par le séjour tranquille et momentané des eaux.

3o *De l'accession produite par ce qui est confectionné au moyen de notre chose.*

A ce mode d'accession se rapportent la *spécification* et la *confusion.*

De la spécification. La spécification consiste à donner une forme nouvelle, un caractère nouveau à une matière quelconque. L'art en dénaturant ainsi la chose primitive, donne l'existence à un objet nouveau qui devient, par une sorte d'occupation, la propriété de celui qui l'a formé , avec les distinctions toutefois que nous allons voir.

§ 25.

Cum ex aliena materia species aliqua *facta sit ab aliquo*, quæri solet quis eorum naturali ratione dominus sit, utrum is qui fecerit, an ille potius qui materiæ dominus fuerit : ut ecce, si quis ex alienis uvis aut olivis aut spicis vinum aut oleum aut frumentum fecerit, aut ex alieno auro vel argento vel ære vas aliquod fecerit, vel ex alieno vino et melle mulsum miscuerit, vel ex medicamentis alienis emplastrum aut collyrium composuerit, vel ex aliena lana vestimentum fecerit, vel ex alienis

tabulis navem vel armarium vel subsellium fabricaverit. Et
post multas *Sabinianorum* et Proculeianorum ambiguitates
placuit *media sententia* existimantium, si ea species ad materiam reduci possit, eum videri dominum esse, qui materiæ dominus fuerit; si non possit reduci, eum potius intelligi dominum, qui fecerit : ut ecce, vas conflatum potest ad rudem
massam æris vel argenti vel auri reduci; vinum autem vel oleum
aut frumentum ad uvas et olivas et spicas reverti non potest,
ac ne mulsum quidem ad vinum et mel resolvi potest.....

Facta sit ab aliquo. Il faut ajouter ces mots : *et bona fide* (*Vinn. h.
text.*).

Sabinianorum. Les Sabiniens attribuaient la chose au maître de la matière; Proculus et Nerva l'attribuaient au contraire au spécificateur
(*Theoph. Inst. comment. h. text.*).

Media sententia. Cette opinion intermédiaire était celle de Gaïus (*L.* 7,
§ 7, *ff. de adq. rer. dom.*), de Callistrate (*L.* 42, § 4, *ff. eod.*), de Paul (*L.* 24
et 26, *eod.*) et d'Ulpien (*L.* 5, § 1, *ff. de rei vind.*). On voit, d'après la
distinction de notre texte, qu'elle se conformait tantôt à l'avis des Sabiniens, tantôt à celui des Proculéiens. Si la matière spécifiée pouvait en
effet, sans inconvénient, reprendre sa forme primitive et grossière, on
suivait le sentiment des Sabiniens, et on la restituait à son maître; si au
contraire il était impossible de la rétablir dans son premier état, l'opinion des Proculéiens prévalait alors, et le fabricateur devenait seul propriétaire.

Aut frumentum. Les commentateurs remarquent que c'est par erreur
que Justinien a mis le blé battu par un autre que le propriétaire, au nombre des choses que le travail dénature. Ce n'est pas, en effet, en former
une chose nouvelle que de le dégager des épis où il existe grain par grain
(*infr.* § 28). Il faut donc corriger cette partie du texte par la loi 7, § 7, *eod.
tit.*, laquelle décide qu'il n'y a point formation de nouvelle espèce. —
Dans le cas de spécification que nous venons de voir, on suppose que l'ou-
vrier, en employant la matière d'autrui, n'a donné que son art. Examinons maintenant le cas où, en donnant son art, il aurait encore employé
une partie de sa propre matière.

....Quod si partim ex sua materia partim ex aliena speciem
aliquam fecerit quis, veluti ex suo vino et alieno melle mulsum miscuerit, aut ex suis et alienis medicamentis emplastrum
aut collyrium, aut ex sua lana et aliena vestimentum fecerit,
dubitandum non est hoc casu eum esse dominum qui fecerit,

22

cum non solum operam suam dedit, sed et partem ejusdem materiæ præstavit.

Dubitandum non est. Il faut cependant appliquer ici la distinction précédente sur l'impossibilité ou la possibilité du retour de la matière d'autrui à son premier état (*L. 3, § 2; L. 4 et 5, § 1, ff. de rei vind.; Vinn. hic; Pothier, Pand. libr. 41, par. 1a, sect. 2, nº 37).* On va même plus loin, et l'on soutient, à l'aide des textes précités, que si la matière ne peut reprendre sa première forme, elle reste commune entre le spécificateur et les divers propriétaires.

§ 26.

Si tamen alienam purpuram vestimento suo quis intexuit, licet pretiosior est purpura, accessionis vice cedit vestimento, et qui dominus fuit purpuræ, adversus eum qui subripuit, habet *furti actionem* et condictionem, sive ipse sit qui vestimentum fecit, sive alius. Nam extinctæ res, licet vindicari non possint, condici tamen a furibus et quibusque aliis possessoribus possunt.

Furti actionem. En déclarant que la pourpre devient, comme accessoire, la propriété du maître de l'habit, Justinien ne laisse pas cependant le propriétaire de la pourpre dans une position préjudiciable à ses intérêts. Si la pourpre lui a été dérobée, il peut agir contre le voleur par l'action de vol et par la condiction. L'action de vol lui fera obtenir quatre ou deux fois la valeur de la chose, suivant les circonstances plus ou moins graves qui auront accompagné la soustraction (*infr. de oblig. quæ ex del. nasc.*), et par la condiction qui est ici la condiction *furtive*, il se fera en outre payer encore une fois la valeur de l'objet dérobé (*infr. § 14, de act.*). L'action en revendication lui est, il est vrai, refusée, parce qu'il n'est pas propriétaire, et que d'ailleurs *extinctæ res vindicari non possunt;* cependant il pourra y revenir par une voie détournée, en préférant à la condiction, l'action *ad exhibendum,* au moyen de laquelle il fera séparer la pourpre de l'habit. Cette séparation effectuée, rien ne s'opposera plus à l'exercice de l'action en revendication (*L. 6 et 7, § 1 et 2, ff. ad exhibend.*). — Quant aux possesseurs de bonne foi, le maître pourra agir également contre eux *ad exhibendum;* s'il s'agissait d'une chose qui ne pût pas être séparée, il ne pourrait alors se servir que de la condiction appelée *condictio triticaria,* pour en avoir la juste valeur (*L. 1, ff. de condict. tritic.*), ou bien de l'action *in factum* qui tend aux mêmes fins (*L. 23, § 5, ff. de rei vind.*).

De la confusion. Il y a confusion, lorsque deux choses de même nature ou de nature différente ont été mélangées ensemble (*L. 7, § 8, ff. de adq.*

rer. dom.).Pour décider la question de propriété dans le cas de confusion , il est nécessaire d'établir une double distinction. Si le mélange a été opéré du consentement des différents maîtres , il y a indivision de la propriété , lors même que les choses mélangées seraient séparables et reconnaissables entre elles (*dict. leg. 27 , eod. tit.; L. 5, ff. de rei vind.*). Si au contraire elles ont été confondues par hasard , ou par le fait d'une seule personne , elles restent encore communes à moins toutefois que n'adhérant point les unes aux autres , il soit facile de les reconnaître et de les séparer. Les paragraphes 27 et 28 contiennent les applications de ces principes.

§ 27.

Si duorum materiæ ex voluntate dominorum confusæ sint, totum id corpus quod ex confusione fit, utriusque commune est , veluti si qui vina sua confuderint , aut massas argenti vel auri conflaverint. Sed et si diversæ materiæ sint, et ob id propria species facta sit, forte ex vino et melle mulsum , aut ex auro et argento electrum , idem juris est; nam et eo casu communem esse speciem non dubitatur. Quod si fortuitu et non voluntate dominorum confusæ fuerint , vel diversæ materiæ, vel quæ ejusdem generis sunt, idem juris esse placuit.

§ 28.

Quod si frumentum Titii frumento tuo mixtum fuerit , si quidem ex voluntate vestra, commune erit ; quia singula corpora, id est, singula grana quæ cujusque propria fuerunt, ex consensu vestro communicata sunt. Quod si casu id mixtum fuerit, vel Titius id miscuerit sine tua voluntate, non videtur commune esse , quia singula corpora in sua substantia durant : nec magis istis casibus commune fit frumentum , quam grex intelligitur esse communis , si pecora Titii tuis pecoribus mixta fuerint. Sed si ab alterutro vestrum totum id frumentum retineatur, *in rem quidem actio pro modo frumenti* cujusque competit : arbitrio autem judicis continetur , ut ipse æstimet quale cujusque frumentum fuerit.

In rem quidem actio. C'est-à-dire que si le troupeau ou le tas de blé est possédé seulement par l'un des propriétaires, l'autre aura contre lui l'action *réelle* en revendication pour chaque tête de bétail, ou pour chaque grain de blé qui lui appartient.

Pro modo frumenti. Quoique les grains de blé soient identiquement existants , on sent l'impossibilité qu'il y aurait à ce que chaque propriétaire retirât son blé, grain par grain, de la masse; il est beaucoup plus simple que chacun enlève à la masse la quantité de mesures qui lui appartient et qui y est entrée. Si le blé de l'un était supérieur en qualité à celui de l'autre , le juge devrait estimer le dédommagement qui lui serait dû, et lui permettre, par exemple, de retirer une quantité plus considérable de mesures. Il est dans la nature de l'action en revendication de se prêter à ces appréciations, auxquelles on doit satisfaire pour éviter une plus grave condamnation.

SECTION TROISIÈME. — *De la Tradition.*

La tradition , à proprement parler, n'est rien autre chose que la remise de la possession que l'on a sur une chose mobilière ou immobilière. C'est une manière d'acquérir en vertu du droit des gens , parce que celui à qui la chose a été livrée , en devient aussitôt le propriétaire.

§ 40.

Per traditionem quoque jure naturali res nobis adquiruntur. Nihil enim tam conveniens est naturali æquitati, quam voluntatem domini *volentis rem suam* in alium transferre, ratam haberi. Et ideo *cujuscumque generis* sit *corporalis res ,* tradi potest, et a domino tradita alienatur. Itaque stipendiaria quoque et tributaria prædia eodem modo alienantur. *Vocantur autem stipendiaria* et tributaria prædia , quæ in provinciis sunt. Inter quæ nec non et italica prædia , ex nostra constitutione, nulla est differentia : sed si quidem *ex causa donationis* aut dotis aut qualibet alia ex causa tradantur , sine dubio transferuntur.

Volentis rem suam. La première condition exigée pour que la tradition soit valablement faite, est que le maître ait la volonté bien réelle de transférer à une autre personne la propriété de sa chose, et respectivement que celui qui la reçoit, l'accepte avec désir d'en acquérir la propriété (*L.* 55, *ff. de oblig. et act.*).

Cujuscumque generis. Mancipi ou *non mancipi*, cette distinction des choses ayant été , ainsi que nous le verrons plus bas, totalement supprimée par Justinien (*L. un. Cod. de usucap. transfor.*).

Corporalis res. Les choses incorporelles ne pouvant pas être possédées (*L*. 4, § 27, *ff. de usucap.*), il est évident qu'on n'en acquiert par tradition, ni la possession, ni la propriété. La tradition ne pourra donc avoir pour objet qu'une chose corporelle.

Vocantur autem stipendiaria. On appelait fonds *stipendiaires* ou *tributaires*, les héritages situés dans les provinces, qui avaient été pris sur l'ennemi, et qu'on avait assignés aux soldats ou aux vétérans, à la charge d'une redevance annuelle et perpétuelle fixée. Cette redevance était appelée *stipendium*, quand elle était réservée au profit du peuple ; elle se nommait au contraire *tributum*, quand elle était réservée au profit du prince. Ceux qui possédaient ces fonds stipendiaires ou tributaires, n'en avaient pas la propriété qui restait au peuple ou au prince ; c'était plutôt un droit d'usufruit, sous la condition de payer annuellement une certaine somme. Toutefois, ce droit d'usufruit passait avec les mêmes charges à leurs héritiers, et il leur était même permis de le transférer à d'autres. Cette division des terres s'était autrefois opérée également en Italie, mais avec cette différence qu'elles avaient été données en toute propriété et sans charges de redevances annuelles au profit du peuple ou du prince (*Theoph. h. text.*; *Ferrières, h. text.*). Les fonds provinciaux étaient choses *non mancipi*; les héritages situés en Italie étaient au contraire comptés au nombre des choses *mancipi* (*Ulp. reg. tit.* XIX, § 1). Ces derniers n'étant pas autrefois susceptibles d'être acquis par la tradition (*Ulp. reg. eod.* § 7), comme nous le verrons plus bas, Justinien devait avertir que, conformément à sa constitution qui avait effacé toutes les distinctions de la loi ancienne entre les choses *mancipi* et *nec mancipi*, entre les héritages provinciaux et italiens (*L. un. Cod. de usucap. transfor.*), ceux-ci seraient à l'avenir, comme toute autre espèce de choses, susceptibles d'être transférés et acquis par tradition.

Ex causa donationis. Deuxième condition pour que la tradition soit valable. La simple tradition d'une chose (*nuda traditio*), ne suffit pas pour en transférer le domaine (*L*. 31, *ff. de adq. rer. dom.*); il faut qu'elle soit la conséquence d'une obligation que nous avons contractée ou qui nous a été imposée. Ce sera là, la cause dont parle notre texte, en citant pour exemple les cas de tradition par suite de donation ou de constitution de dot. — Troisième condition. Il est indispensable que celui qui livre la chose ait le droit et la capacité de l'aliéner. La tradition, en effet, ne transfère que les droits qu'on a sur la chose que l'on livre ; si donc on n'a aucun droit, si, par exemple, on n'est pas propriétaire, il est évident que la tradition n'aura aucune espèce d'effet (*L*. 20, *pr. ff. de adq. rer. dom.*; *L*. 54, *ff. de reg. jur.*). Toutefois, on n'exige pas que ce soit le maître lui-même qui livre la chose, pourvu que celui qui la livre ait une autorisation au moins générale pour faire cette livraison (*L*. 9, § 4, *ff. de adq. rer. dom.*). La preuve en est encore dans les deux paragraphes suivants :

§ 42.

Nihil autem interest, utrum ipse dominus tradat alicui rem, an voluntate ejus alius.

§ 43.

· Qua ratione, si cui libera universorum negotiorum administratio a domino permissa fuerit, isque ex his negotiis rem vendiderit et tradiderit, facit eam accipientis.

— Lorsqu'il y a vente, la propriété de la chose vendue et livrée n'est transférée qu'après le paiement ; car c'est en vue de ce paiement seulement que le maître a consenti à se dessaisir de sa chose.

§ 41.

Venditæ vero res et traditæ non aliter emptori adquiruntur, quam si is venditori pretium solverit, vel alio modo ei satisfecerit , veluti expromissore aut pignore dato. Quod cavetur quidem etiam lege duodecim tabularum, tamen recte dicitur et jure gentium , id est, jure naturali id effici. Sed si is qui vendidit, *fidem emptoris secutus est*, dicendum est statim rem emptoris fieri.

Fidem emptoris secutus est. Suivre la foi d'un acheteur, c'est avoir confiance dans sa solvabilité. La tradition opère dans ce cas translation immédiate de la propriété, parce que telle a été la volonté du propriétaire (*L. 9 , Cod. si quis alt. vel sibi*), qui a bien voulu se contenter de cette garantie au lieu de celles qu'il pouvait demander. — Voyons maintenant dans quels cas la tradition n'a pas besoin de se joindre au consentement du maître de la chose , pour que la propriété de cette chose soit transférée.

§ 44.

Interdum etiam *sine traditione* nuda voluntas domini sufficit ad rem transferendam : veluti si rem quam tibi aliquis commodavit aut locavit aut apud te deposuit, vendiderit tibi aut donaverit. Quamvis enim ex ea causa tibi eam non tradiderit, eo tamen ipso quod patitur tuam esse, statim tibi adquiritur proprietas, perinde ac si eo nomine tradita fuisset.

Sine traditione. Dans le cas de dépôt et autres que le texte cite comme exemples, celui à qui on veut transférer la propriété est en possession : or, la tradition n'étant qu'un moyen de procurer la possession, il est évident qu'elle devient inutile dès que cette possession existe. Les distinctions entre la tradition *réelle* et la tradition *fictive*, et de celle-ci en tradition de *longue main* (*L.* 79, *ff. de solut.*) et de *brève main* (*L.* 43, § 1, *ff. de jur. dot.*), doivent donc être rejetées comme oiseuses et superflues. — La propriété serait également transférée sans tradition, si quoique nous ne fussions pas en possession de la chose, celle-ci avait été mise à notre disposition et sous notre puissance.

§ 45.

Item si quis merces in horreo depositas vendiderit, simul atque *claves horrei* tradiderit emptori, transfert proprietatem mercium ad emptorem.

Claves horrei. Ce serait ici le cas de parler de la tradition *symbolique*, autre variété de la tradition *fictive*; mais elle doit être également rejetée. — Enfin, le défaut de tradition n'empêche pas quelquefois, lorsque telle est la volonté du maître, que la propriété ne soit transférée même à une personne incertaine.

§ 46.

Hoc amplius, interdum et in incertam personam collata voluntas domini transfert rei proprietatem : ut ecce, prætores et consules qui *missilia* jactant in vulgus ignorant quid eorum quisque sit excepturus, et tamen quia volunt quod quisque exceperit, ejus esse, statim eum dominum efficiunt.

Missilia. Ce sont les largesses, les pièces de monnaie, par exemple, que les consuls et autres magistrats supérieurs faisaient pleuvoir sur le peuple dans des jours de fête.

SECONDE PARTIE.

Des manières d'acquérir par le droit civil.

Avant de dire quelles étaient les manières d'acquérir en vertu du droit civil, il est nécessaire de donner quelques notions préliminaires.

Outre les distinctions des choses communes, publiques, *universitatis, nullius, singulorum,* mobilières et immobilières, corporelles et incorporelles dont nous avons parlé, ou dont nous parlerons successivement, il existait, dans le droit ancien, une division célèbre des choses, en choses *mancipi* et *non mancipi*. Étaient choses *mancipi*, les héritages urbains ou ruraux situés en Italie, et les servitudes qui y étaient attachées ; on y comprenait aussi les esclaves et les animaux domestiques *quæ dorso collove domantur*, comme les bœufs, les mulets, les chevaux et les ânes. Cette énumération était limitative, en sorte que toutes les autres choses s'en trouvaient formellement exclues, et étaient, par conséquent, choses *non mancipi*. Ainsi, les héritages urbains et ruraux situés hors de l'Italie, leurs servitudes, étaient choses *non mancipi*. Il en était de même des éléphants et des chameaux *quamvis collo dorsove domentur*, parce que leur naturel sauvage empêchait de les compter au nombre des animaux domestiques (*Ulp. reg. tit.* XIX, § 1 ; *Gaïus, Inst.* 1, § 120 ; 2, § 15, 16, 22, 29 *et* 31).

Maintenant, disons qu'autrefois on reconnaissait six manières d'acquérir la propriété de ces choses particulières par le droit civil.

C'étaient : 1o la *Mancipation*, 2o la *Tradition*, 3o l'*Usucapion*, 4o la *Cession in jure*, 5o l'*Adjudication*, 6o la *Loi* (*Ulp. eod. tit.* § 2).

1o De la *Mancipation*. La mancipation était la forme particulière d'acquisition et d'aliénation des choses *mancipi*. Elle consistait dans de certaines solemnités, comme la prononciation de paroles consacrées, la présence de cinq témoins et d'un *libripens*. Nous en avons parlé dans les cas d'aliénation d'un fils par son père (*vid. supr. pag.* 41), d'adoption (*vid. pag.* 59), d'émancipation (*vid. pag.* 84) : nous en parlerons encore au titre de la confection des testaments (*Ulp. ibid.* § 3, 4, 5 *et* 6).

2o De la *Tradition*. C'était le mode spécial d'acquisition et d'aliénation des choses *non mancipi*. (*Ulp. eod. tit.* § 7).

3o De l'*Usucapion*. Lorsque, sans faire usage de la mancipation, l'aliénation d'une chose *mancipi* s'était opérée au moyen seulement de la tradition, il n'y avait pas eu translation de la propriété (*Gaïus, Inst.* 2, § 40 *et* 41). Lorsque encore on possédait une chose *mancipi* ou *non mancipi*, sans qu'il y eût eu mancipation ou tradition, le fait de la possession n'était pas suffisant pour conférer un droit de propriété sur la chose possédée (*Gaïus, ibid.*). Dans tous ces cas, il était nécessaire, pour que la propriété fût acquise, que l'on continuât de posséder la chose pendant une année, si elle était mobilière ; pendant deux années, si elle était immobilière. L'usucapion était donc, à défaut de mancipation ou de tradition, un moyen d'arriver à la propriété des choses *mancipi* ou *non mancipi* par la continuation de la possession (*Ulp. ibid.* § 8 ; *Gaïus, ibid.* § 41 *et* 42).

4o De la *Cession in jure*. La cession *in jure* était un mode d'aliénation commun aux choses *mancipi* et *non mancipi*. Elle se faisait par l'autorité du magistrat, devant lequel on introduisait un procès volontaire qui se terminait toujours par la condamnation du défendeur. Ceci sera facilement compris par un exemple. Titius veut vendre un esclave à Séius, et l'on convient que l'aliénation se fera au moyen de la cession *in jure*. Par suite d'un accord entre les parties, Séius se présentera devant le préteur, comme revendiquant l'esclave, et Titius n'opposant rien à cette revendication fictive, le préteur adjugera l'esclave à Séius (*Ulp. eod. tit.* § 9 *et* 10; *Gaïus*, *loc. cit.* § 24). La cession *in jure* exigeant l'intervention du magistrat, on lui préférait ordinairement, comme modes d'acquisition et d'aliénation plus simples et plus expéditifs, la mancipation pour les choses *mancipi*, et la tradition pour les choses *non mancipi*, lors toutefois qu'il s'agissait de l'aliénation ou de l'acquisition d'une chose *corporelle*. Mais lorsqu'on voulait transmettre la propriété d'une chose *incorporelle*, comme un droit d'usufruit, de servitude ou d'hérédité, on était forcé de recourir à la cession *in jure*, parce que les choses incorporelles ne sont susceptibles ni de mancipation, ni de tradition (*Ulp. eod. tit.* § 11, 12, 13, 14 *et* 15; *Gaïus*, *Inst.* 1, § 68; 2, § 19, 22, 24, 25, 28, 29 *et seq.*).

5º De l'*Adjudication*. C'est l'acte par lequel le magistrat adjuge un objet indivisible entre plusieurs qui, sans cela, auraient le droit de le partager, à un seul d'entre eux, moyennant toutefois soulte ou retour. C'est un mode d'acquisition commun aux choses *mancipi* et *non mancipi* (*Ulp. ibid.* § 16).

6º De la *Loi*. La loi est un moyen d'acquisition commun d'ailleurs aux choses *mancipi* ou *non mancipi*, parce que, dans bien des cas, nous acquérons en vertu seulement d'une disposition spéciale de sa part (*Ulp. eod. tit.* § 17).

Aujourd'hui la distinction entre les choses *mancipi* et *non mancipi* a été effacée des Codes romains (*L. un. Cod. de usucap. transfor.*). Il n'y a donc plus, à proprement parler, que quatre manières d'acquérir en vertu du droit civil, la mancipation et la cession *in jure* étant devenues, surtout la première, à peu près inutiles, depuis que la propriété est sans distinction aucune des choses corporelles, valablement transférée par la tradition.

Ces manières sont : 1º la *Tradition*; 2º l'*Usucapion*, avec toutes les modifications qu'elle a subies, ainsi que nous le verrons plus bas, au titre VI de ce livre; 3º l'*Adjudication*; 4º la *Loi*.

TITRE DEUXIÈME.

Des choses incorporelles. (De rebus incorporalibus).

PR.

Quædam præterea res corporales sunt, quædam incorporales.

§ 1er.

1º *Des choses corporelles.* Corporales hæ sunt, quæ sui
23

natura *tangi possunt* : veluti fundus, homo, vestis, aurum, argentum, et denique aliæ res innumerabiles.

Quæ tangi possunt. Les anciens rapportaient tous les sens à celui du toucher.

§ 2.

2° *Des choses incorporelles.* Incorporales autem sunt, quæ tangi non possunt : qualia sunt ea *quæ in jure consistunt*, sicut hereditas, ususfructus, usus, obligationes quoquo modo contractæ. Nec ad rem pertinet, quod in hereditate res corporales continentur : nam et fructus qui ex fundo percipiuntur, corporales sunt; et id quod ex aliqua obligatione nobis debetur, plerumque corporale est, veluti fundus, homo, pecunia. Nam ipsum jus hereditatis, et ipsum jus utendi fruendi, et ipsum jus obligationis incorporale est.

Quæ in jure consistunt. Un droit considéré en lui-même est toujours incorporel, quoiqu'il puisse avoir pour objet des choses corporelles. Justinien nous en donne, dans ce texte, plusieurs exemples. L'hérédité se compose en grande partie de choses corporelles; mais le droit que nous avons de les recueillir est incorporel, et tout-à-fait séparé des biens héréditaires. Les fruits qui se perçoivent par suite d'un droit d'usufruit ou d'usage sont certainement corporels ; mais le droit à cette perception est purement incorporel. Pareillement, les obligations, dans la plupart des cas, n'ont pas d'autre objet que des choses corporelles, comme un fonds de terre, un homme, une somme d'argent ; mais les droits qui en naissent pour ou contre nous sont incorporels : *intellectu tantum percipiuntur.*

§ 3.

Eodem numero sunt jura prædiorum urbanorum et rusticorum, quæ etiam *servitutes* vocantur.

Servitutes. Outre les distinctions du domaine, ou de la propriété, dont nous avons parlé plus haut (*vid. pag.* 149), on peut encore le diviser en *parfait* et *imparfait.* En effet, le lien qui existe entre le propriétaire et sa chose est susceptible de se diviser, de se *démembrer.* Lorsqu'il n'est pas divisé, qu'aucun droit étranger ne gêne l'exercice du droit de propriété, on dit que la propriété est *parfaite.* Elle est *imparfaite,* lorsque le lien est divisé, que l'exercice du droit de propriété est gêné par l'effet d'un droit appartenant à un autre propriétaire. Ce sont ces démembrements du droit de propriété qu'on appelle *servitudes,* par analogie de l'esclavage des personnes. Les servitudes, en général, sont donc de véritables charges imposées sur la chose d'un individu, et elles le sont en faveur d'une personne, ou pour l'usage et l'utilité d'un héritage appartenant à un autre : *servitus est jus impositum, quo res unius alterius prædio vel personæ servit* : de là, la distinction des servitudes en servitudes *personnelles*, c'est-à-dire, créées en faveur d'une personne, et en servitudes *réelles*, c'est-à-dire, établies pour l'usage ou l'utilité d'un fonds.

Le titre qui va suivre nous fera connaître les principales servitudes *réelles*; nous verrons, dans les titres IV et V, quelles sont les servitudes *personnelles*.

TITRE TROISIÈME.

Des servitudes. (De servitutibus).

On entend en général par *prædium*, que nous traduisons par le mot *héritage*, une chose corporelle consistant dans un fonds, comme un champ, ou dans une superficie, comme une maison (*L.* 3, *ff. de serv.*).

Il y a donc deux sortes d'héritages : les héritages *ruraux*, c'est-à-dire, ceux sur lesquels ne s'élève aucune construction, et les héritages *urbains*, qui sont les constructions quelconques existant sur un sol.

De là, la distinction des servitudes *prédiales* ou *réelles* en servitudes *rurales* et *urbaines*.

Dans ce titre, il y aura trois choses à examiner : quelles sont les principales servitudes rurales et urbaines? comment elles s'établissent? comment elles viennent à périr et s'éteindre?

PR.

1° *Des servitudes rurales. Rusticorum* prædiorum jura sunt hæc : iter, actus, via, aquæductus. *Iter* est jus eundi ambulandi homini, non etiam jumentum agendi vel vehiculum. *Actus* est jus agendi vel jumentum vel vehiculum. Itaque qui habet iter, actum non habet; qui actum habet, et iter habet, eoque uti potest etiam sine jumento. *Via* est jus eundi et agendi et ambulandi : nam et iter et actum in se continet via.....

Rusticorum. Les servitudes rurales sont donc celles qui sont dues à un fonds non bâti, et qui lui sont inhérentes.

Iter. C'est le droit pour les personnes de passer par le fonds d'autrui, d'y aller et venir toutes les fois qu'elles en ont la fantaisie. Mais ce droit est exclusif de celui d'y conduire des voitures et des bêtes de somme. Cependant il serait licite de le traverser à cheval ou en litière (*L.* 7, *pr. et* 12, *ff. de serv. præd. rust.*), peut-être même en voiture d'agrément (*rheda aut curru*) (*vid. Vinn. h. text.*).

Actus. Actus constitue un droit plus étendu que celui que donne *iter* qu'il renferme ordinairement, parce qu'en général qui peut plus peut moins. Celui qui aura *actus* pourra donc passer sur le fonds d'autrui avec des voitures de charriage, des bêtes de somme ou des troupeaux, ou bien y passer seul, si cela lui convient, mais sans que le droit de passage, accessoire de l'autre, forme jamais une servitude distincte et séparée.

Via. Via comprend *actus* et *iter :* mais de même que *actus* donne un droit plus étendu que *iter* qu'il renferme, de même *via* qui contient *actus* et *iter*, conférera des droits plus étendus que *actus*. C'est ainsi qu'en ayant *via*, j'aurai nécessairement le droit de conduire une voiture, tandis que ce droit aurait pu très bien se séparer de celui de conduire des troupeaux, et m'être, par conséquent, refusé, si je n'avais eu que *actus ;* j'aurai encore nécessairement *iter*, comme objet spécial et direct de la servitude, tandis qu'accessoire dans *actus* il aurait pu ne pas exister pour moi. Il y aura enfin des différences sensibles dans la largeur du chemin, selon que j'aurai *via* ou seulement *actus* (*L.* 8 *et* 23, *pr. ff. de serv. præd. rust.*), et dans ce dernier cas, on pourra m'empêcher de charrier de grosses pierres ou des poutres, ce qui me serait permis si j'avais *via* (*L.* 7, *pr. eod. tit.*).

.....Aquæductus est jus aquæ ducendæ per fundum alienum.

§ 2.

In rusticorum prædiorum servitutes, quidam computari recte putant aquæ haustum, pecoris ad aquam adpulsum, jus pascendi, calcis coquendæ, arenæ fodiendæ.

§ 1er.

2° *Des servitudes urbaines.* Prædiorum urbanorum servitutes sunt, quæ ædificiis inhærent : ideo urbanorum prædiorum dictæ quoniam ædificia omnia urbana prædia appellamus, *et si in villa ædificata sint.* Item urbanorum prædiorum servitutes sunt hæ : ut vicinus *onera vicini sustineat,* ut in parietem ejus liceat vicino tignum immittere, *ut stillicidium* vel flumen recipiat quis in ædes suas vel in aream vel in cloacam, vel non recipiat, et *ne altius tollat quis* ædes suas *ne luminibus* vicini officiat.

Et si in villa œdificata sint. Devant un texte si positif doit être rejetée l'opinion de certains commentateurs qui ont soutenu que les servitudes *quæ œdificiis inhærent,* pouvaient être *rurales* ou *urbaines,* suivant que le bâtiment auquel elles étaient dues servait à l'habitation ou seulement à l'exploitation (*Vinn. h. text. ; Heinec. elem. jur. n° 894*).

Onera vicini sustineat. En général, celui qui doit une servitude n'est pas tenu de rien faire, mais seulement de tolérer : *servitutum non ea natura est, ut aliquid faciat quis...., sed ut aliquid patiatur, aut non faciat* (*L. 15, § 1, ff. de serv.*). Mais dans cette servitude particulière, le propriétaire de l'héritage qui la doit sera non seulement tenu de soutenir la charge du bâtiment de son voisin, mais encore d'entretenir et de réparer à ses frais le mur ou le pilier qui lui servent d'appui (*L. 33, ff. de serv. præd. urb.; L. 6, § 2 ; L. 8, pr. et § 2, ff. si servit. vind.*).

Ut stillicidium. Lorsque l'eau tombe goutte à goutte d'un toit, c'est *stillicidium;* lorsqu'elle court sur un fonds dans des rigoles à ce destinées, c'est *flumen* (*Vinn. h. text.*). Maintenant, il y a dans chaque cité des réglements locaux qui peuvent obliger soit de prendre l'égout de son toit sur le fonds voisin, soit sur son propre fonds. Ces réglements locaux constitueraient donc, dans le premier cas, au préjudice du voisin, la servitude *stillicidii recipiendi*, et dans le dernier cas, à son profit, la servitude *stillicidii non recipiendi.*

Ne altius tollat quis. L'empereur Auguste, dans un intérêt général de salubrité, fit défense d'élever les constructions plus haut que 70 pieds Si donc un propriétaire impose à son voisin de tenir ses bâtiments au-dessous de cette hauteur, il lui imposera la servitude *ne altius tollendi*; si au contraire, c'est le voisin qui a le droit de la plus haute élévation, il y aura dans ce cas constitution, au préjudice du propriétaire, de la servitude *altius tollendi.*

Ne luminibus. Lorsque quelqu'un a le droit de tirer son jour sur le fonds d'autrui, on ne peut rien faire qui puisse l'en priver, par exemple, élever les constructions trop haut. Dans beaucoup de cas, la servitude *ne altius tollendi* n'est que la conséquence de cette autre servitude, *ne luminibus vicini officiatur* (*L. 3, 14, 16, ff. de serv. urban. præd.*). — Il y a une condition nécessaire pour qu'on puisse établir des servitudes ou en acquérir, c'est d'être propriétaire d'un héritage *urbain* ou *rural.*

§ 3.

Ideo autem hæ servitutes prædiorum appellantur, quoniam *sine prædiis* constitui non possunt. Nemo enim potest servitutem adquirere urbani vel rustici prædii, nisi qui habet prædium ; nec quisquam debere, nisi qui habet prædium.

Sine prædiis. Une servitude suppose toujours l'existence de deux fonds, l'un qui la doit, l'autre au profit duquel elle est établie (*L. 1, § 1, comm. præd.*). On appelle *servant* l'héritage qui doit la servitude, *dominant*, celui à qui elle est due. Les héritages doivent être voisins (*L. 5, § 1, de serv. præd. rust.*); mais il n'est pas toujours nécessaire qu'ils soient contigus. La servitude de passage, par exemple, peut s'exercer sur un fonds séparé par un autre fonds, pourvu toutefois que le fonds intermédiaire soit lui-même débiteur de la servitude de passage (*L. 7, § 1, ff. de serv. præd. rust.*); celle *ne altius tollendi* ne nécessite pas non plus la contiguïté des héritages. Ainsi, entre ma maison et celle de Titius se trouve la maison de Caïus; je pourrai très bien imposer à Titius la servitude *ne altius tollendi*. Pourquoi? parce que tant que Caïus n'élevera pas sa maison plus haut, il y aura pour moi utilité dans la servitude que j'aurai imposée à Titius (*L. 5, ff. si serv. vind.*). Mais la servitude *stillicidii recipiendi aut non recipiendi*, et autres de même nature, exigent évidemment que les héritages soient contigus (*L. 2, 3 et 4, ff. de aqu. pluv. arc.*). — Voyons maintenant comment s'établissent les servitudes :

§ 4.

Si quis velit vicino aliquod jus constituere, pactionibus atque stipulationibus id efficere debet. Potest etiam in testamento quis heredem suum damnare, ne altius tollat ædes suas ne luminibus ædium vicini officiat; vel ut patiatur eum tignum in parietem immittere, vel stillicidium habere ; vel ut patiatur eum per fundum ire, agere, aquamve ex eo ducere.

Le texte parle seulement des pactes, des stipulations et des testaments, comme moyens de constituer les servitudes. Elles pouvaient cependant s'établir encore par l'adjudication et par la prescription *longi temporis*. Afin d'éviter des redites inutiles, nous renvoyons pour les explications à donner sur tous ces points, au titre de l'usufruit (*vid. infr.*).

Il nous resterait à dire comment les servitudes viennent à périr ou s'éteindre. Mais ici encore, nous renvoyons aux explications que nous donnerons sur le paragraphe 3 au titre de l'usufruit.

TITRE QUATRIÈME.

De l'Usufruit. (De usufructu).

Nous venons de voir quelles sont les servitudes *réelles*. Nous passons maintenant aux servitudes *personnelles* qui sont au nombre de trois : l'*usufruit*, l'*usage* et l'*habitation*. Ce sera la matière du présent titre et de celui qui le suivra.

Qu'est-ce que l'usufruit? comment il s'établit? sur quelles choses il peut s'établir? comment·il prend fin? telles seront les divisions de ce titre.

PR.

Ususfructus est jus *alienis rebus* **utendi fruendi,** *salva rerum substantia.* **Est enim** *jus in corpore***, quo·sublato et id ipsum tolli necesse est.**

Alienis rebus. La chose d'autrui est donc l'objet de l'usufruit qui a cela de commun avec les autres servitudes, qu'il ne peut exister que sur une chose dont on n'est pas propriétaire. En effet, l'usage ou l'utilité qu'on retire de sa chose est une conséquence de la propriété, mais jamais une servitude; c'est ici le cas d'appliquer cette maxime : *res sua nemini servit* (*L*. 26, *ff. de serv. præd. urb.*).

Salva rerum substantia. On a coutume de traduire ces mots par ceux-ci : *à la charge d'en conserver la substance.* Cette interprétation est bonne sans doute, parce qu'il est bien certain que l'usufruitier n'ayant pas le droit de disposer de la chose, ne peut rien faire qui tende à la détériorer ou à l'anéantir. Toutefois, il ne paraît pas que Justinien veuille parler dans ce moment des obligations de l'usufruitier; son intention est plutôt de régler la durée de l'usufruit ; et il semble qu'il pose en principe général , que l'usufruit qui est un droit inhérent à la chose (*jus in corpore*), ne pourra durer que tant que la substance de la chose sera sauve elle-même. Les meilleurs auteurs se sont prononcés en faveur de cette dernière interprétation (*vid. Vinn. h. text.* ; *Theoph. h. text.* ; *M. Ducaurroy*, n⁰ 340). — Quoique Justinien , ainsi que nous venons de le dire, ne veuille pas précisément exprimer ici quelles sont les obligations de l'usufruitier relativement à la chose, ces obligations n'en sont pas moins réelles, et on peut les résumer toutes par cette obligation générale de jouir de la chose en bon père de famille : *quasi honus paterfamilias* (*L*. 65, *pr. ff. de usufr.*). Le droit prétorien l'oblige à donner caution à cet effet par fidéjusseur, comme aussi de remettre, à la cessation de l'usufruit, tout ce qui restera de la chose même (*L*. 1, *pr.* §6 *et* 7; *L*. 3, *ff. ususfr. quemad. cav.*).

Jus in corpore. L'usufruit , comme toutes les autres servitudes, est un droit *réel* ; seulement il est établi en faveur d'une personne, au lieu que les servitudes dont nous avons parlé précédemment, n'existent que pour l'usage et l'utilité d'une chose.

§ 1ᵉʳ.

Ususfructus a proprietate separationem recipit , idque pluribus modis accidit.....

L'usufruit , ainsi que toutes les autres servitudes *réelles* (*supr.* § 4 , *de serv. præd.*) ou *personnelles* (*infr. pr. de usu et hab.*), peut s'établir de quatre manières : 1º par testament ; 2º par convention ; 3º par adjudication ; 4º par autorité de la loi, par exemple, par la prescription *longi temporis.* Le titre que nous expliquons indique seulement les pactes, les stipulations et les testaments, comme moyens de constituer l'usufruit. Nous allons d'abord suppléer à son omission, en disant comment l'usufruit et les servitudes en général pouvaient s'établir par l'adjudication et par l'autorité de la loi.

L'usufruit s'établit par adjudication, lorsque, dans une instance en partage, le juge attribue à l'un des héritiers la nue propriété, et à un autre, l'usufruit d'une chose (*L. 6*, § 1, *ff. de usufr.*). De même, il y a constitution de servitude par adjudication, lorsque le juge, en partageant les biens d'une succession ou d'une société, charge un héritage qu'il aura adjugé à l'un des cohéritiers ou des associés, d'une servitude envers l'héritage adjugé à un autre des cohéritiers ou des associés.

Lorsque pendant un certain temps on a joui de la chose d'autrui, on a prescrit l'usufruit, comme on aurait prescrit la propriété. Les délais nécessaires pour opérer cette prescription, fixés d'abord à un an pour les meubles et à deux ans pour les immeubles, ont été étendus par Justinien à trois ans pour les meubles et à dix ou vingt ans pour les immeubles, suivant que les délais doivent courir entre présents ou entre absents (*infr. pr. de usucap.*). On aurait également prescrit une servitude, si pendant les délais requis pour la prescription des immeubles, on avait exercé sur l'héritage d'autrui un droit de servitude quelconque. Dans ces cas, l'usufruit ou la servitude sont donc constitués uniquement en vertu de la loi, qui seule a pu faire que la prescription fût un moyen d'acquisition.

De la constitution de l'usufruit et des servitudes en général par testament. ..... Ut ecce, si quis usumfructum alicui legaverit ; nam heres nudam habet proprietatem, legatarius usumfructum : et contra, si fundum legaverit deducto usufructu, legatarius nudam habet proprietatem, heres vero usumfructum. Item alii usumfructum, alii deducto eo fundum legare potest....

Remarquons que, dans l'ancien droit, on distinguait si le testateur avait établi lui-même la servitude, en la léguant directement, ou s'il avait seulement chargé son héritier de l'établir. Dans le premier cas, c'était le legs *per vindicationem*, et dans le second cas, le legs *per damnationem.* Nous verrons plus bas, que Justinien a détruit toute différence entre les legs, quoique l'héritier puisse encore être directement ou indirectement chargé d'exécuter, par tous les moyens qui sont en son pouvoir, les intentions du testateur. A cet effet, le légataire est investi contre l'héritier, soit d'une action personnelle, telle que celle qui résultait autrefois du legs *per damnationem*, soit de l'action réelle en revendication, comme on l'obtenait autrefois, lorsque la chose avait été léguée directement, c'est-à-dire, *per vindicationem* (*infr.* § 2, *de legat.*).

De la constitution de l'usufruit et des servitudes en général par convention. .....Sine testamento vero si quis velit usumfructum alii constituere, *pactionibus* et stipulationibus id efficere debet....

Usumfructum. Ou toute autre servitude personnelle ou réelle (*infr. pr. de us. et hab.*; *supr.* § 4, *de serv. præd.*).

Pactionibus. Le pacte est une convention formée par le seul concours des volontés; il y a stipulation, lorsqu'on joint à ce concours des volontés des paroles solennelles. Il est de principe fondamental, ainsi que nous l'avons dit, que les conventions ne suffisent pas pour transférer la propriété d'une chose, si d'ailleurs on ne fait la remise de sa possession par la tradition. Or, les choses corporelles seulement sont susceptibles de tradition (*supr.* § 40, *de rer. div.*). Comment pourra-t-on donc transférer, par le seul effet des conventions, les choses incorporelles, puisque celles-ci ne peuvent être possédées (*L.* 4, § 27, *ff. de usucap.*), ni par conséquent être en aucune manière l'objet de la tradition? Cette difficulté est réelle, et sans le droit prétorien, on aurait été contraint, pour constituer un usufruit ou une servitude, de recourir aux formalités gênantes et d'ailleurs presque entièrement en désuétude de la cession *in jure* (*vid supr. pag.* 176). Toutefois, la convention par laquelle on aura promis d'accorder l'usufruit d'une chose, ou une servitude sur un fonds, aura au moins l'effet, sinon de transférer le droit en lui-même, cela eût été contraire aux principes, mais de faire tolérer l'exercice et la jouissance du droit concédé : or, c'est précisément cette tolérance à laquelle sont obligés ceux qui ont constitué la servitude, qui équivaut de leur part à une remise de la possession que le droit prétorien considère comme une *quasi-tradition* suffisante à ses yeux pour la constitution de la servitude. Aussi confère-t-il, pour se maintenir dans cette *quasi-possession*, les interdits possessoires (*infr. tit.* xv, *de interd.*), et l'action réelle *publicienne* (*L.* 11, § 1, *ff. de publ. in rem oct.*). — Passons maintenant aux choses sur lesquelles l'usufruit peut s'établir.

§ 2.

Constituitur autem ususfructus non tantum in fundo et ædibus, verum etiam in servis et jumentis et cæteris rebus : exceptis iis quæ ipso usu consumuntur....

24

L'usufruit pouvant avoir pour objet un fonds de terre, une maison, des esclaves, des animaux, voyons quelle est, relativement à toutes ces choses, l'étendue du droit de l'usufruitier. Ici doivent naturellement se placer les paragraphes 36, 37 et 38 du titre de la division des choses, que nous n'avons pas encore expliqués dans cette intention; après quoi, nous parlerons du *quasi-usufruit* des choses qui se consomment par l'usage dont il est question dans la fin de notre paragraphe.

TITRE PREMIER. — § 36.

Is ad quem *ususfructus fundi* pertinet, non aliter fructuum dominus efficitur, quam si ipse eos perceperit; et ideo, licet maturis fructibus nondum tamen perceptis decesserit, ad heredem ejus non pertinent, sed domino proprietatis adquiruntur. *Eadem fere et de colono* dicuntur.

Ususfructus fundi. L'usufruit du fonds s'entend de la jouissance des fruits; mais les fruits n'appartiennent à l'usufruitier qu'autant qu'il les a recueillis lui-même. Notre texte est formel : *non aliter*, y est-il dit, *fructuum dominus efficitur, quam si ipse eos perceperit* (*L.* 13, *ff. quib. mod. us. am.*). Si les fruits étaient tombés, s'ils avaient été détachés du sol même par son ordre et en son nom, l'usufruitier ne les ferait siens qu'autant qu'il en aurait pris possession (*L.* 12, § 5, *ff. de usufr.*; *Vinn. hic*), parce que c'est par la possession seulement que l'on arrive à la propriété. Or, il ne possède pas les fruits, tant qu'ils sont encore partie intégrante de la chose dont il n'est pas le maître; c'est pourquoi les fruits mûrs, mais non détachés, ne passent point aux héritiers de l'usufruitier après son décès, et appartiennent exclusivement au propriétaire du fonds. Ceci ne s'applique du reste qu'à la perception des fruits naturels : les fruits civils, quand ils sont de ceux qui s'acquièrent jour par jour, comme les loyers des maisons, les arrérages de rentes, et autres semblables, appartiennent à l'usufruitier dans la proportion du temps qu'il a vécu, et se transmettent aux héritiers.

Eadem fere et de colono. Comme l'usufruitier, le fermier doit avoir recueilli les fruits par lui-même, pour les faire siens; mais à la différence de l'usufruit qui s'éteint par la mort, le droit de récolter au lieu et place du fermier, passe à ses héritiers (*infr.* § 6, *de locat. et conduct.*; *L.* 10, *Cod. de locat.*). — L'usufruit des animaux peut avoir pour objet un animal séparé, ou plusieurs animaux réunis en troupeau. Quelle sera l'étendue du droit d'usufruit? en d'autres termes, quels seront les fruits, outre l'utilité et l'usage qu'on en retire? Le paragraphe 37 nous apprend que l'on doit considérer comme fruits, tout ce qui est le croît des animaux, et que par conséquent ce croît doit profiter à l'usufruitier.

§ 37.

In pecudum fructu etiam fœtus est, sicut lac, pili et lana. Itaque agni, hœdi et vituli et equuli et suculi statim naturali jure dominii fructuarii sunt. Partus vero ancillæ in fructu non est; itaque ad dominum proprietatis pertinet. *Absurdum enim videbatur* hominem in fructu esse, cum omnes fructus rerum natura gratia hominis comparaverit.

Absurdum videbatur. Ce n'est pas là cependant la seule raison. Ulpien disait en effet qu'on n'avait pas précisément des femmes esclaves pour qu'elles produisissent des enfants, mais plutôt afin de jouir de leurs services et d'en faire usage (*L.* 27, *ff. de hered. pet.*). L'usufruit d'une esclave consistera donc simplement dans ses services; son part appartiendra au propriétaire *vi accessionis* (*vid. supr. pag.* 157). — L'usufruit impose l'obligation, comme nous l'avons dit naguère, de jouir de la chose en bon père de famille, c'est-à-dire, de ne pas la laisser se détériorer ou se perdre par sa faute (*L.* 65, *pr. ff. de usufr.*). Si donc l'usufruit a pour objet un animal, il est du devoir de l'usufruitier de le faire soigner, s'il est malade ou estropié (*arg. ex leg.* 45; *ff. eod. tit.*). Mais à cela se bornent ses obligations, et si l'animal vient à périr, le seul préjudice qui en résulte pour l'usufruitier est l'extinction de son droit (*infr.* § 3). Il en est tout autrement, lorsque l'usufruitier a pour objet un troupeau; il est alors du devoir de l'usufruitier de remplacer les bêtes mortes ou inutiles, afin d'empêcher que le troupeau ne vienne à s'avilir, à diminuer ou à périr totalement.

§ 38.

Sed si gregis usumfructum quis habeat, in locum *demortuorum* capitum *ex fœtu* fructuarius *submittere* debet (ut Juliano visum est); et in vinearum demortuarum vel arborum locum alias debet substituere. Recte enim colere, et quasi bonus paterfamilias uti debet.

Demortuorum Les bêtes inutiles par vieillesse, par maladie ou autrement, doivent être également remplacées (*L.* 69, *ff. de usufr.*).

Ex fœtu. L'usufruitier n'est jamais tenu de remplacer les bêtes mortes ou inutiles qu'au moyen du croît (*L.* 68, § 2, *eod. tit.*). Si donc aucun agneau, par exemple, n'était né au moment où plusieurs brebis meurent ou deviennent inutiles dans le troupeau, l'usufruitier ne serait obligé à rien (*Vinn. hic*).

Submittere. Le remplacement a pour effet de rendre les bêtes substituées la propriété du maître du troupeau, et les bêtes remplacées celle de l'usufruitier (*dict. leg.* 69, *eod. tit.*). Nous ne donnerons pas une plus longue explication sur ce paragraphe. On voit de suite que c'est par les mêmes raisons que l'usufruitier d'un plan d'arbres ou de vignes est obligé au remplacement des pieds d'arbres ou de vignes qui meurent, se dessèchent ou se détériorent. Toutefois, il ne répond pas des accidents de force majeure ; ainsi, il ne serait pas tenu de remplacer les arbres qui auraient été déracinés par une violente tempête (*L.* 59, *pr. ff. eod. tit.; Vinn. hic*). — L'usufruit peut donc s'établir sur toutes espèces de choses mobilières ou immobilières. Nous avons vu toutefois qu'on en exceptait autrefois celles des choses mobilières qui se consomment par l'usage. Voici la raison qu'on en donnait.

TITRE IV. — § 2.

.....Nam hæ res neque naturali ratione neque civili recipiunt usumfructum. Quo numero sunt vinum, oleum, frumentum, vestimenta : quibus proxima est pecunia numerata, namque ipso usu assidua permutatione quodammodo extinguitur.....

Ces motifs d'empêcher que l'usufruit ne puisse s'établir sur des choses qui se détruisent et se consomment par l'usage qu'on en fait, étaient assurément fort légitimes ; car c'eût été conférer à l'usufruitier une véritable propriété, et cela sans indemnité aucune pour le nu propriétaire. D'un autre côté, il était inutile que l'usufruit pût s'établir sur ces sortes de choses. Il ne s'agissait donc que de trouver un moyen de mettre la raison de commodité en rapport avec la rigueur des principes. C'est ce qu'a fait un sénatus-consulte fort ancien, dont la date n'est pas bien connue.

.....Sed utilitatis causa senatus censuit posse etiam earum rerum usumfructum constitui, ut tamen eo nomine heredi utiliter caveatur. Itaque si pecuniæ ususfructus legatus sit, ita datur legatario ut ejus fiat, et legatarius satisdet heredi de tanta pecunia restituenda, si morietur aut capite minuetur. Cæteræ quoque res ita traduntur legatario, *ut ejus fiant* ; sed æstimatis his satisdatur, ut *si morietur aut capite minuetur,* tanta pecunia restituatur quanti hæ fuerint æstimatæ. Ergo senatus non fecit quidem earum rerum usumfructum (nec enim poterat), sed per cautionem quasi usumfructum constituit.

Ut ejus fiant. L'argent ou les choses légués deviennent donc véritablement la propriété de celui à qui on les donne à titre d'usufruit ; mais en même temps les droits que l'héritier aurait eus, dans un usufruit ordinaire, à la nue propriété, sont protégés par la caution *fidéjussoire* qui lui assure la restitution de l'argent légué ou de la valeur estimative des choses qui sont l'objet du *quasi-usufruit*.

Si morietur aut capite minuetur. A la différence du véritable usufruit, celui dont il est question ici ne peut prendre fin que par la mort ou la diminution de tête de l'usufruitier (*L*. 9 *et* 10, *pr. ff. de usufr. ear. rer.* ; *L*. 7, § 1, *ff. ususfr. quemad. cav.*). — Tant que la chose sur laquelle est constitué l'usufruit subsiste, il semblerait que l'usufruit pût aussi se continuer. Mais d'un autre côté, il était nécessaire que la propriété ne devînt pas entièrement inutile, par une perpétuelle séparation de l'usufruit. A défaut d'autres motifs, cette raison était donc suffisante pour que l'usufruit pût s'éteindre autrement que par l'anéantissement de la chose.

§ 1er.

.....Ne tamen in universum inutiles essent proprietates, semper abscedente usufructu, placuit certis modis extingui usumfructum, et ad proprietatem reverti.

— Voyons donc quelles sont les causes d'extinction de l'usufruit.

§ 3.

Finitur autem ususfructus *morte fructuarii*, et duabus *capitis deminutionibus, maxima et media*, et *non utendo per modum et tempus :* quæ omnia nostra statuit constitutio. Item finitur ususfructus, si domino proprietatis ab usufructuario cedatur (nam cedendo extraneo nihil agit); vel ex contrario si fructuarius proprietatem rei adquisierit, *quæ res consolidatio appellatur.* Eo amplius constat, si ædes incendio consumptæ fuerint, vel etiam terræ motu *vel vitio suo corruerint*, extingui usumfructum, et ne areæ quidem usumfructum deberi.

Les causes d'extinction de l'usufruit sont communes à toutes les servitudes personnelles, sauf l'exception relative au droit d'habitation proprement dit (*infr. pr. de us. et hab.*). Plusieurs d'entre elles sont également communes aux servitudes réelles. Sous ce paragraphe, nous parlerons donc, ainsi que nous l'avons annoncé, des causes d'extinction des servitudes en général.

Morte fructuarii. Les droits d'usufruit, d'usage et d'habitation étant seulement établis en faveur d'une personne, il était conséquent qu'ils s'éteignissent avec cette personne, c'est-à-dire, à son décès (*L.* 3, § 3 , *ff. quib. mod. ususfr.*; *L.* 3, pr. *Cod. de usufr. et hab.*). Toutefois, relativement à l'usufruit, on se demandait autrefois si l'usufruit constitué sur la tête d'un esclave ou d'un fils de famille finissait avec eux, ou bien s'il devait être prorogé au profit du maître ou du père jusqu'au décès de celui-ci. Justinien a fait cesser les doutes en se décidant pour la prorogation au profit du maître ou du père (*L.* 17, *Cod. eod. tit.*). Remarquez que les servitudes réelles ne s'éteignent jamais par la mort naturelle ou civile (*L.* 3, *ff. quemad. serv. am.*).

Capitis deminutionibus, maxima et media. Avant Justinien, la petite dinution de tête suffisait pour opérer l'extinction de l'usufruit (*Paul. sent.* 3, *tit.* 6 , § 29; *L. pen.* § *ult. Cod. de usufr.*).

Non utendo per modum et tempus. Cette troisième cause d'extinction de l'usufruit est commune à toutes les servitudes personnelles ou réelles. Toutefois, il y a une distinction à établir entre les servitudes urbaines et les servitudes rurales. Les premières périssent, lorsque celui au profit de qui elles ont été constituées ne les exerce pas par lui-même pendant un certain temps (*L.* 18, § 2 , *ff. quemad. serv. am.*). Les servitudes rurales ne s'éteignent au contraire que dans le cas où ni le propriétaire de la servitude, ni personne en son nom, n'en feraient usage. Ainsi, un associé, un usufruitier, un possesseur même de mauvaise foi, pourraient très bien conserver le droit de servitude en continuant de s'en servir (*L.* 5, 6, 12, 20, 21, 22, 23 *et* 24, *ff. eod. tit.*). Autrefois, le délai nécessaire pour que l'usufruit d'une chose mobilière ou immobilière fût perdu par le non usage, était d'un an pour les meubles et de deux ans pour les immeubles (*Paul. sent.* 1, *tit.* 17, § 1 *et* 2); ce délai a été porté par Justinien à trois années pour les meubles et à dix ou vingt ans pour les immeubles, suivant qu'il devait courir entre présents ou absents. On voit que ces délais sont absolument ceux nécessaires pour prescrire la propriété d'une chose (*infr. pr. de usucap.*). Il a été également décidé par Justinien, que les droits de servitudes réelles s'éteindraient aussi par le non usage pendant dix ou vingt ans (*L.* 13, *Cod. de servit.*).

Quæ res consolidatio appellatur. En effet, dans le premier cas dont parle Justinien, il y a réunion de la nue propriété à l'usufruit, et dans le second, de l'usufruit à la nue propriété : or, dans ces deux cas, l'usufruit doit s'éteindre, parce que la propriété est parfaite; c'est encore le cas d'appliquer ici cette maxime : *res sua nemini servit* (*L.* 26, *ff. de serv. urb. præd.*). Par la même raison, les servitudes disparaissent, lorsque le fonds dominant et le fonds servant se trouvent réunis dans la même main (*L.* 1, *ff. quemad. serv. am.*). Remarquons que, dans ce cas, les servitudes ne revivraient point, à moins d'une clause formelle, s'il y avait de nouveau séparation des deux héritages ; il serait nécessaire qu'elles fussent reconstituées comme si elles n'avaient jamais existé (*L.* 30, *pr. ff. de serv. urb. præd.*).

— La cession que l'usufruitier ferait de son droit à un tiers n'opère rien (*cedendo extraneo nihil agit*) ; c'est un droit inhérent à sa personne ; il ne peut le transférer à un étranger. Notre texte est formel, et d'ailleurs, il est confirmé par Gaïus (*Inst.* 2, § 30). Cependant on ne lui défend pas de vendre, de louer ou de céder gratuitement les avantages qu'il en peut retirer (*infr. pr. de us. et hab.*) ; cette cession est valable, car elle ne transfère pas le droit lui-même, mais seulement l'utilité qui résulte de ce droit. Nous verrons plus bas, que le simple usager n'en peut faire autant (*infr.* § 1, 2 *et* 3, *de us. et hab.*).

Vel vitio suo corruerint. Toutes ces dernières causes d'extinction peuvent se rapporter à ce principe général que l'usufruit, ainsi que toutes les autres servitudes personnelles ou réelles, s'éteint par l'anéantissement de la chose (*rei interitu*) sur laquelle il avait été constitué, et même, en ce qui concerne l'usufruit, par le seul effet d'un changement important, d'une déformation survenue dans la chose (*rei mutatione*) (*Paul. sent. lib.* 3, *tit.* 6, § 28 *et* 31 ; *L.* 5, § 2, *ff. quib. mod.*). Les servitudes prédiales n'ont pas le même sort (*L.* 13, *pr. ff. de serv. præd. rust.*). L'usufruit une fois éteint ne peut plus revivre, lorsque la chose détruite ou déformée serait remise au même état qu'auparavant (*L.* 20, § 2, *ff. de serv. præd. urb.* ; *L.* 10, § 7, *quib. mod. ususfr.*) ; et c'est encore une différence qui existe entre l'usufruit et les servitudes prédiales, lesquelles peuvent renaître par la reconstruction, par exemple, du bâtiment auquel elles étaient attachées (*dict. leg.* 20, § 2). — Il y a une autre cause d'extinction des servitudes dont notre paragraphe ne parle pas ; c'est la remise que celui à qui la servitude est due, ferait de son droit. Il y a remise, non seulement lorsqu'il y a cession directe, mais encore lorsqu'on permet au propriétaire du fonds servant de faire des actes qui impliquent nécessairement la remise de la servitude. Exemple : Titius a un droit de passage sur le fonds de Caïus ; il laisse Caïus élever des constructions qui ne permettent plus d'exercer le droit de passage ; la servitude est éteinte (*L.* 8, *pr. ff. quemad. serv. am.*).

§ 4.

Cum autem finitus fuerit *totus* ususfructus, revertitur scilicet ad proprietatem ; et ex eo tempore nudæ proprietatis dominus incipit plenam in re habere potestatem.

Totus. L'usufruit peut être constitué sur plusieurs têtes ; il peut être aussi concédé à plusieurs personnes conjointement. Dans ces deux cas, si un ou plusieurs de ceux qui ont droit à l'usufruit viennent à le perdre par une cause quelconque, il y a accroissement, pour ceux qui restent, de la portion que chacun d'eux avait dans l'usufruit, et celui-ci ne peut se réunir à la nue propriété qu'autant qu'il n'y a plus un seul des concurrents (*L.* 1, § 3; *L.* 6, § 2, *ff. de usufr. adcresc.*). Il n'en serait pas de même, si l'usufruit avait été donné à plusieurs individus par portions distinctes et séparées; chaque portion se réunirait à la nue propriété au fur et à mesure du décès, par exemple, de chacun des ayant-droit (*L*. 1 *et* 6 , § 1 , *ff. eod. tit.*).

TITRE CINQUIÈME.

De l'Usage et de l'Habitation. (De usu et habitatione).

1o *De l'Usage.* On peut définir l'usage : *jus utendi , non fruendi rebus alienis , salva earum substantia* (*Vinn. proem. h. tit.*; *Pothier , Pand. h. tit.*).

PR.

Iisdem istis modis quibus ususfructus constituitur , etiam *nudus usus* constitui solet ; iisdemque illis modis finitur, quibus et ususfructus desinit.

Iisdem istis modis. Ainsi , comme l'usufruit , l'usage peut être l'objet d'un legs et le résultat de pactes et de stipulations (*L*. 3 , *pr. et* 6 , *pr. ff. de usufr.; tot. tit. , ff. de us. et usufr. leg.*), de même qu'on peut encore l'acquérir par la prescription *longi temporis* (*L. ult. Cod. de preser. long. temp.*). Il est cependant certaines manières particulières de constituer l'usufruit, qui ne s'appliqueraient pas à l'usage, par exemple, cette disposition de la loi qui réserve aux pères de famille l'usufruit de certains biens de leurs enfants (*infr.* § 2 , *per quas pers. cuiq. adq.*). La mort naturelle et civile, le non usage, la consolidation, la perte totale de la chose (*supr.* § 3 , *de usufr.*), éteindraient l'usage comme l'usufruit.

Nudus usus. L'usage se distingue donc de l'usufruit, en ce qu'il se réduit simplement à l'usage nu de la chose; ce qui exclut toute perception des émoluments de cette chose (*L.* 1 , § 1; *L.* 12 , § 1 , *ff. de us. et hab.*). Les paragraphes qui vont suivre ne sont que les conséquences de ce principe. Mais cette différence n'est pas la seule qui existe entre l'usufruit et l'usage. Ainsi , nous avons vu que l'usufruit pouvait se diviser (*supr. pag.* 191); l'usage au contraire est indivisible : *nam frui quidem pro parte possumus ; uti pro parte non possumus* (*L.* 19 , *ff. eod. tit.*). Nous verrons aussi que l'usage ne peut, comme l'usufruit, être vendu, loué ni cédé gratuitement (§ 1 , *h. tit.*).

§ 1er.

Minus autem scilicet juris est in usu quam in usufructu. Namque is qui fundi nudum habet usum , nihil ulterius habere intelligitur quam ut oleribus, pomis, floribus, fœno, stramentis et lignis *ad usum cottidianum* utatur. In eo quoque fundo hactenus ei morari licet, ut neque domino fundi molestus sit, neque iis per quos opera rustica fiunt, impedimento. Nec ulli alii jus quod habet, aut locare aut vendere aut gratis concedere potest; cum is qui usumfructum habet, potest hæc omnia facere.

Minus autem scilicet juris est. Si l'usage contient moins de droit que l'usufruit, il a cela de commun avec lui qu'il assujettit l'usager à se servir de sa chose en bon père de famille ; il ne peut en dénaturer la substance, lors même qu'un véritable avantage résulterait de la transformation qu'il lui ferait subir (*L. 23, ff. eod. tit.*).

Ad usum cottidianum. Ce sont, en effet, les besoins quotidiens non exagérés de l'usager qui doivent régler l'étendue de son droit : *usus cottidiana utentis sufficientia et consumptione terminatur* (*Vinn. hic*). Cependant, dans l'appréciation des droits d'usage, on a fait attention à plusieurs circonstances qui ont déterminé les auteurs à accorder plus ou moins dans certains cas. C'est ainsi que si l'usager est d'une condition élevée, il pourra prendre sur le fonds ce qui est nécessaire à ses besoins personnels et à ceux de ses hôtes (*dict. leg.* 12, § 1). On examinera aussi, pour étendre ou pour restreindre les droits de l'usager, si le fonds est plus ou moins abondant en productions (*ead. leg.*). Mais ces extensions du droit d'usage ne sont guères recevables que lorsqu'il a été constitué par testament, parce qu'alors on n'interprète pas trop strictement les intentions du défunt (*ead. leg.* § 2) ; si l'usage était le résultat d'une concession entre vifs, on serait plus rigoureux, et l'usage pourrait alors se réduire au simple droit de se promener sur le fonds et d'y demeurer (*ead. leg.* § 1), avec l'obligation de ne rien faire pour gêner le maître ou ses serviteurs et fermiers, dans les travaux nécessaires à l'exploitation (*hic text. L. 11, ff. h. tit.*). — Ce paragraphe règle et détermine les droits de l'usager d'un fonds ; mais l'usage peut encore avoir pour objet une maison, un esclave ou des animaux. Voyons quelle sera, dans chacun de ces cas, l'étendue du droit d'usage.

§ 2.

Item is *qui ædium usum habet*, hactenus jus habere intelligitur, *ut ipse tantum habitet; nec hoc jus ad alium transferre* potest. Et vix receptum esse videtur ut hospitem ei recipere liceat; sed cum uxore sua liberisque suis, item libertis, nec non aliis liberis personis quibus non minus quam servis utitur, habitandi jus habet. Et convenienter, si ad mulierem usus ædium pertineat, cum marito ei habitare licet.

Qui ædium usum habet. L'usage dont il est ici question, n'est pas la

25

même chose que le droit d'habitation, dont il sera parlé ci-après, quoi-qu'en définitive il n'ait pas d'autre résultat que l'habitation des maisons. Mais il diffère du droit d'habitation proprement dit par plusieurs points assez essentiels. 1º Il ne peut, en aucune manière, être transféré à un autre (*hic text.*); il est permis au contraire, depuis Justinien, de louer la maison dans laquelle on a un droit d'habitation (*infr.* § 5); 2º l'usage d'une maison, comme l'usufruit et toutes les autres servitudes, s'éteint par le non usage pendant un certain temps (*vid. supr. pag.* 190); il n'en est pas de même du droit d'habitation (*L.* 10, *ff. de us. et hab.*). La raison de cette dernière différence est qu'on ne considère pas l'habitation comme un droit unique, mais comme un droit qui se renouvelle chaque jour, et dont le legs, par exemple, contient un legs particulier pour chaque jour (*voyez M. Ducaurroy, nº* 452). Enfin, il y avait encore autrefois une autre différence entre le droit d'usage d'une maison, et le droit d'habitation dans une maison; le premier s'éteignait, comme les autres servitudes, par la petite diminution de tête (*Paul. sent. lib.* 3, *tit.* VI, § 29), qui lais-sait subsister le second (*L.* 10, *pr. ff. h. tit.*). Cette différence n'existe plus depuis que Justinien a déclaré que la petite diminution de tête serait insuffisante pour opérer l'extinction d'aucune servitude (*L.* 17, *Cod. de usufr.*).

Ut ipse tantum habitet. Si la maison était fort grande, et que l'usager n'en occupât qu'une partie, le propriétaire aurait-il le droit d'habiter les appartements vacants? On a décidé que non, parce que l'usager ayant le droit d'habiter dans toute la maison, pouvait vouloir se servir des appar-tements qu'il avait d'abord laissés inoccupés (*L.* 22, § 1, *ff. h. tit.*).

Nec hoc jus ad alium transferre. Cette prohibition n'est pas absolue dans tous les cas. Il est, en effet, permis à l'usager de louer quelques ap-partements qu'il n'occupe pas dans une vaste maison; c'est un gain qui ne nuit à personne, et qu'on ne doit pas lui envier : *non erit invidendum,* dit Ulpien (*L.* 4, *pr. ff. h. tit.*).

§ 3.

Item is ad quem servi usus pertinet, ipse tantummodo *operis atque ministerio* ejus uti potest : ad alium vero nullo modo *jus suum tranferre* ei concessum est. Idem scilicet juris est et in jumentis.

Operis atque ministerio. Il n'est pas permis à l'usager d'un esclave de l'employer à des fonctions autres que celles qu'il a toujours remplies, l'en-voyer, par exemple, travailler à la campagne, lorsqu'il était habitué au service plus doux de la ville. Changer ainsi la condition d'un esclave, c'est abuser du droit que l'on a sur lui; ce qui n'est permis qu'à son maître (*L.* 15, § 1, *ff. de usufr.*).

Jus suum transferre. Si l'usage d'un esclave avait été légué au mari seulement, la femme pourrait très bien s'en servir avec lui (*L.* 12, § 5, *ff. de us. et hab.*), comme en général de toute autre chose sur laquelle le mari seul aurait un droit d'usage et *vice versa* (*L.* 9, *ff. eod. tit.*).

§ 4.

Sed si pecorum, veluti ovium, usus legatus sit, *neque lacte* neque agnis neque lana utetur usuarius, quia ea in fructu sunt. Plane ad stercorandum agrum suum pecoribus uti potest.

Neque lacte. On permet cependant quelquefois à l'usager un peu de lait, mais toujours à cause de cette considération qu'il ne faut pas interpréter trop rigoureusement les volontés des morts (*L.* 12, § 2, *ff. h. tit.*).

2º *De l'Habitation. Habitatio est jus gratuito habitandi in domo aliena* (*Pothier, Pand. h. tit.*).

§ 5.

Sed si cui habitatio legata sive aliquo modo constituta sit, neque usus videtur neque ususfructus, *sed quasi proprium aliquod jus.* Quam habitationem habentibus, propter rerum utilitatem, secundum Marcelli sententiam *nostra decisione* promulgata, permisimus non solum in ea degere, sed etiam aliis locare.

Sed quasi proprium aliquod jus. On peut se reporter aux explications sur le paragraphe 2 de ce titre, pour connaître quelles différences il y a entre le droit d'habitation et l'usage proprement dit, et comment ces différences peuvent justifier cette dénomination de droit tout spécial, tout particulier que lui donne ici Justinien.

Nostra decisione. Cette constitution de Justinien est contenue dans la loi 13 au Code *de usufructu.*

§ 6. — *Transition.*

Hæc de servitutibus et usufructu et usu et habitatione dixisse sufficiat ; *de hereditate* autem et obligationibus, suis locis proponemus. Exposuimus summatim, quibus modis jure gentium res nobis adquiruntur : modo videamus, quibus modis legitimo et *civili jure* adquiruntur.

De hereditate. En suivant, en effet, l'énumération des choses incorporelles (*supr.* § 2, *de reb. incorpor.*), Justinien devrait s'occuper maintenant de l'hérédité et des obligations, mais il aura occasion d'y revenir.

Civili jure. Ce serait ici la véritable place des notions qui ont été données sur les diverses manières d'acquérir par le droit civil (*vid. supr. pag.* 175, 176 *et* 177). Mais nous avons préféré remplir de suite, et sous la rubrique du même titre, la division indiquée dans le paragraphe 11 du titre *de divisione rerum.* Ces explications sont suffisantes, nous le pensons du moins, et il est facile de s'y reporter.

TITRE SIXIÈME.

Des Usucapions et des possessions de long temps. (De usucapionibus , et longi temporis possessionibus).

L'usucapion est une augmentation de la propriété par une possession continuée pendant un temps déterminé par la loi (*L.* 3 , *ff. de usurpat. et usucap.*).

PR.

Jure civili constitutum fuerat, ut qui bona fide ab eo qui dominus non erat, cum crediderit eum dominium esse, rem emerit vel ex donatione aliave quavis justa causa acceperit, is eam rem, si mobilis erat, anno ubique, si immobilis , biennio tantum in italico solo usucapiat, ne rerum dominia in incerto essent. Et cum hoc placitum erat, putantibus antiquioribus , dominis sufficere ad inquirendas res suas præfata tempora. Nobis melior sententia sedit, ne domini maturius suis rebus defraudentur, neque certo loco beneficium hoc concludatur. Et ideo constitutionem super hoc promulgavimus, qua cautum est *ut res quidem mobiles* per triennium, immobiles vero per longi temporis possessionem (id est , *inter præsentes* decennio , inter absentes viginti annis) usucapiantur ; et his modis non solum in Italia , sed in omni terra quæ nostro imperio gubernatur, dominia rerum justa causa possessionis præcedente adquirantur.

Pour bien comprendre le *principium* de ce titre, il est nécessaire d'entrer dans quelques explications. L'usucapion fut introduite par la loi des Douze-Tables (*tab.* 6, *cap.* 4), par un motif d'utilité publique, afin que la propriété de certaines choses ne restât pas long-temps incertaine, lorsqu'il suffisait aux propriétaires d'un espace de temps déterminé pour les revendiquer (*Gaïus, Inst.* 2, § 44; *hic text.; L.* 1, *ff. dict. tit.*). Cet espace de temps était d'une année pour les choses mobilières et de deux années pour les choses immobilières (*h. text.*). Les choses mobilières étaient partout (*ubique*) susceptibles d'usucapion; il n'y avait, au contraire, que les immeubles situés dans le territoire de l'Italie qui pussent être usucapés. Quant aux héritages provinciaux, le droit prétorien mit en vigueur, comme un auxiliaire de l'usucapion, les prescriptions dites *prescriptions de longue possession*, au moyen desquelles celui qui avait possédé à juste titre une chose pendant l'espace de dix années entre présents, et de vingt années entre absents, acquérait un droit d'exception perpétuelle contre quiconque aurait voulu revendiquer, soit la chose, soit un droit sur cette chose, comme un droit de servitude ou de gage. De grandes différences distinguaient donc l'usucapion et la prescription, outre celle résultant de l'origine civile de l'une et purement prétorienne de l'autre : 1º elles ne s'accomplissaient pas, ainsi que nous venons de le voir ; dans les mêmes délais ; 2º l'usucapion pouvait s'étendre à toutes choses mobilières et immobilières, à l'exception des fonds provinciaux qui étaient les seules choses que la prescription pût atteindre ; 3º enfin, l'usucapion transférait la propriété au possesseur, au lieu que la prescription n'était, à proprement parler, et comme nous l'avons dit, qu'une exception attribuée au possesseur contre quiconque prétendait l'évincer (*L.* 2, 3 *et* 29, *Cod. de præscr. long. temp.; Paul. sent. lib.* 5, *tit.* 2, § 3). De cette dernière différence découlait tout naturellement cette conséquence. L'usucapion, mettant le possesseur aux droits du maître, l'y faisait entrer avec toutes les charges dont la chose était grévée, telles que les hypothèques ou les servitudes (*L.* 44, § 5, *ff. de usurpat. et usucap.*), tandis que la prescription, plus avantageuse sous ce rapport que l'usucapion, rendait inutile, au moyen de l'exception à laquelle elle donnait naissance, l'action hypothécaire des créanciers (*L.* 1 *et* 2, *Cod. si advers. cred. præscr.; L.* 12, *ff. de divers. temp. præscr.*). Tel était l'état du droit avant Justinien. Mais ce prince, ayant effacé toute distinction entre les immeubles d'Italie et ceux des provinces, confondit ensemble la prescription et l'usucapion, en attribuant à chacune d'elles tous les effets de l'autre. Seulement, le délai nécessaire pour usucaper une chose mobilière fut porté à trois ans. (*L. un. Cod. de usucap. transform.*).

Ut res quidem mobiles. Il ne faut pas inférer de ces mots et de ceux qui les suivent, que les choses corporelles seules soient susceptibles d'usucapion ou de prescription. On peut, en effet, prescrire un droit de servitude, lorsqu'on l'a exercé pendant l'espace de temps requis par la loi, c'est-à-dire, pendant dix ou vingt années, selon que le délai doit courir entre présents ou entre absents (*L.* 5, § 3, *ff. de itin.; L.* 20, *ff. de serv. præd. urb.*), de même que l'on peut aussi recouvrer, par usucapion, la liberté des héritages soumis à une servitude (*vid. supr. pag.* 190). Enfin, il y a au Code une constitution de Justinien qui rend toutes les choses incorporelles susceptibles d'usucapion (*L*. 12 , *in fin. Cod. de prœscr. long. temp.*). — Dans l'ancien droit , la loi *Scribonia*, portée vers l'an de Rome 720 , avait déclaré qu'on ne pouvait usucaper les choses incorporelles.

Inter prœsentes. Sont réputés *présents* , ceux qui ont leur domicile dans la province où est située la chose susceptible d'être usuçapée ou prescrite ; *absents* , ceux qui demeurent dans une autre province.

— La possession est la condition nécessaire pour arriver à l'usucapion ou à la prescription ; car, sans possession point d'usucapion ni de prescription (*L*. 25 , *ff. de usurpat. et usucap.*). On peut réduire à deux les qualités que doit réunir la possession , pour qu'elle puisse donner naissance à l'usucapion ou à la prescription: 1o il faut qu'elle ait continué pendant le temps fixé par la loi ; 2o il faut qu'elle soit de bonne foi, c'est-à-dire qu'elle ait pour base un juste titre , qu'elle ait commencé , par exemple , en vertu d'un titre translatif de propriété onéreux ou gratuit. Nous allons développer successivement ces deux conditions en les justifiant par le rapprochement des divers paragraphes de notre titre qui se rapportent à chacune d'elles.

Première condition. Il faut que la possession ait été continuée pendant tout le temps fixé par la loi. Si donc , pendant ce temps , elle a été interrompue par une cause quelconque, elle ne peut plus être d'aucune utilité, et il est nécessaire qu'elle soit recommencée. L'interruption de la possession peut avoir une cause *naturelle* ou *civile*. Lorsqu'on est expulsé ou dépouillé violemment de la chose qu'on possède , il y a interruption *naturelle* de la possession (*L*. 5 , *ff. de usurpat. et usucap.*). Il en serait de même , si le possesseur était, pendant les délais de la possession, tombé en captivité ; son retour lui permettrait de recommencer une nouvelle possession , mais non de continuer la première ; nous avons vu , en effet (*supr. pag.* 78), que la fiction du *postliminium* ne concernait jamais les choses de fait (*L*. 12, § 2 , *ff. de capt. et postlim. revers.*; *L*. 15 , *ff. supr. dict. tit.* ; *L*. 1 , § 3 , *ff. de adq. vel am. poss.* ; *L*. 23 , § 1 , *ff. ex quib. caus. maj.*). La possession est interrompue *civilement*, lorsque, par exemple, on a intenté contre le possesseur une demande à fin de revendication de la chose possédée. Autrefois, l'usucapion (*L*. 2 , *ff. pro donat.*; *L*. 2, § 21 , *ff. pro empt.*), à la différence de la prescription (*L*. 2 et 10, *Cod. de prœscr. long. temp.*; *L*. 26 , *Cod. de rei vind.*), continuait de courir malgré l'instance ; mais quoique la chose eût été usucapée pendant le procès, on forçait ordinairement le possesseur de la restituer au demandeur qui avait prouvé qu'il en était propriétaire (*L*. 18 . *ff. de rei vind.*).

Toutefois, il n'est pas nécessaire que l'on ait toujours possédé par soi-même, si on peut réunir à sa possession celle de celui à qui on succède à titre universel ou à titre particulier. On entend par successeurs universels ceux qui succèdent à tous les droits d'une personne, et qui sont, en quelque sorte, la continuation de son individu, comme les héritiers et ceux qui sont appelés aux diverses possessions des biens (*L*. 59, *ff. de reg. jur.*), et par successeurs à titre particulier , ceux qui succèdent aux droits d'une personne sur un objet particulier, comme les acquéreurs, les donataires, les légataires. Ce privilége de joindre à sa possession celle de son auteur s'appelle *accession de possession*. Elle a lieu, soit à l'égard des successeurs universels , soit à l'égard des successeurs particuliers (§ 12 *et* 13).

§ 12.

Diutina possessio quæ prodesse cœperat defuncto , *et heredi et bonorum possessori continuatur*, licet ipse sciat prædium alienum. Quod si ille initium justum non habuit , heredi et bonorum possessori, licet ignoranti, possessio non prodest. Quod nostra constitutio similiter et in usucapionibus observari constituit, ut tempora continuentur.

Et heredi et bonorum possessori continuatur. Comme la possession de l'héritier n'est que la continuation de celle du défunt , il importe d'examiner comment cette possession a commencé dans le défunt , afin de savoir si elle peut ou non servir à l'héritier. Si elle a commencé utilement pour le défunt, elle se continuera utilement pour l'héritier, lors même qu'il serait de mauvaise foi (*L.* 31 , § 6 , *ff de usurpat. et usucap.; L.* 2 , § 19 , *ff. pro empt.; hic text.*) ; si au contraire elle a commencé vicieusement pour le défunt, elle se continuera vicieusement, même pour l'héritier qui serait de bonne foi (*hic text. L.* 4, *Cod. de usucap. pro hered.; L.* 3, *Cod. comm. de usucap.; L.* 11 , *ff. de divers. temp. præser.; L.* 4 , *Cod. de præscr. long. temp.; L.* 11, *Cod. de adq. et retin. poss.*).

§ 13.

Inter venditorem quoque et emptorem *conjungi tempora* divi Severus et Antoninus rescripserunt.

Conjungi tempora. Il n'y a plus ici continuation d'une même possession, mais seulement jonction de deux possessions bien distinctes, celle du vendeur et celle de l'acheteur. Or , cette jonction ne peut s'opérer qu'autant qu'ayant commencé utilement dans le vendeur, elle pourrait recommencer utilement dans l'acheteur. Par conséquent, la bonne foi de l'auteur ne profiterait en aucune manière au successeur particulier de mauvaise foi (*L.* 2, § 17, *ff. pro empt.*). Par conséquent encore, la possession vicieuse du vendeur, ne pourrait jamais se joindre à celle de l'acquéreur (*L.* 37 , *ff. de act. empt.; L.* 13, § 1, 7 *et* 13 , *ff. de adq. poss.*) ; mais celui-ci pourrait très bien, s'il était de bonne foi, recommencer et accomplir la prescription *ex sua persona* (*L.* 3, *Cod. de peric. et comm. rei vind.; L.* 5, *pr. ff. de divers. temp. præscr.*; *L.* 4 , *Cod. de rei vind.*), en quoi il diffère évidemment du successeur à titre universel, qui ne peut plus usucaper à cause du vice originel de la possession de celui qu'il représente. Remarquez cependant que , d'après la Novelle 119, chap. 7, la mauvaise foi de l'auteur empêche le successeur particulier d'usucaper contre le véritable propriétaire, si celui-ci ignorait également, et que la chose lui appartînt, et qu'elle eût été aliénée. Dans ce cas , la chose ne pourrait être prescrite qu'après trente années de possession.

Seconde condition. Il faut que la possession soit de bonne foi (*pr. h. tit.*; *L.* 2 , § 1 , *ff. pro empt.*). Pour qu'il y ait bonne foi , il est nécessaire que l'on tienne la chose au moins d'une personne qu'on croyait avoir le droit et la capacité d'en disposer (*pr. h. tit.* ; *L.* 12 *et* 34 , *ff. de usurpat. et usucap.*; *L.* 27, *ff. de contrah. empt.*; *L.* 2 , § 15 , *L.* 7 , § 5; *L.* 14 , *ff. pro empt.* ; *L.* 5 , *pr. ff. pro derel.*) , et ensuite que la chose ait été transmise en vertu d'un juste titre, c'est-à-dire, en vertu d'un titre translatif de propriété onéreux ou gratuit (*L.* 11 , *Cod. de præscr. long. temp.*), comme une donation (*ff. pro donat.*) , une vente (*ff. pro empt.*), une constitution de dot (*ff. pro dot.*) , un paiement (*ff. pro solut.*). Mais remarquez qu'il faut que ce titre soit réel : si on en supposait l'existence, cette persuasion ne suffirait pas pour faire que l'on possédât de bonne foi. Le paragraphe 2 est positif sur ce point.

§ 11.

Error autem falsæ causæ usucapionem non parit : veluti si quis, cum non emerit, emisse se existimans possideat; vel cum ei donatum non fuerit, quasi ex donatione possideat.

Cependant, si cette opinion , quoique erronée, était fondée sur un motif probable, elle pourrait remplacer le titre. Ainsi , un héritier trouve au nombre des objets de l'hérédité une chose qu'il suppose que le défunt a acquise, quoiqu'il n'en soit rien, il pourra l'usucaper (*L.* 5 , § 1 , *ff. pro suo* § 3 , *ff. pro hered.*). Voyez toutefois ce que nous dirons plus bas sous le paragraphe 4.

— Pour qu'une chose soit susceptible d'usucapion ou de prescription , il ne suffit pas qu'elle ait été possédée de bonne foi et pendant le temps requis, il faut encore qu'elle soit de celles dont l'usucapion n'est pas prohibée, soit à raison d'elles-mêmes , soit à raison d'un privilége accordé au propriétaire. C'est en ce sens que le paragraphe 10 parle de choses dans lesquelles il y a un vice qui met obstacle à l'usucapion.

§ 10.

Novissime sciendum est , rem talem esse debere ut in se

non habeat vitium, ut a bonæ fidei emptore usucapi possit, vel qui ex alia justa causa possidet.

§ 1er.

Sed aliquando, etiam si maxime quis bona fide rem possederit, non tamen illi usucapio ullo tempore procedit : veluti si quis liberum hominem, vel rem sacram vel religiosam, vel *servum fugitivum* possideat.

Toutes les choses dont il est parlé dans ce paragraphe sont, à l'exception de l'esclave fugitif, hors du commerce ; nous avons vu qu'elles ne pouvaient être acquises à personne par un moyen quelconque (*supr.* § 7, *de rer. div.*) : il n'est donc pas étonnant qu'elles ne soient pas susceptibles d'usucapion.

Servum fugitivum. Quia sui ipsius furtum facit (*L.* 60, *ff. de furt.*). Ce n'est donc pas parce que l'esclave fugitif n'est pas une chose commerciable qu'il ne peut pas être usucapé, mais seulement parce que sa fuite est considérée comme un vol qu'il fait de sa propre personne. Cependant il serait acquis par prescription à celui qui l'aurait possédé pendant 30 années (*L.* 3 et 4, *Cod. de præscr. trig. ann.*).

§ 2.

Furtivæ quoque res, et quæ vi possessæ sunt, nec si prædicto longo tempore bona fide possessæ fuerint, usucapi possunt : nam furtivarum rerum *lex duodecim tabularum* et lex Atinia inhibent usucapionem ; vi possessarum, lex Julia et Plautia.

Furtivæ quoque res. Sont *furtives* les choses non seulement qui ont été dérobées, mais encore celles qui en proviennent ou qui ont été faites avec elles. Ainsi un vêtement fait avec de la laine dérobée est une chose furtive (*L.* 4, § 20, *ff. de usurpat. et usucap.*). Ainsi encore, l'enfant né d'une esclave fugitive est une chose furtive (*L.* 60, *ff. de furt.* ; *L.* 12, *Cod. de furt.*

Lex duodecim tabularum. La loi des Douze-Tables ne mettait obstacle à l'usucapion qu'à l'égard de celui qui avait dérobé la chose ; mais la loi *Atinia*, portée en l'an de Rome 557, étendit cette prohibition, même à tout possesseur de bonne foi (*Pothier, Pand. libr.* 41, *tit.* 3, *de usurpat. et usucap.* no 12), quelque longue d'ailleurs qu'eût été sa possession (*hic text.*). La loi *Plautia* fut proposée en 665 ; on attribue la loi *Julia* à Auguste. Ces deux lois appliquèrent aux choses immobilières les prohibitions qui n'avaient été faites par la loi *Atinia* que pour les choses mobilières (*Pothier*, *Pand. cod. tit. nº 23*). — Il résulte de notre texte, que le possesseur de mauvaise foi ne peut jamais usucaper la chose qu'il a volée, ou dont il s'est emparé par la violence, et, s'il la transmet à une autre personne, cette dernière ne pourra également l'usucaper quand même elle serait de bonne foi. Mais si, sans avoir été volée ou enlevée par force, la chose était seulement possédée de mauvaise foi, pourrait-elle être usucapée par celui auquel elle aurait été transmise, et qui l'aurait reçue de bonne foi ? oui, si la chose est immobilière : non, si elle est mobilière. Nous en allons fournir la preuve. Voyons d'abord pour les choses immobilières.

§ 7.

Quod autem ad eas res quæ solo continentur, expeditius procedit ut quis loci vacantis possessionem, propter absentiam aut negligentiam domini, aut quia sine successore decesserit, sine vi nanciscatur. Qui, quamvis ipse mala fide possidet, quia intelligit se alienum fundum occupasse, tamen si alii bona fide accipienti tradiderit, poterit ei longa possessione res adquiri, *quia neque furtivum* neque vi possessum acceperit. Abolita est enim quorumdam veterum sententia, existimantium etiam fundi *locive furtum fieri*. Et eorum qui res soli possederint, principalibus constitutionibus prospicitur ne cui longa et indubitata possessio auferri debeat.

Quia neque furtivum. Ici est la raison de cette différence remarquable entre les choses mobilières et immobilières. Celui qui entre en possession d'un fonds que son maître a délaissé peut être de mauvaise foi ; mais il n'est pas voleur, parce qu'il est de principe qu'on ne vole pas un immeuble ; il n'est pas spoliateur non plus, car il n'a pas employé la violence : la possession au contraire d'une chose mobilière suppose toujours le vol, lorsqu'elle est de mauvaise foi ; la chose infectée d'un vice originel ne s'en séparera jamais : voilà pourquoi, transférée à un autre, elle ne pourra être usucapée par lui, bien qu'il puisse exciper de sa bonne foi.

Locive furtum fieri. Sous l'empire de cette opinion, il est certain que la chose immobilière n'aurait pu être usucapée par le successeur de bonne foi, parce qu'alors elle eût été furtive. — Rappelons ce qui a été dit plus haut (*pag.* 200) que, d'après la Novelle 119, chap. 7, la bonne foi du successeur n'est plus suffisante, dans la plupart des cas. Revenons aux choses mobilières.

§ 3.

Quod autem dictum est, furtivarum et vi possessarum rerum usucapionem per leges prohibitam esse, non eo pertinet ut ne ipse fur, quive per vim possidet, usucapere possit (nam his alia ratione usucapio non competit, quia scilicet mala fide possident); sed ne ullus alius, quamvis ab eis bona fide emerit vel ex alia causa acceperit, usucapiendi jus habeat. Unde in rebus mobilibus *non facile procedit*, ut bonæ fidei possessori usucapio competat : nam qui alienam rem vendit vel ex alia causa tradit, furtum ejus committit.

Non facile procedit. C'est avec raison que Justinien fait la remarque qu'il n'est pas facile d'arriver à l'usucapion des choses mobilières. En effet, ou l'on tient la chose du propriétaire lui-même, ou de son consentement, ou bien on la reçoit et on l'acquiert à son insu. Dans ce dernier cas, il y aura presque toujours vol, sinon de la part de celui qui l'aura donnée, au moins de la part de ceux qui l'auront transférée à l'insu du propriétaire. Quoi qu'il en soit, l'usucapion des choses mobilières a lieu dans un assez grand nombre de cas, et Justinien nous en donne plusieurs exemples dans les paragraphes suivants :

§ 4.

Sed tamen id aliquando aliter se habet. Nam si heres rem defuncto commodatam aut locatam vel apud eum depositam, existimans hereditariam esse, *bona fide accipienti vendiderit* aut donaverit aut dotis nomine dederit, quin is qui acceperit usucapere possit, dubium non est; quippe cum ea res in furti vitium non ceciderit : cum utique heres, qui bona fide tanquam suam alienaverit, furtum non committit.

Bona fide accipienti vendiderit. Si l'héritier, au lieu de vendre ou de donner la chose, la retenait, pourrait-il l'usucaper ? non, parce que le défunt ne possédant que comme commodataire, dépositaire ou locataire, il n'y a pas là ce juste titre qui doit nécessairement précéder l'usucapion, et sans lequel elle ne peut avoir lieu : *usucapio non præcedente vero titulo procedere non potest* (*L.* 4, *Cod. de usucap. pro hered.*; *L.* 4, *Cod. de præscr. long. temp.*). D'ailleurs, l'héritier ne peut changer la cause de sa possession (*L.* 2, § 1, *ff. pro hered.*): or, cette possession était vicieuse dans le défunt, elle ne pourra donc que continuer, ou même que commencer vicieusement pour l'héritier, ainsi que nous l'avons dit (*vid. supr. pag.* 199). Selon Pothier (*Pand. lib.* 41, *tit.* 5, *pro hered. n*° 1), il n'y a qu'un seul cas dans lequel la possession à titre d'héritier puisse servir pour l'usucapion. C'est celui où l'héritier trouve dans la succession une chose étrangère que le défunt ne savait pas posséder. L'héritier peut très bien croire, en effet, que cette chose fait partie de l'hérédité, et sa bonne foi peut lui servir de titre pour commencer une possession utile (*L*. 3, *ff. pro hered.*). Disons que plusieurs auteurs sont d'avis cependant que l'héritier retenant la chose pourrait l'usucaper (*vid. Vinn. in §*° 12).

§ 5.

Item si is ad quem ancillæ ususfructus pertinet, partum suum esse credens vendiderit aut donaverit, furtum non committit; furtum enim sine affectu furandi non committitur.

La décision que nous avons donnée sur le paragraphe précédent doit s'appliquer ici. L'usufruitier ne pourrait usucaper l'enfant, s'il le conservait pour lui. Peu importe qu'il pensât en avoir le droit; car la persuasion fondée sur une cause qui n'existe pas, ne peut jamais donner naissance à l'usucapion (§ 11, *h. tit.*). Si l'acquéreur de la chose peut l'usucaper, c'est que n'étant pas furtive, on peut alors avoir égard à sa bonne foi; mais cette exception existe uniquement en sa faveur, et ne doit pas être étendue à l'héritier ou à l'usufruitier.

§ 6.

Aliis quoque modis accidere potest, ut quis sine vitio furti rem alienam ad aliquem transferat, et efficiat ut a possessore usucapiatur.

Aliis quoque modis. Les espèces auxquelles se réfère ici Justinien, sont celles contenues dans les lois 36, § 1, *ff. de usurput. et usucap.*; 57, *ff. mandat. vel contr.*; 4, *ff. pro derelict.*

§ 8.

Aliquando etiam furtiva vel vi possessa res usucapi potest, veluti si *in domini potestatem* reversa fuerit; tunc enim, vitio rei purgato, procedit ejus usucapio.

Si in domini potestatem. Lorsque le maître de la chose ne l'avait pas en sa possession au moment où elle a été dérobée ou enlevée par violence, on n'exige pas absolument que le maître lui-même soit réintégré dans la possession de cette chose, pourvu qu'elle retourne entre les mains de celui à qui elle avait été confiée. Si, par exemple, il s'agissait d'une chose donnée en gage, il importerait peu qu'elle restât dans la possession de son maître ou de celui à qui elle aurait été donnée en gage; dans ces deux cas, son vice de chose furtive disparaîtrait également (*infr.* § 12 *et* 13, *de obl. quæ ex del. nasc.*), et elle serait, par la suite, susceptible d'usucapion. Si le propriétaire achetait sa propre chose, ne sachant pas qu'elle lui avait été dérobée, cette chose rentrée ainsi dans sa possession ne cesserait pas pour cela d'être furtive (*L.* 4, § 12, *ff. de usurpat. et usucap.*). — Jusqu'à présent, il a été parlé des choses dont l'usucapion est prohibée à raison d'elles-mêmes ; voyons celles maintenant dont l'usucapion est également défendue à raison d'un privilège accordé au propriétaire. Tels sont principalement les biens des cités, des églises (*L.* 23, *Cod. de sacros. eccl.*), des pupilles (*L.* 3, *Cod. quib. non obst. long. temp. præscr.*), des mineurs de vingt-cinq ans (*L. ult. Cod. in quib. cas. in integ. rest.*), et du fisc dont il est question dans le paragraphe suivant :

§ 9.

Res fisci nostri usucapi non potest; sed Papinianus scripsit, *bonis vacantibus* fisco nondum nunciatis, bona fide emptorem traditam sibi rem ex his bonis usucapere posse. Et ita divus Pius, et divi Severus et Antoninus rescripserunt.

Bonis vacantibus. Sont vacants les biens des personnes décédées sans successeurs; une loi *Julia* appelée *caducaire* les attribua de plein droit au fisc (*L.* 96, § 1, *ff. de legat.* 1o). Cependant ils pouvaient être usucapés dans l'intervalle qui s'écoulait entre la mort et le rapport des agents du fisc, par lequel l'administration apprenait qu'un droit lui était dévolu (*L.* 1, § 1, *ff. de jur. fisc.; L.* 18, *ff. de usurpat. et usucap.*). — Il nous reste à examiner ce que deviendrait la chose d'autrui dans le cas où elle aurait été livrée par le fisc à un étranger à titre de vente, de donation ou autrement. Il existe à cet égard trois constitutions de divers empereurs.

— La première est celle de Marc-Aurèle :

§ 14.

Edicto divi Marci cavetur, eum qui a fisco rem alienam emit, si post venditionem quinquennium præterierit , posse dominum rei per exceptionem repellere.....

Edicto divi Marci. Cet édit de Marc-Aurèle est rappelé dans la loi dernière au Code *si advers. fisc.*, Remarquez que Marc-Aurèle n'attribuait pas au possesseur la propriété de la chose, mais seulement une exception contre le propriétaire, lors toutefois que sa possession s'était prolongée pendant cinq années. Cette constitution ne pouvait guères profiter qu'aux acheteurs de mauvaise foi ; car , à l'époque de Marc-Aurèle , la propriété était acquise aux possesseurs de bonne foi par l'usucapion, au bout d'une ou de deux années (*L*. 3, *Cod. si advers. fisc.*).

— La deuxième constitution est celle de Zénon :

....*Constitutio* autem divæ memoriæ Zenonis bene prospexit iis qui a fisco per venditionem aut donationem vel alium titulum aliquid accipiunt , ut ipsi quidem securi statim fiant, et victores existant, sive experiantur sive conveniantur ; adversus autem sacratissimum ærarium usque ad quadriennium liceat intendere iis qui pro dominio vel hypotheca earum rerum quæ alienatæ sunt , putaverint sibi quasdam competere actiones....

Constitutio. La constitution de Zénon est la loi 2 au Code *de quadr. præscr.* Cette constitution confère véritablement des priviléges fort étendus. Les acquéreurs deviennent aussitôt propriétaires des choses qui leur ont été livrées par le fisc ; elles leur sont transmises franches de toutes charges et hypothèques : ils peuvent les revendiquer, et ils sont parfaitement protégés contre les anciens propriétaires et contre les créanciers hypothécaires. La seule ressource qui reste à ceux-ci est de pouvoir, pendant quatre années, diriger une action en recours contre le fisc (*L*. 3 , *Cod. de quadr. præscr.*).

— La troisième constitution est celle de Justinien :

.....Nostra autem divina *constitutio* quam nuper promulgavimus, etiam de iis qui a nostra vel venerabilis Augustæ domo aliquid acceperint , hæc statuit, quæ in fiscalibus alienationibus præfata Zenoniana constitutione continentur.

Constitutio. Cette constitution est la loi 3 au Code *de quadr. præscr.* Elle ne change rien à celle de Zénon ; elle se contente d'en étendre les priviléges aux choses étrangères qui, achetées par le domaine privé du prince et de l'impératrice, auraient été vendues ou données à d'autres personnes.

TITRE SEPTIÈME.

Des Donations. (De donationibus).

PR.

Est et aliud genus adquisitionis , *donatio*. Donationum autem duo sunt genera, mortis causa, et non mortis causa.

Donatio. La donation (*doni datio*) est l'acte par lequel on fait volon-tairement à quelqu'un une libéralité : *donatio est liberalitas nullo jure cogente facta*.

La donation, de quelque nature qu'elle soit, n'est point parfaite, si elle n'a lieu du consentement de toutes les parties. Ce consentement se mani-feste dans le donateur par sa volonté exprimée de donner la chose, et dans le donataire, par sa volonté exprimée de l'accepter (*infr.* § 2, *h. tit.*; *L*. 10, *Cod. de donat.*; *arg. ex leg.* 10, *ff. cod. tit.*). La chose donnée doit encore être livrée au donataire ; car la donation, au moins celle entre vifs (*L*. 2, *ff. de public. in rem. act.*), n'est pas, comme le dit ici Justinien, un moyen d'acquisition ; ce n'est qu'une juste cause qui sert de titre et de fondement à la translation de la propriété, qui s'opère seulement par la tradition ou par l'usucapion. Le donateur, jusqu'à cette tradition, restait donc propriétaire de la chose qu'il avait voulu donner ; mais, depuis Jus-tinien, le donataire aurait action contre lui pour le forcer à la tradition (*infr.* § 2, *h. tit.*; *L*. 35, *Cod. de donat.*). Lorsque la distinction entre les choses *mancipi* et *non mancipi* subsistait encore, la donation ne pouvait avoir d'effet, relativement au transfert de la propriété, qu'autant que la chose donnée était ensuite mancipée ou livrée au donataire, suivant que cette chose était ou non *res mancipi*. Constantin exigea que la donation se fît publiquement et qu'elle fût rédigée par écrit ; que le dessaisissement du donateur eût lieu en présence de témoins mandés exprès ; et enfin, que la donation fût insinuée, c'est-à-dire, que l'acte de donation fût remis au magistrat compétent pour être inséré au nombre de ses actes (*L*. 1, 2, 5, 6 *et* 8, § 1, *Cod. th. de donat.*). Justinien n'a pas conservé toutes ces formalités : il les a supprimées pour les donations à cause de mort, aux-quelles elles s'étendaient également; et nous verrons, sous le paragraphe 2, que, dans les donations entre vifs, l'acte écrit n'est plus nécessaire, et que la formalité de l'insinuation n'a été prescrite que pour les cas où la donation excéderait cinq cents solides d'or.

§ 1ᵉʳ.

1° *De la donation à cause de mort*. Mortis causa dona-tio est, *quæ propter mortis fit suspicionem :* cum quis ita donat ut, si quid humanitus ei contigisset, haberet is qui ac-cipit, *sin autem supervixisset* is qui donavit, reciperet ; vel si eum donationis pœnituisset, aut prior decesserit is cui dona-tum sit. Hæ mortis causa donationes *ad exemplum legatorum* redactæ sunt per omnia. Nam cum prudentibus ambiguum fue-rat, utrum donationis an legati instar eam obtinere oporteret, et utriusque causæ quædam habebat insignia, et alii ad aliud genus eam retrahebant, *a nobis constitutum* est ut per omnia fere legatis connumeretur, et sic procedat quemadmodum nostra constitutio eam formavit. *Et in summa* mortis causa donatio est, cum magis se quis velit habere, quam cum cui donat; magisque eum cui donat, quam heredem suum. Sic et apud Homerum Telemachus donat Piræo :

Piræe, incertus quoniam rerum exitus harum est,
Si tacita incautum stolidi me forte necare
Morte proci poterunt, et opes vexare paternas,
Hæc ego te malo, quam illorum quempiam habere.
Sin ego eos justa meritos affecero clade,
Tum mihi tu læto reddes illa omnia lætus.

Quæ propter mortis fit suspicionem. La donation à cause de mort a trois qualités essentielles qui la distinguent de la donation entre vifs : 1º elle doit être faite dans la pensée de la mort, sans cependant qu'il soit nécessaire que le donateur soit malade ou en danger de mort ; 2º il faut que le donateur fasse mention expresse de sa mort, comme d'une condition essentielle qui suspend la donation, et la rend imparfaite durant sa vie ; 3º elle doit être révocable jusqu'au dernier moment de la vie du donateur ; en sorte que, si quelqu'un avait fait une donation à la charge qu'elle fût irrévocable, elle serait réputée donation entre vifs, quoiqu'il l'eût qualifiée de donation à cause de mort (*Ferrières, Inst. comment. h. text.*). La donation à cause de mort est donc faite toujours en vue d'un péril actuel ou futur qui, dans un temps plus ou moins éloigné peut occasionner la mort (*L. 3, 4, 5 et 6, ff. de donat. mort. caus.; Paul, lib. 3, sent. tit. 7, § 1 et 2*). Cette mort est ordinairement celle du donateur. Cependant on pourrait très bien prendre pour cause la mort d'une tierce personne, dont le décès rendrait la donation irrévocable (*L. 11 et 18, pr. ff. de dict. tit.; L. 3, Cod. eod.*). On pourrait également spécifier un genre de mort particulier (*L. 2, 3, 4, 5 et 6; L. 31, § 2; L. 35, § 4, dict. tit.*).

Sin autem supervixisset. Il y a trois cas dans lesquels la donation à cause de mort peut avoir été faite inutilement : 1º si le donateur survit au donataire (*sin autem supervixisset*); 2º s'il se repent de la donation qu'il a faite et s'il l'a retire (*si pœnituisset*) : car il est de l'essence de la donation à cause de mort qu'elle soit révocable jusqu'au dernier moment de la vie du donateur, et c'est là, avons-nous dit, une des différences principales qui la distinguent de la donation entre vifs ; 3º si le donataire meurt avant le donateur (*aut prior decesserit is cui donatum sit.*).

Ad exemplum legatorum. Il faut ajouter la particule *fere*, comme le fait d'ailleurs la suite du texte. En effet, la donation à cause de mort n'est pas en tous points assimilable aux legs. Par exemple, il faut que le donateur accepte la donation qui lui est faite, pour que cette donation soit valable (*L.* 38, *ff. de donat. mort. caus.*); le legs, au contraire, n'est jamais accepté par le légataire du vivant du testateur. Les principales ressemblances de la donation à cause de mort avec les legs sont celles-ci : elle est révocable comme les legs ; comme eux, elle ne se prend que sur l'actif, déduction faite du passif, et, par conséquent, elle est caduque, si le donateur meurt insolvable (*L.* 17, *ff. eod. tit.*; *L.* 66. § 1, *ff. ad leg. falcid*); l'héritier enfin pouvait la faire réduire en vertu de la falcidie (*L.* 2, *Cod. de donat. caus. mort.*), comme il peut faire réduire les legs (*infr. do leg. falcid.*).

A nobis constitutum est. La constitution de Constantin prescrivait pour les donations à cause de mort les mêmes formalités que pour les donations entre vifs, et c'était encore une différence avec les legs. Mais Justinien réduisit toutes ces formalités à la simple présence de cinq témoins qui devaient recevoir la déclaration verbale ou écrite du donateur, laquelle était dispensée de l'insinuation (*L.* 4, *Cod. de donat. mort. caus.*).

Et in summa. Voilà donc la donation à cause de mort bien distinguée par Justinien lui-même, de toute autre donation. La donation à cause de mort est celle par laquelle le donateur aimerait mieux avoir la chose qu'il donne que le donataire, mais qu'il aime mieux que le donataire ait que son héritier.

§ 2.

Des donations entre vifs. Aliæ autem donationes sunt, quæ *sine ulla mortis cogitatione* fiunt, quas inter vivos appellamus, *quæ non omnino comparantur legatis:* quæ si fuerint perfectæ, *temere revocari non possunt. Perficiuntur autem,* cum donator suam voluntatem *scriptis aut sine scriptis* manifestaverit. *Et ad exemplum venditionis,* nostra constitutio eas etiam in se habere necessitatem traditionis voluit : ut etiamsi non tradantur, habeant plenissimum et perfectum robur, *et traditionis necessitas* incumbat donatori. Et cum retro principum dispositiones insinuari eas actis intervenientibus volebant, si majores fuerant ducentorum solidorum, constitutio nostra eam quantitatem usque *ad quingentos solidos* ampliavit, quam stare etiam sine insinuatione statuit; sed et quasdam donationes invenit, quæ penitus insinuationem fieri *minime desi-*

derant, sed in se plenissimam habent firmitatem. *Alia insuper multa* ad uberiorem exitum donationum invenimus ; quæ omnia ex nostris constitutionibus, quas super his exposuimus, colligenda sunt. *Sciendum est tamen* quod , et si plenissimæ sint donationes , si tamen ingrati existant homines in quos beneficium collatum est, donatoribus per nostram constitutionem *licentiam præstavimus* certis ex causis eas revocare : ne qui suas res in alios contulerunt , ab his quamdam patiantur injuriam vel jacturam , secundum enumeratos in constitutione nostra modos.

Aliæ autem donationes. Ces expressions se rapportent aux diverses espèces de donations entre vifs , aux donations pures et simples, conditionnelles , à terme, et enfin à cette espèce de donation dont il sera parlé sous le paragraphe 3.

Sine ulla mortis cogitatione C'est l'indice ordinaire qui sert à distinguer s'il y a donation à cause de mort, ou donation entre vifs. Cependant, ainsi qu'il a été dit plus haut, si la donation , quoique faite en vue de la mort, était irrévocable, elle serait donation entre vifs ; car c'est surtout dans la révocabilité de l'une et l'irrévocabilité de l'autre que consiste la principale et la plus essentielle différence.

Quæ non omnino comparantur legatis. Autre différence entre la donation entre vifs et la donation à cause de mort. Celle-ci ne contient , comme les legs, qu'une espérance, qu'une possibilité de propriété sur la chose donnée ; celle-là transfère actuellement et irrévocablement la propriété même.

Temere revocari non possunt. La donation entre vifs est de la nature irrévocable , en ce sens qu'il n'est pas au pouvoir du donateur d'empêcher arbitrairement (*temere*) qu'elle n'ait son effet. Il y a plusieurs cas cependant dans lesquels la loi prononce la révocation des donations entre vifs. Nous en parlerons à la fin de ce paragraphe.

Perficiuntur autem. Pourvu toutefois que le donataire, ayant trouvé convenables à son égard les intentions du donateur, ait déclaré vouloir les accepter : car le consentement du donataire est , comme nous l'avons dit plus haut, également nécessaire à la perfection de la donation (*L*. 10, *Cod. de don.* ; *arg. ex leg.* 10, *ff. eod. tit.*).

Scriptis aut sine scriptis. Ainsi , la rédaction par écrit de l'acte de donation n'est plus, comme sous Constantin, une formalité indispensable.

Et ad exemplum venditionis. Dans le cas de vente, lorsqu'on est convenu du prix moyennant lequel une chose devra être livrée, il s'est formé un contrat obligatoire pour toutes les parties (*infr. pr. de empt. et vend.*), et , bien que le vendeur , par exemple, reste propriétaire jusqu'à la tradition, l'acquéreur aurait contre lui, en cas de refus, action pour le forcer à cette tradition. Si l'on excepte les donations qui avaient lieu entre ascendants et descendants, et qui contenaient, comme maintenant, nécessité de la tradition (*L. 4 et 5, Cod. th. h. tit.*), la simple promesse de donner une chose n'aurait pas obligé autrefois le donateur à manciper ou livrer cette chose au donataire, si elle n'avait été revêtue des solennités de la stipulation. Mais Justinien a voulu, par sa constitution qui est la loi 35 au Code *de donationibus*, que la convention entre le donateur et le donataire eût la même force que celle entre le vendeur et l'acquéreur, c'est-à-dire, que le donateur fût obligé civilement à livrer la chose promise, et que le donataire eût action pour le contraindre à cette tradition.

Et traditionis necessitas. Maintenant, comme autrefois, la donation faite et acceptée ne transfère la propriété qu'au moyen de la tradition qui donne la possession. Jusqu'à cette tradition, le donateur restera le maître de la chose qu'il s'est engagé à livrer. Mais la donation n'en aura pas moins tout l'effet dont elle est susceptible, parce que la tradition pourra être exigée. La constitution de Justinien ne fait donc pas que la propriété soit transférée sans tradition, mais seulement que le donateur puisse être forcé à cette tradition ; ce que ne permettaient pas les lois anciennes.

Ad quingentos solidos. D'abord Justinien voulut que toutes les donations excédant trois cents solides fussent insinuées (*L. 34, Cod. de donat.*) ; mais en dernier lieu, il éleva ce taux jusqu'à cinq cents solides (*L. 36, § 3, Cod. eod. tit.*). Remarquez toutefois que les donations non insinuées, dépassant cette somme, ne seraient nulles et sans effet que pour l'excédant (*dict. leg. 34, Cod. eod. tit.*).

Minime desiderant. Les donations dispensées de la formalité de l'insinuation sont celles qui ont pour but le rachat des captifs, la reconstruction des bâtiments incendiés, et celles faites au prince ou par lui (*L. 34 et 36, Cod. dict. tit.; Nov. 52, cap. 2*).

Alia insuper multa. Ces autres conditions pour la perfection des donations dont Justinien parle ici n'étant pas très-importantes, nous les passerons sous silence.

Sciendum est tamen. Les causes d'ingratitude qui peuvent donner lieu à la révocation de la donation sont au nombre de cinq : si le donataire a injurié gravement le donateur ; s'il l'a frappé ; s'il lui a dressé des embûches pour attenter à ses jours ; s'il a dilapidé la fortune du donateur ; s'il n'a pas exécuté les conditions de la donation (*L. 10, Cod. de revoc. donat.*).

Licentiam præstavimus. Donatoribus solis, non etiam heredibus eorum (*L. 7, Cod. eod. tit.*): car l'action en révocation des donations pour cause d'ingratitude est purement personnelle, et ne passe point aux héritiers, à moins pourtant qu'elle n'ait été intentée par le donateur avant son décès. Remarquez qu'elle ne comprenait pas les objets que le donataire aurait aliénés avant la demande en révocation. — Les donations entre vifs sont encore révocables dans un cas particulier , lorsqu'un patron sans postérité ayant donné à son affranchi la totalité ou une quote-part de ses biens, il lui survient ensuite des enfants (*Vinn. select. quæst. lib.* 2, *cap.* 32). — Enfin, il est un autre genre de donation entre vifs, appelée avant Justinien *anté-nuptiale*, et, depuis ce prince, donation *à cause des noces* (*propter nuptias*). Nous allons voir, dans le paragraphe suivant, comment cette donation s'introduisit, et pourquoi Justinien dut changer son nom qui ne convenait plus à son but, et même la modifier.

§ 3.

Est et aliud genus inter vivos donationum , quod veteribus quidem prudentibus penitus erat incognitum, postea autem *a junioribus divis principibus* introductum est : quod ante nuptias vocabatur, et tacitam in se conditionem habebat ut tunc ratum esset, cum matrimonium fuerit insecutum. Ideoque ante nuptias appellabatur, quod ante matrimonium efficiebatur, et nunquam post nuptias celebratas talis donatio procedebat. Sed primus quidem divus *Justinus pater noster*, cum augeri dotes et post nuptias fuerat permissum, si quid tale eveniret, etiam ante nuptias augeri donationem constante matrimonio sua constitutione permisit; sed tamen nomen inconveniens remanebat, cum ante nuptias quidem vocabatur, post nuptias autem tale accipiebat incrementum. Sed nos plenissimo fini tradere sanctiones cupientes, et consequentia nomina rebus esse studentes, constituimus ut tales donationes non augeantur tantum, sed et constante matrimonio initium accipiant, et non ante nuptias sed propter nuptias vocentur; et dotibus in hoc exæquentur, ut quemadmodum dotes constante matrimonio non solum augentur sed etiam fiunt, ita et istæ donationes quæ propter nuptias introductæ sunt, non solum antecedant matrimonium, sed eo etiam contracto augeantur et constituantur.

La donation dont il est question dans ce paragraphe a donc subi trois phases bien distinctes. Dans son origine, elle ne pouvait être faite qu'avant le mariage, et nécessairement elle ne se réalisait jamais, si le mariage qui en est la condition tacite n'avait pas lieu. Cela était tout simple, parce qu'il en était de même pour les constitutions de dot . or , la donation *ante nuptias* n'avait été introduite qu'en compensation de la dot que la fiancée apportait à son futur époux : *dotis compensandæ causa*. Sous Justin, il était permis d'augmenter la dot pendant le mariage; ce prince voulut que l'on pût également augmenter les donations (*hic text.*). Mais alors, la dénomination de donations *anté-nuptiales* ne leur convenait plus. Justinien, dans le dessein de faire concorder les noms avec les choses, ordonna que ces donations s'appelleraient donations *à cause des noces (propter nuptias)*; et, de même que les dots pouvaient être non seulement augmentées, mais encore constituées pendant le mariage, il autorisa à augmenter et même à faire ces donations *constante matrimonio* (*hic text.; L. 20, Cod. de donat. ante nupt.*).

Maintenant, voici comment la donation nuptiale formait pour la femme la compensation de la dot qu'elle avait apportée à son mari. Ordinairement, on stipulait que le mari, en cas de prédécès de sa femme, retiendrait tout ou partie de la dot qu'il eût alors été dans la nécessité de restituer; pareillement, le but de la donation *ante nuptias* ou *propter nuptias* était d'assurer à la femme, en cas de prédécès du mari, une part équivalente aux gains de survie qu'on avait stipulés pour celui-ci. Dans le principe, les avantages que la femme survivante devait avoir sur la donation nuptiale, pouvaient n'être que proportionnels, c'est-à-dire que si le mari aurait eu le droit de garder la totalité, la moitié ou le quart de la dot, la femme devait également avoir le droit de conserver la totalité, la moitié ou le quart des biens compris dans la donation, quelque différence qu'il existât d'ailleurs entre la valeur de cette donation et celle de la dot. Mais Justinien a voulu depuis, que les conventions respectives des époux fussent assujetties à une égalité non plus relative, mais absolue (*Nov.* 97, *cap.* 1). En conséquence, ils sont obligés de stipuler l'un sur la dot, l'autre sur la donation, une valeur égale (*M. Ducaurroy, n*o 499). — Il y avait encore, chez les Romains, une autre donation en vue du mariage, et qui consistait dans un présent de noces que les futurs époux se faisaient quelquefois mutuellement. On l'appelait *sponsalitia largitas*. Cette donation d'abord pure et simple n'était pas révoquée, lorsque le mariage ne suivait pas les fiançailles (*L.* 1, § 1, *ff. de donat.*), à moins qu'on n'eût expressément apposé cette condition à la donation (*L.* 2 et 12, *Cod. de donat. ant. nupt.*). Constantin ordonna que la donation fût maintenue, si l'époux donateur ou ses parents ne voulaient plus que le mariage projeté eût lieu, mais qu'elle fût révoquée, si le refus de passer outre venait de l'époux donataire ou de ses parents (*L.* 15, *Cod. eod. tit.*).

A junioribus principibus. Justinien veut parler des empereurs de Constantinople depuis Constantin.

Justinus pater noster. Justin était l'oncle maternel et le père adoptif de Justinien.

— Le dernier paragraphe de ce titre parle d'une ancienne manière d'acquérir par le droit civil qui consistait dans un droit d'accroissement *per jus adcrescendi*), s'opérant au profit des divers propriétaires d'un esclave commun , lorsque celui-ci avait été affranchi par l'un d'eux. La portion de propriété que l'affranchissant avait sur l'esclave se réunissait à celle des autres (*Ulp. reg* 1 , § 18 ; *Paul. sent.* 4 , *tit.* 12 , § 1) , au préjudice de l'esclave qui ne profitait pas du don partiel de liberté qui lui avait été accordée. Justinien a abrogé ce droit d'accroissement comme contraire à l'humanité et à l'intérêt public :

<h2 style="text-align:center">§ 4.</h2>

Erat olim et alius modus civilis adquisitionis per jus adcrescendi , quod est tale. Si communem servum habens aliquis cum Titio, solus libertatem ei imposuit *vel vindicta vel testamento*, eo casu pars ejus amittebatur et socio adcrescebat. Sed cum pessimum fuerat exemplo , et libertate servum defraudari , et ex ea humanioribus quidem dominis damnum inferri, severioribus autem dominis lucrum adcrescere, ehoc quasi invidia plenum pio remedio per nostram constitutionem mederi necessarium duximus ; et invenimus viam per quam et manumissor, et socius ejus , et qui libertatem accepit , nostro beneficio fruantur : libertate cum effectu procedente (cujus favore et antiquos legislatores multa etiam contra communes regulas statuisse manifestum est), et eo qui eam imposuit suæ liberalitatis stabilitate gaudente , et socio indemni conservato , pretiumque servi secundum partem dominii quod nos definivimus, accipiente.

On le voit , la loi ancienne en décidant que l'esclave affranchi par un seul de ses maîtres resterait la propriété entière des autres, se fondait principalement sur ce motif que nul ne peut être contraint à l'aliénation de ce qui lui appartient (*L.* 11 , *Cod. de contrah. empt.*), et elle ne faisait aucune attention aux raisons d'humanité qui militaient en faveur de la liberté de l'esclave. Il a paru à Justinien que la question de propriété devait fléchir devant des considérations d'un ordre plus relevé. En conséquence , il n'a pas voulu que l'humanité d'un maître tournât à son détriment, et enrichît ceux qui s'étaient montrés durs et inexorables. L'esclave affranchi par un seul deviendra donc entièrement libre ; seulement, le droit de propriété se trouvera en définitive respecté , puisque l'affranchissant devra , d'après un tarif fixé par Justinien lui-même (*L.* 1 , § 5 , *Cod. de comm. serv. man.*), indemniser celui ou ceux qui auront été avec lui propriétaires de l'esclave affranchi.

Vel vindicta vel testamento. Nous avons vu (*supr. pag.* 24) que l'esclave affranchi d'une autre manière n'aurait pu devenir tout au plus que *Latin Junien.* Or, il était passé en principe que, lorsque l'esclave était commun, l'affranchissement qui ne l'eût rendu que *latin* était nul et de nul effet (*Paul sent. lib.* 4, *tit.* 12, § 1). Le maître qui l'affranchissait ne perdait donc pas sa portion de propriété sur lui; et il ne pouvait, en conséquence, y avoir lieu au droit d'accroissement, au profit de ses co-propriétaires.

Contra communes regulas. Nous avons déjà vu un cas semblable à celui-ci, sous le paragraphe 2 du titre *de his qui sui vel alien. jur. sunt.* (*vid. supr. pag.* 40). Antonin le Pieux avait fait une constitution pour contraindre les maîtres à vendre *bonis conditionibus*, ceux de leurs esclaves auxquels ils auraient fait subir un traitement trop rigoureux. Dans l'un et l'autre cas, le législateur avait dû, en faveur de la liberté, apporter une exception à la règle commune.

TITRE HUITIÈME.

De ceux qui peuvent ou ne peuvent pas aliéner. (Quibus alienare licet, vel non).

Justinien quitte ici les manières d'acquérir particulièrement, quoiqu'elles ne soient pas toutes encore épuisées. En effet, les legs, les fidéicommis sont autant de manières d'arriver à la propriété d'une chose particulière; mais il ne veut pas les séparer des testaments, et il en parlera dans la suite (*infr. tit.* 20, 21, 22, 23 *et* 24) plus convenablement (*infr.* § 6, *per quas pers.*). Avant de passer aux manières d'acquérir *universellement*, il était bon de nous dire quels sont ceux qui peuvent ou ne peuvent pas aliéner, et par quelles personnes chacun peut acquérir. C'est ce qui a été fait dans le titre que nous allons expliquer et dans le suivant.

Dans sa signification la plus ordinaire, le mot *aliéner* s'entend de l'acte par lequel nous transférons à quelqu'un la propriété d'une chose qui nous appartient (*L.* 1, *Cod. de fund. dot.*); dans un sens plus étendu, toute diminution de notre patrimoine, la constitution d'une servitude, par exemple, est une *aliénation* (*L.* 28, *pr. ff. de verb. signif.*).

Tout propriétaire a le droit d'aliéner la chose dont il est le maître, et, par une conséquence forcée, l'aliénation est interdite à celui qui n'est pas propriétaire. Cette règle générale souffre cependant plusieurs exceptions : le commencement du *principium* de ce titre nous en avertit :

PR.

Accidit aliquando ut qui dominus sit, alienare non possit ; et contra, qui dominus non sit, alienandæ rei potestatem habeat....

Certains propriétaires sont donc déclarés par la loi incapables d'aliéner; et certains individus, quoique non propriétaires, peuvent cependant aliéner. Justinien nous donne pour exemples du premier cas, le mari relativement au fonds dotal et les pupilles ; dans le second cas, il nous cite le créancier gagiste.

PREMIER CAS. *Du Mari et des Pupilles.* L'incapacité qui frappe ces deux sortes d'individus n'est pas la même. Celle des pupilles s'attache à presque tous leurs actes ; celle du mari n'existe que dans un cas.

Du Mari. ...Nam *dotale prædium* maritus invita muliere *per legem Juliam* prohibetur alienare, quamvis ipsius sit, dotis causa ei datum. Quod nos legem Juliam corrigentes, in meliorem statum deduximus. Cum enim lex in soli tantummodo rebus locum habebat quæ italicæ fuerant, et alienationes inhibebat quæ invita muliere fiebant, hypothecas autem earum rerum *etiam volente ea : utrique remedium imposuimus*, ut et in eas res quæ in provinciali solo positæ sunt, interdicta sit alienatio. vel obligatio ; et neutrum eorum neque consentientibus mulieribus procedat, ne sexus muliebris fragilitas in perniciem substantiæ earum converteretur.

Dotale prædium. On entend par *fonds dotal,* tout immeuble (*L.13, pr. ff. de fund. dot.*) donné en dot à la femme, et qui doit un jour lui revenir ou à ses héritiers. Le mari en est le propriétaire pendant le mariage (*text. hic ; supr.* § 40, *de rer. divis.*); il semblerait donc qu'il pût l'aliéner ; mais la loi *Julia* a , sur ce point, rétréci son pouvoir, en lui défendant d'aliéner l'immeuble dotal , sans en avoir obtenu le consentement de sa femme. Disons cependant que le fonds dotal était ordinairement estimé dans le contrat de mariage ; cette estimation valait vente pour le mari, et il pouvait alors en consentir seul l'aliénation, pourvu toutefois que la femme ne se fût pas réservé le choix entre la restitution de l'immeuble ou celle de sa valeur estimative (*L. 1, Cod. eod. tit.*). On voit du reste que la prohibition d'aliéner les biens dotaux ne s'appliquait qu'aux immeubles, et même dans le principe, qu'aux seuls immeubles d'Italie.

Per legem Juliam. Cette loi *Julia* est la même que la loi *Julia de adulteriis (Paul. sent.* 2 , *tit.* 21 *bis* , § 2).

Etiam volente ea. Nous venons de dire que le mari pouvait aliéner l'immeuble dotal , si la femme y consentait ; mais il ne pouvait pas l'hypothéquer, même avec son consentement. Il était à craindre , en effet , que ne concevant pas d'abord les dangers de l'hypothèque, les femmes ne donnassent trop facilement un consentement dont elles se fussent amèrement repenties plus tard.

Utrique remedium imposuimus. Une double modification a été apportée par Justinien à la loi *Julia* : 1º comme il n'y a plus aucune différence entre les immeubles d'Italie et ceux des provinces, ni les uns ni les autres ne pourront désormais être aliénés ou hypothéqués par le mari, lorsqu'ils seront dotaux ; 2º le consentement de la femme, ne pourra plus, comme autrefois, autoriser le mari à aucune espèce d'aliénation du fonds dotal, de même que ce consentement ne suffisait pas autrefois pour lui permettre de l'hypothéquer. — Justinien a cependant adouci la rigueur de cette prohibition. D'après la Novelle 61, l'aliénation du fonds dotal sera valable, si la femme y consent, pourvu que son consentement soit réitéré deux ans après, et pourvu d'ailleurs que les biens du mari soient suffisants pour répondre de la valeur de sa dot.

§ 2.

Des Pupilles. Nunc admonendi sumus neque pupillum neque pupillam, ullam rem *sine tutoris auctoritate* alienare posse...

Sine tutoris auctoritate. Voilà la règle générale ; c'est une conséquence du principe que nous avons vu plus haut (*pr. de auct. tut.*), que le pupille ne peut, sans l'autorisation de son tuteur, faire aucun acte pouvant rendre sa condition moins bonne. Ce principe va recevoir son application dans trois cas dont la solution semblerait d'abord douteuse :

1º *Dans le prêt (in mutuo).* ....Ideoque si mutuam pecuniam sine tutoris auctoritate alicui dederit, *non contrahit obligationem*, quia pecuniam non facit accipientis ; ideoque nummos vindicare possunt, sicubi extent. Sed si nummi quos mutuo minor dederit, ab eo qui accepit, bona fide consumpti sunt, condici possunt ; si mala fide, ad exhibendum de his agi potest. *At ex contrario*, omnes res pupillo et pupillæ sine tutoris auctoritate recte dari possunt....

Non contrahit obligationem. Dans le prêt, l'obligation du prêteur consiste à laisser la chose à l'emprunteur pendant tout le temps que celui-ci a demandé ; et celle de l'emprunteur, à rendre au prêteur la chose, où tout au moins une chose de même nature que celle prêtée à l'époque convenue. Le prêteur a donc véritablement aliéné sa chose (*infr. pr. quib. mod. re contrah. oblig.*) ; cela explique pourquoi le mineur est inhabile à prêter sans l'autorisation de son tuteur. S'il l'a fait, aucune obligation n'existe pour lui ; il reste propriétaire de sa chose, et il peut toujours vouloir la récupérer. De là naissent pour lui diverses actions contre l'emprunteur, selon que la chose est encore entre les mains de celui-ci, ou se-

28

lon qu'elle a été par lui consommée de bonne ou de mauvaise foi. Si la chose est encore existante, le mineur peut la revendiquer soit contre l'emprunteur, soit contre tout autre tiers détenteur (*siculi extent*) : c'est ici l'action *réelle* qui saisit la chose dans quelques mains qu'elle soit. Si la chose a été consommée de bonne foi, c'est-à-dire, si l'emprunteur en a fait usage ayant toujours ignoré qu'il l'avait empruntée à un mineur, ce dernier n'a plus que l'action *personnelle*, appelée *condiction* contre l'emprunteur (*condici possunt*). On considère alors l'obligation comme ayant commencé pour l'emprunteur (*L*. 12 *et* 19, § 1, *ff. de reb. cred.*), et cette action aura pour effet de l'obliger personnellement à restituer au mineur, non plus sa chose, mais une chose de même nature ou sa valeur. Mais si l'emprunteur, sachant bien qu'il tenait la chose d'un mineur, l'a cependant consommée, dans ce cas, il y a mauvaise foi ; le mineur peut agir contre lui *ad exhibendum* pour le forcer de représenter sa chose ; et si cette exhibition n'est pas faite, parce qu'en effet l'emprunteur n'a plus la chose prêtée, le mineur qui ne peut plus revendiquer, devra obtenir du juge une indemnité proportionnée au préjudice qu'il aura souffert par suite de ce défaut de représentation (*infr.* § 3, *de offic. jud.; L.* 3, *ff. de in lit. jur.*).

At ex contrario. Dans ce cas, le mineur fait sa condition meilleure ; il n'a donc pas besoin de l'autorisation de son tuteur.

2° *Dans les paiements faits au mineur.* ....Ideoque si debitor pupillo solvat, necessaria est debitori tutoris auctoritas : alioquin *non liberabitur.* Sed hoc etiam evidentissima ratione statutum est in constitutione, quam ad Cæsarienses advocatos ex suggestione Triboniani viri eminentissimi, quæ storis sacri palatii nostri, promulgavimus : qua dispositum est, ita licere tutori vel curatori debitorem pupillarem solvere, ut prius judicialis sententia sine omni damno celebrata hoc permittat ; quo subsecuto, si et judex pronunciaverit et debitor solverit, sequatur hujusmodi solutionem *plenissima securitas.* Sin autem aliter quam disposuimus, solutio facta fuerit, pecuniam autem salvam habeat pupillus, aut ex ea locupletior sit, et adhuc eamdem pecuniæ summam petat, *per exceptionem doli mali* poterit submoveri. Quod si aut male consumpserit aut furto amiserit, nihil proderit debitori doli mali exceptio ; sed nihilominus damnabitur, quia temere sine tutoris auctoritate, et non *secundum nostram dispositionem*, solverit....

Non liberabitur. Le débiteur ne sera pas libéré parce que le mineur n'avait pas le pouvoir, sans l'autorisation de son tuteur, de consentir l'extinction d'une obligation contractée envers lui. C'est là empirer sa condition , quoique le paiement qu'il reçoit soit la compensation naturelle de la remise qu'il fait de la dette.

Plenissima securitas. Le paiement fait au mineur, même avec l'autorisation de son tuteur, n'engendre donc pas une pleine sécurité pour le débiteur. Ce paiement cependant a éteint l'obligation ; il semblerait donc que le débiteur n'eût plus rien à craindre. Mais le tuteur qui a reçu le paiement peut devenir insolvable; privé par la force des choses de tout recours utile contre lui, le mineur a souffert un préjudice ; et ordinairement le droit honoraire vient au secours des mineurs dans cette position , en les rétablissant dans les droits qu'ils avaient précédemment, de sorte que, l'obligation renaissant, le débiteur serait exposé à payer une seconde fois. Voilà pourquoi Justinien a donné aux débiteurs un moyen de se mettre parfaitement à couvert. Il suffit pour cela d'obtenir , sans frais d'ailleurs pour le débiteur (*sine omni damno*), (*Vinn. hic*) une sentence judiciaire qui autorise le paiement que l'on fait au tuteur.

Per exceptionem doli mali. Nul ne peut s'enrichir aux dépens d'autrui (*L. 206, ff. de div. reg. jur.*) ; cette règle est de droit et d'équité, et le pupille ne peut exciper de son âge pour s'en affranchir. Si donc le mineur a encore entre les mains la somme qu'il a reçue en paiement, ou s'il l'a fait valoir utilement pour lui , profiter de sa position pour obliger son débiteur à le payer une seconde fois, ce serait vouloir devenir plus riche à ses dépens. La loi a donc justement accordé dans ce cas l'exception de dol au débiteur contre les prétentions injustes du pupille, et cette exception met obstacle à ce qu'elles puissent être accueillies. Mais le pupille a pu follement user de l'argent qu'on lui avait imprudemment remis ; cet argent d'ailleurs a pu aussi lui être dérobé ; le débiteur devait se défier des facilités de la jeunesse et pressentir les accidents : on ne peut donc pas dire que ce paiement ait fait le mineur plus riche ; aussi lorsqu'il réclamera une seconde fois le montant de la dette contractée envers lui, le débiteur ne pourra plus le repousser au moyen de l'exception de dol (*nihil proderit debitori doli mali exceptio*) ; il sera condamné à payer de nouveau (*nihilominus damnabitur*), et il devra s'accuser d'avoir agi aussi imprudemment et de ne pas avoir fait usage des précautions que la loi lui indiquait.

Secundum nostram dispositionem. La constitution que Justinien rappelle ici est la loi 25 , au Code *de admin. tut.*

3° *Dans les paiements faits par le mineur.* ....Sed ex diverso pupilli vel pupillæ solvere sine tutoris auctoritate non possunt , quia id quod solvunt non fit accipientis ; cum scilicet nullius rei alienatio eis sine tutoris auctoritate concessa est.

Ainsi, c'est toujours parce qu'il y a aliénation, que le paiement fait par le pupille sans l'autorisation de son tuteur est nul et de nul effet. Comme dans le cas où il aurait prêté, le mineur aura pour recouvrer ce qu'il a donné en paiement l'action réelle en revendication, parce qu'il reste toujours propriétaire (*quia id quod solvunt non fit accipientis*), ou l'action *ad exhibendum*, si le créancier a consommé de mauvaise foi la chose qu'il a reçue en paiement. S'il l'a consommée de bonne foi, l'obligation sera éteinte, et le pupille valablement libéré (*L. 19, § 1, ff. de reb. cred.; L. 9, § 2, ff. de auct. tut.*).

SECOND CAS. *Du Créancier gagiste.* Ici ce n'est plus le propriétaire qui est privé de la faculté d'aliéner, c'est au contraire celui qui n'est pas propriétaire qui reçoit de la loi ce pouvoir.

§ 1er.

Contra autem creditor pignus ex pactione, quamvis ejus ea res non sit, alienare potest : sed hoc forsitan ideo videtur fieri, *quod voluntate debitoris* intelligitur pignus alienari, qui ab initio contractus pactus est ut liceret creditori pignus vendere, si pecunia non solvatur. Sed ne creditores jus suum persequi impedirentur, neque debitores temere suarum rerum dominium amittere videantur, *nostra constitutione consultum est*, et certus modus impositus est per quem pignorum distractio possit procedere : cujus tenore utrique parti creditorum et debitorum satis abundeque provisum est.

Quod voluntate debitoris. A proprement parler ce paragraphe ne fait point exception à ce principe, que nul ne peut aliéner s'il n'est propriétaire. En définitive, c'est véritablement par la volonté du débiteur que l'aliénation de la chose donnée en gage s'opère ; or cette chose n'eût point été vendue, s'il avait satisfait son créancier. Il est tellement de la nature du gage de renfermer la convention tacite de vente, en cas de non paiement, que la clause contraire serait nulle ; seulement dans ce cas, la vente devrait être précédée de trois avertissements (*L. 4, ff. de pignerat. act.*).

Nostra constitutione consultum est. Cette constitution est la loi 3, au Code *de jur. dom. impetr.* Elle veille aux intérêts respectifs des débiteurs et des créanciers en ce qu'elle leur permet de déterminer entre eux les formes de l'aliénation, et en ce que, à défaut de convention, elle établit pour la vente des règles particulières.

TITRE NEUVIÈME.

Par quelles personnes on acquiert. (Per quas personas nobis adquiritur).

PR.

Adquiritur nobis non solum per nosmetipsos, sed etiam per eos quos in potestate habemus ; item per servos, in quibus usumfructum habemus ; item per homines liberos et servos alienos, quos bona fide possidemus : de quibus singulis diligentius dispiciamus.

Il y a donc quatre sortes d'individus par lesquels chacun peut acquérir. Ce sont : 1º les enfants; 2º les esclaves dont on a la propriété ou l'usufruit; 3º les hommes libres que l'on possède de bonne foi comme esclaves ; 4º les esclaves d'autrui que l'on possède comme siens de bonne foi.

§ 1er.

1º *Des enfants.* Igitur liberi nostri utriusque sexus, quos in potestate habemus, olim quidem quidquid ad eos pervenerat (exceptis videlicet castrensibus peculiis), hoc parentibus suis adquirebant sine ulla distinctione. Et hoc ita parentum fiebat, ut esset eis licentia, quod per unum vel unam eorum adquisitum est, alii filio vel extraneo donare vel vendere, vel quocumque modo voluerant, adplicare. Quod nobis inhumanum visum est, et generali constitutione emissa et liberis pepercimus, et patribus debitum reservavimus. Sancitum etenim a nobis est, ut si quid ex re patris ei obveniat, hoc secundum antiquam observationem totum parenti adquirat : quæ enim invidia est, quod ex patris occasione profectum est, hoc ad eum reverti? Quod autem ex alia causa sibi filiusfamilias adquisivit, hujus usumfructum patri quidem adquirat, dominium autem apud eum remaneat; ne quod ei suis laboribus vel prospera fortuna accessit, hoc ad alium perveniens luctuosum ei procedat.

Dans le principe, les pères de famille n'avaient pas seulement droit de vie et de mort sur leurs enfants ; ceux-ci étaient encore pendant leur vie de véritables choses dont leur père pouvait tirer tout le parti possible. Aussi, tout ce que l'enfant acquérait par libéralité, par son industrie ou autrement, appartenait de droit à son père, qui pouvait le donner à un autre de ses fils ou à un étranger, le vendre, en faire en un mot ce qu'il jugeait convenable. Le pécule n'était pas chose tout-à-fait inconnue ; mais il consistait simplement pour le fils dans quelques biens dont l'administration lui était laissée par le père, et dont celui-ci conservait la propriété et même l'usufruit. Ce ne fut que sous les empereurs que cet état de choses changea, et que l'on commença à distinguer plusieurs espèces de pécules.

On entend en général par *pécule* une portion de biens distincte et séparée de ceux que le père de famille possède. Il y a quatre sortes de pécules : 1º la pécule *castrans* qui s'introduisit d'abord, et qui réservait au fils tout ce que celui-ci avait acquis à la guerre ou à l'occasion du service militaire (*in militia armata, vel ejus occasione*); 2º à l'exemple du pécule *castrans*, on connut plus tard un autre pécule qu'on nomma *quasi castrans*, parce qu'il attribuait au fils tout ce que celui-ci acquérait *in militia togata et inermi*, c'est-à-dire, dans l'exercice d'une profession libérale, comme la magistrature ou le barreau, ou dans la maison du prince, ou par l'effet de quelque bénéfice ecclésiastique (*L. 34, Cod. de episc. et cler.*; *L. un Cod. de cust. omn. palat.*); 3º le pécule *adventice* qui permet au fils de conserver pour lui la propriété de tout ce qui ne provient pas de son père. Ce fut Constantin qui l'introduisit, mais seulement d'abord pour les biens d'une mère (*L. 1, Cod. de bon. mat.*). Gratien, Valentinien et Théodose y comprirent tous les biens qui arrivaient aux enfants par leurs parents du côté maternel (*L. 6, Cod. Theod. eod. tit.*). Plus tard, on y fit entrer les gains nuptiaux, les largesses des fiançailles (*L. 1, 4 et 5, Cod. de bon. quæ liber.*); et enfin, Justinien voulut que tout ce que les enfants acquéreraient par un moyen quelconque, autrement toutefois que dans l'exercice de fonctions civiles ou ecclésiastiques, fît partie du pécule *adventice* (*L. 6, Cod. eod. tit.*), pourvu que cela ne provînt pas des biens paternels. Mais les enfants n'avaient que la nue propriété du pécule *adventice* ; l'usufruit de ce pécule et son administration appartenaient au père ; ils n'en pouvaient tester : les pécules *castrans* et *quasi castrans* étaient au contraire la pleine propriété des enfants ; 4º le pécule *profectice* qui n'est autre chose qu'une partie des biens du père, dont il laisse à son fils la libre administration, et qui continue de lui appartenir en totalité. — Dans la suite du texte, nous voyons que la constitution de Justinien fait une distinction qui doit servir à reconnaître quels seront désormais les droits respectifs des enfants et des pères sur les pécules : si la chose provient du père (*si quid ex re patris obveniat*) elle reste sa propriété entière ; et il n'est rien changé à cet égard aux dispositions des lois anciennes : si la chose ne provient pas du père, mais si elle a été donnée au fils, s'il l'a gagnée, si elle lui est en un mot advenue par une voie quelconque (*ex alia causa*), le père en a l'usufruit et le fils la nue propriété (1) — L'émancipation délivre, ainsi que nous l'avons vu plus haut, les enfants de la puissance paternelle ; si donc l'enfant acquiert quelque chose depuis son émancipation, le père n'y aura aucune espèce de droit. Mais au moment de l'émancipation, le fils pouvait avoir un pécule adventice, et dans ce cas, les biens qui le composaient auraient échappé au père ; Constantin avait prévu cette difficulté, et il avait décidé que le père retiendrait le tiers des biens *quæ adquisitionem ejus effugiebant* (*L. 1 et 2, Cod. Th. do matern. bon. ; L. 6, § 3, Cod. de bon. quæ lib.*). Cette disposition a paru injuste à Justinien ; il lui a semblé exorbitant que le fils fût privé du tiers de ses biens pour payer en quelque sorte le bienfait de son émancipation ; aussi, dans une constitution qui est la loi 6, § 3 au Code *de bon. quæ liber.* et qui est rappelée dans le paragraphe 2 du titre que nous expliquons, a-t-il décrété qu'au lieu du tiers des biens, le père n'aurait plus que la moitié de ces mêmes biens en usufruit :

§ 2.

Hoc quoque a nobis dispositum est et in ea specie ubi parens, emancipando liberum, ex rebus quæ adquisitionem effugiunt, sibi tertiam partem retinere si voluerat, licentiam ex anterioribus constitutionibus habebat, quasi pro pretio quodammodo emancipationis : et inhumanum quiddam accidebat, ut filius rerum suarum, ex hac emancipatione, dominio pro parte tertia defraudetur ; et quod honoris ei ex emancipatione additum est, quod sui juris effectus est, hoc per rerum deminutionem decrescat. Ideoque statuimus ut parens, pro tertia eorum bonorum parte dominii quam retinere poterat, dimidiam, non dominii rerum, sed ususfructus retineat. Ita etenim res intactæ apud filium remanebunt, et pater ampliore summa fruetur, pro tertia dimidia potiturus.

§ 3.

2° *Des esclaves.* Item nobis adquiritur quod servi nostri ex traditione nanciscuntur, sive quid stipulentur, vel ex qualibet alia causa adquirant : hoc enim nobis et ignorantibus et invitis obvenit. Ipse enim servus qui in potestate alterius est,

---

(1) Il existe plusieurs cas où le père de famille n'a pas même l'usufruit (*L. 8, Cod. de bon. quæ lib. : Nov. 117, cap. 1 ; Nov. 118, cap. 2*).

nihil suum habere potest. Sed si heres institutus sit, *non alias nisi nostro jussu* hereditatem adire potest; et si nobis jubentibus adierit, nobis hereditas adquiritur, perinde ac si nos ipsi heredes instituti essemus. Et convenienter scilicet nobis *legatum per eos adquiritur.* Non solum autem proprietas per eos quos in potestate habemus, nobis adquiritur, *sed etiam possessio.* Cujuscumque enim rei possessionem adepti fuerint, id nos possidere videmur : unde etiam per eos usucapio vel longi temporis possessio nobis accedit.

Non alias nisi nostro jussu. Remarquez la différence qu'il y a entre ce cas et les précédents. L'esclave n'a jamais besoin de la permission de son maître pour acquérir par tradition, par stipulation, etc., parce qu'il ne l'expose à aucun danger. Mais lorsqu'il s'agit d'hérédité, l'adition faite par l'esclave institué d'une manière imprudente, pourrait avoir des conséquences fâcheuses pour son maître ; car l'héritier représente le défunt, et en cette qualité il est chargé de toutes les dettes de la succession, même *ultra vires emolumenti* (*L.* 6, *ff. de acq. hered.; infr.* § 11, *de testam. ordin.*); il ne devait pas être au pouvoir de l'esclave de nuire à son maître, et c'est pour cela qu'on l'oblige à prendre ses ordres pour faire adition.

Legatum per eos adquiritur. Ignorantibus et invitis dominis. En effet, le legs n'a pas les mêmes dangers que l'hérédité. L'esclave pourra donc l'accepter ou l'acquérir pour son maître, à l'insu de celui-ci et sans avoir besoin de requérir son consentement.

Sed etiam possessio. Mais il sera nécessaire que ce ne soit pas à l'insu du maître et surtout contre son gré ; car la possession qui peut quelquefois exister sans la détention matérielle par soi-même exige au moins l'intention personnelle. On a décidé cependant qu'à l'insu du maître, l'esclave pourrait posséder pour lui, à l'occasion du pécule dont le maître lui aurait abandonné l'administration ; en effet, c'est par la volonté du maître que l'esclave possède son pécule et par suite tout ce qui en dépend (*L.* 1. § 5 ; *L.* 44, § 1, *de adq. vel amitt. poss.*). Au surplus la possession de l'esclave confère au maître tous les avantages qui peuvent en résulter, comme de pouvoir prescrire ou usucaper la chose possédée (*hic text.*). — Voilà comment on peut acquérir par les esclaves dont on a la propriété ; voyons maintenant ce qu'on peut acquérir par les esclaves sur lesquels on n'a qu'un droit d'usufruit ou d'usage.

§ 4.

De iis autem servis in quibus tantum usumfructum habemus, ita placuit, ut *quidquid ex re nostra vel ex operibus suis* adquirant, id nobis adjiciatur; *quod vero extra eas causas* persecuti sunt, id ad dominum proprietatis pertineat. Itaque si is servus heres institutus sit, legatumve quid ei aut donatum fuerit, *non usufructuario* sed domino proprietatis adquiritur....

Quidquid ex re nostra. Si par exemple l'esclave que l'usufruitier aurait établi son intendant, avait loué la chose de l'usufruitier, acheté quelque chose avec son argent, ou retiré des intérêts des fonds qu'il avait placés pour lui (*L. 31, ff. de usufr.; L. 43, § ult. ff. de adq. rer. dom.; L. 1, Cod. de rei vind.*).

Vel ex operibus suis. Si l'esclave est peintre, s'il est marchand, s'il exerce en un mot une industrie quelconque, les profits qu'il en retirera seront acquis à l'usufruitier (*L. 26, ff. de usufr.*).

Quod vero extra eas causas. L'usufruitier de l'esclave n'ayant droit qu'à ses services et à son travail, ne peut profiter que des choses perçues par l'esclave au moyen de son travail ou à l'occasion de ses services. Si donc il a été donné ou légué quelque chose à l'esclave, s'il a été institué héritier, les objets donnés ou légués ou provenant de l'hérédité seront dévolus exclusivement à son maître (*L. 10, § 3; L. 43, 47, 49, ff. de adq. rer. dom.; L. 25, ff. de adq. hered.*).

Non usufructuario. Si cependant la donation, le legs ou l'institution d'héritier avaient été faits en considération de l'usufruitier, les objets en provenant lui seraient acquis et non au propriétaire de l'esclave (*L. 21 et 22, ff. de usufr.; L. 45, § 4, ff. de odq. vel amitt. her.*). — Le simple usager n'a aucune espèce de droit sur les acquisitions que l'esclave ferait par son travail ou par son industrie; il ne profite absolument que de ce qui provient de sa chose ou à son occasion (*L. 14, 16, § 2; L. 20, ff. de us. et hab.*).

3° *Des hommes libres et des esclaves étrangers que l'on possède de bonne foi.* ....Idem placet et de eo qui a nobis bona fide possidetur, sive is liber sit, sive alienus servus : quod enim placuit de usufructuario, idem placet et de bona fide possessore. Itaque quod extra istas duas causas adquiritur, id vel ad ipsum pertinet, si liber est, vel ad dominum, si servus est. Sed bonæ fidei possessor, cum usuceperit servum, quia eo modo dominus fit, ex omnibus causis per eum sibi adquirere potest : fructuarius vero usucapere non potest, primum quia non possidet, sed habet jus utendi fruendi; deinde quia scit servum alienum esse....

29

Tout ce qui est dit ici est d'une intelligence facile. Le possesseur de bonne foi n'ayant droit qu'aux fruits (*supr.* § 85, *de rer. div.*) est placé vis-à-vis de l'homme libre qu'il détient comme esclave, ou de l'esclave étranger qu'il détient comme sien, dans la même position que l'usufruitier vis-à-vis de l'esclave dont il a l'usufruit, c'est-à-dire qu'il ne profite que des acquisitions faites par l'homme libre ou l'esclave, à l'occasion de ses services ou au moyen de son industrie. Hors ces deux causes (*extra istas duas causas*), ce qui est acquis par l'esclave lui appartient, s'il est homme libre, ou appartient à son véritable maître, s'il est esclave étranger. Seulement le possesseur de bonne foi peut, à la différence de l'usufruitier qui ne peut prescrire, arriver par la possession à l'usucapion non pas de l'homme libre, mais de l'esclave étranger, et alors il pourra acquérir par lui *ex omnibus causis.* — Ce qui reste de ce paragraphe contient une disposition commune à l'usufruitier et au possesseur de bonne foi; l'un et l'autre peuvent être conduits non seulement à la propriété, mais encore à la possession par l'esclave dont ils ont l'usufruit ou la possession. Mais cette possession ne sera que celle des choses provenant *ex re nostra vel ex operibus suis*, suivant la distinction établie dans le commencement du paragraphe.

.....Non solum autem proprietas per eos servos in quibus usumfructum habemus, vel quos bona fide possidemus, aut per liberam personam quæ bona fide nobis servit, nobis adquiritur, sed etiam possessio. Loquimur autem in utriusque persona, secundum definitionem quam proxime exposuimus, id est, si quam possessionem ex re nostra vel ex suis operibus adepti fuerint.

§ 5.

Ex his itaque apparet, per liberos homines quos neque nostro juri subjectos habemus, neque bona fide possidemus; item per alienos servos in quibus neque usumfructum habemus, neque possessionem justam, nulla ex causa nobis adquiri posse. Et hoc est quod dicitur, per extraneam personam nihil adquiri posse : excepto eo quod per liberam personam, veluti per procuratorem, placet non solum scientibus sed et ignorantibus nobis adquiri possessionem, secundum divi Severi constitutionem; et per hanc possessionem etiam dominium, si dominus fuit qui tradidit, vel usucapionem aut longi temporis præscriptionem, si dominus non sit.

Nous ne pouvons donc jamais acquérir par une personne étrangère, c'est-à-dire, par une personne sur laquelle nous n'avons comme père aucune puissance, ou comme maître et possesseur de bonne foi, aucun droit de propriété ou d'usufruit. Néanmoins un tiers peut quelquefois prendre possession d'une chose pour nous et en notre nom ; et cette possession obtenue par le fait d'un autre pourra, par l'usucapion, nous conduire à la propriété. Mais ce ne sera jamais *ignorantibus nobis* et surtout *invitis nobis*, en ce sens qu'il sera nécessaire que nous ratifions par notre consentement le fait qui se serait d'abord accompli à notre insu. Enfin il est permis de se constituer des procureurs et des mandataires, et ceux-ci pourront acquérir une possession qui nous profitera *etiam ignorantibus nobis*, mais jamais *invitis nobis*; car le mandat qu'ils ont reçu de nous se réfléchit sur tous leurs actes qui semblent ainsi toujours procéder de notre volonté. Dans la fin de notre paragraphe, on voit que lorsque nous arrivons à la propriété par le moyen d'un procureur ou d'un mandataire, nous y sommes conduits soit directement, lorsque la chose a été livrée par celui qui en était le véritable propriétaire, soit par l'usucapion, lorsque celui qui a livré la chose n'étant pas propriétaire n'a pu nous transmettre que sa possession.

§ 6. — *Transition.*

Hactenus tantisper admonuisse sufficit, quemadmodum singulæ res nobis adquirantur : nam legatorum jus, quo et ipso jure singulæ res nobis adquiruntur, item fideicommissorum ubi singulæ res nobis relinquuntur, opportunius inferiore loco referemus : videamus itaque nunc, quibus modis per universitatem res adquiruntur. Si cui ergo *heredes facti sumus*, sive cujus *bonorum possessionem* petierimus, vel *si quem adrogaverimus*, vel si cujus bona libertatum conservandarum causa nobis *addicta fuerint*, ejus res omnes ad nos transeunt. Ac prius de hereditatibus dispiciamus, quarum duplex conditio est : nam vel ex testamento vel ab intestato ad nos pertinent. Et prius est, ut de his dispiciamus quæ ex testamento nobis obveniunt : qua in re necessarium est initium de ordinandis testamentis exponere.

Justinien nous avertit qu'il va cesser de parler des manières d'acquérir les choses isolément, quoiqu'il lui restât encore à s'occuper des legs et des fidéicommis, dont il sera question plus tard (*tit.* 20, 21, 22, 23 *et* 24). Nous passons maintenant aux manières d'acquérir par *universalité*, qui sont au nombre de quatre : 1º les successions; 2º les possessions de biens ;

3o l'adrogation ; 4o. les adjudications faites pour conserver les affranchissements

Heredes facti sumus. On devient héritier de deux manières, par testament ou *ab intestat.* Justinien s'occupera jusqu'à la fin de ce livre des hérédités testamentaires, en y comprenant les legs et les fidéicommis, et des hérédités *ab intestat,* depuis le premier titre jusqu'au titre x du livre III.

Bonorum possessionem. Il sera question des diverses possessions de biens dans le titre x du troisième livre. Nous y verrons que de même que l'hérédité, la possession des biens est déférée tantôt *ab intestat,* tantôt par testament (*infr.* § 2, *de bon. poss.*). Nous verrons également que l'origine des possessions de biens est purement prétorienne, et qu'elles furent introduites pour corriger la rigueur du droit ancien (*infr. pr. de bon. poss.*).

Si quem adrogaverimus. Le titre qui s'occupera des acquisitions par suite de l'adrogation, est le titre xi du troisième livre.

Addicta fuerint. Enfin, il sera parlé des adjudications faites pour conserver les affranchissements dans le titre xii du troisième livre. — Nous allons donc nous occuper d'abord avec Justinien des hérédités testamentaires.

TITRE DIXIÈME.

De la confection des Testaments. (De Testamentis ordinandis).

Dans ce titre, Justinien examinera quelles étaient les formes du testament selon le droit ancien, (§ 1, *h. tit.*), selon le droit prétorien (§ 2) et selon le droit nouveau (§ 3). Nous verrons ensuite de quelles formalités nouvelles il a entouré la confection des testaments (§ 5); puis il nous dira quelles personnes peuvent être témoins testamentaires (§ 6, 7, 8, 9, 10 et 11); enfin, il sera question du testament non écrit appelé *noncupatif* (§ 14).

PR.

Testamentum ex eo appellatur, *quod testatio* mentis est.

Quod testatio. Vinnius comparant ensemble les définitions que Modestin (*L. 1, ff. qui test. fac. poss.*) et Ulpien (*reg.* 20, § 1) ont données du testament, propose celle-ci comme la plus complète : *testamentum est suprema contestatio in id solemniter facta, ut quem volumus, post mortem nostram habeamus heredem.* Nous l'avons transcrite parce que le texte des Institutes semble vouloir indiquer plutôt l'étymologie du mot testament qu'en offrir une définition exacte.

Pour qu'il y ait testament, il ne suffit pas qu'un acte de dernière volonté ait été fait ; il faut que cet acte puisse ne pas être infirmé ; ce qui se réduit à dire qu'il doit, au moment de sa confection, réunir toutes les conditions que la loi exige pour sa validité. Ces conditions sont surtout au nombre de trois : la première consiste à examiner si le testateur a faction *active* de testament (*Gaïus Inst. comment.* 2, § 114), c'est-à-dire, s'il a la permission de tester ; car chez les Romains la faculté de tester étant une exception, elle ne pouvait résulter que d'une disposition expresse de la loi ; la deuxième, si on a testé suivant les formes prescrites par la loi (*Gaïus ibid.*); et la troisième, si une institution d'héritier a été faite (*Gaïus ibid.* § 115). Ces différentes conditions, qui sont ce qu'on appelle les formalités *intrinsèques* et *extrinsèques* des testaments, recevront leurs développements soit dans le présent titre, soit dans les titres XII et XIV ci-après, et nous verrons aussi dans le titre XIII, que le testateur qui avait des enfants devait pour que son testament fut valable, ou les instituer ou les exhéréder nominativement. Maintenant nous ne nous occuperons que des formalités *extrinsèques* des testaments, en disant d'abord ce qu'elles ont été sous le droit ancien, sous le droit prétorien et sous le droit nouveau.

§ 1er.

Des formalités des testaments sous le droit ancien. Sed ut nihil antiquitatis penitus ignoretur, sciendum est olim quidem *duo genera testamentorum* in usu fuisse : quorum altero in pace et in otio utebantur, quod CALATIS COMITIIS appellabant ; altero, cum in prælium exituri essent, quod PROCINCTUM dicebatur. Accessit deinde tertium genus testamentorum, quod dicebatur PER ÆS ET LIBRAM : scilicet quod per emancipationem, id est, imaginariam quamdam venditionem agebatur, quinque testibus et libripende, civibus romanis puberibus præsentibus, et eo qui familiæ emptor dicebatur. Sed illa quidem priora duo genera testamentorum ex veteribus temporibus in desuetudinem abierunt : quod vero per æs et libram fiebat, licet diutius permansit, attamen partim et hoc in usu esse desiit.

Duo genera testamentorum. Il y avait donc dans le principe deux espèces de testaments, l'un *civil*, l'autre *militaire* : 1° le testament *calatis comitiis* qui se faisait dans l'assemblée des comices que l'on réunissait deux fois par an à cet effet; 2° le testament *in procinctu* qui avait lieu en présence de l'armée, lorsqu'on était sur le point de partir pour une expédition. Dans l'un et l'autre cas, chaque citoyen ou soldat proposait son héritier, et son choix était aussitôt sanctionné par le peuple ou l'armée. On voit que les testaments ne furent pas d'abord autre chose que de véritables actes législatifs. Mais suivant la remarque de Théophile (*h. text.*)

cette nécessité d'attendre les assemblées des comices, ou un temps de guerre, pour pouvoir tester, faisait que beaucoup de citoyens mouraient *intestats* dans l'intervalle. Aussi, ces deux testaments tombèrent-ils assez rapidement en désuétude, et on ne connut plus bientôt que celui qui leur succéda, et qui fut nommé le testament *per æs et libram.*

Calatis comitiis. D'un verbe grec dont les latins ont formé *calare* qui signifie appeler, convoquer; *in procinctu*, c'est-à-dire, devant l'armée; car *procinctus est expeditus et armatus exercitus (Gaïus 2, Inst.* § 101).

Per æs et libram. Le testament *per æs et libram* s'accomplissait par les formalités de la mancipation. Dans l'origine, il devait être fait en présence de huit personnes dont le testateur, le *emptor familiæ* qui n'était encore que l'héritier lui-même, un *libripens* et cinq témoins. Le testateur par une vente fictive transférait tous ses biens au *emptor familiæ* qui touchait la balance avec un lingot d'airain, prix fictif de la mancipation de l'hérédité. Ces témoins et ce *libripens* devaient être citoyens romains, pubères (*h. text.*), et avoir faction de testament avec le testateur (*Ulp.* 20 *reg.* § 2 *et* 3). Ce testament avant d'être tout à fait hors d'usage, éprouva plusieurs modifications que nous allons signaler. Gaïus nous apprend: 1º que ce ne fût plus à l'héritier, mais bien à un tiers que l'on mancipa l'hérédité; 2º que ce tiers était obligé après la mort du testateur, de la rémanciper à l'héritier que le testateur avait désigné, soit en inscrivant son nom sur des tablettes, soit en invoquant le témoignage des assistants avec des paroles solennelles (*Gaïus* 2, *Inst.* § 104). De là, la formalité de la *noncupation* ajoutée aux autres formalités dont nous avons parlé (*Ulp.* 20, *reg.* § 9). On ne sait pas à quelle époque précise ce testament tomba tout à fait en désuétude. Mais peu à peu il disparut, et plusieurs législations successives imaginèrent d'autres formes de testaments. La première fut la législation prétorienne, ainsi que nous allons voir :

<h2 style="text-align:center">§ 2.</h2>

Des formalités des testaments sous le droit prétorien. Sed prædicta quidem nomina testamentorum ad jus civile referebantur. Postea vero ex edicto prætoris forma alia faciendorum testamentorum introducta est : jure enim honorario nulla emancipatio desiderabatur; sed septem testium signa sufficiebant, cum jure civili signa testium non erant necessaria.

Ainsi, le droit honoraire ne demandait pas, pour qu'un testament fût valable, que l'on recourût aux formalités de la mancipation. La seule condition exigée par lui était que le testament fût revêtu du cachet de sept témoins. Ce testament était totalement nul et inutile d'après le droit civil; mais le préteur lui donnait effet , en accordant aux institués la possession de biens (*infr.* § 3 , *de bon. poss. ; Ulp.* 28 , *reg.* § 6).

§ 3.

Des formalités des testaments sous le droit nouveau. Sed cum paulatim, tam ex usu hominum quam ex constitutionum emendationibus, cœpit in unam consonantiam jus civile et prætorium jungi, constitutum est, ut uno eòdemque tempore, quod jus civile quodammodo exigebat , septem testibus adhibitis, et subscriptione testium , quod ex constitutionibus inventum est, et ex edicto prætoris signacula testamentis imponerentur: ut hoc jus *tripertitum* esse videatur, ut testes quidem et eorum præsentia uno contextu, testamenti celebrandi gratia, a jure civili descendant; subscriptiones autem testatoris et testium , ex sacrarum constitutionum observatione adhibeantur; signacula autem et testium numerus, ex edicto prætoris.

Tripertitum. Le testament dont il est question dans ce paragraphe est appelé *tripartit,* parce que trois législations différentes ont successivement concouru à le former. Voici quelles sont ses trois conditions : 1o l'unité de contexte (*uno contextu*), c'est-à-dire que le testament devait être présenté par les testateurs et signé par les témoins, de suite et sans divertir à d'autres actes (*L.* 24, *ff. qui test. fac. poss.*), à moins cependant que la santé ou un besoin naturel du testateur ou des témoins ne les forçât d'interrompre (*L.* 28 , *Cod. de test.*). C'était le droit civil, c'est-à-dire , le droit ancien qui avait en quelque sorte exigé cette première condition (*jus civile quodammodo exigebat*) ; 2o la présence de sept témoins convoqués à cet effet. Ils devaient être placés à portée de voir et d'entendre le testateur qui leur présentait son testament écrit de sa main, ou de là main d'un autre , scellé ou lié , excepté d'un côté, en déclarant qu'il contenait sa volonté. Puis il signait en leur présence par le côté qui restait ouvert. Cette condition tirait son origine du droit prétorien (*ex edicto prætoris*). 3o Le cachet des témoins et leur signature. C'était le complément du testament, qui sans cela fût resté inutile ou incomplet. Le droit honoraire demandait l'apposition du cachet des témoins ; les constitutions des empereurs y ajoutèrent la formalité de leur signature. Au surplus les témoins peuvent se servir du même cachet ou de cachets différents :

§ 5.

Possunt autem omnes testes *et uno anulo* signare testamentum. Quid enim si septem anuli una sculptura fuerint, secundum quod Pomponio visum est? Sed et alieno quoque anulo licet signare.

Et uno anulo. Ils pouvaient même employer le cachet du testateur (*L.* 22, § 2, *ff. qui test. fac. poss.*). D'ailleurs, il y avait un moyen de s'assurer que le cachet avait été apposé véritablement par sept personnes différentes, et non par une seule; car on exigeait que chaque témoin écrivît de sa main, par qui et sur le testament de qui le cachet avait été mis (*dict. leg.* 22, § 5; *L.* 30, *ff. eod. tit.*). — Voici maintenant la nouvelle formalité qui a été ajoutée par Justinien, à celles que nous venons de voir, et cela, dans le but d'éviter toute espèce de fraude.

§ 4.

Sed his omnibus a nostra constitutione, propter testamentorum sinceritatem, ut nulla fraus adhibeatur, hoc additum est : ut per manum testatoris vel testium nomen heredis exprimatur, et omnia secundum illius constitutionis tenorem procedant.

Justinien, dans sa Novelle 119, chap. 9, a supprimé cette formalité qu'il avait introduite dans sa constitution qui est la loi 29, *Cod. h. tit.*; le testament *tripartit* n'exige donc pas, pour être valable, d'autres formalités que celles que nous avons vues sous le § 7. Disons tout de suite, pour en finir avec les formalités des testaments, qu'il importait peu qu'ils fussent écrits sur des tablettes, du papier, du parchemin ou sur toute autre matière, et ensuite que l'on pouvait rédiger plusieurs exemplaires du même testament (§ 12 *et* 13).

§ 12.

Nihil autem interest, testamentum in tabulis an in chartis membranisve, vel in alia materia fiat.

§ 13.

Sed et unum testamentum pluribus codicibus *conficere quis potest,* secundum obtinentem tamen observationem omnibus factis : quod interdum etiam necessarium est, veluti si quis navigaturus et secum ferre, et domi relinquere judiciorum suorum contestationem velit, vel propter alias innumerabiles causas quæ humanis necessitatibus imminent.

Conficere quis potest. Mais il faut que chacun des exemplaires soit revêtu de toutes les conditions requises (*secundum obtinentem observationem omnibus factis*), que ce soit un original, en un mot ; car une copie du testament ne pourrait pas dispenser, dans les cas dont parle notre paragraphe, de la représentation du titre original. — Voyons maintenant quelles personnes peuvent être témoins dans un testament :

§ 6.

Testes autem adhiberi possunt ii cum quibus testamenti *factio est*....

Factio est. Il s'agit ici de la faction *passive* de testament. La faction *active* n'est autre chose, ainsi que nous l'avons dit, que la capacité de tester ; la faction *passive* est au contraire la capacité de recevoir quelque chose par testament, pour soi ou pour autrui, à titre d'héritier ou de légataire. Tous les citoyens romains et leurs esclaves avaient cette capacité, et on n'en excluait que les *peregrini* et les déportés (*Ulp.* 22, *reg.* § 1, 2 *et* 3). Toutefois, toutes les personnes ayant faction de testament ne pouvaient pas être témoins testamentaires. Il y avait à cet égard de nombreuses prohibitions. Les unes sont *absolues*, c'est-à-dire qu'elles existent pour tous les cas ; les autres ne sont que *relatives*, c'est-à-dire qu'elles ne rendent incapables que dans certains cas seulement. La suite de notre paragraphe énumère les différentes personnes frappées d'incapacité *absolue* ; les paragraphes 8 , 9 , 10 et 11 s'occupent des incapacités *relatives* :

.....Sed neque mulier, neque impubes, neque servus, neque furiosus, neque mutus, neque surdus, nec cui bonis interdictum est , neque ii quos leges jubent improbos intestabilesque esse, possunt in numero testium adhiberi.

Toutes ces exceptions sont fondées sur des motifs différents. Les femmes sont exclues, parce qu'en général la loi les reconnaît incapables de prendre part aux affaires civiles ; les impubères, les fous, les muets et les sourds, parce que leurs facultés ne leur permettent pas une participation intelligente ; les prodigues interdits, parce qu'ils ne peuvent pas aliéner ; les esclaves , parce qu'ils ne sont pas même des personnes ; les personnes déclarées infâmes et incapables de témoigner en justice, parce qu'elles ont perdu le droit de tester et de concourir à la confection d'aucun testament (*L.* 18, § 1 ; *L.* 26, *ff. qui test. fac.*). Il est possible cependant qu'un esclave que l'on a cru libre ait assisté comme témoin à un testament. La présence de cet esclave rendra-t-elle nul l'acte auquel il aura participé ? Justinien résout négativement cette question dans le paragraphe suivant :

§ 7.

Sed cum aliquis ex testibus testamenti quidem faciendi tempore liber existimabatur, postea vero servus apparuit, tam divus Hadrianus Catonio Vero quam postea divi Severus et Antoninus rescripserunt, subvenire se ex sua liberalitate testamento, ut sic habeatur atque si ut oportet factum esset; cum eo tempore quo testamentum signaretur, omnium consensu hic testis liberorum loco fuerit, neque quisquam esset qui status ei quæstionem movisset.

C'est la faveur due aux testaments qui a fait modifier la rigueur des principes. Mais remarquez à quelles conditions : il faut que l'esclave soit, sans contestation aucune, cru libre, non seulement par tous ceux qui concourent avec lui à la confection du testament, mais encore, selon Vinnius (*h. text.*), par tous ceux qui habitent la même localité que lui ; il faut ensuite qu'on lui croie cette capacité apparente au moment de la confection du testament, et non à la mort du testateur, car c'est cette époque seulement qu'il faut envisager pour déterminer la capacité ou l'incapacité des témoins : *conditio testium inspicitur cum signarent, non mortis tempore* (*L.* 22, § 1, *ff. qui test. fac. poss.*). — Arrivons aux incapacités *relatives*. Les individus de la même famille ne peuvent être témoins ensemble que dans un testament fait par une personne étrangère ; ils sont inadmissibles comme témoins au testament que ferait un membre de leur famille. Les paragraphes 8 et 9 établissent positivement cette distinction :

§ 8.

Pater, nec non is qui in potestate ejus est, item duo fratres qui in ejusdem patris potestate sunt, utrique testes in uno testamento fieri possunt; quia nihil nocet ex una domo plures testes alieno negotio adhiberi.

§ 9.

In testibus autem non debet esse, qui *in potestate testatoris* est. Sed et si filiusfamilias de castrensi peculio post missionem faciat testamentum, nec pater ejus recte adhibetur testis, nec is qui in potestate ejusdem patris est ; reprobatum est enim in ea re domesticum testimonium.

In potestate testatoris. Si le fils était sorti de la puissance de son père, par l'émancipation, par exemple, le père pourrait très bien concourir comme témoin à son testament, et *vice versa* (*Vinn. hic*). Mais tant que la puissance paternelle subsiste, le fils et le père sont réciproquement incapables de se servir de témoins. La loi réprouve ce témoignage domestique, et elle ne l'admet pas même dans les cas où il est permis au fils de disposer de biens qui ne se confondent pas avec ceux de son père. Disons cependant qu'il existe au Digeste une décision qui autorise le père à être témoin dans le testament par lequel le fils en congé disposerait de son pécule *castrans* (*L.* 20, § 2, *ff. qui test. fac.*); mais il vaut mieux maintenir la prohibition de notre texte.

§ 10.

Sed neque heres scriptus, neque is qui in potestate ejus est, neque pater ejus qui eum habet in potestate, neque fratres qui in ejusdem patris potestate sunt, testes adhiberi possunt; quia hoc totum negotium quod agitur testamenti ordinandi gratia, creditur hodie inter testatorem et heredem agi. Licet enim totum jus tale conturbatum fuerat, et veteres quidem familiæ emptorem, et eos qui per potestatem ei coadunati fuerant, testimoniis repellebant, heredi et iis qui per potestatem ei conjuncti fuerant, concedebant testimonia in testamentis præstare; licet ii qui id permittebant, hoc jure minime abuti eos debere suadebant. Tamen nos eamdem observationem corrigentes, et quod ab illis suasum est in legis necessitatem transferentes, ad imitationem pristini familiæ emptoris, merito nec heredi qui imaginem vetustissimi familiæ emptoris obtinet, nec aliis personis quæ ei, ut dictum est, conjunctæ sunt, licentiam concedimus sibi quodammodo testimonia præstare : ideoque nec ejusmodi veteres constitutiones nostro codici inseri permisimus.

Permettre à l'héritier d'être témoin dans le testament qui l'institue, ce serait l'appeler en témoignage dans sa propre cause. Son exclusion, ainsi que celle des membres de sa famille, est donc suffisamment motivée. Ce n'est d'ailleurs, ainsi que Justinien l'explique dans notre paragraphe, que la reproduction d'une prohibition qui existait autrefois à son égard et à l'égard des siens, alors que les testaments se faisaient *per æs et libram*, et que le *emptor familiæ* n'était autre que l'héritier lui-même. Lorsqu'un tiers fut substitué comme acheteur à l'héritier, celui-ci put être mis au nombre des témoins ; mais cela faisait cependant question : car les jurisconsultes qui le permettaient, conseillaient en même temps de ne pas user de cette concession (*Gaïus* 2, *Inst.* § 103, 105, 108). Aujourd'hui il n'y a plus de tiers entre le testateur et l'héritier qu'il institue, de même que dans les commencements du testament *per æs et libram*, il n'y avait aucun intermédiaire entre le testateur et le *emptor familiæ*; l'héritier est aujourd'hui ce qu'était dans le principe l'acquéreur de la famille; tout ce qui se fait se passe comme autrefois entre lui et le testateur (*inter testatorem et heredem*); il ne faut donc pas, qu'il puisse en quelque sorte se servir de témoin à lui-même. Voilà pourquoi Justinien rappelant les prohibitions de la loi ancienne, dont on s'était mal à propos affranchi en fait une nécessité de la loi nouvelle, et repousse en conséquence le témoignage de l'héritier dans le testament qui l'institue. Cette prohibition au surplus n'existe qu'à l'égard de l'héritier et des siens ; elle ne s'étend pas aux légataires ni aux fidéicommissaires *quia non juris successores sunt*.

§ 11.

Legatariis autem et fideicommissariis, quia non juris successores sunt, et aliis personis quæ eis conjunctæ sunt, testimonium non denegavimus : imo in quadam nostra constitutione et hoc specialiter concessimus ; et multo magis iis qui in eorum potestate sunt, vel qui eos habent in potestate, hujusmodi licentiam damus.

L'ancien droit n'avait jamais défendu aux légataires ni aux fidéicommissaires d'être témoins dans un testament qui, malgré les dispositions dont ils se trouvaient l'objet, ne les concernait en aucune façon, quant à l'hérédité (*Gaïus* 2, *Inst.* § 108 ; *L.* 20, *ff. qui test. fac.*). Cette faculté est expressément confirmée par notre texte, et elle l'avait déjà été dans une constitution dont parle Justinien, et qui ne se trouve nulle part. La seule qui nous reste est de Zénon (*L.* 22, *Cod. de testam.*).

§ 14.

Du testament non écrit. Sed hæc quidem de testamentis quæ in scriptis conficiuntur. Si quis autem sine scriptis voluerit ordinare jure civili testamentum, septem testibus adhibitis et sua voluntate coram eis nuncupata, sciat hoc perfectissimum testamentum jure civili, firmumque constitutum.

On le voit, ce testament n'exige pour sa perfection que deux conditions : la présence de sept témoins convoqués à cet effet, et la déclaration faite de vive voix, par le testateur de ses intentions. Le testament nuncupatif n'est valable que d'après le droit civil ; le droit honoraire ne le reconnait pas, parcequ'il ne peut pas être soumis à la formalité des cachets. Cependant le préteur donnait ordinairement, en vertu de ce testament, la possession de biens à ceux qui avaient été institués (*L*. 8, § 4, *ff. de bon. poss. sec. tab.; L.* 2, *Cod. eod.*).

TITRE ONZIÈME.

Du Testament militaire. (De militari testamento).

PR.

Supradicta diligens observatio in ordinandis testamentis, militibus propter nimiam imperitiam constitutionibus principalibus *remissa est*. Nam quamvis ii neque legitimum numerum testium adhibuerint, neque aliam testamentorum solemnitatem observaverint, recte nihilominus testantur : videlicet, cum in expeditionibus occupati sunt, quod merito nostra constitutio introduxit. Quoquo enim modo voluntas ejus suprema inveniatur, sive scripta sive sine scriptura, valet testamentum ex voluntate ejus. Illis autem temporibus, per quæ citra expeditionum necessitatem in aliis locis vel suis ædibus degunt, minime ad vindicandum tale privilegium adjuvantur; sed testari quidem, *etsi filii familiarum sunt*, propter militiam conceduntur; jure tamen communi eadem observatione et in eorum testamentis adhibenda, quam et in testamentis paganorum proxime exposuimus.

Remissa est. Ce privilége de tester sans être assujetti à aucune des formes civiles, fut accordé aux soldats d'abord par Jules César, puis par Titus et Domitien, mais pour un temps limité seulement. Nerva et Trajan en firent une concession générale. Il résulte de notre texte que le testament militaire est valable, quoiqu'on n'ait pas employé le nombre légal de témoins, et qu'on n'ait observé aucune des solennités prescrites dans les testaments ordinaires. La seule chose nécessaire pour la validité de ce testament, est que le soldat manifeste d'une manière constante et sérieuse ses dernières intentions; il peut d'ailleurs le faire ou par écrit ou de vive voix, mais dans ce dernier cas il faut que ce soit en présence de deux témoins, militaires ou non militaires (*infr.* § 1), qui sont requis non pour accomplir une formalité, mais seulement pour constater que la volonté du testateur est réellement une volonté sérieuse et capable de produire quelque effet.

Etsi filii familiarum sunt. C'est leur qualité de militaires qui rendit d'abord les fils de famille capables de tester, mais seulement relativement à leur pécule *castrans*. Nous verrons sous le *principium* du titre **xii**, auquel nous renvoyons pour le moment, que plus tard il leur fut permis également de disposer par un testament civil de leurs pécules *castrans* et *quasi castrans*. — Dans le paragraphe 1er de ce titre, Justinien reproduit la teneur d'un rescrit de Trajan, dans lequel développant ce que nous venons dire, il recommande à Catilius Sévérus d'examiner surtout si le militaire sur le testament duquel des difficultés s'étaient élevées, avait voulu sérieusement faire un acte de dernière volonté. Si cette volonté paraissait en effet constante, le testament devait recevoir sa ratification, de quelque manière d'ailleurs qu'il eût été fait. Mais il avertit en même temps de bien faire attention de ne pas élever à la hauteur d'une déclaration suprême, de vagues propos de conversation : l'interprétation de quelques paroles dites sans intention n'aurait plus de bornes, et leur ratification serait alors une exagération que le bon sens et la raison réprouveraient également.

§ 1er.

Plane de testamentis militum divus Trajanus Statilio Severo ita rescripsit : « Id privilegium quod militantibus datum est, ut quoquo modo facta ab iis testamenta rata sint, sic intelligi debet, ut utique prius constare debeat testamentum factum esse, quod et sine scriptura a non militantibus quoque fieri potest. Is ergo miles de cujus bonis apud te quæritur, si *convocatis ad hoc hominibus* ut voluntatem suam testaretur, ita locutus est ut declararet quem vellet sibi hæredem esse, et cui libertatem tribuere, potest videri sine scripto hoc modo esse testatus, et voluntas ejus rata habenda est. Cæterum, si (ut plerumque sermonibus fieri solet) dixit alicui, EGO TE HEREDEM FACIO aut BONA MEA TIBI RELINQUO, non oportet hoc pro testamento observari. Nec ullorum magis interest, quam ipsorum quibus id privilegium datum est, ejusmodi exemplum non admitti. Alioquin non difficulter post mortem alicujus militis testes existerent, qui affirmarent se audisse dicentem aliquem, relinquere se bona cui visum sit : et per hoc vera judicia subverterentur. »

Convocatis ad hoc hominibus. Il ne faut pas inférer de ces mots du rescrit de Trajan, que les témoins doivent être mandés exprès ; car les militaires pouvant tester de la manière qu'ils veulent, les témoins sont, ainsi que nous l'avons dit, nécessaires seulement pour la preuve de l'acte et non pour sa solennité. Mais dans l'espèce du testament que Trajan examine, cette convocation ayant eu lieu, il constate ce fait qui paraît influer sur sa décision, parce qu'il indique une intention sérieuse, une volonté certaine (*Vinn. hic ; voyez M. Ducaurroy*, no 548).

§ 3.

Sed hactenus hoc illis a principalibus constitutionibus conceditur, *quatenus militant et in castris degunt. Post missionem* vero veterani, vel extra castra si faciant adhuc militantes testamentum, communi omnium civium romanorum jure facere debent. Et quod in castris fecerint testamentum, non communi jure, sed quomodo voluerint, post missionem intra annum tantum valebit. Quid ergo si intra annum decesserit, conditio autem heredi adscripta post annum extiterit ? An quasi militis testamentum valeat ? *Et placet valere* quasi militis.

Quatenus militant et in castris degunt. Le testament militaire étant un privilége ne peut appartenir qu'aux militaires, et lors seulement qu'ils sont en campagne. Les soldats en station ou en quartier d'hiver ne jouiraient pas de la même faveur (*supr. pr. h. tit.* ; *Vinn. h. text.*); car elle ne leur a pas été seulement accordée à cause de leur impéritie, mais à cause aussi des dangers sans cesse renouvelés qu'ils courent dans les camps. Après son congé, tout militaire, s'il veut faire son testament, est assujetti aux règles ordinaires ; et même s'il l'avait fait, étant militaire, ce testament ne serait valable que pendant une année, à partir de l'époque de son congé obtenu pour une cause honnête.

Post missionem. Il y avait chez les Romains trois sortes de congés pour les soldats : 1o *missio causaria* qui s'obtenait, lorsque le soldat était devenu incapable de servir par quelque infirmité ; 2o *missio honesta* qui avait lieu à l'expiration du temps de son engagement ; 3o *missio ignominiosa* qui était la punition d'une faute ou d'une action honteuse. Dans ce dernier cas, le testament militaire était immédiatement annulé (*L.* 26, *ff. de test. mil.*).

Et placet valere. En supposant que le militaire, qui a fait une institution conditionnelle, est mort dans l'année de son congé, on établit par là même qu'il n'était pas obligé de refaire son testament dans la forme ordinaire. Il n'est donc pas étonnant que ce testament reçoive son effet à l'événement de la condition, quoique cette condition ne dût se réaliser qu'après l'année. Notre texte laisse apercevoir cependant qu'un doute s'était élevé sur ce point. — Si quelqu'un, avant d'entrer au service, avait fait un testament irrégulier , ce testament deviendrait-il valable , si étant devenu militaire, le testateur y avait fait des additions ou des suppressions, s'il avait en un mot, par un moyen quelconque, manifesté l'intention évidente de confirmer ses premières intentions ? Cette manifestation de sa volonté ne corrigerait pas, il est vrai, les vices du premier testament; mais elle aurait pour effet de produire un testament qui vaudrait *ex nova militis voluntate*; car pour un militaire affranchi de toutes formes , dit M. Ducaurroy (n° 553), confirmer un ancien testament, c'est le refaire (*L. 6, § 6, de inj. rupt.*). Le paragraphe suivant confirme expressément cette décision.

§ 4.

Sed et si quis ante militiam non jure fecit testamentum, et miles factus et in expeditione degens resignavit illud, et quædam adjecit sive detraxit, vel alias manifesta est militis voluntas hoc valere volentis, dicendum est valere hoc testamentum, quasi ex nova militis voluntate.

§ 5.

Denique et si in adrogationem datus fuerit miles, vel filius familias emancipatus est, testamentum ejus quasi ex nova militis voluntate valet, nec videtur capitis deminutione irritum fieri.

Depuis qu'il a été permis aux fils de famille de disposer par testament de leurs pécules *castrans* et *quasi castrans* (*infr. pr. quib. non est perm.*), ce testament ne devient pas inutile par leur petite diminution de tête, de même que le testament fait par un père de famille subsisterait pour ses biens *castrans* et *quasi castrans*, après son adrogation. C'est donc mal à propos qu'on a dit dans ce texte que le testament d'un fils de famille militaire émancipé, ou d'un père de famille militaire adrogé, continuerait de valoir pour ses biens *castrans*, *quasi ex nova militis voluntate*; car ces mots supposent la nécessité d'une confirmation : or, on n'a pas besoin de confirmer ce qui , malgré la petite diminution de tête, est toujours valable. — La qualité de militaires donnait le droit de tester à plusieurs personnes qui n'auraient pu le faire d'après les règles ordinaires. Tels étaient d'abord les fils de famille à qui cette faveur fut généralement concédée plus tard , et les sourds et les muets.

§ 2.

Quinimo et mutus et surdus miles testamentum facere potest.

Il ne peut être question que de soldats devenus sourds et muets après leur engagement ; car les sourds et muets de naissance n'auraient pu être enrôlés (*Vinn. hic*). Nous verrons que Justinien a établi des formes particulières qui ont permis à certains sourds et muets non militaires de tester (*infr.* § 3, *quib. non est perm.*; *L.* 20, *Cod. qui test. fac. poss.*).

§ 6.

Sciendum tamen est quod, ad exemplum castrensis peculii, tam anteriores leges quam principales constitutiones quibusdam quasi castrensia dederunt peculia, et quorum quibusdam permissum erat etiam in potestate degentibus testari. Quod nostra constitutio latius extendens, permisit omnibus in his tantummodo peculiis testari quidem, sed jure communi. Cujus constitutionis tenore perspecto, licentia est nihil eorum quæ ad præfatum jus pertinent, ignorare.

Justinien avertit dans ce paragraphe que le testament militaire ne peut jamais avoir pour objet que les biens *castrans*. Depuis sa constitution, les fils de famille ont reçu la permission de tester de leurs biens *quasi castrans* ; mais ce ne peut être que dans la forme ordinaire, c'est-à-dire, dans un testament revêtu de toutes les formalités exigées par le droit civil.

TITRE DOUZIÈME.

De ceux à qui il n'est pas permis de tester. (Quibus non est permissum facere testamentum).

PR.

Non tamen omnibus licet facere testamentum.....

Ce n'était point assez que toutes les formalités dont la loi a environné le testament eussent été rigoureusement accomplies, il était encore nécessaire de s'assurer si le testateur avait eu faction active de testament, c'est-à-dire, s'il avait reçu de la loi la faculté de tester. Chez les Romains, en effet, cette faculté, ainsi que nous l'avons déja dit, était une exception, et l'incapacité résultait seulement du défaut de concession. Mais il arrivait aussi qu'après avoir permis le législateur empêchait par un motif grave l'exercice du droit, de sorte qu'il faut distinguer deux classes de personnes qui ne peuvent faire de testament ; celles d'abord qui en sont incapables parce qu'on ne leur a pas accordé cette faveur, et celles qui ayant reçu le droit de tester ne peuvent cependant l'exercer. Au nombre des premières sont les fils de famille, sauf les exceptions qui se sont successivement introduites et que noùs allons voir ; au nombre des secondes sont quelques pères de famille que la loi reconnait incapables de pouvoir exercer le droit qu'elle leur avait concédé, quoiqu'elle le laisse subsister en eux. Tels sont les impubères, les fous, les prodigues interdits, les sourds-muets, les aveugles et les prisonniers de guerre.

1° *Des fils de famille.* .....Statim enim ii qui alieno juri subjecti sunt, testamenti faciendi jus non habent, adeo quidem ut quamvis parentes eis permiserint, nihilo magis jure testari possint : exceptis iis quos antea enumeravimus, et præcipue militibus qui in potestate parentum sunt, quibus de eo quod in castris adquisierunt, permissum est ex constitutionibus principum testamentum facere. Quod quidem jus initio tantum militantibus datum est, tam ex auctoritate divi Augusti, quam Nervæ, nec non optimi imperatoris Trajani ; postea vero subscriptione divi Hadriani etiam dimissis militia id est veteranis concessum est. Itaque si quod fecerint de castrensi peculio testamentum, pertinebit hoc ad eum quem heredem reliquerint. Si vero intestati decesserint, nullis liberis vel fratribus superstitibus, ad parentes eorum jure communi pertinebit. Ex hoc intelligere possumus, quod in castris adquisierit miles qui in potestate patris est, neque ipsum patrem adimere posse, neque patris creditores id vendere vel aliter inquietare, neque patre mortuo cum fratribus commune esse ; sed scilicet proprium ejus esse qui id in castris adquisierit, quamquam jure civili omnium qui in potestate parentum sunt, peculia perinde in bonis parentum computantur, ac si servorum peculia in bonis dominorum numerantur : exceptis videlicet iis quæ ex sacris constitutionibus, et præcipue nostris, propter diversas causas non adquiruntur. Præter hos igitur qui castrense vel quasi castrense habent, si quis alius filius familias testamentum fecerit, inutile est, licet suæ potestatis factus decesserit.

La loi des Douze-Tables n'accordait qu'aux pères de famille le droit de tester, parce qu'eux seuls pouvaient posséder quelque chose et qu'à cette époque les enfants n'avaient absolument rien en propre (*Ulp.* 20 , *reg.* § 10). Plus tard, les pécules cessèrent de se confondre dans la masse des biens paternels ; mais alors même, la faction de testament n'ayant pas encore été concédée expressément aux fils de famille, le consentement de leur père n'eût pas suffi pour valider leurs dispositions testamentaires, quoiqu'on ne demandât pas autre chose pour leur permettre d'aliéner à titre de donations entre vifs ou à cause de mort (*L*. 9 , § 2 , *ff. de donat.* ; *L*. 25, § 1, *ff. de mort. caus. donat.*). C'est qu'en effet la faction de testament étant une faculté de droit public (*L*. 3 , *ff. qui test. fac. poss.*) ne peut être le résultat d'une concession privée, au lieu que le propriétaire peut très bien par son consentement valider une aliénation qui n'intéresse que lui. Ce n'était donc pas assez que les fils de famille eussent des pécules ; pour qu'ils pussent en disposer par testament, il fallait encore une permission expresse du législateur. Notre texte nous apprend que ce droit de tester fut accordé, mais seulement d'abord aux fils de famille militaires, par Auguste, Nerva et Trajan. Puis Adrien fit participer les vétérans au même privilége. Toutefois il n'était encore question que du pécule *castrans*. A partir de cette époque, si le fils de famille avait fait un testament, ses dernières intentions avaient leur plein et entier effet à l'égard de l'héritier qu'il avait institué. S'il mourait *intestat*, au contraire, son pécule *castrans* devenait à défaut d'enfant ou de frères, la propriété de ses ascendants *jure communi*, c'est-à-dire, selon Vinnius (*hoc text.*) *jure hereditario*, et non point *jure patrio*, *jure peculii*, comme l'ont prétendu Cujas et quelques autres interprètes. Le pécule *castrans* était en effet si bien la propriété particulière du fils de famille, il se distinguait si parfaitement des biens paternels, que Justinien nous dit dans ce texte que le père ne pouvait en disposer en aucune façon, que ses créanciers ne pouvaient le vendre, et qu'à sa mort il restait propre à celui de ses enfants qui l'avait acquis, sans que ses frères eussent le droit de le partager. Ce que nous venons de dire du pécule *castrans*, s'applique entièrement au pécule *quasi castrans*, depuis que les empereurs Constantin (*L. un. Cod. de castr. omn. palat. pec.*). Léon, Anthémius (*L.* 34. *Cod. de episc. et clerc.*) et enfin Justinien (*L*. 37, *Cod. de inoff. test.*), attribuant aux enfants la propriété entière de ce qu'ils auraient gagné dans l'exercice d'une fonction civile ou ecclésiastique, leur permirent d'en disposer par testament. Mais il n'y a que ceux qui possèdent des pécules *castrans* ou *quasi castrans*, qui ont reçu de la loi la faculté de tester ; cette faveur continue d'être refusée aux fils de famille pour leurs pécules *adventices* ou *profectices* (*hic text.* ; *L*. 11 , *Cod. qui test. fac.*). Le testament dans lequel ils auraient disposé de ces pécules serait totalement inutile, quand bien même ils se trouveraient, à leur décès, sortis de la puissance paternelle. — Nous arrivons maintenant à cette classe de personnes qui ayant en leur qualité de pères de famille le droit de tester, sont cependant privées de l'exercice de ce droit.

§ 1er.

2° *Des impubères et des fous.* Præterea testamentum facere

non possunt impuberes, quia nullum eorum animi judicium est; item furiosi, quia mente carent. Nec ad rem pertinet, si impubes postea pubes, aut furiosus postea compos mentis factus fuerit et decesserit. Furiosi autem, si per id tempus fecerint testamentum quo furor eorum intermissus est, jure testati esse videntur : certe eo, quod ante furorem fecerint, testamento valente. Nam neque testamenta recte facta, neque ullum aliud negotium recte gestum, postea furor interveniens perimit.

Les impubères et les fous sont dans l'impossibilité de tester ; les premiers, parce que la loi ne leur suppose pas l'intelligence et le jugement nécessaires pour faire un acte de cette importance ; les seconds, parce qu'ils manquent complètement de raison. Remarquez cependant la différence qui existe entre ces divers individus. L'incapacité de l'impubère est indivisible ; elle affecte tous les moments de son existence ; aussi le testament qu'il aurait fait à cet âge est absolument nul, et il importerait peu que depuis il fût mort pubère : car c'est à l'époque de la confection du testament, qu'il faut examiner surtout si le testateur avait ou non le droit de le faire. La règle catonienne s'oppose à ce qu'un acte nul dans le principe puisse recevoir quelque effet et être validé seulement par le temps (*L.* 210, *ff. de reg. jur.*). L'impubère arrivé à la puberté devait donc refaire son testament, parce qu'avant cette époque il était dans une incapacité absolue. Au contraire, l'insensé avant sa démence avait le droit de tester ; l'état dans lequel il est tombé le prive pour l'avenir de l'exercice de ce droit ; mais le droit en lui-même reste intact dans lui, il s'y conserve jusqu'à sa mort ; et cela suffit pour qu'on puisse avoir un testament. Aussi voyons-nous que dans les intervalles lucides du furieux, la loi lui rend la faculté d'exercer son droit ; ce n'est donc que dans le moment de la démence, que l'incapacité de l'insensé est aussi complète que celle de l'impubère ; le testament qu'il aurait fait dans cet état est inutile, quoique plus tard il ait recouvré sa raison et qu'il soit mort avec toutes ses facultés ; il fallait qu'il en profitât pour recommencer son testament.

§ 2.

3° *Des prodigues interdits. Item prodigus* cui bonorum suorum administratio interdicta est, testamentum facere non potest ; *sed id quod ante fecerit,* quam interdictio suorum bonorum ei fiat, ratum est.

Item prodigus. Il y a cette différence entre l'insensé et le prodigue, que l'incapacité du premier existe par cela seul qu'il est tombé en démence, tandis que l'incapacité du second ne peut commencer qu'après le jugement qui a prononcé son interdiction en connaissance de cause (*Vinn. hic.*).

Sed id quod ante fecerit. Il faut rappeler ici les raisons que nous avons données sous le paragraphe précédent. L'empereur Léon, dans sa Novelle 39, a cependant décidé que le testament fait par un prodigue, après son interdiction, devait rester valable, si ce testament attestait suffisamment son retour complet aux idées saines et judicieuses.

§ 3.

4° *Des sourds et des muets.* Item surdus et mutus non semper testamentum facere possunt. Utique autem de eo surdo loquimur qui omnino non exaudit, non qui tarde exaudit; nam et mutus is intelligitur qui loqui nihil potest, non qui tarde loquitur. Sæpe autem etiam litterati et eruditi homines variis causis et audiendi et loquendi facultatem amittunt. Unde nostra constitutio etiam his subvenit, ut *certis casibus et modis* secundum normam ejus possint testari, aliaque facere quæ eis permissa sunt. Sed si quis post testamentum factum, adversa valetudine aut quolibet alio casu mutus aut surdus esse cœperit, *ratum* nihilominus *ejus permanet testamentum.*

Certis casibus et modis. Dans le principe, les muets ne pouvaient faire de testament, parce qu'ils étaient incapables de prononcer les paroles solennelles de la nuncupation, et les sourds, parce qu'ils étaient dans l'impossibilité d'entendre celles que prononcait le *emptor familiæ* (*Ulp.* 20, *reg.* § 13). Par les mêmes raisons, le droit prétorien n'admettait pas qu'ils pussent tester; car il eût fallu pour cela aller requérir ou entendre les témoins (*supr.* § 2, *de test. ord.*), ce qui n'était pas possible aux uns ni aux autres. Cependant, en vertu d'un privilége spécial, ils obtenaient quelquefois le droit de tester (*L.* 7, *ff. qui test. fac. poss.*), et nous avons vu que ce n'était pas un obstacle pour ceux qui étaient devenus sourds ou muets depuis leur entrée au service (*supr.* § 2, *de mil. test.*). Justinien fait plus, il accorde aux sourds et aux muets la faction de testament, mais dans certains cas seulement, et avec certaines formes (*certis casibus et modis*), c'est-à-dire, à condition que l'on ne sera affligé que de l'une ou de l'autre de ces infirmités, ou, dans le cas contraire, qu'elles ne seront survenues que par accident. Il n'était alors permis de tester que par écrit (*L.* 10, *Cod. qui test. fac.*). Quant aux sourds-muets de naissance, ils restent frappés de la même incapacité qu'autrefois. Notre texte d'ailleurs explique suffisamment bien quels sont les individus qui, comme sourds ou muets, doivent tomber sous les probibitions de la loi.

Ratum ejus permanet testamentum. En effet l'incapacité n'existant pas à l'époque de la confection du testament, ce testament doit recevoir son effet par les raisons que nous avons déjà rappelées.

§ 4.

5° *Des aveugles.* Cæcus autem non potest facere testamentum, nisi per observationem quam lex divi Justini patris mei introduxit.

A proprement parler, les aveugles n'ont jamais été et ne sont pas même encore privés de la faculté de tester (*Paul. 3, sent. tit. 4, § 4*). Mais Justin, dans le dessein d'éviter les fraudes que la cécité du testateur ne lui permet pas de vérifier, créa pour les aveugles, une espèce particulière de testament qui participe de la nature du testament nuncupatif et du testament solennel. Voici quelle était la forme de ce testament : il devait être fait en présence de sept témoins et d'un notaire, ou à défaut de celui-ci en présence d'un huitième témoin ; le testateur dictait son testament qui était reçu et rédigé par écrit, par le notaire ou par le huitième témoin ; il en était fait lecture à haute voix au testateur ; puis tous les témoins et le notaire signaient le testament et y apposaient leurs cachets. (*L. 8, Cod. qui test. fac.*).

§ 5.

6° *Des prisonniers de guerre.* Ejus qui apud hostes est, testamentum quod ibi fecit, non valet, *quamvis redierit.* Sed quod, dum in civitate fuerat, fecit, sive redierit, valet jure postliminii ; sive illic decesserit, valet ex lege Cornelia.

Quamvis redierit. Parce qu'à l'époque de la confection du testament sa qualité de captif, lui ayant fait perdre tous ses droits de citoyen, le frappait d'une incapacité absolue. A son retour, il devait refaire son testament. Mais s'il avait testé avant l'époque de sa captivité, son testament restait valable, soit qu'il revînt, soit qu'il mourût chez l'ennemi. Dans le premier cas, la fiction du *postliminium* supposait qu'il n'avait rien perdu de ses droits ; dans le second cas, celle de la loi *Cornelia* faisait rétroagir son décès à l'époque de sa captivité et le réputait mort dans l'intégrité de ses droits. — Quelques autres personnes n'avaient pas reçu de la loi la faculté de tester. Telles étaient celles qui, incertaines de leur état, ignoraient complètement si elles étaient *sui vel alieni juris.* (*Ulp. 20, reg. § 11*).

TITRE TREIZIÈME.

De l'Exhérédation des enfants. (De exheredatione liberorum).

Il y a, avons-nous dit, sous le *principium* du titre **x**, (*vid. supr. pag.* 228), trois conditions nécessaires pour la validité d'un testament : la faction de testament dans le testateur, l'observation des formes prescrites par la loi, et l'institution d'héritier (*Gaïus* 2, *Inst.* § 114 *et* 116). Deux de ces conditions ont été développées dans les titres qui précèdent; mais nous n'avons pas encore parlé de la troisième. Chez les Romains, l'institution d'héritier était tellement nécessaire qu'on la considérait comme le fondement de tout le testament : *caput atque fundamentum intelligitur totius testamenti heredis institutio* (*infr.* § 34, *de legat.*). Sans cette institution, il n'y avait rien de valable dans le testament (*L.* 1, § 3, *ff. de vulg. et pup. infr.* § 2, *de fideic. hered.*). Elle devait être expresse ; et il existait à cet égard des formules consacrées dont il n'était guères permis de s'écarter, ainsi qu'on peut le voir dans Gaïus (2, *Inst.* § 116 *et* 117). Cependant Constantin en déclarant bonne toute institution qui manifesterait suffisamment la volonté du testateur, a laissé sur ce point une grande latitude (*L.* 15, *Cod. de test.*). Disons maintenant que l'observation des trois conditions dont il vient d'être question, suffisait pour la validité du testament de certaines personnes. Mais si l'on était père de famille et que l'on eût des enfants, il n'était pas permis de les passer sous silence, et le père devait ou les instituer ou les exhéréder. Dans le principe, et sous l'empire de la loi des Douze-Tables, les enfants pouvaient être impunément omis dans le testament de leur père, et, en cas d'exhérédation, son hérédité était sans difficulté aucune déférée à celui qu'il avait institué à leur place. Cela tenait à l'immense pouvoir que les premières lois de Rome attribuaient aux pères de famille sur la personne de leurs enfants. Mais dans la suite, les prudents considérant que les fils de famille étaient à certains égards co-propriétaires des biens avec leur père, quoique celui-ci pût seul les administrer et en disposer, jugèrent que le droit qu'ils avaient sur ces biens devait leur être au moins expressément retiré. De là l'obligation pour le père de famille qui voulait faire un testament, d'instituer ses enfants, ou de les exhéréder. Toutefois, l'institution étant de l'essence de tout testament, il n'y avait que la nécessité de l'exhérédation qui constituât pour le père de famille testateur une obligation exceptionnelle.

On voit maintenant pourquoi Justinien a placé ici le titre de l'exhérédation des enfants. Après avoir dit quelles étaient les formalités que la loi exigeait pour la confection des testaments, et quelles étaient les personnes qui avaient ou n'avaient pas la faction de testament, il convenait d'arriver à la condition non moins essentielle de l'institution d'un héritier. Or, cette condition est imposée à tous les testateurs ; les pères de famille qui veulent avoir un testament, et assurer l'effet de toutes ses dispositions, n'en sont pas dispensés à l'égard de leurs enfants; et il fallait de plus indiquer que dans le cas où le père voudrait transmettre ses biens à un étranger, il ne le pourrait qu'en constatant, par une exhérédation de ses enfants, son intention bien arrêtée de leur retirer les droits qui leur appartenaient en leur qualité de fils.

Ce titre contient deux parties bien distinctes. Dans la première, Justinien examine quelles étaient les prescriptions de la loi ancienne, relativement à l'exhérédation des enfants : dans la seconde, il parle des modifications importantes qu'il a introduites.

L'institution devait être faite de la même manière, sans distinction de sexe ni de degré entre les enfants, et sans égard à leur qualité de posthumes ou quasi posthumes, c'est-à-dire qu'elle devait-être formelle.

Pour l'exhérédation, on établissait, ainsi que nous allons le voir, de nombreuses distinctions quant à ses effets et à la manière dont elle devait être faite, suivant qu'il s'agissait d'enfants nés au testateur, de posthumes ou de quasi posthumes.

PR.

1° *Des enfants nés au testateur.* Non tamen, ut omnimodo valeat testamentum, sufficit hæc observatio quam supra exposuimus; sed qui filium in potestate habet, curare debet ut eum heredem instituat, vel exheredem eum nominatim faciat. Alioquin si eum silentio præterierit, inutiliter testabitur : adeo quidem ut, et si vivo patre filius mortuus sit, nemo heres ex eo testamento existere possit, quia scilicet ab initio non constiterit testamentum. Sed non ita de filiabus, vel aliis per virilem sexum descendentibus liberis utriusque sexus, antiquitati fuerat observatum : sed si non fuerant scripti heredes scriptæve vel exheredati exheredatæve, testamentum quidem non infirmabatur, jus autem adcrescendi eis ad certam portionem præstabatur. Sed nec nominatim eas personas exheredare parentibus necesse erat, sed licebat inter cæteros hoc facere. Nominatim autem quis exheredari videtur, sive ita exheredetur, Titius filius meus exheres esto ; sive ita, filius meus exheres esto, non adjecto proprio nomine, scilicet si alius filius non extet.

Il fallait donc distinguer, quant à la manière dont l'exhérédation devait être faite, et quant à ses effets par rapport au testament, si l'enfant que le testateur voulait exhéréder était du sexe masculin et au premier degré, ou s'il était du sexe féminin ou au second degré ; si l'enfant était du sexe masculin et au premier degré, l'exhérédation devait être faite nommément de cette manière : *Titius filius meus exheres esto*, si le testateur avait plusieurs fils, ou de cette autre : *filius meus exheres esto*, si le testateur n'avait qu'un seul fils. L'omission que le testateur eût faite de ce fils ou de l'un de ses fils rendait le testament radicalement nul, lors même que le fils serait décédé du vivant de son père, *quia scilicet ab initio non constiterit testamentum.*

Si l'enfant était du sexe féminin ou au second degré, il suffisait de l'exhéréder collectivement (*inter cæteros*), ce qui avait lieu, lorsque le testateur, après avoir institué un ou plusieurs de ses enfants, ajoutait *cæteri exheredes sunto* (*L.* 25, *ff. de liber. et post.*). Mais remarquez que son omission n'avait pas pour conséquence, comme dans le cas précédent, d'annuler le testament (*testamentum quidem non infirmabatur*); seulement elle lui ôtait un effet partiel ; car les enfants ainsi omis avaient le droit de concourir pour une certaine portion (*jus adcrescendi ad certam portionem*) avec les héritiers institués. Cette portion variait suivant que les institués étaient héritiers siens ou seulement *heredes extranei.* Dans le premier cas, les enfants omis ajoutaient une tête au nombre des héritiers siens institués, et leur portion était alors d'une part virile, c'est-à-dire, du quart, du tiers ou de la moitié, selon le nombre des institués ; dans le second cas, leur portion était toujours de la moitié de la succession. — Il faut observer que les petits-enfants dont il est question ici ne peuvent être que ceux dont le père était décédé, ou sorti de la famille du testateur et de son vivant, par la petite diminution de tête. Dans le cas contraire, en effet, ce n'était pas eux, mais leur père qu'il fallait déshériter, car étant avant eux co-propriétaire de l'hérédité, il n'était pas nécessaire de leur retirer des droits qui n'existaient pas encore pour eux.

<h3 style="text-align:center">§ 1er.</h3>

2° *Des posthumes. Posthumi quoque liberi* vel heredes institui debent, vel exheredari. Et in eo par omnium conditio est, quod et filio posthumo et quolibet ex cæteris liberis, sive feminini sexus sive masculini, præterito, valet quidem testamentum ; sed postea adgnatione posthumi sive posthumæ rumpitur, et ea ratione totum infirmatur. Ideoque si mulier, ex qua posthumus aut posthuma sperabatur, abortum fecerit, nihil impedimento est scriptis heredibus ad hereditatem adeundam. Sed feminini quidem sexus posthumæ vel nominatim vel inter cæteros exheredari solebant : dum tamen, si inter cæteros ex-

32

heredentur, aliquid eis legetur, ne videantur præteritæ esse per oblivionem. Masculos vero posthumos, id est filium et deinceps, placuit non aliter recte exheredari, nisi nominatim exheredentur, hoc scilicet modo : QUICUMQUE MIHI FILIUS GENITUS FUERIT, EXHERES ESTO.

Posthumi quoque liberi. Les posthumes sont ici les enfants conçus à l'époque de la confection du testament, mais qui ne sont nés qu'après la mort du testateur (*L*. 3, § 1, *ff. de inj. rupt.*). Dans l'ancien droit, les personnes incertaines, au nombre desquelles se trouvaient les posthumes, ne pouvaient être l'objet d'aucune disposition testamentaire (*Ulp.* 22, *reg.* § 4; *infr.* § 25, 26, 27 *et* 28 *de legat.*), et, par conséquent, il était inutile de les instituer, ou de les exhéréder, puisque leur agnation, c'est-à-dire, leur naissance dans la famille du testateur, après sa mort, ne rompait point le testament, lorsqu'ils avaient été omis. Mais plus tard, les prudents imaginèrent de les considérer comme nés, non seulement à la mort du testateur, mais même lors de la confection du testament. Ceux qui dans cette hypothèse seraient nés sous la puissance du testateur, se nommèrent posthumes *siens;* les autres, posthumes *étrangers (posthumi alieni).* L'institution de ces derniers, inutile à la sûreté du testament, resta prohibée, du moins par le droit civil; mais on autorisa, quant aux premiers, toutes sortes de dispositions. Ainsi, l'on put ou les instituer ou les déshériter (*Ulp.* 22, *reg.* § 15; *Paul* 2, *sent.* 4, § 10), leur laisser un legs (§ 26, *eod.*) ou leur donner un tuteur (§ 4 *de tutel.; Gaïus* 1, *Inst.* § 147) (*M. Ducaurroy, n°* 572). La fiction des prudents obligea donc d'instituer ou de déshériter les posthumes siens.

Notre paragraphe établit deux différences importantes entre les posthumes et les enfants déjà nés : 1° nous avons vu que l'omission de ces derniers annulait radicalement le testament, au lieu que la prétérition des posthumes ne rendait pas le testament nul dans son origine; car les posthumes n'avaient de droit qu'autant qu'ils naissaient viables. Le testament recevait donc son exécution, lorsque la femme dont on espérait un posthume faisait une fausse couche (*abortum fecerit*); mais il était rompu par l'agnation, c'est-à-dire, par la naissance d'un nouvel héritier qui survenait dans la famille; 2° l'enfant mâle posthume à quelque degré qu'il fût devait être exhérédé nommément, tandis que l'exhérédation faite de cette manière était seulement prescrite à l'égard du fils, lorsqu'il s'agissait d'enfants déjà nés. Quant aux posthumes du sexe féminin, filles, petites-filles, etc., elles pouvaient être déshéritées collectivement; mais il y avait encore cette différence avec celles déjà nées, que le testateur devait leur léguer un objet quelconque afin qu'elles ne parussent pas avoir été omises par oubli.

— Les quasi posthumes étaient les enfants qui naissaient ou devenaient héritiers siens après la confection du testament, mais avant la mort du testateur. Les prudents n'avaient pas obligé de les instituer ou de les déshériter d'avance, parcequ'il était au pouvoir du testateur de recommencer son testament. Mais la loi *Julia Velléia* les assimila aux posthumes, et le testateur pour éviter la rupture de son testament dut à l'avenir les instituer ou les exhéréder — Les quasi posthumes étaient ainsi appelés, à cause de leur assimilation aux véritables posthumes, ou posthumes *Velléiens*, à cause de la loi *Velléia*.

<h2 style="text-align:center">§ 2.</h2>

3° *Des quasi posthumes. Posthumorum autem loco* sunt, et hi qui in sui heredis loco succedendo, quasi adgnascendo fiunt parentibus sui heredes. Ut ecce, si quis filium et ex eo nepotem neptemve in potestate habeat : *quia filius gradu præcedit,* is solus jura sui heredis habet, quamvis nepos quoque et neptis ex eo in eadem potestate sint. Sed si filius ejus vivo eo moriatur, aut qualibet alia ratione exeat de potestate ejus, incipit nepos neptisve in ejus loco succedere, et eo modo jura suorum heredum quasi adgnatione nanciscuntur. Ne ergo eo modo rumpatur ejus testamentum, sicut ipsum filium vel heredem instituere vel nominatim exheredare debet testator, ne non jure faciat testamentum, ita et nepotem neptemve ex filio necesse est ei vel heredem instituere vel exheredare : ne forte eo vivo filio mortuo, succedendo in locum ejus nepos neptisve quasi adgnatione rumpat testamentum. Idque lege Julia Velleia provisum est, in qua simul exheredationis modus ad similitudinem posthumorum demonstratur.

Posthumorum autem loco. D'après la loi *Julia Velléia* on distingua quatre classes de posthumes : 1° les héritiers siens nés après la confection du testament et avant la mort du testateur ; 2° les petits-enfants dont le père était sorti de la famille entre ces deux époques ; 3° les héritiers siens rendus tels par une adoption ou une légitimation postérieure au testament ; 4° les petits-enfants qui, à la mort de l'aïeul, retombaient sous la puissance de leur père, devenaient ses héritiers siens et infirmaient le testament qu'il avait fait, étant encore fils de famille pour disposer de son pecule *castrans* ou *quasi castrans.*

Quia filius gradu præcedit. Le petit-fils étant précédé par son père eût été autrefois inutilement déshérité de droits qu'il n'avait pas encore ; mais comme toute autre personne on pouvait le choisir pour l'instituer,

La loi *Julia Velléia*, quant à cette classe de quasi posthumes, n'a donc pas fait autre chose que d'obliger le testateur à prévoir le cas où par une quasi agnation le petit-fils serait mis aux droits de son père prédécédé, et alors elle valide l'exhérédation de ce petit-fils faite d'avance et sous cette condition. Mais cette loi était nécessaire pour valider et l'institution et l'exhérédation des autres classes de quasi posthumes.

§ 3.

Emancipatos liberos jure civili neque heredes instituere, neque exheredare necesse est, quia non sunt sui heredes. Sed prætor omnes tam feminini sexus quam masculini, si heredes non instituantur, exheredari jubet, virilis sexus nominatim, feminini vero et inter cæteros; quia si neque heredes instituti fuerint, neque ita ut diximus exheredati, promittit eis prætor contra tabulas testamenti bonorum possessionem.

Remarquez que l'omission d'un enfant émancipé ne rend pas le testament nul ; il subsiste toujours ; mais le préteur en empêche les effets en accordant aux enfants passés sous silence, la possession *contra tabulas*. Cette possession serait même octroyée aux enfants que le fils sorti de la famille aurait eus depuis son émancipation (*L*. 3, *pr. et* § 5; *L*. 6, *ff. de bon.-poss. contra tab.*). On voit que le droit prétorien considère la petite diminution de tête comme non avenue, et comme ne pouvant prévaloir contre les liens naturels qui continuent d'unir l'émancipant et l'émancipé.

§ 4.

Adoptivi liberi, quamdiu sunt in potestate patris adoptivi, ejusdem juris habentur cujus sunt justis nuptiis quæsiti : itaque heredes instituendi vel exheredandi sunt, secundum ea quæ de naturalibus exposuimus. Emancipati vero a patre adoptivo, neque jure civili neque quod ad edictum prætoris attinet, inter liberos numerantur. Qua ratione accidit ut ex diverso, quod ad naturalem parentem attinet, quamdiu quidem sunt in adoptiva familia, extraneorum numero habeantur, ut eos neque heredes instituere neque exheredare necesse sit ; cum vero emancipati fuerint ab adoptivo patre, tunc incipiant in ea causa esse in qua futuri essent, si ab ipso naturali patre emancipati fuissent.

L'enfant donné en adoption était sous le droit ancien complètement étranger à son père naturel qui n'avait pas besoin de l'instituer ou de le déshériter. Cette obligation reposait sur le père adoptif, parce qu'à son égard c'était absolument comme si l'enfant eût été le fruit de son légitime mariage. Si l'adoptant émancipait l'adopté, celui-ci ne lui était plus rien, ni par le droit civil, ni par le droit prétorien ; mais alors le préteur le considérait comme directement émancipé par son père naturel, qui devait pour assurer l'existence de son testament, l'instituer ou le déshériter ; autrement l'enfant obtenait la possession de biens *contra tabulas*. — Tel était relativement à l'institution ou à l'exhérédation des enfants, l'état de l'ancienne jurisprudence. Voyons maintenant quelles modifications Justinien y a apportées.

§ 5.

Sed hæc quidem vetustas introducebat. Nostra vero constitutio inter masculos et feminas in hoc jure nihil interesse existimans, quia utraque persona in hominum procreatione similiter naturæ officio fungitur, et lege antiqua duodecim tabularum omnes similiter ad successionem ab intestato vocabantur, quod et prætores postea secuti esse videntur ; ideo simplex ac simile jus et in filiis et in filiabus et in cæteris descendentibus per virilem sexum personis, non solum natis sed etiam posthumis, introduxit : ut omnes, sive sui sive emancipati sunt, vel heredes instituantur vel nominatim exheredentur, et eumdem habeant effectum circa testamenta parentum suorum infirmanda et hereditatem auferendam, quem filii sui vel emancipati habent, sive jam nati sint, sive adhuc in utero constituti postea nati sint. Circa adoptivos autem filios certam induximus divisionem, quæ nostra constitutione quam super adoptivis tulimus, continetur.

Ainsi désormais il n'y a plus aucune différence entre les enfants mâles et les filles, entre ceux du premier degré et ceux des degrés subséquents, entre les enfants nés et les posthumes et quasi posthumes, entre les enfants sous la puissance paternelle et ceux qui en étaient sortis par l'émancipation ; l'exhérédation de tous ces enfants doit être formelle ; leur omission n'enlève plus seulement au testament un effet partiel, elle en entraîne également la nullité complète. (1) Quant aux enfants adoptifs, nous avons

______

(1) La Novelle 115, chap. 3, outre l'exhérédation nominative, prescrit encore d'énoncer formellement la cause de cette exhérédation, et cette cause doit être une de celles dont cette Novelle donne l'énumération.

vu (*supr.* § **2**, *de adopt.*; *vid. pag.* 71) qu'il n'y avait plus que les adrogés et ceux qui étaient donnés en adoption à un ascendant, qui passassent sous la puissance de l'adoptant; ceux-là seulement devront donc être institués ou exhérédés par lui. — Il nous reste à examiner sur ce titre, si le militaire, la mère ou les ascendants maternels sont, sous le droit nouveau, dans l'obligation d'exhéréder nommément les enfants qu'ils ne veulent pas instituer.

§ 6.

Sed si in expeditione occupatus miles testamentum faciat, et liberos suos jam natos vel posthumos nominatim non exheredaverit, sed silentio præterierit *non ignorans an habeat liberos,* silentium ejus pro exheredatione nominatim facta valere, constitutionibus principum cautum est.

Non ignorans an habeat liberos. Le militaire pour exhéréder ses enfants, n'a donc besoin que de les passer sous silence, mais sous la condition qu'il saura avoir des enfants nés ou conçus; s'il l'ignorait, comme alors il n'est plus prouvé qu'il eût voulu les déshériter, leur omission n'empêcherait pas qu'ils ne fussent admis à faire valoir leurs droits. Le testament serait annulé, s'il s'agissait d'un enfant né au moment de sa confection; infirmé, s'il s'agissait d'un posthume ou d'un quasi posthume.

§ 7.

Mater vel avus maternus necesse non habent liberos suos aut heredes instituere, aut exheredare; sed possunt eos omittere. Nam silentium matris, aut avi materni et cæterorum per matrem ascendentium, tantum facit quantum exheredatio patris. Nec enim matri filium filiamve, neque avo materno nepotem neptemve ex filia, si eum eamve heredem non instituat, exheredare necesse est, sive de jure civili quæramus, sive de edicto prætoris quo prætor præteritis liberis contra tabulas bonorum possessionem promittit. Sed aliud eis adminiculum servatur, quod paulo post vobis manifestum fiet.

Les enfants ne se trouvant jamais dans la famille et sous la puissance de leur mère et de leurs ascendants maternels, ne peuvent jamais être leurs héritiers siens; or, c'est seulement envers ces héritiers ou ceux que le droit prétorien réputait tels, qu'est prescrite la formalité de l'exhérédation. Le silence de la mère ou de l'aïeul maternel n'engendre donc ni la nullité du testament, ni sa rupture, parce qu'il a le même effet que l'exhérédation formelle du père : *tantum facit quantum exheredatio patris*. Le droit civil et le droit prétorien lui-même ne pouvaient rien contre l'omission méritée des enfants; seulement la loi civile venait à leur secours dans le cas d'une omission injuste, et la plainte d'inofficiosité leur était alors permise contre le testament maternel. C'est ce que Justinien a voulu exprimer, lorsqu'il dit à la fin de ce texte que *aliud eis adminiculum servatur* (*vid. infr. tit.* XVIII).

TITRE QUATORZIÈME.

De l'Institution des Héritiers. (De heredibus instituendis).

Dans ce titre, nous revenons aux règles imposées à tout testateur relativement à l'institution d'un héritier. En commençant le titre précédent nous avons dit de quelle importance était cette institution pour la validité du testament. Il serait superflu de le répéter. Ajoutons toutefois qu'il n'est plus nécessaire que l'institution soit faite en tête du testament, pour que les autres dispositions reçoivent leur exécution (*Ulp. reg.* 24, § 15 ; 25, § 8; *Paul. sent.* 3, *tit.* VI, § 2). Justinien corrigeant cette rigueur de la loi ancienne, a déclaré valides pour l'avenir toutes les dispositions d'un testament dans lequel une institution d'héritier aurait été faite, en quelque endroit de ce testament qu'elle eût d'ailleurs été placée (*L.* 24, *Cod. de test.; infr.* § 34, *de legat.*).

Dans ce titre, il y aura trois choses à examiner : 1º de quelles manières l'institution d'héritier peut être faite; 2º quels sont ceux qui peuvent être institués héritiers ; 3º quelle est la division de l'hérédité, lorsqu'il y a plusieurs héritiers institués. Ce sera la matière d'autant de sections.

SECTION PREMIÈRE. — *De quelles manières l'institution d'héritier peut être faite.*

§ 9.

Heres pure et *sub conditione* institui potest ; ex certo tempore aut ad certum tempus, non potest : veluti POST QUINQUENNIUM QUAM MORIAR, vel EX CALENDIS ILLIS, vel USQUE AD CALENDAS ILLAS HERES ESTO. Denique diem adjectum haberi pro supervacuo placet, et perinde esse ac si pure heres institutus esset.

On ne peut mourir en partie *testat*, en partie *intestat* (§ 5, *h. tit.*; *L.* 7, *ff. de reg. jur.*); cette règle ne reçoit d'exception qu'en faveur des militaires, *quorum sola voluntas in testando spectatur* (*eod.* §º ; *L*. 41, *ff. de mil. test.*). D'un autre côté, il est constant que l'hérédité et la qualité d'héritier une foi acquises ne peuvent être retirées (*L*. 88 , *ff. de hered. inst.*) : *semel heres , semper heres*, dit un adage. Ces deux principes nous seront utiles pour l'explication de ce paragraphe. Nous y voyons qu'il était permis de faire une institution pure et simple ou conditionnelle ; mais qu'on ne pouvait apposer un terme à cette institution. En voici la raison. L'institution conditionnelle étant celle subordonnée à un évènement qui peut arriver ou ne pas arriver, il n'y avait pas à craindre que le testateur mourût en partie *testat* , en partie *intestat* ; car l'ouverture de l'hérédité demeurait suspendue tant que l'évènement de la condition restait incertain , et il était vrai de dire que jusque là le testateur n'avait pas d'héritier (*L*. 13 ; *L*. 21 , § 2, *ff. de adq. vel omitt.*) : si l'évènement en se réalisant accomplissait la condition, l'institué entrait alors aux droits que lui conférait le testament ; si cet évènement ne se réalisait pas , le défunt était réputé mort *intestat* , et son hérédité était déférée à ses héritiers par le sang (*L*. 26, *ff. de cond. inst.*). Le terme diffère de la condition en ce qu'il retarde seulement l'effet de la disposition, sans toutefois le rendre incertain ; au lieu que la condition rend la disposition elle-même incertaine, en la faisant dépendre d'un évènement futur , et qui peut arriver ou ne pas arriver. Il y a terme, toutes les fois qu'une disposition ne doit avoir son effet qu'à une certaine époque (*ex certo tempore*), ou toutes les fois qu'à une époque fixée, cet effet doit cesser (*ad certum tempus*). Ecrire dans son testament que l'héritier qu'on instituait ne le serait que pendant tel temps, ou qu'il ne pourrait l'être qu'à partir de tel moment , c'était faire absolument la même chose que d'instituer quelqu'un pour partie seulement de son hérédité. Dans l'un et l'autre cas, c'était vouloir mourir partie *testat*, partie *intestat* (*L*. 41, *ff. de test. mil.*), et la loi prohibait de semblables dispositions. Cependant nous venons de voir que l'hérédité ne s'ouvrait qu'à l'évènement de la condition : pourquoi l'héritier n'aurait-il pu également attendre le terme ? Tous les commentateurs ont senti cette difficulté, mais ils conviennent qu'on ne saurait lui donner une solution satisfaisante (*Vinn. h. text.* ; *voyez M. Ducaurroy*, nº 601). Au surplus, le terme apposé à une disposition ne l'annule point ; on le considère comme entièrement inutile (*pro supervacuo*) , et l'héritier est censé avoir été institué purement et simplement.

Sub conditione. On distingue trois sortes de conditions : la condition *casuelle* qui dépend du hasard et qu'il n'est au pouvoir de personne de réaliser ; la condition *potestative* qui dépend du fait de celui appelé à profiter de la disposition ; et la condition *mixte* qui est tout à la fois *casuelle* et *potestative*. On donne pour exemple de cette dernière condition, celle d'épouser quelqu'un. Lorsqu'on institue un étranger héritier, on peut l'instituer sous l'une ou l'autre de ces conditions ; mais on ne peut imposer à ses héritiers siens qu'une condition potestative, à moins qu'on ne les déshérite sous la condition contraire (*L. 4 et 86, ff. de hered. inst.*). La raison en est que ne pouvant rien pour l'accomplissement d'une condition casuelle ou mixte, ils se trouveraient en cas de non réalisation dépouillés de l'hérédité paternelle, sans avoir été expressément déshérités (*Vinn. h. text.*) ; ce qui n'est pas permis, ainsi que nous l'avons vu dans le titre précédent. Au surplus, lorsque l'exécution d'une condition n'est plus au pouvoir de l'institué, on la répute accomplie, quand bien même elle ne le serait pas effectivement. Il en est ainsi du moins dans les conditions potestatives et même dans les conditions casuelles (*L. 54, § 2, ff. de legat. 1o ; L. 24 et 81, § 1, ff. de cond. et dem.*). Quant aux conditions mixtes, on est plus exigeant. La condition du mariage avec une personne serait considérée comme accomplie par son refus ; mais il n'en serait pas de même de sa mort (*L. 31, ff. eod. tit. ; L. 3 et 11, ff. de cond. inst., L. 4, Cod. de cond. insert.*).

§ 10.

Impossibilis conditio in institutionibus et legatis, nec non fideicommissis et libertatibus, pro non scripta habetur.

Impossibilis conditio. Une condition impossible est celle qui ne peut être accomplie, *aut natura, aut legibus.* Une condition est impossible, *natura*, lorsqu'elle est naturellement impossible. Telle serait celle qui imposerait l'obligation de monter au ciel. Une condition est impossible, *legibus*, lorsque les lois et la morale en empêchent et en défendent l'exécution. Ainsi la condition de tuer un homme est une condition impossible, quoiqu'elle puisse être exécutée. On présume en effet qu'un honnête homme regarde comme impossible tout ce qui est défendu par les lois, et tout ce qui est contraire aux bonnes mœurs. On voit du reste que la condition impossible ne vicie point le testament ; seulement on la répute non écrite.

§ 11.

Si plures conditiones institutioni adscriptæ sunt : siquidem conjunctim, ut puta SI ILLUD ET ILLUD FACTUM ERIT, omnibus parendum est ; si separatim, veluti SI ILLUD AUT ILLUD FACTUM ERIT, cuilibet obtemperare satis est.

Lorsque plusieurs conditions ont été imposées, elles doivent donc être toutes accomplies, pourvu toutefois qu'elles l'aient été collectivement, par exemple : *si illud et illud factum erit* ; si elles ont été imposées disjonctivement de cette manière : *si illud aut illud factum erit*, il est évident que le testateur a voulu laisser le choix à son héritier, et, par conséquent, il suffirait à celui-ci d'en accomplir une seule.

SECTION DEUXIÈME. — *De ceux qui peuvent être institués héritiers.*

PR.

Heredes instituere permissum est tam liberos homines quam servos, et tam proprios quam alienos....

Ulpien dit moins généralement et avec plus d'exactitude peut-être : *Heredes institui possunt, qui testamenti factionem cum testatore habent* (22 *reg.*, § 1). Il s'agit ici de la faction *passive* de testament. On entend par là, ainsi que nous l'avons vu plus haut (*supr. pag.* 233), la faculté d'acquérir pour soi ou pour ceux dont on dépend l'hérédité d'autrui, que l'on ait ou que l'on n'ait pas d'ailleurs soi-même le droit de tester. Chez les Romains, il n'y avait que les *peregrini* et les *déportés* qui fussent privés de la faction passive de testament (*Ulp. ibid.*, § 2 et 3). Les fous, les impubères pouvaient être institués. Quant aux esclaves, s'ils étaient ceux du testateur, le titre de citoyens qu'ils acquéraient en même temps que celui d'héritier, les rendait évidemment aptes à être institués. Mais les esclaves étrangers ne pouvaient l'être, qu'autant que la faction de testament existait entre leurs maîtres et le testateur (*Ulp. ibid.*, § 9; *L.* 34, *ff. h. tit.*). Les personnes, de l'existence desquelles on n'a aucune idée, ne pouvaient pas être instituées, parce qu'on n'avait pas faction de testament avec elles, et de plus : *quoniam certum consilium debet esse testantis* (*Ulp. ibid.*, § 4). Toutefois on ne considérait pas comme incertaines les personnes inconnues, et il était permis de les instituer. Le paragraphe 12 de ce titre nous en avertit expressément :

§ 12.

Ii quos nunquam testator vidit, heredes institui possunt : veluti si fratris filios peregri natos ignorans qui essent, heredes instituerit. Ignorantia enim testantis inutilem institutionem non facit.

— Puisque l'institution d'un esclave est valable, que cet esclave nous appartienne ou qu'il appartienne à autrui, il est nécessaire d'abord de bien connaître quand un esclave est nôtre, ou quand il est étranger :

PR.

Proprius autem servus etiam is intelligitur, in quo nudam proprietatem testator habet, *alio usumfructum habente*.....
.....Alienus servus etiam is intelligitur, *in quo usumfructum testator habet*.

Alio usumfructum habente. Cet usufruit n'empêcherait donc pas le nu propriétaire de l'esclave de l'instituer héritier, et, par conséquent, de l'affranchir; seulement l'esclave institué continuerait, malgré son affranchissement, de servir l'usufruitier (*L.* 1, *Cod. commun. de man.*).

In quo usumfructum testator habet. L'esclave institué héritier par l'usufruitier ne deviendra ni libre ni héritier; mais il acquerra l'hérédité pour son maître absolument comme l'esclave tout-à-fait étranger, ainsi que nous le verrons plus tard (*Vinn. h. text.*). — Le maître qui institue son esclave héritier, est-il tenu de l'affranchir expressément? Il y était obligé dans l'ancien droit (*Gaïus Inst.* 2, § 185, 186, 187; *Ulp. reg.* 22, § 7 *et* 12); mais Justinien a décidé dans une constitution qui est la loi 5 au Code, *de necess. serv.*, que la manumission de l'esclave serait toujours une conséquence nécessaire de son institution.

....*Proprios autem, olim quidem secundum plurium sententias, non aliter quam cum libertate recte instituere licebat. Hodie vero etiam sine libertate ex nostra constitutione heredes eos instituere permissum est. Quod non per innovationem induximus; sed quoniam æquius erat, et Atilicino placuisse Paulus suis libris, quos tam ad Massurium Sabinum quam ad Plautium scripsit, refert.*

Quod non per innovationem. Justinien n'introduit donc pas un droit nouveau, il fait seulement prévaloir l'avis du petit nombre de jurisconsultes dont l'opinion n'avait pas été suivie. —Quoiqu'il en soit, la manumission de l'esclave est toujours nécessaire pour valider son institution, qui restera nulle toutes les fois que l'affranchissement sera impossible (*L.* 83, *ff. de hered. inst.*). La suite du *principium* de ce titre nous en offre un exemple remarquable. La femme accusée d'adultère avec son esclave, l'aurait inutilement institué son héritier, parce que dans ce cas l'affranchissement de l'esclave ne peut avoir lieu, du moins tant qu'une sentence d'absolution n'est pas intervenue :

....*Est tamen casus in quo nec cum libertate utiliter servus a domina heres instituitur, ut constitutione divorum Severi et Antonini cavetur, cujus verba hæc sunt.* « *Servum adulterio maculatum, non jure testamento manumissum ante sententiam ab ea muliere videri, quæ rea fuerat ejusdem criminis postulata, rationis est. Quare sequitur, ut in eumdem a domina collata institutio nullius momenti habeatur....*»

— L'esclave institué par son maître peut, postérieurement à la confection du testament, se trouver dans trois positions différentes qui mettront nécessairement une grande différence, quant aux effets, dans son adition d'hérédité.

1º Ou l'esclave institué est resté dans la puissance de son maître jusqu'à la mort de celui-ci, et alors il devient simultanément libre et héritier nécessaire, c'est-à-dire qu'il est obligé d'accepter l'hérédité dont il supporte toutes les charges, même *ultra vires emolumenti* ; 2º ou l'esclave institué a été affranchi du vivant de son maître, et dans ce cas il peut accepter ou ne pas accepter l'hérédité, car le testament ne lui confère plus en même temps l'hérédité et la liberté ; 3º enfin, ou l'esclave institué a été aliéné depuis la confection du testament, et alors il ne peut faire adition que par l'ordre de son nouveau maître pour lequel il acquiert l'hérédité. Ces trois différences dans la position de l'esclave sont bien indiquées dans le § 1 de ce titre.

§ 1er.

Servus autem a domino suo heres institutus, si quidem in eadem causa manserit, fit ex testamento liber heresque necessarius. Si vero a vivo testatore manumissus fuerit, suo arbitrio adire hereditatem potest : quia non fit necessarius, cum utrumque ex domini testamento non consequitur. Quod si alienatus fuerit, jussu novi domini adire hereditatem debet, et ea ratione per eum dominus fit heres. Nam ipse alienatus neque liber neque heres esse potest, etiamsi cum libertate heres institutus fuerit ; destitisse enim a libertatis datione videtur dominus, qui eum alienavit....

— Pareillement, lorsqu'on a institué un esclave étranger, celui-ci peut se trouver dans trois positions différentes : 1º ou l'esclave institué est resté sous la puissance du même maître, et alors c'est par son ordre seulement qu'il pourra faire adition d'hérédité ; 2º ou il a changé de maître, et dans ce cas il devra avoir la permission de ce nouveau maître ; 3º ou il a été affranchi soit du vivant du testateur, soit après sa mort, mais avant l'adition ; et dans ce dernier cas, ce sera de sa seule volonté et pour lui-même qu'il fera adition, et acquerra l'hérédité.

....Alienus quoque servus heres institutus, si in eadem causa duraverit, jussu ejus domini adire hereditatem debet. Si vero alienatus fuerit ab eo, aut vivo testatore, aut post mortem ejus antequam adeat, debet jussu novi domini adire. At si manumissus est vivo testatore, vel mortuo antequam adeat, suo arbitrio adire hereditatem potest.

— Nous avons posé en principe que les esclaves ne pouvaient être institués héritiers, qu'autant qu'on avait faction de testament avec leurs maîtres (*Ulp. reg.* 22, § 9; *L.* 31, *ff. de hered. inst.*). Il suit de là que les esclaves d'une succession vacante, par exemple, lorsqu'il y a espérance d'un posthume, ne pourraient être institués héritiers par un étranger, puisqu'on ne saurait avoir faction de testament avec les personnes incertaines, au nombre desquelles sont les posthumes. Mais on a considéré que jusqu'à l'adition, l'hérédité représentait et continuait la personne du défunt (*vicem sustinet non heredis futuri, sed defuncti*). Tant que l'hérédité ne sera pas acceptée, il suffira donc, pour pouvoir instituer héritier un esclave étranger, que l'on ait eu faction de testament avec son maître, quoiqu'on ne l'aie pas avec l'héritier futur :

§ 2.

Servus autem alienus post domini mortem recte heres instituitur, quia et cum hereditariis servis est testamenti factio. Nondum enim adita hereditas personæ vicem sustinet, non heredis futuri, sed defuncti : cum etiam ejus qui in utero est, servus recte heres instituitur.

— Voyons maintenant quels résultats aurait l'institution d'un esclave qui appartiendrait à plusieurs maîtres.

§ 3.

Servus plurium *cum quibus testamenti factio est, ab extraneo institutus heres,* unicuique dominorum cujus jussu adierit, pro portione dominii adquirit hereditatem.

Cum quibus testamenti factio est. Il est donc nécessaire d'avoir faction de testament, non seulement avec l'un des maîtres de l'esclave, mais encore avec tous, pour que l'institution de cet esclave par un étranger soit valable.

Ab extraneo institutus heres. L'esclave commun institué héritier par un étranger acquiert l'hérédité pour chacun de ses maîtres, non par égales portions, mais en proportion du droit que chacun a dans la propriété de cet esclave. Si cependant quelques uns des maîtres ne lui avaient pas permis de faire adition, et qu'il l'eût faite par ordre d'un seul, dans ce cas les parts des autres accroîtraient à celui des co-propriétaires qui aurait autorisé l'esclave (*l'inn. h. text.*; *L. 67, ff. de adq. hered.*). Notre texte ne parle que de l'institution de l'esclave commun par un étranger ; il faut cependant prévoir encore le cas où cette institution serait faite par l'un des co-propriétaires de l'esclave. Mais alors il est nécessaire d'examiner si la liberté lui a été conférée expressément par le testament qui l'a institué, ou bien si l'institution a été faite, mais sans affranchissement exprès. Dans le premier cas, l'esclave devient simultanément libre et héritier, suivant la décision qui est écrite dans le paragraphe 4, du titre des donations, sauf toutefois l'indemnité due à chacun des autres co-propriétaires ; dans le second cas, il est douteux qu'avec l'hérédité il acquière en même temps la liberté, car l'institution d'un esclave commun peut se soutenir du chef des autres co-propriétaires, comme celle de l'esclave d'autrui, et indépendamment de tout affranchissement (*Ulp. reg.* 22, § 7 *et* 9 ; *Vinn. pr. h. tit. n*o 4). — Jusqu'ici nous avons raisonné dans l'hypothèse que le testateur n'a institué qu'un seul héritier. Toutefois la plupart des principes que nous avons établis sont applicables au cas où le testateur en aurait institué deux, ou un plus grand nombre ; car la loi ne limite en aucune façon la faculté du testateur à cet égard. Le paragraphe 4 de ce titre est formel sur ce point :

§ 4.

Et unum hominem et plures in infinitum, quot quis velit, heredes facere licet.

Lorsqu'il y a plusieurs héritiers institués, il est évident que l'hérédité doit se partager entre eux. Mais dans quelle proportion ? C'est ce que nous allons voir dans la section suivante.

SECTION TROISIÈME. — *De la division de l'hérédité.*

§ 5.

Hereditas plerumque dividitur in duodecim uncias, quæ assis appellatione continentur. Habent autem et hæ partes propria nomina ab uncia usque ad assem, ut puta hæc : UNCIA, SEXTANS, QUADRANS, TRIENS, QUINCUNX, SEMIS, SEPTUNX, BES, DODRANS, DEXTANS, DEUNX, AS....

On divisait donc l'hérédité en douze parties égales, dont chacune prise séparément s'appelait *onça*, et qui toutes réunies formaient une unité que l'on appelait *as*. La réunion de plusieurs douzièmes aurait pu s'indiquer par leur nom numérique, comme deux, trois, quatre, cinq douzièmes, etc.; mais on a préféré leur donner une dénomination particulière. Ainsi :

Uncia est le douzième de l'as, c'est-à-dire, une once sur douze ;

Sextans est le sixième, c'est-à-dire, deux onces sur douze ;

Quadrans est le quart, et par conséquent trois onces sur douze ;

Triens est le tiers, et contient quatre onces sur douze ;

Quincunx égale cinq onces ;

Semis est la moitié ou six onces sur douze ;

Septunx contient sept onces sur douze ;

Bes, qui vient de *bis triens*, forme les deux tiers, et par conséquent huit onces sur douze ;

Dodrans, formé de la contraction du verbe *demo*, qui veut dire *retrancher*, avec *quadrans*, signifie l'unité sur laquelle on a enlevé un quart. *Dodrans* forme donc les trois quarts ou neuf onces sur douze ;

Dextans, qui dérive également de *demo*, contracté avec *sextans*, est l'unité sur laquelle on a enlevé un sixième. *Dextans* est donc l'unité moins deux onces, ou dix onces sur douze ;

Deunx (*demo unciam*) est l'unité moins une once, ou onze onces sur douze ;

As, c'est l'unité formée de douze parties, appelées *onces*.

— Lorsque plusieurs héritiers avaient été institués, le testateur déterminait ou ne déterminait pas les portions de chacun de ces héritiers. Si la part que chacun des co-institués devait prendre dans l'hérédité n'avait pas été réglée, ils étaient tous réputés institués par égales portions.

§ 6.

Si plures instituantur, ita demum partium distributio necessaria est, si nolit testator eos ex æquis partibus heredes esse. Satis enim constat, nullis partibus nominatis, *ex æquis partibus eos heredes esse*.....

Ex æquis partibus eos heredes esse. Cependant, si plusieurs des héritiers avaient été institués conjointement, c'est-à-dire, par une seule disposition collective, ils n'auraient à l'égard des autres qu'une seule part. Ainsi, par exemple, après avoir institué *Titius*, le testateur institue *Marius* et *Paulus : Titius* prendra la moitié de l'hérédité, et *Marius* et *Paulus*, l'autre moitié seulement en eux deux. — Si le testateur, après avoir réglé la portion de quelques héritiers, en instituait un ou plusieurs autres, sans leur attribuer de portion, mais lorsqu'il restait encore une partie vacante de l'hérédité, cette partie, quelque considérable qu'elle fût, appartiendrait à l'héritier ou aux héritiers dont on n'aurait pas déterminé la portion.

....Partibus autem in quorumdam personis expressis, si quis alius sine parte nominatus erit, si quidem aliqua pars assi deerit, ex ea parte heres sit; et si plures sine parte scripti sunt, omnes in eamdem partem concurrent.... ....Nec interest primus an medius an novissimus sine parte heres scriptus sit : ea enim pars data intelligitur , quæ vacat.

§ 7.

Videamus, si pars aliqua vacet, nec tamen quisquam sine parte sit heres institutus, quid juris sit; veluti si tres ex quartis partibus heredes scripti sunt. Et constat vacantem partem singulis tacite pro hereditaria parte accedere, et perinde haberi ac si ex tertiis partibus heredes scripti essent. Et ex diverso, si plures in portionibus sint, tacite singulis decrescere : ut si, verbi gratia, quatuor ex tertiis partibus heredes scripti sint, perinde habeantur ac si unusquisque ex quarta parte scriptus fuisset.

Dans ce paragraphe on suppose que le testateur, après avoir institué plusieurs héritiers dont il a déterminé les parts , laisse cependant une portion vacante de son hérédité. Par exemple, trois héritiers sont institués chacun pour un quart (*veluti si tres ex quartis partibus heredes scripti sunt*). *Quid juris* , à l'égard du dernier quart non employé? Il accroîtra à chacun des institués, *pro hereditaria parte*, c'est-à-dire en proportion de leur part héréditaire, de sorte que, dans l'exemple du texte, c'est comme si les trois héritiers avaient été institués chacun pour un tiers. On suppose encore que loin qu'il y ait portion non employée, l'hérédité serait au contraire absorbée, et au-delà, par les portions attribuées à chacun des institués. Ainsi , quatre héritiers ont été institués chacun pour un tiers; dans ce cas, les portions de chacun décroissent proportionnellement, et, dans l'espèce proposée, les quatre héritiers seraient censés n'avoir été institués chacun que pour un quart.

— La division de l'hérédité en douze onces était , comme nous l'avons dit, la division la plus naturelle. On pensait que cette division avait été suivie , lorsqu'on instituait douze héritiers, par exemple, et qu'on leur donnait à chacun une once, ou bien lorsqu'on instituait moins de douze héritiers et qu'on leur donnait, à l'un deux onces, à l'autre quatre onces, à un troisième six onces. En un mot, on était censé avoir adopté la division la plus commune , toutes les fois que le nombre d'onces attribuées à chacun des co-institués n'excédait pas celui de douze onces. Mais le testateur n'était point obligé de s'assujettir à cette division. Il pouvait en prendre une autre soit expressément, soit tacitement, ce qui, dans cette dernière hypothèse, pouvait se révéler principalement dans deux cas:

§ 5.

PREMIER CAS. ....Non autem utique semper duodecim uncias esse oportet; nam tot unciæ assem efficiunt, quot testator voluerit; et si unum tantum quis ex semisse, verbi gratia, heredem scripserit, *totus as in semisse erit*. Neque enim idem ex parte testatus et ex parte intestatus decedere potest, *nisi sit miles*, cujus voluntas in testando spectatur....

Totus as in semisse erit. L'hérédité est alors divisée en six onces, au lieu de l'être en douze. Il en serait de même si l'héritier institué ne l'avait été que pour le quart, ou pour les deux tiers ; dans le premier cas, le testateur serait censé avoir divisé son hérédité en trois onces, et dans le second, en 8 onces. Il faut donc supposer qu'on n'a pas suivi la division commune, toutes les fois que sans cette supposition on décéderait partie *testat*, partie *intestat*.

Nisi sit miles. La portion dont le militaire n'aurait point disposé, serait dévolue à ses héritiers légitimes (*L*. 19 *et* 37, *ff. de legit, hered.*).

SECOND CAS. ....Et e contrario potest quis, in quantascumque voluerit plurimas uncias, suam hereditatem dividere.

Nous trouvons dans ce titre plusieurs exemples du cas où le testateur est censé avoir voulu diviser son hérédité en plus d'onces qu'il n'est nécessaire pour former l'as. Ainsi plusieurs héritiers sont institués avec une attribution de portions suffisantes pour compléter l'as, et de plus un ou plusieurs autres héritiers sont institués, mais sans attribution de portions. Il est raisonnable de supposer que le testateur a voulu diviser son hérédité en deux as, dont la moitié se partagera entre ceux dont les parts ont été faites, et dont l'autre moitié appartiendra tout entière à celui ou à ceux qui n'ont pas de portion désignée dans le testament. On n'institue pas en effet quelqu'un héritier, lorsqu'on a l'intention de ne lui rien donner. Cette décision est contenue formellement dans le § 6 :

§ 6.

...Si vero totus as completus sit, in dimidiam partem vocantur, et ille vel illi omnes in alteram dimidiam....

Un autre exemple est celui du § 8. Supposez que les parts assignées à chacun des institués excèdent le nombre de douze onces, et qu'il y ait encore un ou plusieurs autres héritiers institués sans portion; il est évident que, dans ce cas, le testateur a divisé son hérédité en 24 onces, au lieu de douze.

34

§ 8.

Et si plures unciæ quam duodecim distributæ sint, is qui sine parte institus est, quod dupondio deest, habebit. *Idemque erit si dupondius expletus sit :* quæ omnes partes ad assem postea revocantur, quamvis sint plurium unciarum.

Idemque erit si dupondius expletus sit. L'hérédité serait alors divisée en 36 onces, et ainsi de suite. Régle générale. Bien que l'hérédité soit représentée par l'as, cependant lorsqu'un seul as serait insuffisant pour satisfaire à toutes les dispositions du testateur, alors l'hérédité se divise en autant d'as qu'il est nécessaire pour obtenir une fraction vacante en faveur des institués dont la part n'a pas été fixée.

L'hérédité divisée en deux as s'appelle *dupondium*, en trois as, *tripondium*, etc. Cette pluralité d'as n'est qu'une supposition nécessaire pour déterminer les parts non désignées par le testateur ; les portions, une fois connues, on les réduit toutes à un seul as (*omnes ad assem revocantur*), et rien n'est plus simple que cette réduction. En effet, si le testament institue un premier héritier pour six onces, un second pour huit, et un troisième sans portion désignée, le premier aura dans le *dupondium* six vingt-quatrièmes, le second huit vingt-quatrièmes, et le troisième dix ; ce qui se réduit pour un seul as à trois, quatre et cinq douzièmes.

TITRE QUINZIÈME.

De la Substitution vulgaire. (De vulgari substitutione).

Nous l'avons déjà répété plusieurs fois, il n'y a point de testament sans institution d'héritier. Il importerait même peu que cette institution eût été faite, si elle venait à défaillir, soit par le refus de l'héritier institué, soit par son décès avant le testateur. Aussi, est-il permis d'appeler à l'hérédité un second héritier pour le cas où celui qu'on avait institué d'abord ne la recueillerait pas par une cause quelconque, ou un troisième dans le cas où le second ne la recueillerait pas non plus, et ainsi de suite. Ces institutions successives se nommaient des *substitutions*. C'était la crainte que les Romains avaient de mourir *intestats*, qui les avait fait admettre.

On distingue deux sortes de substitutions : la substitution au premier cas, ou *substitution vulgaire*, dont il est question seulement dans ce titre ; et la substitution au second cas, ou *substitution pupillaire*, dont il sera parlé dans le titre suivant (*L.* 8, *Cod. de impub. et al. subst.*).

On peut joindre à ces deux espèces de substitutions, celle dite *exemplaire* ou *quasi pupillaire*, introduite par Justinien (*L.* 9, *Cod. eod. tit.*), et dont il sera également parlé sous le paragraphe 1 du titre suivant.

PR.

Potest autem quis in testamento suo plures *gradus heredum* facere, ut puta SI ILLE HERES NON ERIT, ILLE HERES ESTO; et deinceps, in quantum velit testator, substituere potest, et novissimo loco in subsidium *vel servum necessarium* heredem instituere.

Gradus heredum. On entend par degré d'héritiers, l'ordre établi par le testateur lui-même, entre différents héritiers qu'il institue. Celui ou ceux qui, ne suppléant personne, sont eux-mêmes suppléés par d'autres, occupent le premier degré; ceux qui suppléent les institués du premier degré occupent le second, et ainsi de suite, en observant que ce n'est pas la place où chacun est écrit dans le testament qui détermine les degrés, mais bien la volonté du testateur et la condition qu'il appose. Ainsi, dans un testament où l'on aurait dit : « Titius soyez mon héritier si Séius ne l'est pas » et plus bas : « Séius, soyez mon héritier, » il est évident que Séius serait au premier degré et Titius au second (*L*. 28, *ff. de hered. inst.*; *M. Ducaurroy*, *no 606, et la note au bas de la page 81 du tome 2e*).

Vel servum necessarium. Le nombre indéfini de substitutions qu'il est permis de faire, garantit sans doute le testateur de la chance de mourir *intestat* ; mais il est certains individus dont les affaires sont en si mauvais état, qu'après avoir épuisé la licence possible des substitutions, ils décéderaient sans testament, parce que leur hérédité serait successivement répudiée par tous les institués et les substitués. A ceux-là surtout il fallait ménager une dernière ressource, et ils la trouvent dans la faculté d'instituer en dernier lieu leurs esclaves (Voyez toutefois ce que nous avons dit plus haut, page 30, à l'égard de l'esclave institué par un maître qui mourait insolvable. Notes du § 1 du titre *cui et ex quibus causis manumittere non licet*). — La forme dans laquelle doit être faite toute substitution vulgaire, *si ille heres non erit, ille heres esto*, prouve que la substitution n'est autre chose qu'une institution faite sous la condition que l'héritier d'abord institué ne recueillera pas l'hérédité. On peut donc poser en principe que le substitué ne concourait jamais avec l'institué, et qu'il n'avait de droit que sur la part vacante de celui-ci. Tibère admit cependant une exception à cette règle. Si un homme croyant l'esclave d'autrui libre, l'avait institué son héritier, et lui avait substitué Mévius, par exemple, Mévius concourrait avec l'esclave, et prendrait la moitié de l'hérédité. Cette espèce est proposée et résolue dans le § 4.

§ 4.

Si servum alienum quis patremfamilias arbitratus, heredem.

scripserit, et si heres non esset, Mævium ei substituerit, isque servus jussu domini adierit hereditatem, Mævius in partem admittitur. Illa enim verba SI HERES NON ERIT, in eo quidem quem alieno juri subjectum esse testator scit, sic accipiuntur : si neque ipse heres erit, neque alium heredem effecerit. In eo vero quem patremfamilias esse arbitratur, illud significant : si hereditatem sibi, eive cujus juri postea subjectus esse cœperit, non adquisierit. Idque Tiberius Cæsar in persona Parthenii servi sui constituit.

Il est bien difficile de déterminer si la condition de la substitution était accomplie ou si elle ne l'était pas, et le doute devait amener la décision de notre texte. En effet, lorsque le testateur institue héritier un individu qu'il sait ne pas être *sui juris*, il est vraisemblable qu'il a dû se le représenter à l'époque de l'adition, sous deux aspects, ou délivré de la puissance de son maître, et par conséquent pouvant être héritier par lui-même, ou resté sous la même puissance, et par conséquent ne pouvant que rendre un autre héritier. Dans cette hypothèse, la condition de la substitution sera accomplie *si ipse heres non erit*, ou *si non alium heredem effecerit*. Mais lorsque le testateur institue celui qu'il croit être père de famille, il peut, il est vrai, prévoir qu'au moment de l'adition il sera toujours resté père de famille, ou qu'il sera alors tombé sous la puissance d'un autre, et dans ce cas la condition de la substitution sera accomplie, *si hereditatem sibi, eive cujus juri postea subjectus esse cœperit, non adquisierit*. Telle n'est pas toutefois l'espèce de notre paragraphe ; car le testateur n'a pas dû prévoir que l'esclave acquerrait l'hérédité pour le maître, sous la puissance duquel il était au moment de la confection du testament, puisqu'à cette époque il le croyait libre. L'esclave en acquérant l'hérédité à ce maître ne l'acquiert donc pas comme l'a entendu le testateur ; dès lors la condition *si heres non erit* étant accomplie, le substitué appelé sous cette condition doit venir à l'hérédité. Il y vient en effet, mais pour une portion seulement (*in partem admittitur*), c'est-à-dire, pour la moitié, suivant l'opinion des meilleurs auteurs (*arg. ex leg.* 164, § 1, *ff. de verb. signif.*; *Vinn. hic*; *Theoph. h. text.*; *M. Ducaurroy*). — Voyons maintenant les différentes manières dont on pouvait substituer vulgairement.

<h2 style="text-align:center">§ 1er.</h2>

Et plures in unius locum possunt substitui, vel unus in plurium, vel singuli singulis, vel invicem ipsi qui heredes instituti sunt.

Ainsi la substitution peut se faire de quatre manières : 1o en substituant plusieurs personnes à un institué comme dans cette espèce : *Que Primus soit mon héritier ; si Primus ne l'est pas, que Secundus et Tertius soient mes héritiers ;* 2o en substituant une personne à plusieurs institués. Exemple : *que Primus et Secundus soient mes héritiers, et s'ils ne le sont pas, que Tertius soit mon héritier.* Dans ce cas, il est nécessaire que Primus et Secundus ne soient point héritiers, pour que Tertius puisse venir à la succession du défunt ; si l'un d'eux seulement manquait, sa part ne serait point déférée au substitué, mais elle appartiendrait par droit d'accroissement à celui des cohéritiers qui aurait accepté la succession (*L.* 4, *et penult. Cod. de impub. et al. subst.*); 3o en substituant une personne différente à chacun des institués, de cette manière : *Que Primus et Secundus soient mes héritiers ; si Primus n'est pas mon héritier, que Tertius le soit ; si Secundus n'est pas mon héritier, que Quartus le soit.* Dans cette espèce, il est évident que la part de l'institué qui n'est pas héritier, n'accroît pas à son cohéritier, mais qu'elle est dévolue à son substitué ; 4o enfin, en substituant réciproquement les héritiers les uns aux autres. Modestin appelle cette substitution *mutuelle* (*L.* 4, § 1, *ff. de vulg. et pup. subst.*), et Papinien *réciproque* (*L.* 64, *ff. de legat.* 2o). Voici comment, pour plus de brièveté, on la faisait ordinairement : *Que Primus et Secundus soient mes héritiers, et je les substitue l'un à l'autre.* Au premier coup-d'œil, il semble que cette dernière espèce de substitution soit quelque chose d'inutile, puisqu'au moyen du droit d'accroissement la part de celui qui ne serait pas héritier, appartiendrait à celui ou à ceux de ses co-institués qui le deviendraient. Mais il peut arriver que l'un des institués décède avant le testateur, ou bien qu'il décède ou ne puisse pas être héritier dans l'intervalle entre la mort du testateur et l'ouverture du testament. Sa portion vacante était alors réputée *caduque* ou *quasi caduque* (*Ulp.* 17, *reg.* § 1, 2 *et* 3); et les lois *caducaires* qui sont une partie de la loi *Papia Poppœa*, restreignaient le droit d'accroissement relativement à ces portions, et conféraient au fisc le droit de s'en emparer. La substitution fut donc nécessaire pour empêcher la caducité. C'était une manifestation expresse de la volonté du testateur devant laquelle devaient s'évanouir toutes les prétentions du fisc. Justinien a abrogé les lois caducaires (*L. un. Cod. de cad. toll.*); depuis cet empereur, la substitution réciproque n'a plus aucun résultat dans tous les cas du moins, où le testateur n'a pas institué plus de deux héritiers (1). — Maintenant, dans quelle proportion les parts vacantes sont-elles attribuées aux substitués réciproquement ?

____

(1) Supposez, par exemple, que le testateur ait institué trois héritiers, et qu'au premier il substitue le second, au second, une quatrième personne non instituée. Si le premier et le second viennent à manquer, le quatrième recueillera seul la part du second et celle du premier, qui, à défaut de substitution, se trouverait vacante, et se diviserait, par droit d'accroissement, entre le troisième institué et le substitué du second (*M. Ducaurroy,* n° 611).

§ 2.

Et si ex disparibus partibus heredes scriptos invicem substituerit, *et nullam mentionem* **in substitutione partium habuerit, eas videtur in substitutione partes dedisse, quas in institutione expressit. Et ita divus Pius rescripsit.**

Les parts vacantes ne sont donc pas attribuées par égales portions aux substitués réciproquement, mais en proportion de la part qui leur a été assignée dans l'hérédité. Ainsi, Primus a été institué pour douze onces, Secundus pour dix onces et Tertius pour deux onces. Si Primus vient à manquer, Secundus prendra dix onces dans sa part et Tertius deux onces seulement.

Et nullam mentionem. A défaut de mention, les portions exprimées dans l'institution sont censées répétées dans la substitution (*h. text. L.* 5, *ff. de vulg. et pup. subst.; L.* 1, *Cod. de impub. et al. subst.*), d'où il suit qu'il en serait autrement, si le testateur avait fait une nouvelle distribution de parts, ou manifesté une intention évidemment contraire (*L.* 24, *ff. supr. dict. tit.*). — Dans le paragraphe 3, Justinien propose une nouvelle espèce dont il donne la solution. La voici. Un père de famille a fait un testament ainsi conçu : *Que Primus et Secundus soient mes héritiers ; si Primus n'est pas mon héritier, que Secundus le soit, et si Secundus ne l'est pas, que ce soit Tertius.* Maintenant Primus et Secundus sont morts avant l'ouverture du testament ; Tertius, qui n'est que substitué à Secundus, doit-il être admis à la portion de l'un et de l'autre ? Rappelons-nous que Primus étant décédé avant l'ouverture du testament, sa portion réputée caduque par les lois caducaires devait, en vertu de ces lois, être dévolue au fisc. On a cependant décidé que non (*L.* 27, *ff. de vulg. et pup. subst.*), par le motif que Tertius, qui ne paraît substitué qu'à Secundus, doit cependant être considéré comme tacitement substitué aussi à Primus. De là cette règle que, *substitutus substituto censetur substitutus instituto.*

§ 3.

Sed si instituto heredi, et coheredi suo substituto dato, alius substitutus fuerit, divi Severus et Antoninus *sine distinctione* **rescripserunt ad utramque partem substitutum admitti.**

Sine distinctione. C'est-à-dire qu'on ne fait plus attention lequel de l'institué ou du substitué est mort le premier, ou a le premier répudié l'hérédité, ni dans quel ordre les substitutions ont été écrites (*L.* 41, *ff. dict. tit.*). On voit que Justinien ne fait ici que confirmer l'abolition de ces distinctions, opérée déjà par les empereurs Sévère et Antonin.

TITRE SEIZIÈME.

De la Substitution pupillaire. (De pupillari substitutione).

Ce titre s'occupe : 1º de la substitution au second cas, ou substitution *pupillaire*; 2º de la substitution *exemplaire* ou *quasi pupillaire*.

1º *De la substitution pupillaire.* La substitution pupillaire est une institution d'héritier que le père de famille fait pour le fils qu'il a en sa puissance, et pour le cas où celui-ci viendrait à mourir pupille.

C'était, ainsi que nous l'avons répété plusieurs fois, une espèce de honte chez les Romains que de mourir *intestat*, honte qui retombait sur les pupilles eux-mêmes, et à laquelle on remédia en permettant aux pères de famille de tester pour les enfants qui devaient mourir, avant d'avoir atteint l'âge auquel ils auraient pu eux-mêmes faire un testament.

La substitution pupillaire n'était qu'improprement appelée une substitution; il n'y avait pas, en effet, de degrés d'héritiers comme dans la substitution vulgaire; le substitué pupillairement se trouvait au premier rang, et comme si le pupille se l'était donné à lui-même pour héritier (*Vinn. proem. h. text.*). Aussi était-il passé en maxime que, *substitutio pupillaris testamentum est impuberis* (**L. 2**, § 1, *ff. de vulg. et pup.*).

Quoi qu'il en soit, on ne pouvait songer à substituer pupillairement qu'autant que l'on était d'abord père de famille, et à l'égard seulement d'un fils impubère. En conséquence, ni le père ne pouvait substituer pupillairement à son fils émancipé (*L.* **2**, *ff. dict. tit.*), ni la mère à ses enfants (*ead. leg.*), parce que l'un n'est plus dans la famille de son père, et que les autres n'ont jamais fait partie de celle de leur mère. Or, il est nécessaire que l'enfant soit dans la famille, non seulement à l'époque de la confection du testament, mais encore à celle de la mort du testateur (*L.* **41**, § 2, *ff. eod. tit.*). A plus forte raison, déclarait-on invalide toute substitution dans la forme pupillaire, concernant un étranger. Le paragraphe 9 de ce titre le porte expressément, et il est également positif pour prononcer la nullité de celle faite à l'égard d'un enfant pubère :

§ 9.

Extraneo vero, vel filio puberi heredi instituto, ita substituere nemo potest ut, si heres extiterit et intra aliquod tempus decesserit, *alius ei sit heres.* Sed hoc solum permissum est, ut eum per fideicommissum testator obliget alii hereditatem ejus vel totam vel pro parte restituere : quod jus quale sit, suo loco trademus.

Alius ei sit heres. Remarquez l'espèce : un père institue son fils pubère ou un étranger, et il leur substitue un tiers pour le cas où après avoir recueilli son hérédité, ils décéderaient dans un délai déterminé (*et intra aliquod tempus decesserit*). Dans l'un et l'autre cas, la substitution serait entièrement nulle à l'égard des biens du fils, et à l'égard de ceux du père. A l'égard des biens du fils, parce que c'est vouloir lui enlever une faculté désormais acquise pour lui, celle de pouvoir tester par lui-même (*L.* 43, *ff. eod. tit.* ; *L.* 5, *ff. qui test. leg.*); à l'égard des biens du père, parce qu'ayant été transmis à son fils, et celui-ci étant supposé les avoir possédés pendant quelque temps, il ne peut plus les lui enlever pour les donner de nouveau directement à un autre. Cependant il est permis à tout testateur de disposer, comme il l'entend, au moins des biens qui lui appartiennent : mais en prenant alors une autre voie que celle de la substitution pupillaire. On peut, dit implicitement notre texte, substituer indirectement à son fils pubère ou à un étranger par fidéicommis, c'est-à-dire qu'il serait licite, dans l'espèce, de charger l'enfant pubère ou l'étranger de restituer après un certain temps, tout ou partie des biens qui leur ont été laissés. Ce n'est plus, en effet, disposer de l'hérédité de l'impubère ou de l'étranger, mais seulement de sa propre hérédité ; celui à qui la restitution est due n'est plus un héritier imposé à la personne grevée ; il n'a rien à prétendre sur les biens de cette dernière, et il ne reçoit tout au plus que ce qu'elle a elle-même reçu du testateur. — On ne peut donc substituer pupillairement aux enfants mâles que jusqu'à l'âge de 14 ans, et aux femmes que jusqu'à douze ans ; s'ils passent cet âge, la substitution pupillaire s'évanouit nécessairement.

<h2 style="text-align:center">§ 8.</h2>

Masculo igitur *usque ad quatuordecim annos* substitui potest; feminæ, usque ad duodecim annos : et si hoc tempus excesserint, substitutio evanescit.

Usque ad quatuordecim annos. Le père est limité par cet âge (*L.* 14, *h. tit.*); mais rien ne l'empêcherait de fixer avant la puberté une époque moins avancée, par exemple, l'âge de dix ans (*L.* 21 et 43, § 1, *ff. h. tit.*). Si la puberté avait été dépassée, la substitution vaudrait-elle au moins comme fidéicommis? Non, si ce n'est dans un testament militaire(*L.* 5 et 41, § 4, *ff. de test. mil.* ; *L.* 15, *ff. h. tit.*), et encore seulement par rapport aux biens du père. Une clause directe de testament ne peut pas en effet se changer en une clause indirecte, et il serait invraisemblable de supposer que la volonté du testateur a été de charger son fils d'un fidéicommis, lorsque tout révèle qu'il n'a eu que l'intention de lui donner un héritier en cas de décès avant sa puberté. D'ailleurs, c'est absolument la même chose que si on avait substitué à un pubère. Il faut recourir aux raisons que nous avons données sous le paragraphe précédent. Quant aux militaires, affranchis de toutes formes et étant censés les ignorer complètement, on présume qu'ils ont voulu que leurs biens appartinssent à ceux qu'ils ont substitués , de quelque manière que cela se puisse, *si non directo, saltem jure fideicommissi* (*L*.8, *Cod. de imp. et al. subst.*). — Voyons maintenant dans quelle forme se doit faire la substitution pupillaire.

PR.

Liberis suis impuberibus *quos in potestate quis habet*, non solum ita ut supra diximus substituere quis potest, id est ut, si heredes ei non extiterint, alius sit ei heres, sed eo amplius ut, etsi heredes ei extiterint et adhuc impuberes mortui fuerint, sit ei aliquis heres; veluti *si quis dicat hoc modo* : TITIUS FILIUS MEUS HERES MIHI ESTO; SI FILIUS MEUS HERES MIHI NON ERIT, SIVE HERES ERIT ET PRIUS MORIATUR QUAM IN SUAM TUTELAM VENERIT, TUNC SEIUS HERES ESTO. Quo casu, si quidem non extiterit heres filius, tunc substitutus patri fit heres; si vero extiterit heres filius et ante pubertatem decesserit, ipsi filio fit heres substitutus. Nam moribus institutum est ut, cum ejus ætatis filii sint, in qua ipsi sibi testamentum facere non possunt, parentes eis faciant.

Quos in potestate quis habet. Nous avons déjà un peu plus haut parlé de cette condition. On ne peut substituer pupillairement qu'aux enfants qu'on a sous sa puissance, c'est-à-dire, dans sa famille, à la double époque de la confection du testament et de la mort (*L*. 41 , § 2 , *ff. de vulg. et pup.*). Il faut encore qu'au décès du testateur , l'enfant ne doive retomber sous le pouvoir d'aucune autre personne. Il n'y a de pupilles en effet que les impubères que la mort de leur père ou l'émancipation ont délivrés de la puissance paternelle (*L*. 239, *ff. de verb. signif.*). L'aïeul substituerait donc inutilement à son petit-fils impubère , si le père se trouvait entre lui et cet enfant. Toutefois , la loi *Julia Velléia* lui donne le droit de prévoir le cas où, de son vivant, il arriverait, par une cause quelconque, sous sa puissance immédiate ; il peut alors lui substituer pupillairement , mais en prenant le soin de l'instituer ou de l'exhéréder expressément, afin que sa quasi agnation ne rende pas inutile le testament, et par suite la substitution pupillaire (*L*. 2, *ff. de vulg. et pup. infr.* § 5, *h. tit.*).

Si quis dicat hoc modo. La formule que le texte nous donne, contient tout à la fois une substitution vulgaire et une substitution pupillaire. *Si filius meus heres mihi non erit*, voilà la substitution vulgaire; *sive heres erit et prius moriatur*, ici commence seulement la substitution pupillaire (*L*. 1 , § 1 , *ff. eod. tit.*). Le testateur prévoit en effet deux cas, que son fils

35

ne sera pas son héritier, ou qu'après l'être devenu il mourra avant l'âge de puberté. Dans la première hypothèse, le père de famille se garantit contre la chance de mourir *intestat*, en se donnant, à défaut de son fils, un héritier à lui-même (*tunc substitutus patri fit heres*); dans la seconde hypothèse, il fait de plus le testament de son fils et il lui assure un héritier (*ipsi filio fit heres substitutus*). Il paraît qu'autrefois, dans l'incertitude de l'évènement, il était beaucoup plus prudent d'employer cette formule double dans son objet; l'avis du plus grand nombre était que la substitution n'avait point d'effet dans l'un et l'autre cas, mais seulement dans celui qui avait été prévu. Depuis Marc-Aurèle, on s'est relâché de cette rigueur, et si, par exemple, le père de famille avait écrit seulement : *Titius filius heres mihi esto, et si filius mihi heres non erit, tunc Seius heres esto*, on supposerait cependant la prévision des deux circonstances, et la substitution de Séius vaudrait ou comme substitution vulgaire, si l'enfant ne devenait pas héritier, ou comme substitution pupillaire, si l'enfant après être devenu héritier, décédait étant encore impubère (*L. 4, pr. ff. de vulg. et pup.*; *Vinn. h. text.*); à moins toutefois que le testateur n'ait eu une intention évidemment contraire (*L. 4 et 8, Cod. de imp. et al.*). — Jusqu'à présent, on a supposé que le père de famille avait désigné nommément ceux qu'il voulait substituer à ses enfants impubères; il pouvait encore appeler d'une manière générale, dans cette forme, par exemple : *quisquis mihi heres erit*. Dans cette hypothèse, le fils aurait été ou formellement exhérédé, ou bien il ne serait héritier de son père que pour partie.

§ 7.

Substituitur autem impuberi aut nominatim, veluti TITIUS; aut generaliter, ut QUISQUIS MIHI HERES ERIT. Quibus verbis vocantur ex substitutione, impubere mortuo filio, illi *qui et ei scripti sint heredes et extiterunt, et pro qua parte* heredes facti sunt.

Qui et ei scripti sint heredes et extiterunt, et pro qua parte. Ce peu de mots nous indiquent le triple effet de la substitution pupillaire faite dans cette forme : *quisquis mihi heres erit*. Il n'y a d'appelés que ceux qui, institués dans le testament du père, sont devenus effectivement ses héritiers, et ils ne le sont qu'au *prorata* de leurs parts dans l'hérédité. Tout institué qui aurait répudié la succession du père ne pourrait donc plus venir, comme substitué, à celle du fils. Maintenant certains individus ont pu recueillir l'hérédité du père, quoiqu'ils n'aient pas été personnellement institués. Ainsi, un père est devenu héritier par son fils institué, un maître par son esclave : arriveront-ils également, et par la même voie, à la succession de l'enfant impubère? Oui, si à la mort de cet impubère leur

pouvoir paternel ou dominical subsistait encore. Si donc à cette époque il
s'était éteint par l'émancipation du fils , par exemple, ou par l'affranchissement ou l'aliénation de l'esclave , le fils émancipé acquerrait pour lui-
même l'hérédité de l'impubère , et l'esclave affranchi ou aliéné l'acquerrait soit pour lui-même, soit pour le maître dont il dépendrait alors. En
effet, dit Vinnius (*h. text.*) : *non inspicitur apud quem patris hereditas sit,
sed quis a patre expresse et immediate ad hereditatem vocatur.* — De tout ce
qui précède , il est facile de conclure que la substitution pupillaire suppose
deux testaments, celui du père et celui de l'impubère , ou plutôt un testament double dans son objet. Cette observation est contenue dans le paragraphe 2 de ce titre , et nous voyons dans le paragraphe 5, que ce double
testament est une condition si essentielle, qu'à défaut de celui du père , la
substitution pupillaire serait totalement inutile.

§ 2.

Igitur in pupillari substitutione secundum præfatum modum
ordinata duo quodammodo sunt testamenta , *alterum patris,
alterum filii,* tamquam si ipse filius sibi heredem instituisset ;
aut certe unum testamentum est duarum causarum, id est duarum hereditatum.

Alterum patris, alterum filii. On n'exige pas que le père fasse en même
temps que le sien le testament de son fils ; ces deux actes seraient également
valables, s'ils avaient été écrits *ex intervallo, diversisque tabulis*
(*Vinn. in* § 5, *h. tit.*; *L.* 16, § 1, *ff. de vulg. et pup.*) ; toutefois, séparés
ainsi, ils ne formeront pas à proprement parler, deux testaments (*duo
quodammodo testamenta*) ; ce sera plutôt un seul testament (*aut certe unum
testamentum*), ayant le même auteur, et se contentant des mêmes formalités. Cela est si vrai que, par exemple, les signatures des témoins apposées seulement sur l'acte contenant le testament du père , suffiraient pour
assurer la validité de l'acte contenant celui que le père a fait pour son
fils (*L.* 20, *pr. ff. dict. tit.*). Bien plus, le père pourrait sans inconvénient
aucun tester pour lui-même par écrit , et nuncupativement , ou de toute
autre manière pour son fils (*dict. leg.* 20, § 1). On ne doit pas s'en étonner,
si l'on considère que le testament de l'impubère n'est autre chose qu'une
partie un accessoire, un paragraphe, pour ainsi dire, de celui de son père.

§ 5.

Liberis autem suis testamentum nemo facere potest, *nisi et
sibi faciat;* nam pupillare testamentum pars et sequela est pa-

terni testamenti : adeo ut si patris testamentum non valeat, *nec filii quidem valebit.*

Nisi et sibi faciat. Vinnius (*h. text.*) ajoute à ces mots : *imo nisi sibi prius faciat.* Le père, à moins qu'il ne soit militaire (*L.* 2, § 1, *ff. eod. tit.*), ne pourrait donc commencer par faire le testament de son fils (*dict. leg.* 2, § 4) ; si cependant il n'y avait pas deux actes séparés, il importerait peu alors que l'ordre eût été interverti (*dict. leg.* § 5).

Nec filii quidem valebit. Quelle que soit d'ailleurs la cause qui ait frappé d'invalidité le testament du père, dès lors qu'il ne peut plus se soutenir, celui du fils doit nécessairement tomber avec lui ; car c'est une règle applicable à tous les cas, que l'accessoire a le sort du principal (*L.* 129, § 1, et 178, *ff. de reg. jur.*). — Le père de famille peut substituer pupillairement à chacun de ses enfants, et alors aucun d'eux ne meurt *intestat*; mais il peut aussi ne substituer qu'au dernier qui mourra impubère. Dans ce cas, l'ordre des successions légitimes est conservé, et il n'y a que le dernier mourant qui ait un héritier testamentaire, lors toutefois qu'il décède impubère :

<h2 style="text-align:center">§ 6.</h2>

Vel singulis autem liberis, vel ei qui eorum *novissimus* impubes morietur, substitui potest : singulis quidem, si neminem eorum intestato decedere voluit ; novissimo, si jus legitimarum hereditatum integrum inter eos custodiri velit.

Novissimus. Le dernier est ici celui après lequel il n'y en a point d'autre : *supremus est quem nemo sequitur* (*L.* 92, *ff. de verb. signif.*; *L.* 34, *pr. ff. de vulg. et pup.*).Si tous les impubères mouraient en même temps, par exemple, dans un naufrage, dans un incendie, la substitution vaudrait pour tous (*dict. leg.* 34 ; *L.* 42, *ff. eod. tit.*). — Enfin le père de famille n'est pas obligé d'instituer son héritier le fils auquel il substitue pupillairement ; il lui est permis de le faire à l'égard même des enfants qu'il déshérite. Le paragraphe 4 est formel sur ce point:

<h2 style="text-align:center">§ 4.</h2>

Non solum autem heredibus institutis impuberibus liberis ita substituere parentes possunt ut, si heredes eis extiterint et ante pubertatem mortui fuerint, sit eis heres is quem ipsi voluerint; *sed etiam exheredatis.* Itaque eo casu, si quid pupillo *ex hereditatibus* legatisve aut donationibus propinquorum atque amicorum adquisitum fuerit, id omne ad substitutum pertinebit. Quæcumque diximus de substitutione impuberum liberorum vel heredum institutorum vel exheredatorum, eadem etiam de postumis intelligimus.

Sed etiam exheredatis. Ce paragraphe pouvait être complètement en vigueur, à l'époque où les pères avaient la faculté de déshériter leurs enfants sans cause légitime. Mais il est devenu à peu près inutile, depuis que la Novelle 115 a pris le soin d'énumérer les diverses causes pour lesquelles on pourrait désormais exhéréder ses enfants ; car il est bien difficile que les impubères puissent se trouver dans la plupart des cas prévus par cette Novelle.

Ex hereditatibus. Ainsi, lorsque le père substitue pupillairement à son fils, l'hérédité de ce fils ne se composera, s'il a été exhérédé dans le testament paternel, que de ses biens personnels, c'est-à-dire, de ceux qui lui seront arrivés par succession, donation ou autrement. S'il avait été institué, son hérédité se composerait en outre des biens paternels qu'il aurait recueillis.

— La substitution pupillaire pouvait avoir un danger, celui d'éveiller la cupidité du substitué et de l'exciter peut-être à dresser des embûches à l'impubère dont il devait hériter. Voici quelles précautions le § 7 permet de prendre dans la prévoyance de ce danger :

§ 3.

Sin autem quis ita formidolosus sit, ut timeret ne filius ejus pupillus adhuc, ex eo quod palam substitutum accepit, post obitum ejus periculo insidiarum subjiceretur, vulgarem quidem substitutionem palam facere et in primis testamenti partibus debet ; illam autem substitutionem per quam, et si heres extiterit pupillus et intra pubertatem decesserit, substitutus vocatur, separatim in inferioribus partibus scribere, eamque partem proprio lino propriaque cera consignare, et in priore parte testamenti cavere debet, ne inferiores tabulæ vivo filio et adhuc impubere aperiantur. Illud palam est, non ideo minus valere substitutionem impuberis filii, quod in hisdem tabulis scripta sit quibus sibi quisque heredem instituisset, quamvis pupillo hoc periculosum sit.

La substitution peut avoir lieu de diverses manières (*supr.* § 1 *et* 2, *h. tit.*) ; ce nouveau texte qui n'a besoin que d'être lu attentivement nous apprend qu'elle pouvait encore être secrète.

— Nous avons eu plusieurs fois , dans le cours de ce titre , l'occasion de faire remarquer les diverses causes d'extinction de la substitution pupillaire. Il est bon toutefois de les rappeler ici succinctement. La substitution pupillaire s'évanouit donc : 1° par la puberté de l'enfant (§ 8 , *h. tit.*) ; 2° par sa mort arrivée avant celle de son père ; 3° par l'infirmation du testament paternel (§ 5 , *h. tit.*) ; 4° enfin , par toute diminution de tête du pupille. Par la petite , en effet , il est sorti de la puissance et de la famille de son père, qui ne peut conséquemment tester pour lui , et par les deux autres il est privé de la qualité de citoyen romain , et incapable en conséquence d'avoir un testament.

— Il nous reste à parler d'une autre espèce de substitution , dite *exemplaire* ou *quasi pupillaire.*

2° *De la substitution exemplaire ou quasi pupillaire.* Les insensés , les furieux ne sont pas capables de faire un testament (*supr.* § 1 , *quib. non est permiss.*) et , par conséquent , ils mourraient toujours *intestats* , si , à l'exemple des pupilles, on n'avait permis à certaines personnes de tester pour eux. Autrefois , il fallait une autorisation spéciale du prince , pour donner ce droit aux parents (*L.* 43 , *ff. de vulg. et pup.*) ; mais depuis Justinien, on n'en eut plus besoin , et ce qui n'était qu'un privilége particulier fut transformé en règle générale (*L.* 9 , *Cod. de impub. et ul. subst.*). Les raisons que l'on alléguait pour les impubères , invitaient en effet à accorder la même faveur aux insensés.

<h1 style="text-align:center">§ 1er.</h1>

Qua ratione excitati , etiam constitutionem posuimus in nostro Codice , qua prospectum est ut , si mente captos habeant filios vel nepotes vel pronepotes cujuscumque sexus vel gradus, liceat eis , etsi puberes sint , ad exemplum pupillaris substitutionis certas personas substituere ; sin autem resipuerint , eamdem substitutionem infirmari , et hoc ad exemplum pupillaris substitutionis , quæ postquam pupillus adoleverit , infirmatur.

La substitution *exemplaire* ou *quasi pupillaire* est donc celle par laquelle les ascendants paternels ou maternels donnent un héritier à leurs enfants furieux ou imbécilles, pour le cas où ceux-ci mourraient avant d'avoir recouvré la raison. On voit de suite, par la lecture de notre texte quels points de ressemblance elle a avec la substitution pupillaire, et comment elle se distingue d'elle. Elle est toujours faite sous la condition que les enfants auxquels on substitue, mourront avant d'être revenus à leur bon sens, de même que la substitution pupillaire n'a d'effet qu'autant que l'enfant décède avant l'âge de puberté. Le retour à la raison infirmerait donc la substitution *exemplaire* , comme l'adolescence rendrait inutile la substitution pupillaire. Comme dans la substitution pupillaire, il faut que l'ascendant fasse d'abord son testament, et si ce testament est rompu dans la suite ou devient inutile, la substitution exemplaire tombe avec lui ; car elle en est également une partie accessoire (*Vinn. h. text.*). Voici maintenant les différences existant entre elle et la substitution pupillaire. Elles sont au nombre de trois : 1º Tout ascendant paternel ou maternel peut substituer exemplairement à ses enfants insensés, au lieu qu'il n'y a que le père de famille qui ait le droit de faire une substitution pupillaire ; 2º la substitution exemplaire peut avoir lieu en faveur de tout enfant, à quelque degré qu'il se trouve ; nous avons vu qu'il fallait que l'enfant fût au premier degré, ou au moins sous la puissance immédiate du testateur pour qu'on put songer à lui substituer pupillairement ; 3º enfin le père de famille peut dans la substitution pupillaire donner telles personnes qu'il veut pour héritiers à ses enfants ; certaines personnes seulement (*certas personas*) peuvent être substituées exemplairement aux insensés. Ce sont d'abord leurs enfants, s'ils en ont ; à leur défaut, leurs frères ou sœurs. Le choix du testateur ne serait libre que dans le cas où le furieux n'aurait ni enfants, ni frères, ni sœurs.

TITRE DIX-SEPTIÈME.

De quelles manières les testaments sont infirmés. (Quibus modis testamenta infirmantur).

Si un testament avait été fait par une personne à laquelle la faction *active* de testament n'aurait pas été expressément concédée par la loi, si les formes prescrites à peine de nullité n'avaient point été observées dans ce testament, si, par exemple, il ne contenait point d'institution d'héritier, si les signatures des témoins n'y avaient pas été apposées, ou bien encore si un père de famille avait négligé d'instituer ou d'exhéréder formellement ses enfants, il est évident, par tous les textes que nous avons déjà vus, que ce testament ne serait pas seulement nul, mais encore qu'il n'aurait jamais eu d'existence.

Dans le titre qui va nous occuper, il n'est point question de ces testaments qui sont dits *injustes*, c'est-à-dire, *non jure facta* (*L. 1, ff. de inj. rupt.*) ; on suppose au contraire que le testament a été fait dans la forme légale, et on déclare qu'il reste tel jusqu'à ce qu'il soit *rompu*, ou jusqu'à ce qu'il devienne *inutile*.

PR.

Testamentum jure factum usque adeo valet, donec rumpatur irritumve fiat.

Un testament est *rompu* lorsque quelqu'un ayant conservé l'état et la capacité qui, dans le principe, lui avaient donné le droit de tester , son testament est cependant détruit par l'effet de certaines causes prévues et déterminées par la loi ; il est *inutile*, lorsque le testateur a perdu , par une diminution de tête , le droit d'avoir un testament. En définitive , toutes ces dénominations pourraient peut-être se confondre ; car, à vrai dire , elles s'appliquent à tous les cas dans lesquels, par une cause ou par une autre , les testaments n'ont point d'effet. C'est une remarque qué Justinien fait dans le § 5 de ce titre ; mais en même temps il convient qu'il vaut mieux distinguer chaque chose par un nom particulier , et qu'il est bon en conséquence de reconnaître que, parmi les testaments , les uns sont *non jure facta* , et que parmi ceux qui sont *jure facta* il y en a qui sont *rompus* , et d'autres qui sont *inutiles*.

§ 5.

Hoc autem casu irrita fieri testamenta dicuntur , cum alioquin et quæ rumpantur, irrita fiant, et quæ statim ab initio non jure fiunt irrita sunt ; et ea quæ jure facta sunt, et postea propter capitis deminutionem irrita fiunt, possumus nihilominus rupta dicere. Sed quia sane commodius erat singulas causas singulis appellationibus distingui, ideo quædam non jure facta dicuntur, quædam jure facta rumpi vel irrita fieri.

Nous mettrons donc entre ces termes la même différence que la loi , et , en conséquence, nous parlerons d'abord des testaments *rompus* , et en second lieu des testaments *inutiles*.

§ 1ᵉʳ.

Des testaments rompus. Rumpitur autem testamentum , cum in eodem statu manente testatore ipsius testamenti jus vitiatur....

Il y a deux causes principales de rupture des testaments : 1º la survenance ou l'agnation d'un héritier *sien* , qui n'aurait été ni institué, ni légalement déshérité (*Ulp. reg.* 23 , § 2); 2º la confection d'un testament postérieur.

1º *De la survenance ou de l'agnation d'un héritier sien.* ...Si quis enim post factum testamentum adoptaverit sibi filium, per imperatorem , eum qui est sui juris, aut per prætorem secundum nostram constitutionem, cum qui in potestate parentis fuerit, testamentum ejus rumpitur quasi adgnatione sui heredis.

Un testament est rompu par la survenance ou l'agnation d'un héritier sien, dans plusieurs circonstances : lorsqu'un individu est adopté par le testateur postérieurement à la confection de son testament ; lorsqu'il naît au testateur, et postérieurement à son décès, un enfant qui, s'il fût né de son vivant, se serait trouvé sous sa puissance immédiate; lorsqu'un enfant, qui au moment de la confection du testament n'était point héritier sien du testateur, le devient en succédant aux droits de l'héritier sien sorti de la famille et de la puissance du testateur par la mort, l'émancipation ou l'adoption. Nous avons vu que le père de famille testateur devait avoir la prévoyance de tous ces cas, et en conséquence instituer ou exhéréder ceux qui, comme posthumes, quasi posthumes, ou enfants adoptifs, pourraient par leur survenance frapper de non existence son testament, s'ils y avaient été omis (*supr.* § 1, 2, 4 *et* 5, *de exhered. liber.*). Pourquoi donc notre texte ne parle-t-il ici que de la quasi agnation des enfants adoptifs ? Il est certain cependant que dans tous les cas que nous venons de dire, la rupture du testament serait inévitable. En voici la raison. L'exhérédation n'ayant pas d'autre but que d'enlever à une personne la qualité d'héritier, était possible à l'égard des posthumes et des quasi posthumes, parce qu'en effet c'est un titre qui leur appartient ou qui pourra leur appartenir. Rien n'était donc plus simple pour le testateur, que d'écrire cette exhérédation. Mais on ne peut pas ôter à quelqu'un une qualité, un titre qu'il n'a pas, et telle est précisément la position dans laquelle le futur enfant adoptif se trouvait placé, au moment de la confection du testament, vis-à-vis du testateur. Il lui était complètement étranger, et par conséquent son exhérédation eût été nulle ; car on n'a pas besoin de déshériter quelqu'un qui n'est pas héritier. Cette impossibilité de l'exhérédation mettait donc l'adoptant dans la nécessité de refaire son testament après l'adoption, et alors d'instituer ou d'exhéréder son enfant adoptif, dont la survenance eût autrement entraîné la rupture du testament. — Remarquez que cette rupture du testament n'aurait pas lieu si le testateur après avoir institué un étranger, l'avait adopté. Telle est du moins l'opinion de Papinien (*L.* 23, § 1, *ff. de liber. et post.*) et de Scévola (*L.* 18, *ff. de inj. rupt.*), qui parait avoir prévalu sur celle de Gaïus (*Inst.* 2, § 138 *et* 140). A l'agnation des enfants adoptifs, il faut assimiler, dans le nouveau droit, celle des enfants naturels qui, offerts à la curie, ou légitimés par mariage, subséquent, acquièrent le titre et les droits d'héritiers siens (*infr.* § 2, *de Hered. quæ ab intest.*; *M. Ducaurroy*, *n°* 628).

Testamentum ejus rumpitur. Lorsqu'il s'agit d'adoption, il faut toujours rappeler que, depuis Justinien, il n'y a que ceux qui se donnent en adrogation ou ceux qui sont adoptés par un de leurs ascendants, qui peuvent devenir les héritiers siens de leur père adoptif, et rompre son testament par leur quasi agnation (*supr.* § 2, *de adopt.*).

§ 2.

2° De la confection d'un testament postérieur. Posteriore quoque testamento, quod jure perfectum est, superius rumpitur. Nec interest, extiterit aliquis heres ex eo, an non : hoc enim solum spectatur, an aliquo casu existere potuerit. Ideoque si quis aut noluerit heres esse, aut vivo testatore, aut post mortem ejus antequam hereditatem adiret, decesserit; aut conditione sub qua heres institutus est, defectus sit, in his casibus paterfamilias intestatus moritur. Nam et prius testamentum non valet, ruptum a posteriore; et posterius æque nullas habet vires, cum ex eo nemo heres extiterit.

On n'a qu'un seul patrimoine, une seule hérédité, et par conséquent on ne doit avoir qu'un seul testament, parce qu'il est impossible qu'on transmette simultanément à deux personnes l'universalité de ses droits. D'un autre côté, la volonté du testateur est essentiellement ambulatoire et variable jusqu'au dernier moment de sa vie. Il est donc certain que l'existence d'un testament postérieur, pourvu qu'il ait été fait dans la forme légale (*quod jure perfectum est*), révoquera, sans qu'il soit besoin de l'exprimer (*Ulp. rey.* 23, § 2; *L.* 27, *Cod. de testam.*), tout autre testament fait précédemment. Peu importe, dit notre texte, qu'en vertu de ce nouveau testament le testateur ait un héritier (*nec interest extiterit aliquis heres ex eo, an non*); on demande seulement si dans un cas quelconque cet héritier aurait pu le devenir (*hoc enim solum spectatur, an aliquo casu existere potuerit*). Il est bien vrai que le décès de l'héritier avant le testateur ou avant l'adition, que son refus, que la non réalisation de la condition de son institution, pourront faire que le testateur mourra *intestat* ; mais cela ne rendrait pas l'existence au premier testament ; il est à jamais détruit, quoique le second par le défaut d'héritier n'ait aucun effet. — Dans le paragraphe suivant, on examine et on résout deux questions : 1o si dans un testament postérieur, l'héritier n'avait été institué que pour une chose déterminée, y aurait-il révocation du testament précédent ? 2° si en faisant un second testament le testateur confirmait expressément le premier, celui-ci serait-il révoqué malgré cette confirmation ?

§ 3.

Sed et si quis priore testamento jure perfecto, posterius

æque jure fecerit; etiamsi ex certis in eo heredem instituerit, superius testamentum sublatum esse divi Severus et Antoninus rescripserunt. Cujus constitutionis verba inseri jussimus, cum aliud quoque præterea in ea constitutione expressum est. « Imperatores Severus et Antoninus Cocceio Campano. Testamentum secundo loco factum, licet in eo certarum rerum heres scriptus sit, perinde jure valere ac si rerum mentio facta non esset; sed teneri heredem scriptum, ut contentus rebus sibi datis, aut suppleta quarta ex lege Falcidia, hereditatem restituat his qui in priore testamento scripti fuerant, propter inserta verba quibus, ut valeret prius testamentum expressum est, dubitari non oportet. » Et ruptum quidem testamentum hoc modo efficitur.

La décision que les empereurs Sévère et Antonin donnent pour le premier cas, est bien simple. Le second testament est révocatoire du premier, parce qu'il faut considérer la mention d'un objet déterminé comme non écrite, et l'institution du second héritier, comme faite purement et simplement. C'était au surplus le principe le plus généralement admis (*L.* 1, § 4; *L.* 9, § 13; *L.* 10, *ff. de hered. inst.*). Dans le second cas, le premier testament serait également révoqué, malgré sa confirmation contenue dans un acte postérieur; seulement cette confirmation équivaudrait à un fidéicommis, et le dernier institué serait en conséquence tenu de restituer au précédent héritier la totalité de l'hérédité, sauf le prélèvement des objets à lui expressément donnés, s'il ne préférait retenir le quart que tout héritier grevé d'un fidéicommis peut retenir, d'après les sénatus-consultes Trébellien et Pégasien, ainsi que nous le verrons plus tard (*infr. tit.* xxiii, *de fideicom. her. d.*).

Ex lege Falcidia. La *quarte Falcidie* a lieu pour les legs (*infr. tit.* xxii, *de leg. falc.*, et celle trébellianique, pour les fidéicommis. Justinien, selon la remarque de Vinnius (*h. text.*), ne parle ici de la quarte Falcidie, que parce que cette dénomination était souvent préférée à l'autre. — Un testament postérieur révoque donc toujours une disposition antérieure. Mais il faut pour cela que le dernier acte, comme nous l'avons vu sous le § 2, ne soit pas imparfait; un simple changement de volonté dans le testateur, même manifesté, mais non dans la forme légale, ne produirait pas le même effet. Les nouveaux textes que nous allons transcrire, contiennent le développement de ce principe :

§ 7.

Ex eo autem solo non potest infirmari testamentum, quod

postea testator id noluit valere : usque adeo ut, et si quis post factum prius testamentum posterius facere cœperit, et aut mortalitate præventus, aut quia eum ejus rei pænituit, non perfecerit, divi Pertinacis oratione cautum sit, ne alias tabulæ priores jure factæ irritæ fiant, nisi sequentes jure ordinatæ et perfectæ fuerint; nam imperfectum testamentum sine dubio nullum est.

§ 8.

Eadem oratione expressit, non admissurum se hereditatem ejus qui litis causa principem reliquerit heredem; neque tabulas non legitime factas, in quibus ipse ob eam causam heres institutus erat, probaturum; neque ex nuda voce heredis nomen admissurum; neque ex ulla scriptura cui juris auctoritas desit, aliquid adepturum. Secundum hæc divi quoque Severus et Antoninus sæpissime rescripserunt. LICET ENIM (inquiunt) LEGIBUS SOLUTI SIMUS, ATTAMEN LEGIBUS VIVIMUS.

Justinien, afin de bien imprimer cette idée, que tout homme honnête doit repousser les plus grands avantages, si la loi ne lui donne formellement le droit d'y prétendre, propose l'exemple même des empereurs. Nous sommes affranchis du joug des lois, ont dit Pertinax, Sévère et Antonin, et cependant nous devons faire consister notre plus grande gloire à vivre par elles et à les observer rigoureusement. Aussi joignant l'exemple au précepte, Pertinax a promis de ne jamais accepter une hérédité litigieuse qui lui serait déférée régulièrement, (*Vinn. h. text.*), mais en haine des héritiers légitimes du testateur, et dans le dessein d'effrayer leurs prétentions par la puissance de leur adversaire. Il a promis aussi ne jamais regarder comme valable, son institution écrite dans le seul but de couvrir la nullité et les vices d'un testament, et de n'avoir aucun égard aux institutions faites de vive voix en sa faveur, ou même dans un acte écrit qui ne serait pas revêtu de toutes les formalités.

Il faut dire cependant que le testateur n'avait pas que le seul moyen d'un autre testament pour révoquer ses dispositions suprêmes. Il pouvait les anéantir, par exemple, en les déchirant, en les brûlant, ou bien encore en détruisant les cachets et la signature des témoins. (*L.* 20, *ff. de inj. rupt.*; *L.* 1, 2, 3 et 4, *ff. de his quæ in test. del.*; *L.* 30, *Cod. de test.*). Théodose et Valentinien avaient même ordonné quelque chose de plus. Un testament fait depuis dix ans devait être, selon eux, considéré comme périmé, quoique rien n'indiquât d'ailleurs que le testateur ait eu d'autres intentions (*L.* 6, *Cod. Theod. de testam.*). Justinien accepte cette présomption, mais en la modifiant. Le laps de dix années écoulées depuis la confection du testament ne suffira plus, si le testateur n'a, en présence de trois témoins, ou dans un acte authentique (*inter acta*), manifesté la volonté de le révoquer. (*L.* 27, *Cod. de testam.; voyez Ferrières sur ce texte*).

2° *Des testaments inutiles.* Un testament devient inutile, lorsque le testateur, ainsi que nous l'avons dit, a perdu le droit d'avoir un testament; ce qui a lieu par toute espèce de diminution de tête.

§ 4.

Alio autem modo testamenta jure facta infirmantur : veluti, cum is qui fecit testamentum, *capite deminutus sit.* Quod quibus modis accidat, primo libro retulimus.

Capite deminutus sit. Rappelons que depuis qu'il a été permis aux fils de famille de tester pour leurs biens *castrans* et *quasi castrans*, leur émancipation, par exemple, ne rendrait pas inutile leur testament. — Nous verrons, dans le paragraphe qui va suivre, qu'un testament devenu inutile la diminution de tête, pouvait, en certains cas, sinon revivre, au moins avoir le même effet que s'il avait continué d'exister, parce que le préteur accordait alors ordinairement aux institués la possession de biens *secundum tabulas*.

§ 6.

Non tamen per omnia inutilia sunt ea testamenta, quæ ab initio jure facta propter capitis deminutionem irrita facta sunt. Nam si septem testium signis signata sunt, potest scriptus heres secundum tabulas testamenti bonorum possessionem agnoscere, si modo defunctus et civis romanus et suæ potestatis mortis tempore fuerit. Nam, si ideo irritum factum sit testamentum, quia civitatem vel etiam libertatem testator amisit, aut quia in adoptionem se dedit, et mortis tempore in adoptivi patris potestate sit, non potest scriptus heres secundum tabulas bonorum possessionem petere.

D'après ce texte, pour que la possession de biens puisse être obtenue, en vertu d'un testament régulier au moment de sa confection, mais devenu inutile depuis par la diminution de tête du testateur, le droit prétorien ne demande que deux choses : qu'au moment de sa mort, le testateur soit non seulement citoyen romain (*civis romanus*), mais encore *suæ potestatis*. Toutefois Vinnius remarque ici que Tribonien parle d'une manière trop absolue, et qu'il aurait dû faire attention à la distinction de Papinien dans la loi 11, § 2, *ff de bon. poss.* En effet, ou il s'agit d'un testateur qui a subi la grande ou la moyenne diminution de tête, ou bien il est question d'un testateur qui, par exemple, se sera donné ensuite en adrogation. Dans le premier cas, il n'y a pas de doute que notre texte ne reçoive son entière application, si l'individu diminué de tête est devenu citoyen romain au moment de son décès. Son testament vaudrait même *ex jure civili*, si par un bienfait spécial du prince, il avait été replacé dans l'intégrité de sa première condition. (*L.* 6, § 12, *ff. de inj. rupt.*) Mais, dit Papinien (*supr. dict. leg.*), un individu qui se fait adroger, s'est volontairement et en connaissance de cause dépouillé de tous ses droits ; sa volonté a véritablement défailli ; il ne serait donc pas suffisant qu'il fût postérieurement mort *suæ potestatis*, pour que le préteur pût accorder la possession de biens en vertu d'un testament qui n'aurait plus pour base de son existence une volonté présumée persistante, il faudrait encore que, par un acte confirmatif quelconque, le testateur témoignât persévérer dans ses premières intentions.

TITRE DIX-HUITIÈME.

Du Testament inofficieux (De inofficioso testamento).

La loi des Douze-Tables ne demandait au père de famille aucun compte des motifs qui l'avaient porté à déshériter ses enfants. Cette exhérédation résultait du choix d'un autre héritier, et de leur simple omission dans le testament paternel. Nous avons vu que les prudents (*supr. de exhered. liber.*) régularisant cette exhérédation, exigèrent qu'elle fût expresse. Mais ce n'était là qu'une formalité facile à remplir : ce qu'il fallait surtout, c'était de mettre les enfants à l'abri des suggestions perfides par lesquelles certaines personnes s'efforçaient d'indisposer leurs parents contre eux. (*L.* 3 et 4, *ff. de inoff. test.*) C'est dans cette intention que les prudents permirent la plainte d'inofficiosité contre tout testament qui, sans motifs aucuns, dépouillait les héritiers du sang des droits auxquels ils pouvaient prétendre légitimement. Toutefois, il fallait un prétexte afin de ne pas donner une atteinte trop violente aux lois qui autorisaient les exhérédations. On supposa donc que celui qui avait fait un pareil testament n'était pas sain d'esprit, au moment de sa confection, et dès lors la plainte d'inofficiosité put s'étayer d'une cause vraisemblable. Tout ceci est expliqué dans le *principium* de ce titre.

PR.

Quia plerumque parentes sine causa liberos suos exheredant *vel omittunt*, inductum est ut de inofficioso testamento agere possint liberi, qui queruntur aut inique se exheredatos aut inique præteritos : hoc colore, quasi non sanæ mentis fuerint , cum testamentum ordinarent. Sed hoc dicitur non quasi vere furiosus sit , sed recte quidem fecerit testamentum , non autem ex officio pietatis. Nam si vere furiosus sit, nullum testamentum est.

Vel omittunt. Nous avons vu en effet (*supr.* § **7**, *de exheredat. liber.*), que la mère et les ascendants maternels n'étaient point obligés d'instituer ou de déshériter formellement leurs enfants et descendants. Leur simple omission dans le testament maternel équivalait à une exhérédation. Ce membre de phrase doit donc s'entendre, ainsi que celui-ci *aut inique præteritos*, du testament d'une mère ou d'un aïeul maternel (*Vinn. h. text.*). Remarquons ici que c'était encore l'un des priviléges du testament militaire, de ne jamais donner naissance à la plainte d'inofficiosité. (*L.* 8, § 4 ; *L.* 27, § 2, *ff. de inoffic. test.*; *L.* 9 et 24 *Cod. eod. tit.*).

— Un testament inofficieux est donc celui qui , conforme aux règles du droit, blesse certains devoirs qu'impose la nature : *rite quidem factum, non autem ex officio pietatis.*

La plainte d'inofficiosité était exclusivement réservée (§ **1**, *h. tit.*; *L.* **1**, *ff. de inoffic. test.*) aux descendants et aux ascendants, puis, à défaut de ceux-ci, aux frères et sœurs, mais dans un cas seulement, ainsi que nous le verrons sous le § 4. Lorsqu'elle était admise, elle avait pour effet immédiat de rescinder le testament, de métamorphoser l'hérédité testamentaire en hérédité légitime , laquelle était en conséquence déférée aux héritiers ordinaires *ab intestat* (*L.* 6, § 1 ; *L.* 8, § 16, *ff. eod. tit.*). Mais quelle était la nature de cette plainte d'inofficiosité? était-ce une action véritable en pétition d'hérédité , ou n'était-ce qu'un moyen dont l'admission permettait ensuite l'exercice de cette action ? Telle est la question que se pose Vinnius (*h. text. n.* 6) : et immédiatement il affirme que ce n'était pas autre chose qu'une action, qu'une véritable pétition de l'hérédité à laquelle l'héritier *ab intestat* voulait se faire admettre contre un prétendu héritier testamentaire. En parcourant les textes, on reconnaît que cette opinion est la seule vraisemblable (*L.* 8, § 7 ; *L.* 20 et 21 , § 2; *L.* 27 , § 3, *ff. h. tit.*). Il faut donc l'adopter , sans se préoccuper de quelques objections dont on pourra d'ailleurs trouver la solution dans Vinnius (*loc. cit.*). Passons maintenant aux détails de notre titre. Nous avons dit que la plainte d'inofficiosité était permise seulement aux descendants, aux ascendants et aux frères et sœurs. Voyons donc d'abord dans quelles circonstances elle l'était aux descendants.

§ 2.

1° *Les descendants.* Tam autem naturales liberi, quam secundum nostræ constitutionis divisionem *adoptati* , ita demum de inofficioso testamento agere possunt si nullo alio jure ad defuncti bona venire possunt. Nam qui ad hereditatem totam vel partem ejus alio jure veniunt, de inofficioso agere non possunt. *Posthumi* quoque qui nullo alio jure venire possunt, de inofficioso agere possunt.

Pour que les enfants puissent diriger contre le testament de leur père ou de leur mère la plainte d'inofficiosité, il faut d'abord qu'ils prétendent que leur exhérédation ou leur omission a eu un motif injuste, et qu'ils fassent la preuve de cette allégation (*supr. pr. h. tit.*). Il faut ensuite qu'ils n'aient aucun autre moyen de se faire restituer contre cette omission ou cette exhérédation (*si nullo alio jure ad defuncti bona venire possunt*). Car la plainte d'inofficiosité est un moyen extrême, destiné sans doute à venger l'injure d'une exhérédation non méritée, mais qui peut, jusqu'à un certain point, ternir la mémoire du défunt, puisqu'on suppose qu'il n'avait pas la plénitude de ses facultés, lorsqu'il a fait son testament. En conséquence, on la refuse aux fils de famille que leur père a passés sous silence, parce que leur prétérition rend son testament nul de plein droit (*supr. pr. et § 5, de exhered. liber.*); aux filles et aux petits-enfants omis, surtout depuis que Justinien a déclaré que leur omission n'enleverait pas seulement, comme dans l'ancien droit, un effet partiel au testament (*supr. pr. dict. tit.*), mais qu'elle en entraînerait encore la nullité complète (*supr. § 5, dict. tit.*); aux posthumes et quasi posthumes prétérits, parce que leur agnation rompt le testament paternel (*supr. § 1, 2 et 5, eod. tit.*); aux enfants émancipés omis, parce que le droit prétorien leur accorde la possession de biens *contra tabulas* (*supr. § 3, eod. tit.*); aux impubères adrogés, exhérédés dans le testament de leur père adoptif, parce que dans ce cas la quarte antonine leur est expressément attribuée (*supr. § 3 , de adopt.; § 4 , de exhered. liber; L. 8, § 15, ff. de inoffic. test.*); enfin on la refuse à l'enfant auquel le père a laissé sa légitime, comme nous le verrons ci-après (*infr. § 3, h. tit. ; L. 25, pr. ff. dict. tit.*).

Adoptati. C'est-à-dire, seulement les individus adrogés et ceux qui ont été adoptés par l'un de leurs ascendants au moins maternel (*supr. § 2, de adopt. ; L. pen. Cod. de adopt.*). Quant au fils de famille adopté par un étranger, il ne peut avoir aucune plainte contre le testament de l'adoptant, quoiqu'il soit appelé à lui succéder *ab intestat* (*infr. § 14 , de hered. quæ ab intest. defer.*).

Posthumi. L'exhérédation des posthumes était nécessairement injuste. Aussi ne leur demandait-on point la preuve de cette injustice, mais seulement s'il n'y avait pas pour eux possibilité de recourir à d'autres voies.

§ 1er.

2° *Les ascendants.* Non autem liberis tantum permissum est

testamentum parentum inofficiosum accusare , verum etiam
parentibus , liberorum.

Parentibus, liberorum. Depuis qu'il a été permis aux fils de famille de disposer par testament de leurs pécules *castrans* et *quasi castrans* , les ascendants
peuvent être omis ou exhérédés injustement par leurs enfants. Ils
peuvent donc intenter la plainte d'inofficiosité, mais seulement lorsque le
testateur ne laisse pas lui-même d'enfants. Cette plainte est d'ailleurs également ouverte aux pères et mères, aïeuls et aïeules ; et l'exhérédation résulte pour les uns et les autres d'une simple omission.

3° *Les frères et sœurs.* ....Soror autem et frater, *turpibus
personis scriptis heredibus*, ex sacris constitutionibus prælati
sunt. Non ergo contra omnes heredes agere possunt. Ultra fratres igitur et sorores, cognati nullo modo aut agere possunt,
aut agentes vincere.

Turpibus personis scriptis heredibus. La plainte d'inofficiosité n'appartient donc pas aux frères et sœurs ; contre tout institué , mais seulement
contre les institués notés d'infamie. La raison est qu'une telle préférence,
un choix si injurieux aux frères et sœurs permet de croire qu'il n'y a qu'un
aveuglement excessif, qui ait pu porter un homme à priver de son hérédité ceux qui lui tiennent de si près , pour la laisser à des personnes
infâmes. L'empereur Constantin nous apprend du reste qu'on devait réputer infâmes les personnes *quæ infamiæ, vel turpitudinis , vel levis
notæ macula adsperguntur* (*L.* 27 , *Cod. de inoffic. test.*). Autrefois , tous
les frères et sœurs n'étaient pas admis à cette plainte d'inofficiosité. En
étaient exclus les frères et sœurs utérins, et les frères et sœurs consanguins , lorsque ceux-ci n'étaient point agnats. Justinien accorda d'abord
cette faveur indistinctement à tous les frères et sœurs consanguins (*dict.
leg.* 27), puis à tous les frères et sœurs utérins, lorsqu'il eut supprimé toute
différence entre les parents paternels et maternels (*Nov.* 118).
— Si la plainte d'inofficiosité est un remède contre l'injustice d'une
exhérédation , elle ne devait pas être un moyen de paralyser l'effet des
dernières volontés d'un testateur. Celui-ci n'est pas obligé de donner à ses
libéralités toute l'étendue possible, et lorsqu'il a laissé quelque chose à ses
enfants, il a restreint ses faveurs, il est vrai , mais avec intention , et
d'ailleurs il prouve qu'il a songé à eux. Pourquoi donc se plaindraient-ils ?
Le droit ancien avait senti cela, et s'il permettait quelquefois d'attaquer
comme inofficieux un testament dans lequel on était institué, c'était lorsque cette institution donnait moins du quart de ce qu'on aurait eu *ab
intestat* , à moins que le testateur n'eût expressément ordonné de fournir
le complément du quart, auquel cas on n'avait plus qu'une action en supplément. Le testament restait donc inattaquable, lorsqu'on avait reçu

cette portion de biens du testateur, même à tout autre titre que celui d'héritier, par exemple, à titre de légataire. Justinien a porté plus loin le respect pour les dernières volontés. Désormais la plainte d'inofficiosité devra rester dans le silence, si on a reçu une portion si minime qu'elle soit de l'hérédité. Toutefois l'empereur ne prive pas les enfants de leur légitime ; ils y ont droit lors même que le testateur n'aurait pas ordonné de la compléter (*licet non fuerit adjectum*); mais ils ne peuvent l'obtenir que par une action en supplément, tandis qu'autrefois le testament eût inévitablement été anéanti comme inofficieux, si le testateur eût oublié de donner la légitime, ou d'en prescrire le complément. Ce que nous venons de dire est en partie contenu dans le paragraphe 3.

<h2 style="text-align:center">§ 3.</h2>

Sed hæc ita accipienda sunt, si nihil eis penitus a testatoribus testamento relictum est : quod nostra constitutio ad verecundiam naturæ introduxit. Sin vero quantacumque pars hereditatis vel res eis fuerit relicta, de inofficioso querela quiescente, id quod eis deest, usque ad quartam legitimæ partis repleatur, licet non fuerit adjectum *boni viri arbitratu* debere eam compléri.

Boni viri arbitratu. C'est-à-dire que les biens doivent être appréciés par un homme d'une probité reconnue, jusqu'à concurrence du quart de la portion héréditaire que chacun aurait *ab intestat.* Cette portion est appelée *légitime*, et celui qui y a droit *légitimaire.* L'action en supplément du quart est une action personnelle, perpétuelle, transmissible aux héritiers, et qui laisse subsister le testament. On voit comment elle diffère de la plainte d'inofficiosité qui est une action réelle, rescissoire du testament, et qui ne passe point aux héritiers.

<h2 style="text-align:center">§ 6.</h2>

Igitur quartam quis debet habere, ut de inofficioso testamento agere non possit, sive jure hereditario sive jure legati vel fideicommissi, vel si mortis causa ei quarta donata fuerit, vel inter vivos in iis tantummodo casibus quorum mentionem facit nostra constitutio, vel aliis modis qui constitutionibus continentur. Quod autem de quarta diximus, ita intelligendum est ut, sive unus fuerit sive plures quibus agere de inofficioso testamento permittitur, una quarta eis dari possit, ut ea pro rata eis distribuatur, id est pro virili portione quarta.

Tout ce que le légitimaire reçoit à titre de legs ou de fidéicommis doit donc s'imputer sur la légitime. Il en est de même de ce qu'il aurait reçu par donation à cause de mort ; car elle est en tous points assimilée aux legs (*supr. § 1, de donat.*). Mais ce n'est que dans certains cas mentionnés dans une constitution de Justinien (*L. 35, Cod. de inoffic. test.*), qu'on imputera sur la légitime ce qui aura été donné entre vifs, par exemple, si le père n'avait fait la donation que sous la condition qu'elle s'imputerait sur la quarte (*dict. leg. § 2*), ou si l'enfant approuvant, postérieurement au décès de son père, les dispositions de son testament, avait transigé avec les institués (*ead. leg. § 1*). Enfin, d'après une constitution de *Zénon*, on imputera sur la légitime les dots et donations nuptiales (*L. 29, Cod. eod. tit.*), et d'après une constitution de Justinien, les deniers qui auront été fournis au légitimaire pour l'achat d'une charge (*L. 30, § 2, Cod. eod. tit.*). Ce sont ces deux dernières imputations que Justinien rappelle, lorsqu'il dit dans notre texte *vel aliis modis*, etc.

— La plainte d'inofficiosité s'éteint de trois manières : 1° par la mort du légitimaire, décédant sans avoir formé et sans avoir manifesté l'intention de former aucune réclamation. Dans le cas contraire, il transmet son droit à ses héritiers (*L. 5, Cod. h. tit.* ; *L. 6, § 2* ; *L. 7, ff. h. tit.*) ; 2° par le laps de temps suffisant pour faire présumer une renonciation tacite à l'action, et qui d'abord fixé à deux ans fut ensuite étendu jusqu'à cinq ans (*L. 16, Cod. eod. tit.*) ; 3° par l'approbation directe ou indirecte donnée au testament (*L. 23, § 1* ; *L. 32, ff. h. tit.*). Cette dernière règle reçoit une exception. Le tuteur, qui, déshérité dans le testament de son père, reçoit au nom du pupille le legs fait à ce dernier, n'est pas privé de la plainte d'inofficiosité ; car il remplit un devoir forcé. Ce n'est pas là une approbation directe ni indirecte du testament. Cette exception est expressément contenue dans le paragraphe 4 de notre titre.

§ 4.

Si tutor nomine pupilli cujus tutelam gerebat, ex testamento patris sui legatum acceperit, cum nihil erat ipsi tutori relictum a patre suo, nihilominus poterit nomine suo de inofficioso patris testamento agere.

Ordinairement celui qui succombe dans la plainte d'inofficiosité dirigée contre un testament, perd au profit du fisc tout ce que le testateur lui a laissé, si toutefois il a persisté jusqu'à la sentence dans l'instance qu'il avait engagée à tort (*L. 8, § 14, ff. eod. tit.*). Mais cette peine n'est point encourue par le tuteur, qui, au nom de son pupille aurait attaqué comme inofficieux le testament dans lequel rien n'aurait été donné à celui-ci, et qui n'aurait point réussi dans sa demande. Le paragraphe 5 est positif sur ce point.

§ 5.

Sed et si e contrario pupilli nomine cui nihil relictum fuerit, de inofficioso egerit et superatus est, ipse tutor quod sibi in eodem testamento legatum relictum est, non amittit.

APPENDICE.

Depuis les Institutes, Justinien a, dans ses Novelles, apporté plusieurs modifications importantes au titre que nous venons d'expliquer.

1° La quotité de la légitime a été fixée par lui à la moitié de la succession, lorsque le testateur aurait plus de quatre enfants, et au quart dans le cas contraire (*Nov.* 18, *cap.*4). Il ne suffit plus, pour que le testament soit inattaquable, que les enfants et descendants reçoivent cette légitime à titre de legs ou autrement, il faut qu'ils soient au moins honorés du titre d'héritiers (*Vinn. in* § 5), lors même que leur institution n'aurait lieu que pour un objet particulier (*Nov.* 115, *cap.* 3 et 4).

2° On ne peut plus déshériter ou omettre ses ascendants ou ses descendants, que dans les cas et pour les causes spécifiées et prévues par la loi; et on doit, sous peine de s'exposer à une infirmation, faire mention dans le testament de la cause qui a donné lieu à l'exhérédation ou à l'omission, et la justifier (*Nov.* 115, *cap.* 3 *et* 4), Cette justification est du reste à la charge de l'héritier. Quatorze de ces causes concernent les descendants (*ead. nov. cap.* 3, § 1 *et seq.*); huit seulement sont applicables aux ascendants. La Novelle 115 consacre les chapitres 3 et 4 à leur énumération. Il serait trop long d'en donner la liste; mais nous allons transcrire ici quelques vers dans lesquels on est parvenu assez heureusement à les renfermer.

Voici quelles sont les causes pouvant donner lieu à l'exhérédation ou à l'omission des descendants :

> *Bis septem ex causis exheres filius esto :*
> *Si patrem feriet, vel maledicat ei ;*
> *Carcere detrusum si negligat, aut furiosum ;*
> *Criminis accuset ; vel paret insidias ;*
> *Si dederit damnum grave ; si nec ab hoste redemit ;*
> *Testarive vetet ; se societve malis ;*
> *Si mimos sequitur ; vitietve cubile paternum ;*
> *Non orthodoxus ; filia si meretrix.*

Voici maintenant celles concernant les ascendants :

> *Si capitis natum pater accusaverit ; ejus*
> *Aut vitæ insidias clamve palamve struat ;*

> *Si vetuit cupidum secreta novissima mentis*
>> *Prodere ; nec veritus sit temerare nurum ;*
> *Si pater et genitrix sibi fata scelesta minentur ;*
>> *Fulcra nec ad nati clausa furentis eant ;*
> *Filius auxilio si non patris hostica linquit*
>> *Limina ; si genitor numen inane colat.*

— Remarquons en terminant que si le testament venait à être rescindé, il le serait, non pas en entier, comme dans l'ancien droit, mais seulement quant à l'institution d'héritier, les legs et autres dispositions restant valables.

TITRE DIX-NEUVIÈME.

De la qualité des héritiers et de leur différence. (De heredum qualitate et differentia.

PR.

Heredes autem aut necessarii dicuntur, aut sui et necessarii, aut extranei.

Il y a donc trois sortes d'héritiers : les héritiers *nécessaires*, les héritiers *siens* et *nécessaires*, et les héritiers *externes* ou *étrangers*, ou encore *volontaires*. Chacun de ces héritiers acquiert l'hérédité de différentes manières, ainsi que nous l'allons voir.

§ 1er.

1° *Des héritiers nécessaires.* Necessarius heres est servus heres institutus : ideo sic appellatus quia, *sive velit sive nolit*, omnimodo post mortem testatoris protinus liber et necessarius heres fit. Unde qui facultates suas suspectas habent, solent servum suum primo aut secundo aut etiam ulteriore gradu heredem instituere, ut si creditoribus satis non fiat, potius ejus heredis bona quam ipsius testatoris a creditoribus possideantur, vel distrahantur, vel inter eos dividantur....

Sive velit sive nolit. L'institution de l'esclave comme héritier ne lui impose pas l'obligation d'accepter la succession de son maître ; mais elle a pour effet immédiat de lui enlever la faculté de s'abstenir (*arg. ex leg.* 57, § 2, *ff. de adq. vel omitt. hered.*), et de le rendre à la fois libre et héritier, sans qu'on examine si dans une autre position il se fût ou ne se fût pas porté héritier. L'esclave ne fait donc pas adition, il est héritier de plein droit, en vertu seulement du fait de son institution ; et cette nécessité le saisit au moment du décès du testateur (*omnimodo post mortem testatoris protinus liber et necessarius heres fit*). Cela est si vrai, indépendamment des expressions positives de notre texte, que se trouvât-il en démence (*L. 63, ff. eod. tit.*), ou impubère (*supr. dict. leg.* 57, § 2), il n'en serait pas moins héritier. La suite de notre texte nous en donne la raison. Elle existe dans le besoin que certains individus, dont la succession est mauvaise, ont de trouver quelqu'un dont ils n'aient pas à craindre une répudiation. Il vaut mieux en effet que l'ignominie d'une vente à l'encan retombe sur l'esclave que sur le nom de son maître ; la liberté qu'il obtient est pour lui un dédommagement plus que suffisant. Aussi avons-nous vu (*supr. pr. de vulg. subst.*) qu'il était permis d'instituer l'esclave en dernier lieu, afin que le maître fut garanti pleinement contre la chance de mourir intestat ; et c'est ce que répète notre texte, lorsqu'il dit que ceux dont les affaires sont embarrassées, prennent ordinairement la précaution d'instituer un esclave, soit au premier, soit au second degré, soit à un degré inférieur. Toutefois l'esclave n'était héritier nécessaire qu'autant qu'il se trouvait en la puissance du testateur au moment de la confection du testament (*L. 49, ff. de hered. inst.*), et au moment de son décès (*L. 50, ff. eod. tit.*) si l'institution était pure et simple ; car si elle était conditionnelle, ce n'était plus l'époque de la mort, mais seulement l'époque de la réalisation de la condition, que l'on examinait (*L. 90, ff. dict. tit.* ; *L. 46, ff. de manum. test.*). Si donc l'esclave, au moment du décès ou de l'évènement de la condition, avait été affranchi entre vifs par le testateur, ou aliéné par lui, il n'était plus héritier nécessaire ; dans le premier cas, il pouvait répudier l'hérédité ou l'acquérir pour lui (*infr.* § 3, *h. tit.*) ; dans le second cas, il devait prendre les ordres de son nouveau maître, pour lequel en cas d'adition il acquérait l'hérédité (*supr.* § 1, *de hered. inst.*). Mais on n'avait point égard à ce que l'esclave avait pu devenir dans l'intervalle entre la confection du testament et la mort du testateur, ou l'évènement de la condition apposée par celui-ci à l'institution ou à l'affranchissement ; que l'esclave eût été libre pendant ce temps intermédiaire, ou qu'il fût resté en servitude, les créanciers du défunt n'en avaient pas moins le droit de distraire à leur profit les biens de la succession, de les faire vendre ou de se les partager. En cas d'insuffisance de ces biens, ils avaient même un recours sur les acquisitions postérieures de l'esclave ; car celui-ci, héritier nécessaire, était tenu des dettes et charges de l'hérédité, même *ultra vires emolumenti*. Telle était du moins la rigueur du droit civil. L'esclave se serait donc trouvé dans la position la plus désavantageuse, si le droit prétorien ne fût venu à son secours, en introduisant en sa faveur le bénéfice *de séparation de biens*, ainsi que la suite de notre paragraphe va nous l'apprendre :

....Pro hoc tamen incommodo illud ei commodum præstatur, ut ea quæ post mortem patroni sui sibi adquisierit, ipsi reserventur. Et quamvis bona defuncti non sufficiant creditoribus , tamen ex alia causa quas sibi res adquisivit , non væneunt.

Ipsi reserventur. Le bénéfice de séparation de biens avait simplement pour effet d'empêcher qu'on ne confondît les biens héréditaires, qui restaient la proie des créanciers , avec les acquisitions personnelles de l'esclave, et même avec ce qui lui était dû par le défunt (*L.* 1 , § 18 , *ff. de separ.*). Mais pour que l'esclave pût jouir de ce bénéfice, il devait le demander avant d'avoir touché aux biens de la succession (*dict. leg.*).

§ 2.

2° Des héritiers siens et nécessaires. Sui autem et necessarii heredes sunt , veluti filius filia , nepos neptisque ex filio, et deinceps cœteri liberi, qui modo in potestate morientis fuerint. Sed ut nepos neptisve sui heredes sint , non sufficit eum eamve in potestate avi mortis tempore fuisse; sed opus est ut pater ejus vivo patre suo desierit suus heres esse , aut morte interceptus, aut qualibet alia ratione liberatus potestate : tunc enim nepos neptisve in locum patris sui succedit. Sed sui quidem heredes ideo appellantur, quia domestici heredes sunt, et vivo quoque patre quodammodo domini existimantur. Unde etiam si quis intestatus mortuus sit , prima causa est in successione liberorum. Necessarii vero ideo dicuntur, quia omni modo sive velint sive nolint, tam ab intestato quam ex testamento heredes fiunt....

Les héritiers *siens* et *nécessaires* sont donc tous ceux qui se trouvent au moment du décès du testateur , non seulement sous sa puissance , mais encore sous sa puissance immédiate. Lorsqu'il s'agit d'un fils ou d'une fille, il n'y a pas de difficulté ; car ils sont précisément dans la position indiquée par notre texte. Mais lorsqu'il est question d'un petit-fils ou d'une petite-fille, on se demande alors s'il n'y a personne entre eux et le testateur. Le titre d'héritier *sien*, et par suite celui d'héritier *nécessaire* ne leur appartient qu'autant que leur père, qui forme l'obstacle, a perdu lui-même cette qualité , en sortant de la famille du testateur, soit par la mort (*aut morte interceptus est*), soit encore par l'émancipation (*aut qualibet alia ratione liberatus potestate*). On voit, du reste , pourquoi cette dénomination d'héritiers *siens* et *nécessaires* est attribuée aux individus que le testateur a immédiatement sous sa puissance. Ils sont *siens* parce que , du vivant même du testateur , ils étaient déjà en quelque sorte co-propriétaires de ses biens avec lui (*vivo quoque patre quodammodo domini existi-mantur*). C'est donc moins une hérédité qu'ils recueillent, qu'une posses-sion et une propriété qui se continuent en eux (*L.* 11, *ff. de liber. et post.*), avec la jouissance toutefois qui s'y réunit, et qu'ils n'avaient pas. Ils sont *nécessaires*, parce que, comme l'esclave institué (*Ulp.* 22 *reg.* § 24), l'héré-dité du père de famille les saisit à sa mort, sans acceptation de leur part, et sans qu'on examine s'ils veulent ou s'ils ne veulent pas l'acquérir. Ils seraient donc passibles de toutes les charges héréditaires, au-delà même de leur émolument, si le droit prétorien ne leur avait également ménagé un moyen d'échapper aux rigoureuses conséquences de la loi civile. Ce moyen est le bénéfice d'*abstention* dont parle la fin de notre texte:

....Sed his prætor permittit volentibus abstinere se ab here-ditate, ut potius parentis quam ipsorum bona similiter a cre-ditoribus possideantur.

Le bénéfice d'*abstention* n'était point du tout semblable au bénéfice de séparation de biens. A la vérité, comme ce 'dernier, le bénéfice d'absten-tion empêchait que les biens personnels des héritiers siens et nécessaires ne se confondissent avec les biens de la succession; mais c'était là leur seul point de ressemblance. Le bénéfice de séparation de biens laissait subsister dans l'esclave la qualité d'héritier ; au lieu que le droit prétorien ne con-sidérait comme héritiers les enfants, que lorsque ceux-ci s'étaient immiscés, et encore fallait-il qu'ils fussent au moins pubères. L'impubère, en effet, conserve, même s'il s'est immiscé, le droit de s'abstenir (*L.* 21, *ff. de auct. tut.*). En sa qualité d'héritier, l'esclave était donc personnellement ex-posé à l'action des créanciers, et nous voyons qu'en effet, si les biens étaient vendus, l'ignominie de cette vente s'attachait à son nom. Au contraire, toute action était refusée aux héritiers siens et nécessaires qui s'étaient abstenus. (*L.* 57, *pr. ff. de adquir. vel omitt. hered.*) ; et les créanciers ne pouvaient que se mettre en possession des biens héréditaires (*h. text.*). En outre, il n'était pas nécessaire qu'on demandât le bénéfice d'abstention ; l'enfant se trouvait à l'abri des réclamations des créanciers, par cela seul qu'il ne s'était point immiscé dans les biens du défunt, et quand même il n'eût point manifesté l'intention d'abandonner l'hérédité paternelle (*L.* 12, *ff. dict. tit.*). Au surplus, comme le remarque fort bien Vinnius (*h. text.*), il n'y a que la qualité d'héritiers *nécessaires,* qui soit enlevée aux enfants par le bénéfice d'abstention ; ils ne perdent point leur titre d'héritiers *siens.* Il suit de là qu'il est à leur disposition, jusqu'à la vente, de reprendre l'hé-rédité, de même qu'ils peuvent, après la vente, profiter de l'excédant de l'actif sur le passif *L.* 8, *ff. de jur. delib.*; *L.* 6, *ff. de reb. auct. jud.*).

§ 3.

3° Des héritiers externes et étrangers. Cæteri qui testatoris

juri subjecti non sunt, *extranei heredes appellantur*. Itaque
liberi quoque nostri qui in potestate nostra non sunt, heredes
a nobis instituti, extranei heredes videntur. Qua de causa et
qui heredes a matre instituuntur, eodem numero sunt, quia
feminæ in potestate liberos non habent. Servus quoque heres a
domino institutus et post testamentum factum ab eo manumissus, eodem numero habetur.

Extranei heredes appellantur. Sont héritiers *externes* ou *étrangers*,
1º tous ceux qui, institués par le testateur, n'ont jamais fait partie de sa
famille, et n'ont par conséquent jamais été soumis à sa puissance; 2º les
enfants du testateur qui ne sont plus en sa puissance; 3º les enfants et descendants des femmes ou des aïeuls maternels; 4º les enfants naturels, c'est-
à-dire, ceux nés du concubinat; 5º les esclaves qui, institués par leurs
maîtres, ont été ensuite affranchis par eux.

Tous ces héritiers sont *volontaires*, et l'hérédité qui leur est déférée,
soit par le décès, soit à l'événement de la condition, ne leur est acquise
que par une acceptation expresse, ou tout au moins par un acte qui fait
présumer que cette acceptation est dans leur intention. Aux héritiers externes exclusivement s'applique donc tout ce qui, dans la suite de ce titre,
sera dit de l'acceptation ou de la répudiation des successions; car les héritiers nécessaires ne font point adition, puisqu'ils sont héritiers de plein
droit (*L.* 14, *ff. de suis uc legit. hered.*). Mais auparavant il convient
d'examiner quelle était la condition expressément requise, pour que l'on
pût être institué : cette condition consistait à avoir faction au moins passive de testament avec le testateur. Plusieurs fois déjà nous avons dit ce
que c'est (*vid. supr. pag.* 233.), et d'ailleurs le §4 en donne l'explication. Il
examine aussi à quelle époque cette faction de testament doit exister, et il
déclare que c'est : 1º à l'époque de la confection du testament ; 2º à celle
du décès; 3º à celle de l'adition, soit que l'institution soit pure et simple,
soit qu'elle ait été faite conditionnellement. Toutefois la faction de testament se perdrait impunément dans l'intervalle entre la première et la seconde époque, si on la recouvrait ensuite ; mais il en serait autrement, si
elle était perdue dans l'intervalle de la seconde à la troisième époque.
Avec ces explications, l'intelligence du paragraphe 4 devient très-facile.

§ 4.

In extraneis heredibus illud observatur, ut sit cum eis testamenti factio, sive ipsi heredes instituantur, sive hi qui in potestate eorum sunt. Et id duobus temporibus inspicitur : testamenti quidem facti, ut constiterit institutio ; mortis vero testa-

toris, ut effectum habeat: Hoc amplius, et cum adierit hereditatem, esse debet cum eo testamenti factio, sive pure sive sub
conditione heres institutus sit; nam jus heredis eo vel maxime
tempore inspiciendum est, quo adquirit hereditatem. Medio
autem tempore, inter factum testamentum et mortem testatoris
vel conditionem institutionis existentem, mutatio juris non nocet heredi; quia, ut diximus, tria tempora inspicimus. Testamenti autem factionem non solum is habere videtur qui testamentum facere potest, sed etiam qui ex alieno testamento vel
ipse capere potest vel alii adquirere, licet non possit facere
testamentum. Et ideo furiosus, et mutus, et posthumus, et infans, et filiusfamilias, et servus alienus testamenti factionem
habere dicuntur. Licet enim testamentum facere non possint,
attamen ex testamento vel sibi vel alii adquirere possunt.

— Lorsque la succession testamentaire ou légitime était ouverte par le
décès, ou que la condition apposée à l'institution s'était accomplie, il s'a-
gissait pour l'institué ou l'héritier capables, d'accepter ou de répudier l'hérédité qui lui était déférée. Autrefois, l'acceptation d'une succession avait lieu de deux manières, suivant que l'héritier externe avait été
institué avec ou sans *crétion* (*Ulp. reg.* 22, § 25). On avait été institué
avec *crétion*, lorsque le testateur avait fixé lui-même un certain nombre
de jours pendant lesquels l'héritier devait délibérer, et au bout desquels
il devait accepter ou répudier la succession (*Ulp. ibid.*, § 27; *Gaius, inst.*
2, § 164). L'acceptation ne lui faisait acquérir l'hérédité, qu'autant que
cette acceptation avait été faite devant le magistrat avec les paroles solennelles et consacrées de la *crétion* (*Ulp. loc. cit.*, § 28; *Gaius, ibid.*
§ 166); et il en était de même pour la répudiation. Celui qui avait été institué sans *crétion* avait plus de latitude; l'hérédité lui était acquise du
moment qu'il avait fait acte d'héritier (*Ulp. ibid.*, § 25). Faire acte d'héritier, c'était accepter, soit expressément, en prononçant les paroles de la
crétion, soit tacitement, en gérant comme héritier (*pro herede gerendo*), c'est-
à-dire, en manifestant par des actions son intention d'accepter (*Ulp. ibid.*,
§ 25; *Gaius ibid.*, § 167; *Pothier, Pand. liv.* XXIX, *tit.* II, § 8). Constantin supprima le premier les formalités de la crétion (*L.* 1, § 2, *Cod. Theod.*), et sa
constitution a reçu l'approbation définitive des empereurs Arcade, Honorius et Théodose (*L.* 17, *Cod. de jur. delib.*). Aujourd'hui donc l'hérédité
est acceptée et, par suite acquise, *aut pro herede gerendo, aut nuda voluntate
suscipiendæ hereditatis*, ce qui se réduit à dire qu'on acquiert l'hérédité
aussitôt que la volonté de l'accepter paraît constante, soit que cette volonté se manifeste par une déclaration expresse (*verbis*), soit qu'elle se

manifeste tacitement par des actions (*re*). Ce que nous venons de dire est confirmé par le paragraphe 7.

§ 7.

Item extraneus heres testamento institutus, aut ab intestato ad legitimam hereditatem vocatus, potest aut pro herede gerendo, aut etiam nuda voluntate suscipiendæ hereditatis, heres fieri....

Le même paragraphe explique ce qu'on doit entendre par ces mots *pro herede gerendo.*

....Pro herede autem gerere quis videtur, si rebus hereditariis tanquam heres utatur, vel vendendo res hereditarias, vel prædia colendo locandove, et quoquo modo si voluntatem suam declaret vel re vel verbis de adeunda hereditate : dummodo sciat eum in cujus bonis pro herede gerit, testatum intestatumve obiisse, et se ei heredem esse. Pro herede enim gerere est pro domino gerere; veteres enim heredes pro dominis appellabant...

Observons qu'on suppose toujours que l'on agit en connaissance de cause (*dummodo sciat eum in cujus bonis pro herede gerit, testatum intestatumve obiisse, et se ei heredem esse*); car c'est par l'intention surtout que le fait de l'acceptation ou de la répudiation, de quelque manière d'ailleurs qu'il s'opère, peut avoir quelque portée (*L. 6, § 7; L. 21, pr. et § 1; L. 88, ff. de adquir. vel omitt. hered.*). — De ce principe que l'hérédité est acceptée, et par suite acquise, aussitôt que la volonté de l'appréhender est suffisamment manifestée, il suit que le sourd-muet, par exemple, qui ne peut s'exprimer, peut très bien acquérir une hérédité qui lui est déférée. en faisant acte d'héritier, pourvu toutefois qu'il comprenne bien la portée de ses actes.

....Eum qui surdus vel mutus natus, vel postea factus est, nihil prohibet pro herede gerere et adquirere sibi hereditatem, si tamen intelligit quod agitur.

Quid, si l'hérédité s'ouvrait pour un individu qui, légalement parlant, n'a point de volonté, comme un impubère, un insensé? S'il s'agissait d'un insensé, son curateur devait administrer les biens héréditaires, jusqu'à ce que le furieux revenu à son bon sens pût se décider par lui-même à accepter ou à répudier la succession ; s'il n'acceptait pas, ou s'il mourait dans son état, l'hérédité était déférée à ceux qui à son défaut auraient eu le droit de la recueillir (*L. ult. § 3 et seq. Cod. de cur. fur.; Vinn. h. text.*

n° 11). S'il était question d'un impubère, il suffisait que le tuteur validât par son autorisation l'adition de son pupille (*L.* 49, *ff. de adq. vel omitt. hered.*; *L.* 9, § 3, *ff. de auct. tut.*; *L.* 5, *Cod. de jur. delibor.*). — Disons maintenant que de même que l'acceptation peut résulter d'un acte de notre volonté, et nous faire acquérir l'hérédité, de même un simple acte de notre volonté de répudier la succession nous en exclut à toujours.

> ....Sicut autem nuda voluntate extraneus heres fit, ita et contraria destinatione statim ab hereditate repellitur....

Mais il doit être bien entendu que cette intention de répudier se sera manifestée, et sera devenue constante d'une manière quelconque, soit par des écrits, des paroles ou des actes faits en connaissance de cause, et évidemment dans ce dessein (*L.* 47, § 1; *L.* 95, *ff. de adquir. vel omitt. hered.*).

— Il nous reste sur ce titre à examiner par qui l'hérédité pouvait être acquise, et quelles étaient les conséquences d'une acceptation ou d'une répudiation. Nous parlerons ensuite des délais que la loi ancienne accordait à l'héritier, pour délibérer, et enfin nous verrons quelles modifications ont été sur ce point apportées par Justinien.

Règle générale. L'hérédité ne pouvait être acquise que par celui qui avait été institué, ou qui était héritier légitime. On ne pouvait donc pas acquérir l'hérédité par procureur, ni par un tuteur ou curateur (*L.* 90, *ff. dict. tit.*; *L.* 5, *Cod. de jur. deliber.*), ni par son père, ni par son maître; car ce n'est point eux que la loi ou le testateur appelle. Une constitution de Théodose ou de Valentinien a cependant permis au père d'accepter pour le fils qu'il a en sa puissance et qui est âgé de moins de sept ans, la succession ouverte pour celui-ci (*L.* 18, *Cod. cod. tit.*).

Tout ce que nous venons de dire s'applique aux institués *sui juris*. Quant à ceux qui sont *alieni juris*, il n'y a qu'eux également qui puissent faire adition; mais ils doivent prendre l'ordre du père ou du maître dont ils dépendent (*supr.* § 3, *per quas pers. cuiq. adq.*; *infr.* § 2, *de SC. Tertyl.*; *supr.* § 1, *de hered. inst.*).

Voyons maintenant quels sont les effets d'une acceptation ou d'une répudiation. Et d'abord l'acceptation ne peut être faite pour partie seulement de la succession. Lorsque l'héritier accepte, il accepte pour le tout, même pour les parts qui viendront se réunir à la sienne par la renonciation ou l'incapacité d'un de ses cohéritiers : *qui semel aliqua ex parte heres extite rit, deficientium partes etiam invitus excipit* (*L.* 53, § 1, *ff. de adquir. vel omitt. hered.*). De plus, sa qualité est à jamais fixée; il ne peut plus revenir contre son acceptation, et s'il était héritier sien et nécessaire, son immixtion qui équivaudrait à une acceptation, l'empêcherait de profiter du bénéfice d'abstention. Cependant le droit prétorien protégeait les mineurs de vingt-cinq ans contre une acceptation ou une immixtion téméraire, et si l'hérédité se trouvait désavantageuse, il était possible encore de la déserter. Cela est formellement exprimé dans le paragraphe 5 de ce titre.

§ 5.

....Sed sive is cui abstinendi potestas est, immiscuerit se bonis hereditatis; sive extraneus cui de adeunda hereditate deliberare licet, adierit, postea relinquendæ hereditatis facultatem non habet, nisi minor sit viginti quinque annis. Nam hujus ætatis hominibus, sicut in cæteris omnibus causis, deceptis, ita et si temere damnosam hereditatem susceperint, prætor succurrit.

Dans le paragraphe 6, nous voyons cependant que, par un privilége spécial, l'empereur Adrien avait relevé de son acceptation un majeur de vingt-cinq ans qui, au temps de son adition, avait ignoré complètement les dettes énormes dont la succession se trouvait grevée. Mais ce n'était-là qu'une faveur particulière qui ne devait pas s'étendre à tous les cas, et nous lisons en effet dans le même paragraphe, que Gordien n'en fit une règle générale qu'en faveur des militaires.

§ 6.

Sciendum est tamen, divum **Hadrianum** etiam majori viginti quinque annis veniam dedisse, cum post aditam hereditatem grande æs alienum quod aditæ hereditatis tempore latebat emersisset. Sed hoc quidem divus **Hadrianus** cuidam speciali beneficio præstitit; divus autem Gordianus postea in militibus tantummodo hoc extendit....

— Un autre effet de l'acceptation était de soumettre l'héritier à toutes les dettes et charges de la succession, même au-delà de son émolument. Seulement, s'il y avait plusieurs institués qui eussent tous accepté, chacun d'eux n'était tenu qu'en raison de sa part héréditaire (*L.* 1, *Cod. si cert. pet.*). Il était donc extrêmement important de n'agir qu'en parfaite connaissance de cause; car bien souvent il arrive qu'une succession qui semblait fort avantageuse, est par le fait très-onéreuse à cause des dettes qu'on ne connaissait pas d'abord et qui ne se révèlent que plus tard. Aussi la loi permettait-elle à l'héritier de prendre le temps qui lui était nécessaire pour se consulter. Nous allons entrer là-dessus dans quelques explications :

§ 5.

Extraneis autem heredibus deliberandi potestas est de adeunda hereditate vel non adeunda....

— L'ancien droit n'avait déterminé aucun temps pour délibérer, et hors le cas d'une institution avec *crétion* (*vid. supr.*), la faculté de faire adition était perpétuelle et ne se prescrivait que par trente ans (*Gaïus 2, inst. § 164, 167; Ulp. 22, reg. § 27*). Il arrivait seulement que, sur la demande d'un créancier ou de tout autre individu ayant intérêt à ce que l'héritier prît qualité, comme un substitué, un légataire, on fixait à l'héritier un délai arbitraire (*L. 1, § 2, ff. de jur. deliber.*), mais qui cependant ne devait pas être moindre de cent jours (*L. 2, ff. eod. tit.*). Si l'institué décédait avant d'avoir acquis l'hérédité, il ne transmettait point à ses successeurs une faculté qui lui était personnelle, du moins s'il était externe; car les héritiers siens ou nécessaires, acquérant l'hérédité sans intervalle, n'ont besoin que de survivre au défunt pour la transmettre à leurs successeurs (*L. 81, ff. de adquir. vel omitt.; L. 3, Cod. dict. tit.; M. Ducaurroy n° 677*). Justinien fit mieux encore que d'accorder aux institués un délai pour délibérer, il introduisit le bénéfice d'inventaire qui empêchait la confusion des biens de la succession avec ceux de l'héritier, et au moyen duquel celui-ci n'était plus tenu des dettes que jusqu'à concurrence de la valeur des biens héréditaires, lors toutefois que les formalités prescrites par sa constitution, qui est la loi 22 au Code *de jure deliber.*, avaient été scrupuleusement observées.

§ 6.

....Sed nostra benevolentia commune omnibus subjectis imperio nostro hoc beneficium præstitit, et constitutionem tam æquissimam quam nobilem scripsit : *cujus tenorem* si observaverint homines, licet eis adire hereditatem, et in tantum teneri quantum valere bona hereditatis contingit, ut ex hac causa neque deliberationis auxilium eis fiat necessarium, *nisi omissa observatione* nostræ constitutionis, et deliberandum existimaverint, et sese veteri gravamini aditionis supponere maluerint.

Cujus tenorem. Ces formalités consistaient seulement pour l'institué à faire inventaire fidèle et exact de tous les biens meubles et immeubles , laissés par le défunt, afin qu'on pût en constater la valeur. Cet inventaire devait être commencé dans le mois à compter du jour où l'héritier avait eu connaissance de l'ouverture de la succession à son profit, et parachevé dans les deux mois suivants. Il devait être fait en présence des créanciers, légataires , etc. ou eux dûment appelés. Il devait être signé de l'héritier. Si ce dernier avait diverti ou récélé quelque chose, il n'était pas à cause de cela réputé héritier pur et simple; mais il devait payer le double des objets divertis ou récélés (*L*. 32, *Cod. de jure deliber.*; *Nov.* 1, *cap.* 2; *Nov.* 119, *cap.* 6).

Nisi omissa observatione. Remarquez que Justinien n'empêche pas ceux qui voudraient comme autrefois délibérer, de le faire. Il les avertit seulement qu'ils s'exposent à tous les dangers qui peuvent résulter d'une appréciation erronée, et auxquels l'inventaire qu'ils sont également obligés de dresser, ne saurait les soustraire. Mais le délai qu'il est permis de demander n'est plus indéterminé et arbitraire comme autrefois; il est d'une année, lorsqu'il est accordé par le prince, et de neuf mois, lorsque c'est le magistrat qui le fixe (*dict. leg.* 32, § 13, *Cod. eod. tit.*). Après ce temps, il faut répudier expressément la succession, si l'on veut échapper à ses charges; le silence équivaudrait à une acceptation et soumettrait l'héritier à toutes ses conséquences. (*dict. leg.*, § 14). Du reste, par exception aux principes de l'ancien droit, dont nous avons parlé, l'héritier qui décède dans l'année accordée pour délibérer, sans avoir répudié, transmet à tout héritier sans distinction, les droits qui lui sont déférés soit par testament soit *ab intestat*, dans la succession d'un ascendant prédécédé (*L*. 19, *Cod. de jure deliber.*; *L. un.*, *Cod. de cad. toll.*) (1). — En finissant nous ferons observer que tout ce qui a été dit de l'acceptation des successions s'applique en grande partie à leur répudiation. En effet, celui-là seulement peut répudier, qui pourrait accepter (*L*. 18, *ff. de adquir. vel omitt.*). La répudiation a lieu aussi pour le tout et non pour partie de la succession. Lorsque l'héritier a manifesté, soit par ses actes, soit par ses paroles ou ses écrits, sa volonté de répudier, il ne peut revenir contre cette répudiation. L'hérédité lui est à jamais fermée (*L*. 4, *Cod. de repud. vel abst. hered.*), à moins qu'il ne soit mineur de vingt-cinq ans; car dans ce cas aussi le droit prétorien le releverait d'une répudiation téméraire (*L*. 2, *Cod. si ut om. her.*). Cependant si l'on avait répudié une hérédité, comme institué par exemple, rien n'empêcherait qu'on pût l'acquérir encore, soit comme substitué (*L*. 76, § 1, *ff. de adquir. vel omitt.*), soit comme légataire (*L*. 17, § 1, *ff. eod. tit.*).

TITRE VINGTIÈME.

Des Legs. (De legatis).

PR. — *Transition.*

Post hæc videamus de legatis. Quæ pars juris extra propo-

(1) Il n'avait été dérogé que pour des cas particuliers au principe qui veut que régulièrement une hérédité non appréhendée ne soit point transmissible, lorsque Théodose (*L*. 1, *Cod. qui ant. apert.*) déclara que les descendants institués par un ascendant à la puissance duquel ils ne sont pas soumis, pourraient, lorsqu'ils décèderaient avant l'ouverture du testament, transmettre à leur propre postérité la part qui leur est destinée (*M. Ducaurroy*, n° 677). On voit que les constitutions de Justinien sont allées plus loin encore.

sitam quidem materiam videtur; nam loquimur de iis juris figuris quibus per universitatem res nobis adquiruntur. Sed cum omnino de testamentis deque heredibus qui testamento instituuntur, locuti sumus, non sine causa sequenti loco potest hæc juris materia tractari.

En continuant de parler des choses suivant leur ordre, nous devrions passer actuellement aux hérédités légitimes; mais Justinien nous avait déjà avertis (*supr.* § 6, *per quas pers. cuiq. adq.*) qu'il négligeait à dessein de s'occuper des legs et des fidéicommis, comme moyens d'acquisition d'objets particuliers, parce que formant souvent une partie considérable, quoiqu'accessoire, des testaments, il était plus convenable et plus rationnel de traiter cette matière en même temps que celle avec laquelle elle a tant de rapports. Nous voyons qu'il remplit ici sa promesse, et qu'abandonnant pour le moment les manières d'acquérir, *per universitatem*, la suite du deuxième livre de ses Institutes sera exclusivement consacrée aux legs et aux fidéicommis.

§ 1er.

Legatum itaque est *donatio quædam* a defuncto relicta.

Cette définition du legs appartient en partie à Modestin (*L.* 36, *ff. de legat.* 2°), et on y ajoute ordinairement ces mots, qui se trouvent dans certaines éditions *ab herede præstanda.* Cependant, Modestin avait dit : *testamento relicta.* On croit que Tribonien a changé ces mots en ceux-ci : *a defuncto relicta,* afin de faire accorder la définition des legs avec la constitution de Justinien (*L.* 2, *Cod. comm. de legat.*), dans laquelle ce prince les assimile aux fidéicommis. Toutefois cette substitution de mots a l'inconvénient de faire supposer que les legs peuvent, comme les fidéicommis, subsister indépendamment d'un testament, quoique le paragraphe 10 *de fideicommissariis hereditatibus* dise expressément qu'à la différence des fidéicommis, il n'y a point de legs, s'il n'y a point de testament : *cum alioqui legata, nisi ex testamento, non valeant.*

Donatio quædam. Le legs est une donation, puisqu'en définitive il doit apporter quelque avantage à celui qui en est l'objet; mais ce n'est qu'une donation improprement dite, car nous avons vu que celle-ci (*vid. supr. pay.* 207) ne pouvait se former que par le concours des volontés du donateur ou du donataire, au lieu que le legs existe sans le consentement du légataire, et le plus souvent même à son insu, quoiqu'il ne soit point dans la nécessité de l'accepter (*L.* 80, *ff. de legat.* 2°; *L.* 81, § 6, *ff. de legat.* 1°). On se rappelle que les donations à cause de mort ont été, *per omnia fere,* assimilées aux legs (*supr.* § 1, *de donat.*).

— Nous partagerons ce titre en trois sections. Dans la première, nous examinerons de quelle manière et à qui un legs peut être fait; dans la deuxième, quelles sont les choses qu'on peut léguer; dans la troisième, quel est le sort des legs après la confection du testament.

Mais auparavant, il convient de dire combien il y avait sous l'ancien droit de sortes de legs, et comment toutes ces différences ont été supprimées par Justinien, comment ensuite les legs ont été rendus semblables aux fidéicommis.

§ 2.

Sed olim quidem erant legatorum genera quatuor, per vindicationem, per damnationem, sinendi modo, per præceptionem; et certa quædam verba cuique generi legatorum adsignata erant, per quæ singula genera legatorum significabantur....

On comptait donc autrefois quatre espèces de legs. Leurs effets étaient bien différents; et c'était surtout par les termes que le testateur avait employés, qu'il était possible de les ranger dans l'une ou l'autre de ces quatre classes; car à chacune d'elles la loi avait assigné des formules particulières. Nous allons parler successivement de ces quatre sortes de legs.

1o Le legs par revendication (*per vindicationem*) avait lieu dans ces termes : CAPITO, LEGO, ou bien dans ces autres : CAPITO, SUMITO (*Gaïus, 2 Inst.*, § 193; *Ulp. 24 reg.*, § 3). Le legs accepté par le légataire, celui-ci devenait immédiatement propriétaire de la chose léguée, et, en cette qualité, il pouvait la réclamer de l'héritier ou de tout autre détenteur par l'action réelle en revendication (*Gaïus ibid.*, § 194 *et* 195). On ne pouvait léguer *per vindicationem* que les choses dont on avait la propriété avant les deux époques de la confection du testament et de la mort, à moins qu'il ne s'agît de choses fongibles, c'est-à-dire de celles qui consistent en nombre, poids ou mesure. Il suffisait qu'on en fût propriétaire au moment de son décès (*Gaïus ibid.*, § 196; *Ulp. ibid.* § 7).

2o Le legs par condamnation (*per damnationem*). C'était celui qui obligeait seulement l'héritier à donner quelque chose au légataire, ou à faire quelque chose pour lui. Ce legs ne produisait en faveur du légataire qu'une action personnelle contre l'héritier. Il se faisait ainsi : DATO; ou bien encore de cette manière : HERES MEUS DAMNAS ESTO (*Gaïus ibid.*, § 201; *Ulp. ibid.*, § 4). Cette espèce de legs était celle qui donnait le plus de latitude au testateur; car il pouvait léguer ainsi non seulement sa chose ou celle de son héritier, mais encore celle d'autrui. Dans ce dernier cas, l'héritier devait l'acquérir pour le légataire, ou lui en payer l'estimation (*Gaïus ibid.* § 202; *Ulp. ibid.* § 8).

3o Le legs par mode de tolérance (*sinendi modo*) avait lieu, lorsque le testateur avait écrit, par exemple : HERES MEUS DAMNAS ESTO SINERE LU-

39

CIUM TITIUM HOMINEM STICHUM SUMERE SIBIQUE HABERE (*Gaïus ibid*, § 209 ; *Ulp. ibid.*, § 5). Ici encore, il n'y avait point translation directe de la propriété ; mais elle était acquise à l'héritier aussitôt qu'il s'était mis en possession de l'objet de son legs. Le testateur ne pouvait léguer de cette manière que sa chose ou celle de son héritier (*Gaïus eod. loc.*, § 210 ; *Ulp. ibid.* § 10). Du reste on demandait seulement si, au moment de la mort du testateur, celui-ci ou son héritier étaient propriétaires de la chose léguée (*Gaïus ibid.*, § 211).

4o Le legs par prélèvement (*per præceptionem*) permettait au légataire, non pas de prendre la chose léguée, mais de la prélever : PRÆCIPITO (*Gaïus ibid.* § 216 ; *Ulp. loc. cit.*, § 6). Comme dans le legs *per vindicationem*, la propriété de l'objet légué était directement transmise au légataire auquel était conférée en conséquence l'action réelle. Une grande controverse s'était élevée entre les Sabiniens et les Proculéiens sur le point de savoir quel était l'effet de ce legs, et à qui on pouvait le faire. Les premiers argumentant de la syllabe *præ* qui précède le mot *præcipere*, enseignaient que ce legs ne pouvait être fait qu'à l'un des héritiers institués ; car les héritiers seuls partagent et par conséquent ont le droit de prendre avant partage ou par préciput. Ils n'accordaient donc au légataire que l'action en partage appelée *familiæ eriscundæ*. Les Proculéiens, laissant là la syllabe *præ*, pensaient au contraire que ce legs pouvait être fait à des personnes non héritières, à l'égard desquelles il ne différait aucunement du legs *per vindicationem* (*Gaïus, ibid.*, § 216 à 223). Telles étaient les différences que l'ancienne législation avait introduites dans les legs. Voyons comment elles s'évanouirent peu à peu. Le sénatus-consulte Néronien leur porta le premier coup. D'après ce sénatus-consulte, un legs qui ne pouvait valoir *per vindicationem*, comme lorsqu'on avait légué la chose d'autrui, avait son effet *per damnationem*. Puis vinrent les constitutions des empereurs, qui effacèrent de plus en plus toute différence entre les legs, ainsi que nous l'allons voir :

....Sed ex constitutionibus *divorum principum* solemnitas hujus modi verborum penitus sublata est....

Divorum principum. Ce sont les constitutions des empereurs Constantin et Constance (*L. 21, Cod. de legat.*). Mais c'était plutôt la nécessité d'employer des formules spéciales que l'on retranchait ; car long-temps encore on considéra comme faite *per vindicationem* toute disposition dans laquelle le testateur avait montré l'intention de transférer directement la propriété, et *per damnationem*, toute disposition qui soumettait l'héritier à une obligation quelconque. Justinien est donc celui qui a véritablement supprimé toute différence entre les legs, et les a réduits désormais à une seule espèce :

.....*Nostra autem constitutio,* quam cum magna fecimus

lucubratione, defunctorum voluntates validiores esse cupientes, et non verbis sed voluntatibus eorum faventes, disposuit ut omnibus legatis una sit natura, et quibuscumque verbis aliquid derelictum sit, liceat legatariis id persequi, non solum per actiones personales, sed etiam per in rem et per hypothecariam. Cujus constitutionis perpensum modum ex ipsius tenore perfectissime accipere possibile est.

Ainsi, aux yeux de Justinien, tous les legs procédant également de la volonté du testateur, le légataire doit avoir à sa disposition tous les moyens propres à contraindre l'héritier d'exécuter sincèrement les clauses du testament, et cela indépendamment des expressions dans lesquelles elles sont conçues. Aussi le légataire pourra-t-il employer contre lui soit l'action personnelle, dans tous les cas où, comme autrefois dans le legs *per damnationem*, l'héritier serait obligé de donner quelque chose au légataire, ou de faire quelque chose pour lui; soit l'action réelle, dans tous les cas où la propriété de la chose léguée serait par le testament directement transmise au légataire, comme elle l'était dans l'ancien droit, par les legs *per vindicationem* et *per præceptiorem*. Enfin le droit d'hypothèque que les légataires auront désormais sur tous les biens du défunt, donnera naissance en leur faveur à une autre action réelle, appelée *hypothecaire* ou *quasi-servienne*.

Nostra autem constitutio. Cette constitution est la loi 1 au Code, *communia de legatis*.

— Dans le paragraphe suivant, nous voyons que Justinien, non content d'assimiler les legs entre eux, les rend en tous points semblables aux fidéicommis.

§ 3.

Sed non usque ad eam constitutionem standum esse existimavimus. Cum enim antiquitatem invenimus legata quidem stricte concludentem, fideicommissis autem quæ ex voluntate magis descendebant defunctorum, pinguiorem naturam indulgentem : necessarium esse duximus omnia legata fideicommissis exæquare, ut nulla sit inter ea differentia; sed quod deest legatis, hoc repleatur ex natura fideicommissorum, et si quid amplius est in legatis, per hoc crescat fideicommissorum natura....

Toutefois il reste encore cette différence entre les legs et les fidéicommis, que les premiers sont faits en termes directs et impératifs, au lieu que les seconds ne parviennent à la personne désignée, pour ainsi dire, qu'obliquement et par le ministère d'un tiers (*Vinn. hoc text.*). De plus quelqu'un qui meurt intestat peut disposer valablement par fidéicommis (*infr.* § 10, *de fideicom. hered.*), au lieu qu'il n'y a point de legs valable, s'il n'y a point de testament, ou tout au moins de codicille confirmé par testament (*infr. eod.* §⁰ ; *Gaïus*, 2 *Inst.* § 270 ; *Ulp.* 25 *reg.*, § 8).

Division.

....Sed ne in primis legum cunabulis permixte de his exponendo, studiosis adolescentibus quamdam introduceremus difficultatem, operæ pretium esse duximus interim separatim prius de legatis et postea de fideicommissis tractare, ut natura utriusque juris cognita facile possint permixtionem eorum eruditi subtilioribus auribus accipere.

En suivant la division que Justinien établit ici lui-même, nous nous occuperons d'abord avec lui des legs dont nous allons continuer à commenter le titre, en le partageant en autant de sections que nous l'avons annoncé.

SECTION PREMIÈRE. —— *De quelle manière, et à qui un legs peut-il être fait?*

1⁰ *De quelle manière un legs peut-il être fait?* Justinien a modifié sur trois points importants les dispositions de l'ancienne législation relativement à la manière dont les legs pouvaient être faits, et ces modifications sont la conséquence surtout de son grand désir de rendre les legs en tous points semblables aux fidéicommis. Ces divers changements sont contenus dans les paragraphes 34, 35 et 36.

§ 34.

Ante heredis institutionem inutiliter antea legabatur: scilicet, quia testamenta vim ex institutione heredum accipiunt, et ob id veluti caput atque fundamentum intelligitur totius testamenti heredis institutio. Pari ratione nec libertas ante heredis institutionem dari poterat....

On voit combien était rigoureuse la nullité prononcée par la loi ancienne, puisque l'affranchissement qui doit être considéré avec tant de faveur, ne trouvait même pas grâce devant elle, s'il avait été écrit avant l'institution d'héritier. C'est à peine si on osait soutenir qu'il fallait admettre une exception en faveur de la tutelle testamentaire (*voyez page* 93); cette opinion des Proculéiens était vivement combattue par leurs adversaires. La force et l'effet du testament ne commençaient donc pour les legs qu'après l'institution (*Ulp. 24 reg.*, § 15; *Gaïus*, *2 Inst.*, § 229 *et* 230; *Paul. 3 sent. tit.* VI, § 2); mais il n'en était pas de même pour les fidéicommis qui pouvaient être indistinctement faits avant ou après l'institution d'héritier, dans un codicille, et même *ab intestat* (*Ulp. 25 reg.* § 8; *Gaïus*, *loc. cit.*, § 270). Justinien, qui voulait assimiler les legs aux fidéicommis, ne pouvait donc laisser subsister cette différence entre eux ; d'ailleurs cette nécessité de s'assujettir à un ordre d'écriture lui paraissait avec raison être une subtile inutilité; aussi s'est-il empressé d'effacer toutes ces ambiguités par sa constitution qui est la loi 24, au Code *de testamentis*.

....Sed quia incivile esse putavimus, ordinem quidem scripturæ sequi, quod et ipsi antiquitati vituperandum fuerat visum, sperni autem testatoris voluntatem, per nostram constitutionem et hoc vitium emendavimus : ut liceat et ante heredis institutionem, et inter medias heredum institutiones, legatum relinquere, et multo magis libertatem cujus usus favorabilior est.

— L'ancienne jurisprudence défendait également de différer l'exécution d'un legs jusqu'après la mort, ou jusqu'au jour qui précèderait la mort de l'héritier ou du légataire.

§ 35.

Post mortem quoque heredis aut legatarii simili modo inutiliter legabatur : veluti si quis ita dicat: CUM HERES MEUS MORTUUS ERIT, DO LEGO. Item, pridie quam heres aut legatarius morietur....

Le legs est une espèce de donation qui doit être acquittée par l'héritier (*ab herede præstanda*), disent les anciennes définitions. A l'héritier seul est donc imposée l'obligation d'en consentir l'exécution. Or, ici ce ne serait plus sur l'héritier, mais sur son successeur, que cette obligation reposerait. Il était donc à craindre que le legs ne parût être exécuté par le successeur de l'héritier, plutôt que par l'héritier lui-même, et c'était là ce qui avait fait proscrire ces sortes de dispositions : *ne ab heredis herede legari videatur* (*Ulp. 24 reg.*, § 16).

Un autre motif rendait inutile le legs dont l'exécution avait été différée jusqu'après la mort, ou jusqu'au jour qui précèderait la mort du légataire; c'est que le legs n'existait véritablement pas, puisque le légataire ne pouvait en demander la délivrance; or, il était de principe qu'une obligation qui n'avait point commencé dans le défunt à son profit ni contre lui, ne donnait naissance à aucune action en faveur de la personne de son héritier ni contre elle (*Theoph. h. text.*; *Vinn. hic*). Cette raison pouvait aussi être donnée pour le cas précédent.

Mais remarquez qu'on pouvait très bien prendre pour terme la mort de l'héritier, et même celle de son successeur : *cum heres morietur* (*Ulp. eod. loc.*; *Paul, 3 sent. tit.* VI, § 6).

Cette nouvelle différence entre les fidéicommis et les legs devait également disparaître; et en effet elle a été supprimée par Justinien, ainsi que nous le voyons dans la suite de notre paragraphe.

....Sed simili modo et hoc correximus, firmitatem hujusmodi legatis ad fideicommissorum similitudinem præstantes; ne vel hoc casu deterior causa legatorum quam fideicommissorum inveniatur.

§ 36.

Pœnæ quoque nomine inutiliter legabatur et adimebatur, vel transferebatur. Pœnæ autem nomine legari videtur quod coercendi heredis causa relinquitur, quo magis aliquid faciat aut non faciat, veluti si quis ita scripserit : HERES MEUS, SI FILIAM SUAM IN MATRIMONIUM TITIO COLLOCAVERIT, vel ex diverso SI NON COLLOCAVERIT, DATO DECEM AUREOS SEIO; aut si ita scripserit : HERES MEUS, SI SERVUM STICHUM ALIENAVERIT, vel ex diverso SI NON ALIENAVERIT, TITIO DECEM AUREOS DATO. Et in tantum hæc regula observabatur, ut quampluribus principalibus constitutionibus significetur, nec principem quidem agnoscere quod ei pœnæ nomine legatum sit. Nec ex militis quidem testamento talia legata valebant, quamvis aliæ militum voluntates in ordinandis testamentis valde observabantur. Quin etiam nec libertatem pœnæ nomine dari posse placebat. Eo amplius nec heredem pœnæ nomine adjici posse Sabinus existimabat : veluti si quis ita dicat : TITIUS HERES ESTO; SI TITIUS FILIAM SUAM SEIO IN MATRIMONIUM COLLOCAVERIT, SEIUS QUOQUE HERES ESTO. Nihil enim intererat, qua ratione

Titius coerceretur, utrum legati datione an coheredis adjectione....

Un legs à titre de peine (*nomine pœnœ*) est donc celui qui, dans le but de contraindre l'héritier ou le légataire à faire ou à ne pas faire quelque chose, assure les intentions du testateur en punissant leur inexécution , soit par une amende, soit par la révocation ou le transport à un autre de l'institution ou du legs, soit enfin par l'adjonction d'un héritier ou d'un légataire qui devait être admis au partage du legs ou de l'hérédité. Sous l'empire de la loi des Douze-Tables , de semblables dispositions pouvaient être permises, mais, depuis Antonin surtout, elles furent si rigoureusement proscrites qu'elles n'étaient valables, ni à l'égard du prince, ni dans un testament militaire, ni lorsqu'elles avaient pour objet la liberté (*h. text.*). C'était sans doute parce que l'exécution ou l'inexécution d'un legs ne doit pas, en principe, dépendre de la volonté de l'héritier (*L.* 43, § 2 , *ff. de legat.* 1º), ou plutôt parce que le testateur, en faisant un legs, ne doit être mû que par un sentiment de bienveillance pour le légataire, et non point disposer en haine de celui qu'il a jugé à propos d'instituer son héritier (*Theoph. h. text.*). Sous Justinien, on peut disposer à titre de peine; mais ce n'est plus dans le dessein d'assimiler les legs aux fidéicommis, qu'il fait cette innovation (*Ulp.* 25 *reg.*, § 13); car les fidéicommis pas plus que les legs ne pouvaient être faits avant lui *nomine pœnœ* ; mais parce que tout cela lui a paru être autant de scrupules qui empêchaient que les dernières volontés n'eussent tout l'effet qu'elles devaient avoir :

....Sed hujusmodi scrupulositas nobis non placuit, et generaliter ea quæ relinquuntur, licet pœnæ nomine fuerint relicta vel adempta vel in alios translata, nihil distare a cæteris legatis constituimus, vel in dando, vel in adimendo, vel in transferendo : exceptis videlicet iis quæ impossibilia sunt, vel legibus interdicta aut alias probrosa. Hujus modi enim testamentorum dispositiones valere, secta meorum temporum non patitur.

2º *A qui un legs peut-il être fait?* La règle générale est contenue dans le paragraphe 24 de ce titre.

§ 24.

Legari autem illis solis potest, cum quibus testamenti factio est.

Ceux qui peuvent être légataires sont donc tous ceux qui pourraient être institués (*Ulp.* 22 *reg.*, § 1). Rappelons ici ce que nous avons déjà dit plus haut (*voyez page* 233) , que la faction passive de testament, qui est suffisante pour qu'on puisse être l'objet d'un legs, n'est pas autre chose que la faculté d'acquérir, pour soi ou pour ceux dont on dépend, l'hérédité d'autrui, que l'on ait ou que l'on n'ait pas soi-même le droit de tester (*supr.* § 4, *de hered. qual. et diff.*). Chez les Romains, il n'y avait que les *peregrini* et les déportés qui fussent privés de la faction de testament (*Ulp. loc. cit.*, § 2 *et* 3). La loi *Voconia* rendait les femmes inhabiles à recevoir au-delà d'une certaine valeur ; les lois *Julia* et *Papia Poppæa* frappaient aussi d'une incapacité partielle les célibataires d'un certain âge , et les individus mariés privés de postérité ; mais toutes ces exceptions ont été supprimées (1). Toutefois, *quoniam certum consilium debet esse testantis* (*Ulp. ibid.* § 4), la loi ancienne ne reconnaissait point la validité des dispositions testamentaires faites en faveur de certaines personnes. C'étaient les personnes incertaines, c'est-à-dire, celles de l'existence desquelles on n'a qu'une idée vague, et les posthumes externes qui d'ailleurs étaient considérés comme personnes incertaines.

<h2 style="text-align:center">§ 25.</h2>

Incertis vero personis neque legata neque fideicommissa olim relinqui concessum erat; nam ne miles quidem incertæ personæ poterat relinquere , ut divus Hadrianus rescripsit. Incerta autem persona videbatur quam incerta opinione animo suo testator subjiciebat : veluti si quis ita dicat : Quicumque filio filiam suam in matrimonium dederit, ei heres meus illum fundum dato. Illud quoque quod iis relinquebatur, qui post testamentum scriptum primi consules designati erunt, æque incertæ personæ legari videbatur; et denique multæ aliæ ejus modi species sunt. Libertas quoque incertæ personæ non videbatur posse dari, quia placebat *nominatim servos liberari....*

Incertis vero personis. Les prohibitions de la loi ancienne à l'égard des personnes incertaines étaient bien rigoureuses, puisqu'on ne validait point les dispositions de cette nature , faites dans un testament militaire , ou qui auraient eu pour objet la liberté. Malgré cette sévérité, on ratifiait les legs faits aux pauvres (*L.* 24, *Cod. de episc. et cler.*), aux villes (*L.* 122, *pr. ff. de legat.* 1º) , aux corporations et collèges autorisés (*L.* 12, *Cod. de hered. inst.*).

(1) On les a remplacées par d'autres. Théodose (*L.* 4 *et* 5, *Cod. de hæret.*) et Justinien (*L.* 22, *Cod.*, *eod. tit.*) déclarent les hérétiques incapables de rien recevoir, soit par institution d'héritier, soit par legs ou fidéicommis, même en vertu des testaments militaires (*M. Ducaurroy*, nº 749, *in fine*).

Nominatim servos liberari. Et cela en vertu de la loi *Fusia Caninia*, abrogée, comme on le sait, par Justinien (*supr. de leg. Fus. Can. toll.*; *voyez page* 35). — Notre texte nous a défini la personne incertaine. n'était pas comprise sous cette dénomination, une personne que le testateur aurait eue pour ainsi dire en vue, par la désignation d'une classe limitée, dans laquelle elle se trouve actuellement comprise (*sub certa vero demonstratione*), comme si, par exemple, il avait légué à une personne incertaine entre plusieurs personnes certaines (*ex certis personis incertæ personæ*). Le legs fait à cette personne eût été valable.

….Sub certa vero demonstratione, id est, ex certis personis incertæ personæ recte legabatur : veluti : Ex cognatis meis qui nunc sunt, si quis filiam meam uxorem duxerit, ei heres meus illam rem dato….

— Ce paragraphe se termine par une remarque qu'il est assez important de faire : c'est que les legs et fidéicommis acquittés par erreur envers une personne incertaine, ne pouvaient plus, en vertu des constitutions des empereurs, être répétés.

….Incertis autem personis legata vel fideicommissa relicta, et per errorem soluta, repeti non posse sacris constitutionibus cautum erat.

La raison en est que, s'il n'y a pas obligation civile, il y a au moins obligation naturelle, qui suffit pour empêcher qu'on ne puisse redemander ce dont on a cru devoir s'acquitter (*L*. 13 et 19, *ff. de cond. ind.*; *L*. 10, *ff. de oblig. et act.*). — Arrivons maintenant aux posthumes externes, qui, on le sait, étaient mis au nombre des personnes incertaines (*Gaïus*, 2, *Inst.* § 241).

§ 26.

Posthumo quoque alieno inutiliter legabatur. Est autem alienus posthumus, qui natus inter suos heredes testatori futurus non est. Ideoque ex emancipato filio conceptus nepos, extraneus erat posthumus avo.

Les posthumes externes ne pouvaient donc autrefois être légataires; mais était-il licite de les instituer héritiers? Pour résoudre cette question, il faut transcrire de suite le paragraphe 28 sur lequel nous aurons à donner quelques explications.

§ 28.

Posthumus autem alienus heres institui *et antea poterat* et nunc potest; nisi in utero ejus sit, quæ jure nostro *uxor esse non potest*.

Et antea poterat. Cependant nous avons dit qu'autrefois il était de principe que ceux qui n'étaient pas habiles à recevoir un legs, ne pouvaient être également, et même à plus forte raison, l'objet d'une institution. Gaïus affirme en conséquence que l'institution d'un posthume étranger était inutile (2 *Inst.*, § 242), et Justinien lui-même est obligé plus tard d'en convenir (*infr. pr. de bon. poss.*). Pourquoi donc énoncer ici que leur institution était valable anciennement, comme elle l'est depuis sa constitution? Il faut distinguer. Il est bien vrai que le droit civil n'admettait point la validité de leur institution ; mais le droit prétorien, lorsque cette institution avait été faite, leur accordait la possession de biens *secundum tabulas* (*infr. pr.*, *eod. tit.*).

Uxor esse non potest. Ainsi, même depuis la constitution de Justinien, le posthume dont la mère enceinte des œuvres du testateur n'aurait pu devenir son épouse, ne pouvait être institué par lui.

— Tel était, sauf ce que nous venons de dire en dernier lieu, l'état de la législation ancienne relativement aux posthumes et aux personnes incertaines, lorsque Justinien crut devoir, dans une constitution qu'il rappelle et qui ne nous est pas parvenue, permettre généralement d'instituer toutes les personnes incertaines, et de disposer en leur faveur à titre de legs ou de fidéicommis.

§ 27.

Sed nec hujus modi species penitus est sine justa emendatione relicta; cum in nostro codice constitutio posita est, per quam et huic parti medemur non solum in hereditatibus, sed etiam in legatis et fideicommissis : quod evidenter ex ipsius constitutionis lectione clarescit....

Toutefois il est un point sur lequel il maintient expressément les prohibitions de la loi ancienne; et, comme par le passé, la tutelle déférée par testament à une personne incertaine n'aura aucune espèce d'effet. Le choix d'un tuteur est en effet une chose trop importante, un devoir trop sacré pour le père, pour que celui-ci se permette de désigner vaguement et sans être bien sûr de sa vertu et de sa probité, la personne qui devra continuer l'éducation de ses enfants et le remplacer dans la surveillance de leurs intérêts.

....Tutor autem nec per nostram constitutionem incertus dari debet, quia certo judicio debet quis pro tutela suæ posteritati cavere.

Questions. 1° En partant du principe qu'il ne doit point y avoir de doute sur la personne que le testateur a eu l'intention de désigner pour que la libéralité testamentaire dont elle est l'objet puisse lui parvenir, qu'arriverait-il si dans le testament il y avait erreur sur les noms, prénoms, surnoms du légataire? Le legs serait-il nul ou devrait-il avoir son effet? Il serait nul, si l'erreur était de nature à rendre complètement incertain le choix du testateur; mais il serait valable, si d'ailleurs il était évident qu'il n'a pu vouloir disposer qu'en faveur de telle personne (*si de persona constat*).

§ 29.

Si quis in nomine, cognomine, prænomine *legatarii* erraverit, si de persona constat, nihilominus valet legatum. Idemque in heredibus servatur, et recte. Nomina enim significandorum hominum gratia reperta sunt : qui si alio quolibet modo intelligantur, nihil interest.

Legatarii. Il en serait de même, si le testateur, ayant voulu évidemment léguer le fonds Cornélien, par exemple, avait écrit le fonds Sempronien (*L. 4, pr. ff. de legat.* 1o); le legs serait valable toujours en raisonnant dans cette hypothèse, que les circonstances seraient là pour établir clairement les intentions du testateur (*si de fundo constat*).

2o Que déciderait-on, s'il y avait erreur dans la désignation de l'objet légué?

§ 30.

Huic proxima est illa juris regula, falsa demonstratione legatum non perimi : veluti si quis ita legaverit Stichum servum meum vernam do logo; licet enim non verna, sed emptus sit, si de servo tamen constat, utile est legatum. Et convenienter si ita demonstraverit, Stichum servum quem a Seio emi, sitque ab alio emptus, utile est legatum si de servo constat.

On voit que la décision de ce paragraphe est la même que celle du paragraphe précédent. Toute la question consiste en effet à savoir s'il est possible, ou non, de reconnaître d'une manière certaine quel est l'objet du legs. Toutefois il ne faut point confondre la *démonstration* d'un objet avec sa *détermination*. Dans le premier cas, l'erreur peut ne pas préjudicier au légataire; dans le second, au contraire, le testateur a spécifié, et alors il faut rigoureusement accepter les termes de sa disposition : Je lègue à Titius les mille solides qui sont dans cette cassette, ne veut pas dire : je lègue mille solides à Titius. Celui-ci n'aura droit qu'aux mille solides qui sont renfermés dans la cassette, et s'ils n'y sont plus au moment où il devra profiter du legs, le legs sera nul comme ayant pour objet une chose qui n'existe pas (*L*. 51 *et* 108, § 40, *ff*. [de legat. 1o]. Léguer un vêtement, n'est pas non plus léguer un meuble en général; si le vêtement n'existe plus, on ne pourra pas le remplacer par un autre objet mobilier (*L*. 4, *pr. ff.*, *eod. tit.*; *L*. 7, § 2, *ff. de supell. leg.*). Il serait facile sur ce point de multiplier les exemples, mais ceux-ci suffiront probablement, et nous passerons à l'examen d'une autre question.

3o *Quid* si le testateur avait fait une disposition en la motivant sur une cause qui n'existe réellement pas?

§ 31.

Longe magis legato *falsa causa non nocet* : veluti cum quis ita dixerit : Titio quia me absente negotia mea curavit, Stichum do lego; vel ita : Titio, quia patrocinio ejus capitali crimine liberatus sum, Stichum do lego. Licet enim neque negotia testatoris unquam gessit Titius, neque patrocinio ejus liberatus est, legatum tamen valet. Sed si conditionaliter enunciata fuerit causa, aliud juris est : veluti hoc modo : Titio, si negotia mea curavit, fundum do lego.

Il est facile de trouver la raison pour laquelle un legs motivé sur une fausse cause n'est pas nul, s'il est pur et simple, tandis qu'il n'a aucune espèce d'effet, s'il est conditionnel. Dans la première hypothèse, rien ne force le testateur à faire connaître les véritables motifs de sa libéralité, qui d'ailleurs n'a pas besoin d'avoir d'autre principe que sa bienveillance envers le légataire (*L*. 72, § 6, *ff. de cond. et dem.*); dans la seconde, au contraire, il indique clairement qu'il n'aurait pas disposé si le fait n'avait pas existé. Le testateur pourrait même dire : Je lègue Stichus à Titius si Titius gère mes affaires ; ce serait alors une obligation imposée à Titius, un *mode* de son legs, qui différeront de la condition en ce que celle-ci suspendrait jusqu'à son événement l'exécution du legs, au lieu que le mode n'impose au légataire que l'obligation d'exécuter la chose qui est la charge du legs. Le légataire pourra donc réclamer le legs qui lui a été fait ; mais il devra donner caution de l'accomplissement de l'obligation dont ce legs

est grevé. Cette caution se nomme caution *mutienne* (*L.* 7, *pr.* *ff.* *de cond.
et dem.*). En cas d'inexécution, le légataire est tenu de restituer à l'héritier ce qu'il a reçu (*L.* 79, § 2, *ff. eod. tit.*). Remarquons toutefois que le
légataire ne serait pas obligé d'exécuter ce qui est impossible ou simplement restrictif d'un droit qu'il n'est pas permis au testateur de lui enlever.
Telle serait, par exemple, la défense de passer par tel endroit, ou de ne
jamais monter au Capitole (*dict. leg.* 7).

Falsa causa non nocet. Quelquefois cependant le légataire pourrait
perdre son legs, si l'héritier venait à établir clairement que le testateur
n'aurait certainement pas légué, s'il n'avait pas cru le fait vrai (*L.* 78, § 6,
ff. eod. tit.). Mais ce cas est extrêmement rare.

4° Le legs fait à l'esclave de l'héritier serait-il valable? La décision de
cette question repose sur ce principe, que l'esclave acquérant nécessairement pour le maître en la puissance duquel il se trouve, ce maître serait
en définitive chargé de se payer un legs à lui-même ; or, la qualité de
créancier et de débiteur sont absolument incompatibles dans une même
personne. Par conséquent, le legs fait à l'esclave de l'héritier, n'aurait
aucune espèce d'effet. Il ne faut cependant admettre cette solution qu'avec
la distinction que contient le paragraphe 32.

§ 32.

An servo heredis recte legamus, quæritur. Et *constat pure
inutiliter legari*, nec quidquam proficere, si vivo testatore de
potestate heredis exierit; quia quod inutile foret legatum, si
statim post factum testamentum decessisset testator, non hoc
ideo debet valere quia diutius testator vixerit. Sub conditione
vero recte legatur, ut requiramus an, quo tempore dies legati
cedit, in potestate heredis non sit.

Ou distingue donc entre le legs fait à l'esclave purement et simplement,
et celui qui lui est fait conditionnellement, c'est-à-dire, dans la prévision qu'à l'époque où le legs pourra avoir son effet, l'esclave sera sorti
de la puissance de son maître. Dans le premier cas, le legs sera toujours
nul, quoique pendant le temps que le testateur a continué à vivre, l'esclave ait été affranchi. On se souvient, en effet, que la règle catonienne
que rappelle notre texte, n'admettait point la validité d'un acte qui, nul
dans le principe, n'aurait pour suppléer à ce qui lui manque de force,
que l'effet du temps ou des circonstances. Mais si le testateur a prévu
précisément que l'incapacité de l'esclave pourrait ne plus exister au moment où le legs s'ouvre (*quo tempore dies legati cedit*), et qu'il ait disposé
en sa faveur sous l'influence de cette pensée, c'est comme s'il avait dit : Je
fais l'esclave mon légataire, s'il se trouve libre au moment de ma mort ;

ce n'est plus alors qu'une condition, et celle-ci étant réalisée, rien ne met plus obstacle à l'effet du legs.

Constat pure inutiliter legari. En vertu du même principe, que nul ne peut rien se devoir à soi-même, le legs fait à l'héritier qu'on aurait seul institué, serait nul (*Ulp. 24 reg.*, § 22); il en serait autrement, s'il y avait plusieurs héritiers; le legs fait à l'un d'eux, nul pour sa part, se prendrait sur la portion des autres (*L.* 34, § 11 *et* 12; *L.* 104, § 3 *et* 5, *ff. de legat. 1*o).

— En sens inverse, que déciderait-on si, l'esclave institué héritier, un legs avait été fait à son maître ?

<h2 style="text-align:center">§ 33.</h2>

Ex diverso, herede instituto servo, quin domino recte etiam sine conditione legetur, non dubitatur. Nam et si statim post factum testamentum decesserit testator, non tamen apud eum qui heres sit, dies legati cedere intelligitur; cum hereditas a legato separata sit, et possit per eum servum alius heres effici, si prius quam jussu domini adeat, in alterius potestatem translatus sit, vel manumissus ipse heres efficitur : quibus casibus utile est legatum. Quod si in eadem causa permanserit, et jussu legatarii adierit, evanescit legatum.

Ainsi, la décision doit être la même que celle du paragraphe précédent, si l'esclave institué fait addition par l'ordre de son maître légataire. C'est toujours en effet le même principe. Seulement il était permis de prévoir qu'au jour de l'adition, l'esclave serait ou affranchi, ou sous la puissance d'un maître nouveau; et comme dans ces deux cas l'hérédité ne serait plus acquise à l'ancien maître par l'adition de l'esclave, rien ne s'opposerait plus à ce que la libéralité dont le maître a été l'objet reçoive son entier effet. Le legs, en effet, est quelque chose de parfaitement distinct de l'hérédité (*cum hereditas a legato separata sit*) ; il est ouvert immédiatement après la mort du testateur, et le légataire peut le recueillir avant l'adition : celle-ci au contraire peut être suspendue pendant un temps plus ou moins long, surtout lorsque pour la faire on est obligé de prendre l'ordre d'un maître. Si l'on suppose maintenant que l'esclave a changé de condition dans cet intervalle, il est évident que le même individu ne sera pas simultanément héritier par son esclave, et légataire de son chef; dès lors, que le legs soit pur et simple, ou sous condition, les qualités de débiteur et de créancier ne se réunissent pas dans le même individu, et par conséquent le legs sera valable.

SECTION DEUXIÈME. — *Quelles sont les choses que l'on peut léguer.*

Toutes les choses corporelles et incorporelles peuvent être l'objet d'un legs.

§ 21.

Tam autem corporales res legari possunt, quam incorporales....

— On permet aussi de léguer les choses qui ne sont pas encore dans la nature, lors toutefois que leur existence future est possible :

§ 7.

Ea quoque res quæ in rerum natura non est, si modo futura est, recte legatur : veluti fructus qui in illo fundo nati erunt, aut quod ex ancilla natum erit.

— Maintenant, parmi les choses existantes, les dispositions d'un testament peuvent concerner cinq espèces de choses : 1o les choses qui sont la propriété du testateur ; 2o celles qui sont à l'héritier ; 3o celles qui appartiennent à des tiers ; 4o celles qui sont la propriété du légataire ; 5o les choses qui sont hors du commerce.

1o *Des choses qui sont la propriété du testateur.* Elles peuvent être de sa part l'objet d'une disposition aussi étendue que possible : il peut conférer au légataire sur ces choses les droits de propriété les plus absolus, ou le restreindre à son gré dans ces mêmes droits.

Question. Qu'arriverait-il, si le testateur ayant légué sa chose, l'avait ensuite aliénée ? Devrait-on considérer le legs comme révoqué ?

§ 12.

Si rem suam legaverit testator, posteaque eam alienaverit, Celsus existimat, si non adimendi animo vendidit, nihilominus deberi ; idemque divi Severus et Antoninus rescripserunt. Iidem rescripserunt eum qui, post testamentum factum, prædia quæ legata erant, pignori dedit, ademisse legatum non videri ; et ideo legatarium cum herede agere posse, ut prædia a creditore luantur. Si vero quis partem rei legatæ alienaverit, pars quæ non est alienata, omnimodo debetur; pars autem alienata ita debetur, si non adimendi animo alienata sit.

Pour l'appréciation de cette question, il faut donc se demander si le testateur a eu, ou non, l'intention d'enlever au légataire ce qu'il lui avait donné; car, il n'y a que le changement de volonté qui révoque, et, sous le droit de Justinien, une aliénation n'est pas en général suffisante pour constater ce changement de volonté. Mais comment pourra-t-on diriger sainement son appréciation? Ce sera en examinant s'il y avait ou non, pour le testateur, nécessité de consentir l'aliénation. Dans le premier cas, on suppose qu'il n'a cédé qu'à un besoin urgent (*L*. 11, § 12, *ff. de legat.* 1o), et le legs demeure valable. C'est par cette raison que notre texte décide que le legs de la chose, donnée depuis en gage, continuera de valoir, parce que le gage ne se conçoit bien que dans un cas de pressante nécessité. Aussi déclare-t-on que le légataire pourra contraindre l'héritier à retirer la chose des mains du créancier gagiste. Si au contraire le testateur avait aliéné à titre de donation (*L*. 18, *ff. de adim. legat.*), par exemple, et postérieurement à son legs ce qui en était l'objet, dans ce cas, comme il n'y avait aucune espèce d'obligation pour lui, on admettrait facilement qu'il a changé de volonté, et le legs pourrait être révoqué. Ce que nous venons de dire s'applique absolument à l'aliénation d'une partie seulement de la chose, en faisant observer toutefois avec notre texte que l'autre partie non aliénée resterait due. Remarquez aussi que la volonté du testateur une fois bien constatée, le legs ne revivrait point malgré la nullité de la donation, ou le rachat de la chose aliénée (*L*. 15 et 24, § 1, *ff. eod. tit.*).

2o *Des choses qui sont à l'héritier.* Le testateur peut en disposer comme des choses qui lui appartiennent, et avec la même étendue. Si l'héritier pense qu'il est soumis par là à des conditions et à des charges trop onéreuses, il est libre de ne pas accepter les avantages qui lui sont faits en compensation.

3o *Des choses qui appartiennent à autrui.* Le testateur peut également les léguer; et alors l'obligation sera imposée à l'héritier de les acquérir pour les livrer au légataire, ou bien d'en payer à celui-ci l'estimation, si le tiers possesseur ne veut pas se dessaisir de sa propriété:

§ 4.

Non solum autem testatoris vel heredis res, *sed etiam aliena* legari potest, ita ut heres cogatur redimere eam et præstare; vel, si non potest redimere, æstimationem ejus dare....

Sed etiam aliena. Etiam si difficilis ejus paratio sit (*L.* 39 , § 7, *ff. de legat.* 1o). Toutefois il ne faut accepter ce paragraphe qu'avec la modification que contient sa suite. Il est en effet assez dur pour l'héritier d'être contraint de consacrer une somme d'argent à l'acquisition d'une chose qu'on lui fera payer peut-être fort cher, à cause de l'obligation qui pèse sur lui. Aussi ne présume-t-on jamais à cet égard les intentions du testateur ; il faut qu'elles soient nettement exprimées, et s'il n'avait pas agi en pleine connaissance de cause, si, par exemple, il avait ignoré que la chose fût à autrui, le legs ne serait point maintenu, parce que dans le cas contraire le testateur n'aurait peut-être pas fait la même disposition : ce sera donc au légataire à prouver que le défunt avait disposé, sachant très bien ce qu'il faisait : *quia semper necessitas probandi incumbit illi qui agit.*

....Quod autem diximus alienam rem posse legari, ita intelligendum est, si defunctus sciebat alienam rem esse, non et si ignorabat; forsitan enim si scisset alienam, non legasset. Et ita divus Pius rescripsit; et verius esse, ipsum qui agit, id est legatarium, probare oportere scisse alienam rem legare defunctum, non heredem probare oportere ignorasse alienam : quia semper necessitas probandi incumbit illi qui agit.

Questions. 1o En sens inverse, que deviendrait le legs, si le testateur avait légué une chose qu'il croyait à autrui et qui lui appartenait ?

§ 11.

Si quis rem suam quasi alienam legaverit, valet legatum : nam plus valet quod in veritate est, quam quod in opinione....

Dans l'hypothèse précédente, il faudrait dire au contraire : *Plus valet quod in opinione est quam quod in veritate* (*L.* 15 et 16, *ff. de adq. vel omitt.*)

2o Nous venons de voir que le legs de la chose étrangère obligeait l'héritier de l'acquérir pour la livrer au légataire, ou d'en payer à celui-ci l'estimation (*supr.* § 4). Si la chose léguée était simplement hypothéquée à autrui, qui devrait la dégager de l'héritier ou du légataire ?

§ 5.

Sed et si rem obligatam creditori aliquis legaverit, necesse habet heres luere. Et hoc quoque casu idem placet, quod in re aliena : ut ita demum luere necesse habeat heres, si scie-

41

bat defunctus rem obligatam esse; et ita divi Severus et Antoninus rescripserunt. Si tamen defunctus voluit legatarium
luere, et hoc expressit, non debet heres eam luere.

Il est de principe cependant que la chose léguée doit être livrée telle
qu'elle est (*arg. ex leg.* 69, § 3 , *ff. de legat.* 1o); mais cela n'est vrai qu'à
l'égard des charges perpétuelles, comme les servitudes, et non à l'égard
des charges temporaires, comme une hypothèque. Notre texte déclare
donc qu'un fonds ainsi grevé devra toujours être dégagé par l'héritier, à
moins que le défunt n'ait manifesté l'intention de laisser cette charge au
légataire. Mais il nous avertit expressément qu'il faut établir une distinction semblable à celle que nous avons vu faire pour le legs de la chose
étrangère; c'est-à-dire que l'héritier ne sera obligé au dégrèvement, qu'autant qu'il sera bien certain que le testateur connaissait qu'une hypothèque
était assise sur l'immeuble légué.

4o *Des choses qui sont la propriété du légataire.* En général le legs de ces
choses est nul ; car il est dérisoire de léguer à quelqu'un ce qui lui appartient déjà. L'héritier n'en doit même pas l'estimation ; et il ne devrait pas
non plus la chose ni son estimation , dans le cas où le légataire l'aurait
aliénée.

§ 10.

Sed si rem legatarii quis ei legaverit, inutile est legatum;
quia quod proprium est ipsius, amplius ejus fieri non potest
et licet alienaverit eam, non debetur nec ipsa nec æstimatio
ejus.

Le principe consacré par ce paragraphe ne doit pas être admis cependant sans de grandes distinctions. D'abord si le testateur avait cru seulement que la chose léguée appartenait au légataire, lorsqu'elle était au contraire sa propriété à lui testateur , le legs serait valable :

§ 11.

....Sed et si legatarii putavit , valere constat, quia *exitum
voluntas defuncti* potest habere.

C'est ici surtout le cas de rappeler la maxime que contient la première
partie de ce paragraphe , et que Vinnius (*h. text.*) trouve principalement
applicable à l'espèce qui nous occupe : *Plus valet quod in veritate est ,
quam quod in opinione.*

Exitum voluntas defuncti. La chose en effet étant celle du testateur , il
n'y a rien de plus facile à l'héritier que d'en faire la délivrance au légataire. — Le legs de ce que le légataire doit n'est pas un legs de sa chose.

Telle a été la décision donnée à une question qui avait été long-temps controversée. En effet, on se disait avec quelque apparence de vérité, que jusqu'au paiement la chose due n'appartenait point au créancier, mais qu'elle restait la propriété du débiteur (*L. 1, pr. ff. de liber. legat; L. 27, § 2; L. 34, ff. de aur. arg. legat.*) et sous l'influence de cette pensée, on inclinait à conclure que le legs fait à quelqu'un de ce qu'il devait, n'était point un legs valable. Tous ces doutes ont disparu, lorsqu'on a considéré que le legs ne contenait pas précisément le don de ce qui était dû, mais seulement la remise de l'obligation contractée envers le créancier.

§ 13.

Si quis debitori suo liberationem legaverit, legatum utile est; et neque ab ipso debitore, neque ab herede ejus, potest heres petere, nec ab alio qui heredis loco est. Sed et potest a debitore conveniri, ut liberet eum. Potest autem quis vel ad tempus jubere, ne heres petat.

— Le paragraphe que nous venons de transcrire suppose que le testateur a légué au débiteur sa libération, soit pour toujours, soit pour un temps seulement, lorsqu'il a fixé un délai avant lequel sa créance ne serait point exigible (*vel ad tempus jubere, ne heres petat*). Dans le premier cas, le legs n'a pas pour effet d'éteindre absolument l'obligation du débiteur; elle lui donne seulement une exception contre l'héritier qui voudrait agir. Le débiteur peut même quelque chose de plus; car il lui est licite de s'adresser spontanément à l'héritier et d'obtenir de celui-ci qu'il le décharge tout-à-fait de son obligation (*ut liberet eum*). Dans le second cas, il est évident que l'obligation n'est pas éteinte, puisque le débiteur pourra être contraint d'y satisfaire, après le temps fixé par le testateur; il n'a donc qu'une exception pour se défendre, pendant ce délai, contre les entreprises de l'héritier créancier.

— Mais que déciderait-on, si c'était le débiteur qui eût légué à son créancier ce qu'il lui doit? Le legs serait inutile. Toutefois il ne faut accepter cette décision qu'avec les distinctions que contient le paragraphe 14.

§ 14.

Ex contrario si debitor creditori suo, quod debet, legaverit, inutile est legatum, *si nihil plus est in legato quam in debito*, quia nihil amplius habet per legatum. Quod si in diem vel sub conditione debitum ei pure legaverit, utile est legatum propter repraesentationem. Quod si vivo testatore dies venerit, vel con-

ditio extiterit, Papinianus scripsit utile esse nihilominus legatum, quia semel constitit : quod et verum est. Non enim placuit sententia existimantium extinctum esse legatum, quia in
eam causam pervenit a qua incipere non potest.

Si nihil plus est in legato quam in debito. Pour décider si le legs est inutile ou non, il faut donc examiner s'il ne contient pas plus d'avantages
pour le créancier que ne lui en donnerait sa créance. Or ces avantages
peuvent exister dans un grand nombre de cas. Notre texte en cite plusieurs exemples. Supposez en effet qu'il s'agisse d'une dette qui ne serait
exigible qu'au bout d'un certain temps, ou qu'après l'évènement d'une
condition, il est évident que le créancier retirera quelque utilité du legs
qui lui est fait, et cela *propter repræsentationem* ; c'est-à-dire qu'il lui sera
permis d'agir immédiatement *ex testamento*, sans être obligé d'attendre
le terme ou la réalisation de la condition. — Remarquez la décision de
Papinien que contient la suite du paragraphe. Elle tranche une question
controversée jusqu'à lui, et qui consistait à soutenir que le legs d'une
créance à terme ou conditionnelle était inutile, si le testateur existait encore au moment du terme ou de la réalisation de la condition. Le legs,
disait-on, devait être frappé de nullité, parce qu'il n'aurait pu alors être
fait valablement (*quia in eam causam pervenit a qua incipere non potest*).
Mais Justinien, d'accord avec Papinien, fait cesser pour l'avenir tous les
doutes, en déclarant que le legs est utile, *quia semel consistit.*

— Le mari qui lègue à sa femme sa dot fait un legs valable. Nous allons
en trouver la raison dans le paragraphe 15.

§ 15.

Sed si uxori maritus dotem legaverit, valet legatum, quia
plenius est legatum *quam de dote actio.* Sed si, quam non accepit, dotem legaverit, divi Severus et Antoninus rescripserunt : si quidem simpliciter legaverit, inutile esse legatum ; si
vero certa pecunia vel certum corpus aut instrumentum dotis
in prælegando demonstrata sunt, valere legatum.

Quam de dote actio. Si la femme se servait pour réclamer sa dot de l'action *de dote*, l'héritier pourrait obtenir un délai pour payer, ou bien il
pourrait réclamer le remboursement des dépenses faites pour la conserva-
tion de la chose dotale (*Ulp. reg.* 6, § 9 *et* 10; *L.* 1, § 2 *et* 4, *ff. de dot. præleg.*).
Au contraire en agissant *ex testamento*, rien ne s'oppose plus à la restitution immédiate de sa dot, et on ne peut plus faire aucune réduction préjudiciable à la femme. Le legs de sa dot est donc quelque chose de plus avantageux pour la femme que l'action de dot qui lui appartiendrait; et dès

lors ce legs est valable. On reconnait ici une nouvelle application du principe consacré dans le paragraphe précédent. — Mais quel serait l'effet de la disposition testamentaire par laquelle le mari aurait légué à sa femme la dot qu'il n'aurait point reçue d'elle? Vous voyez la distinction qu'établit notre texte. Si la dot a été léguée purement et simplement, le legs est nul; il est valable, au contraire, si le mari a spécifié dans le legs une somme d'argent ou quelque corps certain, s'il a dit, par exemple: Je lègue à ma femme les cinq cents solides, ou bien les héritages qu'elle m'a apportés en dot. Nous avons vu en effet (*supr.* § 30 *et* 31) qu'une démonstration et une cause fausses ne vicient point un legs, pourvu d'ailleurs, que l'on soit certain de la personne du légataire, et que la chose léguée soit existante et connue du testateur.

Questions. 1º Il est de principe, sauf les exceptions que nous avons examinées, que le legs fait à quelqu'un de la chose qui lui appartient déjà est un legs nul (*supr.* § 10). Qu'arriverait-il si, une chose étrangère ayant été léguée, le légataire était devenu, du vivant même du testateur, propriétaire lui-même de cette chose?

§ 6.

Si res aliena legata fuerit, et ejus vivo testore legatarius dominus factus fuerit: siquidem ex causa emptionis, ex testamento actione pretium consequi potest; si vero ex causa lucrativa, veluti ex causa donationis vel ex alia simili causa, agere non potest: nam traditum est, duas lucrativas causas in eumdem hominem et in eamdem rem concurrere non posse. Hac ratione, si ex duobus testamentis eadem res eidem debeatur, interest utrum rem an æstimationem ex testamento consecutus est: nam si rem, agere non potest, quia habet eam ex causa lucrativa; si æstimationem, agere potest.

Pour la décision de cette question, il faut donc se demander si le légataire a acquis la chose à titre onéreux ou gratuit. Dans le premier cas, il peut agir, c'est-à-dire qu'il peut réclamer de l'héritier la valeur estimative de la chose qu'il possède déjà. L'intention du testateur ne se trouve pas remplie; car il est évident qu'il voulait que le légataire eût la chose; or, c'est comme s'il ne l'avait pas, puisqu'on suppose qu'il l'a payée: *videtur res ei abesse*, dit la loi 14, *pr. ff. de verb. signif.*, dans un cas parfaitement analogue. L'héritier doit donc au légataire au moins un dédommagement. Dans le second cas, ni la chose léguée, ni son estimation n'est due au légataire (*agere non potest*); ici en effet le but du testateur est complètement atteint, quoique cela soit arrivé par une autre voie que par son testament.

Aussi a-t-on émis en principe que deux causes lucratives ne pourraient jamais se cumuler en faveur du même individu, relativement au même objet (*h. text.*; *L.* 21, § 1, *ff. de legat.* 2º). Mais il faut que ce soit la chose que l'on ait reçue gratuitement, et non point seulement son estimation ; car alors la chose pourrait encore être redemandée. La preuve en est dans l'exemple que contient notre paragraphe, lorsqu'il parle d'une chose qui aurait été léguée à quelqu'un par deux testaments différents (*duobus testamentis*).

Si res aliena legata fuerit. Si le testateur avait légué sa propre chose, le légataire ne pourrait l'acquérir, *vivo testatore*, qu'autant que celui-ci l'aliénerait ; et cette aliénation aurait sur la validité du legs une influence spéciale (*M. Ducaurroy n.* 702, *not.* 1; voyez ce que nous avons dit sous le paragraphe 12 de ce titre).

2º *Quid*, si le légataire n'ayant acquis que la nue propriété de la chose étrangère à lui léguée, l'usufruit était venu s'y réunir?

§ 9.

Si cui fundus alienus legatus fuerit, et emerit proprietatem deducto usufructu, et ususfructus ad eum pervenerit, et postea ex testamento agat, *recte eum agere et fundum petere* Julianus ait, quia ususfructus in petitione servitutis locum obtinet ; sed officio judicis continetur, ut deducto usufructu jubeat æstimationem præstari.

Recte eum agere et fundum petere. Pourquoi demander le fonds, et non point son estimation, puisqu'on suppose que le légataire est déjà en possession du fonds ? C'est parce qu'il est censé lui manquer par là même qu'il en a payé la valeur : *videtur res ei abesse*, ainsi que nous l'avons dit sur le paragraphe précédent. La demande du légataire sera donc régulière ; car ce n'est point l'estimation, mais le fonds que lui a légué le testament; et il agit en vertu du testament. De plus, il ne s'exposera point à la déchéance qui vient frapper celui qui demande plus qu'il ne lui est dû (*infr.* § 33, *de act.*); car si en réclamant le fonds, il réclame en même temps l'usufruit qui n'est pas dû, il faut observer que dans une demande concernant un fonds, il en est de l'usufruit comme des servitudes (*quia ususfructus in petitione servitutis locum obtinet*); on est toujours censé redemander le fonds moins les servitudes qui y sont attachées, comme dans l'espèce, on est censé redemander le fonds moins l'usufruit. Au surplus, le juge agira comme les circonstances l'exigent. C'est ainsi qu'au lieu du fonds, il accordera l'estimation, sur laquelle on fera la déduction de la valeur de l'usufruit qui, étant venu se réunir lucrativement à la nue propriété acquise par le légataire, ne doit plus lui être payé par l'héritier.

5o *Les choses qui sont hors du commerce.* Le legs de ces sortes de choses est absolument nul, et le légataire n'en doit même pas l'estimation.

§ 4.

....Sed si talis res sit cujus non est commercium, nec æstimatio ejus debetur : sicuti si campum martium vel basilicas vel templa, vel quæ publico usui destinata sunt, legaverit; nam nullius momenti legatum est....

— Au commencement de cette section, et en transcrivant la division que contient la première partie du paragraphe 21, nous avons dit que l'on pouvait léguer les choses incorporelles, mais c'est à peine (*supr.* § 13) si jusqu'à présent il en a été question. Avant de passer à la section troisième, nous examinerons donc quelques espèces particulières de legs, dont on n'a pas encore parlé, et qui ont presque toutes pour objet des choses incorporelles.

Ainsi, 1o on peut léguer une créance sur des tiers, mais ce legs ne transporte pas directement la créance au légataire ; il oblige seulement l'héritier ou les héritiers à lui céder leurs actions : ceux ci, en effet, en leur qualité de successeurs et de représentants du défunt, sont seuls investis des actions qu'il pouvait avoir. Si le testateur avait de son vivant réclamé sa dette, et qu'il eût été payé, le legs serait éteint, et l'héritier n'aurait plus aucune action à céder au légataire :

§ 21.

....Et ideo quod defuncto debetur, potest alicui legari, ut actiones suas heres legatario præstet, nisi exegerit vivus testator pecuniam ; nam hoc casu *legatum extinguitur.....*

Legatum extinguitur. Il y a ici intention suffisamment manifestée de révoquer le legs ; car si le testateur avait voulu qu'il subsistât, rien ne le forçait de réclamer sa dette : *voluit adimere* (*supr.* § 12). Si le débiteur n'était pas solvable, l'héritier ne serait pas tenu de payer la dette au légataire. Il suffit pour sa décharge, qu'il lui fasse cession et transport de ses droits et actions, à l'effet de pouvoir les exercer contre le débiteur du défunt (*L.* 39, § 3, *ff. de legat.* 1o; *L.* 75, § 2, *ff. eod. tit.*).

— 2o Peut-on imposer à son héritier l'obligation de faire ou de ne pas faire, et cette injonction considérée comme legs sera-t-elle valable? oui, la dernière partie de notre paragraphe l'exprime positivement :

....Sed et tale legatum valet : Damnas esto heres domum illius reficere, vel illum ære alieno liberare.

Dans les obligations de cette nature que l'on impose à son héritier, on demande seulement qu'il n'y ait rien d'impossible, ou de contraire aux lois et aux bonnes mœurs (*L*. 112, § 3 *et* 4, *ff. dict. tit.*).

— 3º On peut léguer à quelqu'un une chose en général, telle qu'un cheval, un esclave, une maison, etc.; ou lui léguer le choix d'un esclave, d'un cheval, ou encore entre deux choses mobilières ou immobilières. Dans le premier cas, c'est ce qu'on appelle léguer un genre, et le legs est d'une chose corporelle, mais *indéterminée*. Dans le second cas, ce n'est pas la chose précisément que l'on lègue, mais la faculté de choisir; c'est donc un legs d'une chose purement incorporelle. Dans l'un et l'autre cas, à qui appartient le droit de choisir? est-ce à l'héritier, ou au légataire?

§ 22.

Si generaliter servus vel res alia legetur, *electio legatarii est,* nisi aliud testator dixerit.

Electio legatarii est. Autrefois, lorsque le testateur n'avait donné à personne l'élection, le choix était déféré au légataire, lorsque le legs avait été fait, *per vindicationem*; quand le legs avait été fait, *per damnationem*, le choix appartenait au contraire à l'héritier. Aujourd'hui tous les legs sont censés faits, *per vindicationem* (*L*. 1, *Cod. comm. de legat.*); ce sera donc le légataire qui aura la faculté de choisir, à moins que le testateur n'ait voulu qu'il en fût autrement. Toutefois, ni le légataire ne pourra s'attribuer la meilleure chose, ni l'héritier lui délivrer la plus mauvaise, dans le cas où l'élection serait déférée à l'un ou à l'autre (*L*. 37, *pr. ff. de legat.* 1º).

— Arrivons au legs d'option, c'est-à-dire, à cette faculté que l'on lègue à quelqu'un de choisir parmi des objets de même nature, ou entre deux objets différents. Il est bien évident que le choix devait toujours appartenir au légataire, et il lui appartient encore aujourd'hui. Justinien a modifié les dispositions de la loi ancienne relativement à ce legs, sur deux points importants. Autrefois, en effet, le legs d'option n'était valable qu'à la condition que le légataire choisirait. Il suit de là que si le légataire décédait avant d'avoir choisi, ses héritiers ne lui succédaient point dans une faculté qui lui était purement personnelle, et le legs s'évanouissait complétement (*L*. 12, § 8, *ff. quando dies legat.*). Ensuite, s'il y avait plusieurs légataires, et qu'ils ne s'accordassent point entre eux sur la chose qui devait être choisie, ce dissentiment suffisait pour faire périr le legs.

Justinien, dans une constitution qui est la loi 3, au Code, *comm. de legat.* fait disparaître toutes ces difficultés. A l'avenir, en cas de mort du légataire avant d'avoir choisi, cette faculté sera transmise à ses héritiers; et en cas de dissentiment entre plusieurs co-légataires, le sort devra décider entre eux. Tout ce que nous venons de dire est contenu dans le paragraphe 23 :

§ 23.

Optionis legatum, id est, ubi testator ex servis suis vel aliis rebus optare legatarium jusserat, habebat in se conditionem ; et ideo, nisi ipse legatarius vivus optaverit, ad heredem legatum non transmittebat. Sed ex constitutione nostra et hoc ad meliorem statum reformatum est, et data est licentia heredi legatarii optare servum, licet vivus legatarius hoc non fecit. Et diligentiore tractatu habito, et hoc in nostra constitutione additum est ut, sive plures legatarii existant quibus optio relicta est, et dissentiant in corpore eligendo, sive unius legatarii plures heredes, et inter se circa optandum dissentiunt, alio aliud corpus eligere cupiente ; ne pereat legatum (quod plerique prudentium contra benevolentiam introducebant), fortunam esse hujus optionis judicem, et sorte hoc esse dirimendum, ut ad quem sors veniat, illius sententia in optione præcellat.

SECTION TROISIÈME. — *Quel est le sort des legs après la confection du testament ?*

Examinons d'abord le cas où plusieurs individus ont été faits légataires d'une même chose.

§ 8.

Si eadem res duobus legata sit, sive conjunctim sive disjunctim : si ambo perveniant ad legatum, scinditur inter eos legatum ; si alter deficiat, quia aut spreverit legatum, aut vivo testatore decesserit, vel alio quolibet modo defecerit, totum ad collegatarium pertinet. Conjunctim autem legatur, veluti si quis dicat : TITIO ET SEIO HOMINEM STICHUM DO LEGO ; disjunctim ita : TITIO HOMINEM STICHUM DO LEGO, SEIO STICHUM DO LEGO. Sed et si expresserit EUMDEM HOMINEM STICHUM, æque disjunctim legatum intelligitur.

Pour l'intelligence de ce paragraphe, il est nécessaire d'entrer dans quelques explications.

42

On distingue dans les legs trois classes de co-légataires : 1o ceux qui sont conjoints par la chose (*re*), comme si le testateur avait dit : je lègue l'esclave Stichus à Titius, et qu'il eût ajouté ensuite : je lègue à Séius l'esclave Stichus. 2o Ceux qui sont conjoints par la chose et par les paroles (*re et verbis*), comme dans cette disposition : je lègue l'esclave Stichus à Séius et à Titius ; 3o enfin ceux qui sont conjoints par les paroles seulement (*verbis tantum*), ainsi qu'il suit : je lègue le fonds Cornélien à Titius et à Séius, à chacun pour moitié (*L. 142, ff. de verb. signif.*).

Dans la première hypothèse, la chose léguée l'est autant de fois qu'il y a de légataires ; dans la deuxième, elle ne l'est qu'une seule fois (*L. 85, ff. de legat. 1o*) ; dans la troisième, il y a plusieurs choses léguées, c'est-à-dire, les parties dont se compose la chose, et que le testateur a attribuées à chacun des légataires.

Voyons maintenant quel était l'effet de ces diverses dispositions relativement au droit d'accroissement :

Et d'abord sous le droit ancien, si le legs avait été fait, *per damnationem*, l'héritier débiteur de la chose la devait autant de fois qu'elle avait été léguée, lors toutefois que les co-légataires étaient conjoints, *re tantum*, c'est-à-dire, lorsque la disposition qui les concernait, les instituait légataires de la même chose *séparément* (*disjunctim*). On voit que pour satisfaire au testament, l'héritier, après avoir délivré la chose léguée à l'un des légataires, ne pouvait s'acquitter envers les autres qu'en leur payant sa valeur estimative (*Gaïus*, 2, *Inst.* § 205 ; *Ulp. reg.* 24, § 13). Si l'un des légataires ne recueillait point le legs, les autres n'en retenaient pas moins la totalité : car, dit Gaïus (*loc. cit.*), *singulis solida res debetur*. Si la disposition du testament était *conjonctive* à l'égard des co-légataires, c'est-à-dire, s'ils se trouvaient réunis *re et verbis*, la portion de celui qui venait à manquer lors du concours, n'accroissait point aux autres co-légataires, mais elle restait dans l'hérédité (*Gaïus, eod. loc.* ; *Ulp. ibid.*).

Lorsque le legs avait été fait, *per vindicationem* ou *per præceptionem*, soit que la disposition fût disjonctive, soit qu'elle fût conjonctive, si au moment du concours l'un des co-légataires venait à manquer, sa portion accroissait aux autres, de sorte que si à ce moment il n'y avait plus qu'un seul concurrent, il pouvait la revendiquer en totalité. (*Gaïus, eod. loc.* § 199 ; *Ulp. ibid.* § 12). Cette différence entre le legs *per vindicationem* et le legs *per damnationem*, tenait à ce que le premier établissait entre les co-légataires une co-propriété, une indivision, que n'admettait point le legs *per damnationem* (*M. Ducaurroy*, no 750).

Tout ce qui vient d'être dit relativement au droit d'accroissement fut totalement changé par les lois *Julia* et *Papia Poppæa*, appelées lois *caducaires*, et qui furent portées sous Auguste. D'après ces lois, il n'y eut plus de droit d'accroissement, soit entre co-héritiers, soit entre co-légataires, si ce n'est à l'égard des ascendants et descendants du testateur, à l'égard de l'empereur et de l'impératrice, à l'égard enfin des héritiers ou légataires ayant des enfants (*Gaïus*, *eod. loc.* § 206 *et* 207). Toute portion non recueillie par des héritiers ou légataires autres que ceux qui viennent d'être nommés, était déclarée *caduque*, et comme telle dévolue au trésor public, et ensuite au fisc. Mais d'abord modifiées par Constantin et par Théodose (*L.* 1 *et* 2, *Cod. de infirm. pœn. cœlib.*), ces lois furent définitivement abrogées par Justinien (*L. un. Cod. de cad. toll.*).

Sous ce prince, il n'y a plus aucune différence entre les legs, et c'est à cause de cela qu'il déclare, dans le paragraphe que nous expliquons, que soit que le legs ait été fait *conjointement*, soit qu'il ait été fait *séparément*, il y aura accroissement au profit du co-légataire qui concourt, de la portion de son co-légataire qui, à cette époque, ne veut ou ne peut pas la recueillir.

Toutefois, même actuellement, la condition des légataires appelés *conjointement*, n'est pas absolument la même que celle des légataires qui ne le sont que *séparément*. Les premiers, c'est-à-dire, ceux qui sont conjoints *re et verbis*, ne pouvant d'abord avoir qu'une portion de la chose qui ne leur a été donnée qu'une fois, il y a, à proprement parler, accroissement à leur profit des portions de leurs co-légataires défaillants lors du concours. Ceux, au contraire, qui sont appelés *séparément*, et qui ne sont ainsi conjoints entre eux que par la chose (*re tantum*), ceux-là, dans le principe, reçoivent la chose en totalité, et s'il y a partage, ce n'est que postérieurement, et par l'effet du concours. L'incapacité ou la répudiation de leurs co-légataires leur profite, en ce sens qu'ils obtiennent toujours la totalité; mais comme ils y avaient droit dès le principe, c'est moins un accroissement qu'ils reçoivent qu'une diminution, qu'un *décroissement* qu'ils évitent.

Remarquons que Justinien ne dit pas un mot de la troisième classe de légataires, c'est à-dire, de ceux qui sont conjoints par les paroles seulement (*verbis tantum*). C'est qu'en effet, à leur égard, il y a véritablement legs de plusieurs choses, ou tout au moins attribution de parts faites par le testateur lui-même. Le droit d'accroissement ne peut donc pas exister à leur profit; d'où il suit que le refus ou l'incapacité de l'un d'eux laisse sa portion dans l'hérédité.

— En arrivant aux paragraphes qui nous restent à expliquer, il faut poser en principe, que soit que le legs ait été fait à une seule personne, soit qu'il ait été fait à plusieurs conjointement ou séparément, il s'évanouit d'abord par la révocation, ainsi que nous le verrons au titre suivant, et ensuite par la perte de la chose qui en était l'objet, arrivée sans le fait de l'héritier. Il en serait de même si, sans avoir péri, la chose avait éprouvé un changement tellement important, qu'elle ne fût plus chose commerciable, ni par conséquent susceptible d'être léguée.

§ 16.

Si res legata sine facto heredis perierit, legatario decedit;

et si servus alienus legatus sine facto heredis manumissus fuerit, non tenetur heres. Si vero heredis servus legatus fuerit, et ipse eum manumisserit, teneri eum Julianus scripsit, nec interesse utrum scierit an ignoraverit a se legatum esse. Sed et si alii donaverit servum, et is cui donatus est eum manumiserit, tenetur heres, quamvis ignoraverit a se eum legatum esse.

Il est facile de se rendre compte de la différence qui existe entre les divers exemples que cite notre texte. Nous ne nous y arrêterons donc pas plus long-temps.

Si res. Remarquez que le legs ne périt pour le légataire, que dans le cas où il s'agirait d'un corps certain et déterminé comme tel esclave, tel cheval, telle maison, etc. (*L.* 26, § 1, *ff. de legat.* 1o). S'il était question d'un esclave en général, par exemple, ou bien encore de ces choses qui, consistant en quantité, poids et mesures, peuvent se remplacer par d'autres, on ne pourrait jamais dire que le legs a péri, et l'héritier serait toujours tenu. Ainsi, s'il y avait dans un testament : je lègue cent solides, ou dix mesures de blé, ou dix amphores de vin à Titius, l'héritier devrait toujours lui donner ou cent solides, ou dix mesures de blé, ou dix amphores de vin, lors même que tout le vin, tout le blé ou tout l'argent monnayé du testateur eussent péri après le décès de celui-ci (*L.* 34, § 3, *ff. eod. tit.*).

— Lorsque plusieurs choses ont été léguées, la perte de l'une n'empêche pas que celles qui restent, ne soient dues au légataire. Exemples :

§ 17.

Si quis ancillas cum suis natis legaverit, etiam si ancillæ mortuæ fuerint, partus legato cedunt. Idem est, si *ordinarii servi* cum vicariis legati fuerint; et licet mortui sint ordinarii, tamen vicarii legato cedunt....

Ordinarii servi. Les esclaves appelés *ordinarii* étaient ceux qui avaient d'autres esclaves, faisant partie du pécule dont leurs maîtres leur laissaient l'administration. On nommait ces derniers *servi vicarii* (*L.* 17, *ff. de pecul.*).

— Mais lorsque l'une des choses léguées n'est que l'accessoire de l'autre, elle suit le sort de la chose principale, c'est-à-dire qu'elle s'anéantit, si la chose principale vient à périr. Exemples :

....Sed si servus cum peculio fuerit legatus, mortuo servo vel manumisso vel alienato et peculii legatum extinguitur. Idem est, si fundus instructus vel cum instrumento legatus fuerit; nam fundo alienato, et instrumenti legatum extinguitur.

On comprend bien la différence qui existe entre les divers exemples cités par notre paragraphe. Dans le premier cas, la mère esclave et ses enfants, les esclaves *ordinarii* et leurs *vicarii*, sont tous objets directs et principaux du legs ; dans le second au contraire, on ne dispose principalement que de l'esclave ou du fonds de terre. Si le pécule, si les instruments destinés à l'exploitation sont légués aussi, ce n'est qu'accessoirement et à cause d'un autre objet dont ils font pour ainsi dire partie (1).

— Il y a des choses qui ne forment qu'un seul tout, quoiqu'elles soient composées de parties bien distinctes, comme un troupeau, une maison, un pécule. Le legs de ces sortes de choses expose sans doute le légataire à toutes les chances de perte ; mais tant qu'il reste une portion quelconque du troupeau, de la maison ou du pécule, cette portion lui est due. De plus, le légataire profite de toutes les augmentations, de tous les embellissements, etc. existant au moment où le legs s'ouvre pour lui.

Il est de principe, en effet, que la chose léguée doit être remise au légataire dans l'état où elle se trouve, *cum dies legati cedat* (*L. 28, ff. quando dies legat.*), c'est-à-dire, à la mort du testateur, lorsque le legs est pur et simple, ou à l'époque de la condition, lorsqu'il est conditionnel. Ce que nous venons de dire est expressément confirmé par les paragraphes 18, 19 et 20 :

§ 18.

Si grex legatus fuerit posteaque ad unam ovem pervenerit, quod superfuerit vindicari potest. Grege autem legato, etiam eas oves quæ post testamentum factum gregi adjiciuntur, legato cedere Julianus ait. Est enim gregis unum corpus ex distantibus capitibus, sicut ædium unum corpus est ex cohærentibus lapidibus.

§ 19.

Ædibus denique legatis, columnas et marmora quæ post testamentum factum adjecta sunt, legato dicimus cedere.

Le légataire d'une maison pourrait revendiquer le terrain, si la maison avait été démolie (*L. 22, ff. de legat 1°*). Si un fonds de terre avait été légué, le légataire profiterait même du bâtiment qu'on aurait élevé sur ce fonds ; car la superficie n'est jamais que l'accessoire du fonds.

---

(1) Il est vrai que les *vicarii* sont au nombre des choses composant le pécule des *ordinarii* ; mais la dignité de l'espèce humaine ne permet pas qu'on fasse d'un homme une partie accessoire d'un autre homme. C'est la raison pour laquelle dans le legs que l'on fait d'eux, on ne les considère pas comme une portion du pécule des *ordinarii*, mais comme des hommes, c'est-à-dire, comme quelque chose de *principal*.

§ 20.

Si peculium legatum fuerit, sine dubio quidquid peculio accedit vel decedit vivo testatore, legatarii lucro vel damno est...

QUESTION. A qui profiteraient les acquisitions dont l'esclave aurait augmenté le pécule, dans l'intervalle entre la mort du testateur et l'adition de l'hérédité? Il faut distinguer : si le legs du pécule est fait à l'esclave affranchi, toutes les acquisitions faites, *ante aditam hereditatem*, lui profitent; si au contraire, c'est à un étranger que l'on a légué le pécule, ces acquisitions ne le concernent point, à moins cependant qu'elles ne proviennent *ex rebus peculiaribus*. La différence entre ces deux cas tient à ce que, toutes les fois que l'objet du legs est personnel au légataire et par conséquent non transmissible à des héritiers, le legs ne s'ouvre qu'au moment où il doit être exécuté, c'est-à-dire, à l'époque seulement de l'adition de l'hérédité. Notre texte va nous en donner pour exemple, le legs fait par le testateur à son esclave en l'affranchissant. Il en serait de même du legs qu'on lui ferait en le léguant lui-même à une autre personne, et d'un legs d'usufruit, d'usage et d'habitation. Jusqu'à l'époque de l'adition, le legs n'est donc pas ouvert pour l'esclave qui fait encore partie de l'hérédité; par conséquent, suivant le principe qui veut que le légataire reçoive le legs dans l'état où il se trouve au moment de l'ouverture, le pécule devra être délivré à l'esclave avec toutes ses augmentations, comme il lui serait délivré avec toutes les diminutions qu'il aurait subies jusqu'à cette époque. Dans l'autre cas, au contraire, c'est-à-dire, dans celui où le legs du pécule aurait été fait à un étranger, ce legs s'est ouvert à la mort du testateur; les acquisitions postérieures de l'esclave ne doivent donc en aucune manière profiter au légataire, si ce n'est lorsque les choses du pécule ont été elles-mêmes le moyen ou la cause de ces acquisitions. Cette différence est très bien indiquée par notre paragraphe :

....Quod si post mortem testatoris ante aditam hereditatem servus adquisierit, Julianus ait : siquidem ipsi manumisso peculium legatum fuerit, omne quod ante aditam hereditatem adquisitum est, legatario cedere, quia hujus legati dies ab adita hereditate cedit; sed si extraneo peculium legatum fuerit, non cedere ea legato, nisi ex rebus peculiaribus auctum fuerit peculium....

— Dans la suite de notre paragraphe, on nous avertit que le don du pécule n'est jamais la conséquence d'un affranchissement testamentaire ou entre-vifs. Toutefois, il a été décidé que si le maître en affranchissant son esclave entre-vifs, ne lui avait point enlevé son pécule, cela suffirait pour que l'esclave pût le conserver (*sufficit, si non adimatur*). Mais le legs doit être exprès, et encore ne donne-t-il jamais à l'esclave le droit de répéter les sommes qu'il a dépensées pour le compte de son maître. Quelquefois cependant, les circonstances pourront permettre de supposer que le legs du pécule aura été fait à l'esclave, lorsque, par exemple, le maître aura dit dans son testament que l'esclave sera libre, aussitôt qu'il aura rendu ses comptes à l'héritier, et qu'il lui aura payé la somme dont il se trouvera reliquataire envers lui. Il est évident qu'une semblable disposition laisse le surplus à l'affranchi.

....Peculium autem, nisi legatum fuerit, manumisso non debetur; quamvis, si vivus manumiserit, sufficit si non adimatur : et ita divi Severus et Antoninus rescripserunt. Iidem rescripserunt, peculio legato non videri id relictum, ut petitionem habeat pecuniæ quam in rationes dominicas impendit. Iidem rescripserunt peculium videri legatum, cum rationibus redditis liber esse jussus est, et ex eo reliqua inferre.

TITRE VINGT-UNIÈME.

De la révocation des legs et de leur translation. (De ademptione et translatione legatorum).

La confection d'un second testament entraîne la nullité complète du premier (*supr.* § 2, *quib. mod. test. infirm.*); les legs, comme toutes les autres dispositions testamentaires, se trouveraient donc révoqués par le fait seul de l'existence d'un testament postérieur.

Telle n'est pas cependant l'hypothèse du titre que nous expliquons. On suppose au contraire que le testament reste valable, et que le testateur a simplement l'intention de révoquer, ou de changer une ou plusieurs des dispositions particulières qu'il contient.

A la différence de l'institution d'héritier, qui ne peut être révoquée que dans les formes légales (*supr.* § 7, *eod. tit.*), les legs peuvent être révoqués par la seule volonté du testateur. Cette volonté est *expresse* ou *tacite*. Elle est *expresse*, lorsque la révocation est contenue, soit dans le même testament, soit dans un codicille postérieur; elle est *tacite*, lorsque les circonstances donnent lieu de la présumer. Nous en avons eu un exemple dans le paragraphe 12 du titre précédent (*supr. pag.* 320); il en serait de même, si de graves inimitiés s'étaient élevées entre le légataire et le testateur (*L*. 3, § 11, *ff. de adim. leg.*).

Il y avait cette différence entre la révocation expresse et la révocation tacite, que la première révoquait le legs *ipso jure*, au lieu que la seconde

en laissant subsister le legs, ne conférait qu'une exception contre le légataire qui eût voulu se prévaloir de la disposition faite à son profit.

Autrefois, et avant que les diverses formules des legs eussent été supprimées par les constitutions des empereurs, la révocation d'un legs ne se
faisait bien qu'en employant des termes contraires à ceux de la disposition
(*Ulp. 24 reg.*, § 29); exprimée d'une autre manière, elle n'eût empêché
l'effet de cette disposition qu'au moyen de l'exception de dol, que l'héritier
opposait à l'action du légataire. Depuis que Justinien a assimilé les legs
aux fidéicommis, à l'égard desquels cette distinction ne fut jamais établie
(*L. 3*, § 11, *ff. de adim. leg.*), la révocation des premiers a lieu dans les
termes que le testateur juge à propos d'employer (*quibuscumque verbis*).

PR.

Ademptio legatorum, sive eodem testamento adimantur legata *sive codicillis*, firma est : sive contrariis verbis fiat ademptio, veluti si quod ita quis legaverit DO LEGO, ita adimatur
NON DO NON LEGO; sive non contrariis, id est, aliis quibuscumque verbis.

Sive codicillis. Pour que le legs soit dans ce cas éteint *ipso jure*, il est
nécessaire que le codicille soit confirmé par testament; autrement on ne
pourrait repousser la demande du légataire que par l'exception de dol
(*Vinn. h. text.*). — Enfin il est une autre manière de priver quelqu'un de
la disposition que l'on avait faite en sa faveur; c'est en la transférant à
une autre personne, soit par un testament, soit par un codicille, ainsi
que cela résulte du paragraphe suivant :

§ 1er.

Transferri quoque legatum ab alio ad alium potest, veluti
si quis ita dixerit : HOMINEM STICHUM QUEM TITIO LEGAVI
SEIO DO LEGO; sive in eodem testamento, sive in codicillis
hoc fecerit. Quo casu simul Titio adimi videtur, et Seio dari.

On voit quel est l'effet du transport; c'est de détruire le premier legs
et d'en former un second qui reste toujours valable, malgré son inutilité
(*L. 20, ff. de adim. legat.*), ou l'inutilité de la révocation du premier. Toutefois, il importe de rechercher surtout quelle a été la volonté du testateur; car il se pourrait qu'au lieu de transférer le legs à un tiers, il n'eût
voulu, par exemple, qu'appeler deux légataires conjointement. La formule
de transport que cite notre texte, rappelle en effet beaucoup celle d'un
texte précédent, dans laquelle plusieurs légataires réunis entre eux, *re
tantum*, ont un égal droit à la chose léguée (*supr. § 8, de legat. vid. pag.* 329).

TITRE VINGT-DEUXIÈME.

De la loi Falcidie. (De lege Falcidia).

PR.

Superest ut de lege Falcidia dispiciamus, qua modus novissime legatis impositus est. Cum enim olim lege duodecim tabularum libera erat legandi potestas, ut liceret vel totum patrimonium legatis erogare (quippe ea lege ita cautum esset, UTI LEGASSIT SUÆ REI, ITA JUS ESTO), visum est hanc legandi licentiam coarctare. Idque ipsorum testatorum gratia provisum est, ob id q uod plerumque intestato moriebantur, recusantibus scriptis heredibus pro nullo aut minimo lucro hereditates adire. Et cum super hoc tam lex Furia quam lex Voconia latæ sunt, quarum neutra sufficiens ad rei consummationem videbatur, novissime lata est lex Falcidia, qua cavetur ne plus legare liceat quam dodrantem totorum bonorum ; id est, ut sive unus heres institutus esset, sive plures, apud eum eosve pars quarta remaneret.

Il ne s'agit que de compléter les explications d'ailleurs très-claires que contient le *principium* de ce titre.

La loi des Douze-Tables permettait donc aux testateurs d'épuiser en legs la totalité de leurs biens. Il s'ensuivit de là que presque tous mouraient *intestats*, personne ne voulant accepter une hérédité dans laquelle il ne restait absolument rien, ou du moins fort peu de chose après l'acquittement de tous les legs. On sentit donc la nécessité de réformer sur ce point la loi des Douze-Tables, et deux plébiscites furent d'abord portés, qui s'efforcèrent, mais vainement, de remédier à cet abus.

Le premier fut la loi *Furia*, dite *testamentaria* (an 571), qui défendit que les legs ou les donations à cause de mort, excédassent en importance la somme de mille as. Mais il suffisait de multiplier les legs pour épuiser la totalité des biens; et par conséquent on n'atteignit point le but que l'on s'était proposé.

Vint ensuite la loi Voconia (an 285). D'après elle, les legs ne devaient pas être d'une plus grande valeur que ce qui devait rester aux institués. Mais alors au moyen de legs plus nombreux, quoique faits par petites portions , on parvenait encore à priver l'héritier de la majeure partie des biens. L'abus subsistait donc à peu près aussi intolérable que dans le principe.

43

On ne devait arriver efficacement à sa suppression qu'en limitant la masse générale des legs, au lieu de limiter chaque disposition testamentaire considérée isolément. C'est ce que la loi Falcidie (an 714) comprit parfaitement. Elle décréta donc que la valeur de tous les legs ne pourrait excéder les trois quarts des biens du testateur (*ne plus leya e liceat, quam dodrantem totorum bonorum*). L'autre quart qui devait toujours rester aux héritiers fut appelé la *quarte falcidie*. Au surplus qu'il y ait ou non plusieurs institués, ils n'ont jamais droit qu'à ce quart seulement, et non à un quart pour chacun d'eux (*h. text.*). La-dessus s'est élevée la question que voici : Un testateur s'est donné deux héritiers, par exemple, Séius et Titius ; la part de Titius est presque absorbée par le grand nombre de legs qu'il doit acquitter, au lieu que celle de Séius ne le sera point du tout, ou le sera seulement de la moitié. Comment Titius complètera-t-il la *quarte* auquel il a droit ? sera-ce en prenant dans la part de Séius ce qu'il y a de trop dans celle-ci ? non ; sa portion se divisera simplement en quatre parties : trois appartiendront aux légataires; la quatrième lui sera exclusivement réservée. La raison en est que la loi Falcidie s'applique sur la portion de chaque héritier séparément (*in singulis heredibus*), en raison des legs dont il est personnellement chargé, et indépendamment de ceux qui peuvent grever les autres parts (*voyez M. Ducaurroy, n° 766*). Nous allons voir cette question posée et résolue, dans le paragraphe 1er de ce titre.

§ 1er.

Et cum quæsitum esset, duobus heredibus institutis, veluti Titio et Seio, si Titii pars aut tota exhausta sit legatis quæ nominatim ab eo data sunt, aut supra modum onerata; a Seio vero aut nulla relicta sint legata, aut quæ partem ejus duntaxat in partem dimidiam minuant; an quia is quartam partem totius hereditatis aut amplius habet, Titio nihil ex legatis quæ ab eo relicta sunt, retinere liceret : placuit, ut quartam partem suæ partis salvam habeat, posse retinere. Etenim in singulis heredibus ratio legis Falcidiæ ponenda est.

Comment s'applique la loi Falcidie, lorsque deux parts héréditaires, dont l'une est surchargée, et l'autre intacte ou moins grevée qu'elle n'aurait pu l'être, se réunissent par l'effet du droit d'accroissement? Il faut distinguer : si c'est la part surchargée qui accroît à celle non ou peu grevée, on retient la quarte Falcidie sur chaque portion, comme si elles avaient été recueillies par différents héritiers; si au contraire c'est la part non grevée qui accroît à la part surchargée, la quarte se déduit sur la totalité, comme si un seul héritier avait été institué pour le tout, dès

l'origine (*L. 78, ff. ad leg. Falcid.*). — La Falcidie s'exerce aussi sur la
totalité, lorsque les différentes parts se réunissent sur la même tête par
l'effet d'une substitution (*L. 87, § 3, ff. eod.*) (*M. Lagrange*). — Voyons
maintenant comment l'on reconnait s'il y a lieu d'appliquer à l'héritier le
bénéfice de la loi Falcidie.

§ 3.

Cum autem ratio legis Falcidiæ ponitur, ante deducitur æs
alienum, item funeris impensa et pretia servorum manumisso-
rum : tunc deinde in reliquo ita ratio habetur, ut ex eo quarta
pars apud heredes remaneat, tres vero partes inter legatarios
distribuantur, pro rata scilicet portione ejus quod cuique eorum legatum fuerit. Itaque si fingamus quadringentos aureos
legatos esse, et patrimonii quantitatem ex qua legata erogari
oportet, quadringentorum esse, quarta pars legatariis singulis
debet detrahi. Quod si trecentos quinquaginta legatos fínga-
mus, octava debet detrahi. Quod si quingentos legavérit, initio
quinta, deinde quarta detrahi debet. Ante enim detrahendum
est, quod extra bonorum quantitatem est; deinde quod ex bonis apud heredem remanere oportet.

Ainsi, on forme une masse composée de tous les biens existant au décès
du testateur. On en déduit les dettes, les frais funéraires, les esclaves
affranchis par le testament, et ceux que l'héritier serait chargé d'affranchir (*L. 36, § 2, ff. ad leg. Falcid.*). Ensuite et dans le cas où les legs
entameraient la portion réservée à l'institué, la réduction s'opère indistinctement entre tous les légataires, mais proportionnellement à la valeur
du legs qui leur a été fait. Notre texte donne plusieurs exemples de la
manière dont cette réduction doit se faire dans certains cas ; il est plus
simple de dire tout de suite que c'est tantôt un quart, tantôt un cinquième, un sixième, tantôt un huitième seulement qu'il faut ôter à
chaque legs pour en former la part de l'héritier.

— Une chose qu'il importe de bien remarquer, c'est que l'instant de
la mort du testateur détermine précisément ce qui doit composer la masse
de ses biens et leur valeur. Cette masse une fois formée, si l'adition d'hérédité n'est point encore faite, les augmentations ou les diminutions qui
peuvent survenir jusqu'à cette adition, tournent au profit ou au détriment
de l'héritier : cela sera facilement compris par les exemples contraires du
paragraphe 2, que nous allons transcrire.

§ 2.

Quantitas autem patrimonii ad quam ratio legis Falcidiæ redigitur, mortis tempore spectatur. Itaque si, verbi gratia, is qui centum aureorum patrimonium in bonis habebat, centum aureos legaverit, nihil legatariis prodest, si ante aditam hereditatem per servos hereditarios aut ex partu ancillarum hereditariarum aut ex fœtu pecorum tantum accesserit hereditati, ut centum aureis legatorum nomine erogatis heres quartam partem hereditatis habiturus sit; sed necesse est ut nihilominus quarta pars legatis detrahatur. Ex diverso, si septuaginta quinque legaverit, et ante aditam hereditatem in tantum excreverint bona incendiis forte aut naufragiis aut morte servorum, ut non amplius quam septuaginta quinque aureorum substantia vel etiam minus relinquatur, solida legata debentur. Nec ea res damnosa est heredi, cui liberum est non adire hereditatem : quæ res efficit ut sit necesse legatariis, ne destituto testamento nihil consequantur, cum herede in portione pacisci.

— Il nous reste sur ce titre à dire que la loi Falcidie n'a jamais été appliquée aux testaments des militaires (*L. 17, 18, ff. ad leg. Falcid.* ; *L. 7, Cod. eod. tit.*), et à rappeler quelques dispositions des Novelles relativement à la loi Falcidie.

Celui qui ne fait pas inventaire ne peut profiter du bénéfice accordé par cette loi (*Nov. 1, cap. 1*).

Lorsque le testateur a déclaré qu'il ne veut point que l'héritier retienne la quarte, sa volonté doit être observée (*Nov. 1, cap. 2, § 2*). Il en était autrement avant Justinien. Le testateur ne pouvait ni défendre la rétention du quart (*L. 27, ff. ad leg. Falcid.*), ni l'empêcher en y faisant renoncer l'héritier (*L. 15, § 1, ff. eod. tit.*).

Lorsque quelqu'un lègue une chose immobilière, sous la condition expresse qu'elle ne devra jamais être aliénée, la Falcidie n'a aucunement lieu sur ce legs (*Nov. 119, cap. ult.*).

TITRE VINGT-TROISIÈME.

Des Hérédités fidéicommissaires. (De fideicommissariis hereditatibus).

PR. — *Transition.*

Nunc transeamus ad fideicommissa. Et prius est ut de hereditatibus fideicommissariis videamus.

Le fidéicommis est une disposition par laquelle quelqu'un ne pouvant instituer directement un individu avec lequel il n'a pas faction de testament, comme un *peregrinus*, un déporté, charge son héritier testamentaire ou *ab intestat* de remettre à cet individu tout ou partie de l'hérédité, ou même encore un objet particulier. Nous ne nous occuperons actuellement que des fidéicommis qui ont pour objet tout ou partie de l'hérédité ; il sera parlé dans le titre suivant de ceux qui ont pour objet des choses particulières.

On appelle *fiduciaire*, celui qui est chargé d'acquitter le fidéicommis; *fidéicommissaire*, celui en faveur de qui le fidéicommis a été fait.

Dans ce titre, on examine quelle est l'origine des fidéicommis (§ 1); quelle est leur forme (§ 2, 10 *et* 11); quelles furent leurs conséquences dans le principe (§ 3), et comment les sénatus-consultes Trébellien et Pégasien (§ 4, 5 *et* 6) essayèrent d'abord de les modifier; comment ces deux sénatus-consultes furent confondus en un seul par Justinien, et ce qui en résulta (§ 7); enfin comment on peut faire la preuve d'un fidéicommis.

— L'origine des fidéicommis est fort ancienne; mais dans le principe ils n'eurent aucune force obligatoire, du moins d'après les lois civiles. Comme leur nom l'indique assez, ce n'étaient que des dispositions dont on confiait l'exécution à la foi et à la probité d'une personne qui, trop souvent peut-être, manquait au mandat d'honneur qu'elle avait accepté. Auguste, le premier, considérant la justice de ces dispositions, enjoignit aux consuls d'interposer leur autorité pour l'exécution des fidéicommis. Bientôt ils acquirent une telle faveur, et ils devinrent si ordinaires, qu'on nomma un préteur, appelé *fidéicommissaire*, dont la fonction unique était de statuer sur les fidéicommis directement, et sans conférer aucune action, c'est-à-dire, sans renvoyer les parties et l'examen de la cause devant un juge, suivant la marche ordinaire de la procédure (*Gaïus* 2, *Inst.* § 278). Ces notions au surplus sont données d'une manière satisfaisante dans le paragraphe premier.

§ 1er.

Sciendum itaque est omnia fideicommissa primis temporibus infirma esse, quia nemo invitus cogebatur præstare id de quo rogatus erat. Quibus enim non poterant hereditatem vel legata relinquere, si relinquebant, fideicommittebant eorum qui capere ex testamento poterant. Et ideo FIDEICOMMISSA appellata sunt, quia nullo vinculo juris, sed tantum pudore eorum qui rogabantur, continebantur. Postea divus Augustus semel iterumque gratia personarum motus, vel quia per ipsius salutem rogatus quis diceretur, aut ob insignem quorumdam perfidiam, jussit consulibus auctoritatem suam interponere. Quod quia justum videbatur et populare erat, paulatim conversum est in assiduam jurisdictionem; tantusque eorum favor factus est, ut paulatim etiam prætor proprius crearetur, qui de fideicommissis jus diceret, quem FIDEICOMMISSARIUM appellabant.

— La forme dans laquelle les fidéicommis peuvent être faits, est bien simple. Nous avons dit qu'il était également permis de les laisser par testament ou *ab intestat* : seulement si le fidéicommis avait lieu par disposition testamentaire, il était impérieusement exigé que le testament contînt une institution d'héritier; autrement, sa nullité eût entraîné celle du fidéicommis. Au reste le testateur avait une très-grande latitude, il pouvait disposer de la totalité ou d'une partie seulement de son hérédité, et même d'un objet particulier. De plus le fidéicommis pouvait être pur et simple, ou conditionnel, ou à terme.

§ 2.

In primis igitur sciendum est, opus esse ut aliquis recto jure testamento heres instituatur, ejusque fidei committatur ut eam hereditatem alii restituat : alioquin inutile est testamentum, in quo nemo heres instituitur. Cum igitur aliquis scripserit : LUCIUS, TITIUS HERES ESTO, poterit adjicere : ROGO TE, LUCI TITI, UT CUM PRIMUM POTERIS HEREDITATEM MEAM ADIRE, EAM GAIO SEIO REDDAS RESTITUAS. Potest autem quisque et de parte restituenda heredem rogare; et liberum est, vel pure, vel sub conditione relinquere fideicommissum, vel ex die certo.

§ 10.

Præterea intestatus quoque moriturus potest rogare eum, ad quem bona sua vel legitimo jure vel honorario pertinere intelligit, *ut hereditatem suam totam* partemve ejus, aut rem aliquam, velùti fundum, hominem, pecuniam alicui restituat; cum alioquin legata, nisi ex testamento, non valeant.

Ut hereditatem suam totam. En général, nul ne peut être chargé de restituer que ce qu'il a reçu (*L. 9, Cod. de fideicom.*). Or, l'héritier légitime ne reçoit rien du défunt, mais seulement de la loi. Comment peut-il être grevé d'un fidéicommis? Remarquez que le défunt avait la faculté d'exclure l'héritier légitime par l'institution d'un héritier étranger : il est donc censé lui donner ce qu'il ne lui enlève pas, lorsque cela lui était si facile (*L. 1, § 6; ff. de legat. 3o; L. 8, § 1, Cod. de jur. codic.; Vinn. hic*).

— Enfin, il résulte du paragraphe 11 que le fidéicommissaire pouvait être lui-même chargé de restituer à un second fidéicommissaire tout ou partie de l'hérédité, ou seulement un objet particulier.

§ 11.

Eum quoque cui aliquid restituitur, potest rogare ut id rursum alii, aut totum aut pro parte, vel etiam aliquid aliud restituat.

La condition du premier fidéicommissaire est même pire que celle de l'héritier; car celui-ci a le droit de retenir la quarte, ainsi que nous le verrons ci-après, droit qui n'appartient pas au fidéicommissaire (*L. 47, § 1, ff. ad ley. falcid.*).

— Voyons maintenant quel était, dans le principe, l'effet des fidéicommis relativement au fiduciaire :

§ 3.

Restituta autem hereditate, is quidem qui restituit, nihilo-minus heres permanet....

Ainsi, après et malgré la restitution de l'hérédité, le fiduciaire restait toujours héritier; et cette qualité l'exposait au support de toutes les charges de l'hérédité, sans avoir même un recours d'indemnité contre le fidéicommissaire, qui profitait de tout sans redouter aucun préjudice. De là résultaient les plus graves inconvénients. Il arrivait en effet que le fiduciaire refusant presque toujours, parce qu'il ne voulait pas, avec raison, se soumettre à une condition si onéreuse, le testament était annulé, et le défunt pouvait même n'avoir pas d'héritier légitime (1). On sentit cet inconvénient, et ce fut pour y remédier que le fidéicommissaire fut assimilé tantôt à l'héritier, en vertu du SC. Trébellien, tantôt à un légataire, c'est-à-dire, à un légataire *partiaire* (2), en vertu du SC. Pégasien :

[1] Autrefois cependant l'héritier prenait souvent le parti de vendre fictivement l'hérédité au fidéicommissaire, en la lui restituant. Celui-ci, en vertu de cette vente, était, il est vrai, considéré comme acheteur ; mais le fiduciaire n'en conservait pas moins le titre d'héritier, et cette qualité, si elle le rendait créancier de tout ce qui était dû au défunt, l'exposait seul aussi à l'action de tous ceux qui avaient des droits à faire valoir contre la succession. Aussi, les stipulations dites *emptæ et venditæ hereditatis* intervenaient-elles entre l'héritier fiduciaire et l'acheteur. Au moyen de ces stipulations, ils se procuraient une garantie réciproque ; le premier, parce qu'il devait être indemnisé de tout ce que son titre d'héritier l'obligeait à débourser ; le second, parce qu'il s'assurait la restitution de toutes les choses héréditaires que le fiduciaire pouvait recouvrer *(Gaïus, 2, Inst., § 252)*.

[2] Le légataire *partiaire* est celui qui reçoit une portion des biens du testateur, qui se par-

....Is vero qui recipit hereditatem, aliquando heredis, aliquando legatarii loco habebatur.

Il s'agit donc d'examiner comment ces deux sénatus-consultes ont successivement essayé de rendre plus tolérable la position de l'héritier fiduciaire, et quelle a été, sous leur empire, celle du fidéicommissaire vis-à-vis du fiduciaire :

<h2 style="text-align:center">§ 4.</h2>

Du SC. Trébellien. Et Neronis quidem temporibus, Trebellio Maximo et Annæo Seneca consulibus, senatusconsultum factum est : quo cautum est ut, si hereditas ex fideicommissi causa restituta sit, omnes actiones quæ jure civili heredi et in heredem competerent, ei et in eum darentur cui ex fideicommisso restituta est hereditas. Post quod senatusconsultum prætor utiles actiones ei et in eum qui recipit hereditatem, quasi heredi et in heredem dare cœpit.

Ce fut l'an de Rome 815 que fut porté le SC. Trébellien. D'après ce sénatus-consulte, il fut ordonné qu'au moyen de la restitution que ferait l'héritier, de la succession en entier ou en partie, le fidéicommissaire qui n'était auparavant regardé que comme un légataire, et n'était par conséquent soumis à aucune charge, serait à l'avenir considéré comme héritier, et, en cette qualité, exposé à toutes les actions héréditaires actives et passives, au *prorata* de la quotité de la succession qui lui aurait été restituée.

Ces actions que le préteur conférait pour ou contre le fidéicommissaire, reposant sur une qualité fictive (*quasi heredi et in heredem*), se distinguaient sous le nom d'actions *utiles*, des actions *directes* qu'on avait toujours le droit d'exercer contre le véritable héritier, mais qu'il rendait inutiles, en leur opposant l'exception *restitutæ hereditatis* que lui accordait le SC. Trébellien.

Le fiduciaire était donc à l'abri de toutes pertes ; mais cela ne suffisait pas souvent, pour engager des institués à accepter une hérédité qui ne leur eût causé que des embarras. Il fallait qu'ils fussent dédommagés de leurs

---

tagent entre lui et l'héritier institué (*infr* § 5). Ce legs, qui s'appelait *partitio*, n'avait pas à beaucoup près les effets d'une institution pour une portion déterminée ; car le légataire n'était pas investi de tous les droits actifs et passifs de la succession, qui se transmettaient exclusivement à l'héritier. Mais comme celui-ci aurait pu décliner une responsabilité trop onéreuse, et faire tomber le legs par son refus, le légataire contractait avec lui, au moyen d'une double stipulation dite *partis et pro parte*, l'engagement de se tenir respectivement compte de ce que le premier aurait reçu ou payé pour la part du second (*Gaïus, eod. loc.* § 254 ; *Ulp.* 25 reg. § 15).

peines par un véritable avantage. Cette considération donna naissance au SC. Pégasien (an de Rome 829), pendant le règne de Vespasien et sous le consulat de Pégase et de Pusion.

§ 5.

Du SC. Pégasien. Sed quia heredes scripti, cum aut totam hereditatem aut pene totam plerumque restituere rogabantur, adire hereditatem ob nullum vel minimum lucrum recusabant, atque ob id extinguebantur fideicommissa; postea Vespasiani Augusti temporibus, Pegaso et Pusione consulibus, senatus censuit....

Ce sénatus-consulte renfermait deux chefs : 1º Il autorisait les héritiers à retenir le quart sur les fidéicommis, soit d'universalités, soit d'objets particuliers, comme on pouvait retenir le quart sur les legs, en vertu de la loi Falcidie. Dans ce premier cas, l'héritier possesseur du quart que lui attribuait le SC. Pégasien, restait soumis à toutes les conséquences du titre d'héritier, c'est-à-dire que toutes les actions actives ou passives de l'hérédité étaient données pour ou contre lui. Le fidéicommissaire n'était donc qu'un légataire partiaire; aussi les stipulations *partis et pro parte*, dont nous avons parlé dans une note précédente, usitées entre l'héritier et le légataire partiaire, l'étaient également entre le fiduciaire et celui qui recevait l'hérédité, c'est-à-dire qu'ils s'engageaient à se tenir mutuellement compte des charges et des bénéfices héréditaires, en raison de leur part et portion.

....Ut ei qui rogatus esset hereditatem restituere, perinde liceret quartam partem retinere, atque lege Falcidia ex legatis retinere conceditur. Ex singulis quoque rebus quæ per fideicommissum relinquuntur, eadem retentio permissa est. Post quod senatusconsultum ipse heres onera hereditaria sustinebat : ille autem qui ex fideicommisso recepit partem hereditatis, legatarii partiarii loco erat, id est, ejus legatarii cui pars bonorum legabatur. Quæ species legati partitio vocabatur, quia cum herede legatarius partiebatur hereditatem. Unde quæ solebant stipulationes inter heredem et partiarium legatarium interponi, cædem interponebantur inter eum qui ex fideicommisso recepit hereditatem, et heredem : id est, ut et lucrum et damnum hereditarium pro rata parte inter eos commune esset.

44

2º La seconde disposition du SC. Pégasien remédie à un autre inconvénient. En effet , malgré la quarte qui lui était réservée , l'héritier fiduciaire pouvait encore refuser l'hérédité, en alléguant avec une certaine raison qu'il redoutait ses charges. Mais en vertu du SC. Pégasien, le préteur pouvait , sur la demande du fidéicommissaire , contraindre l'héritier à faire adition et à restituer l'hérédité sans rien retenir ; alors les actions actives ou passives se donnaient pour ou contre le fidéicommissaire , comme elles se donnaient d'après le SC. Trébellien. Ainsi dans ce cas , les deux sénatus-consultes se confondaient ensemble.

§ 6.

....Sed si recuset scriptus heres adire hereditatem, ob id quod dicat eam sibi suspectam esse quasi damnosam, cavetur Pegasiano senatusconsulto ut, desiderante eo cui restituere rogatus est, jussu prætoris adeat et restituat hereditatem ; perindeque ei et in eum qui recipit hereditatem , actiones darentur, ac si juris est ex Trebelliano senatusconsulto. Quo casu nullis stipulationibus est opus ; quia simul et huic qui restituit, securitas datur, et actiones hereditariæ ei et in eum transferuntur qui recipit hereditatem : utroque senatusconsulto in hac specie concurrente.

D'après ce que nous venons de dire, on pourrait croire que postérieur au SC. Trébellien , le SC. Pégasien l'avait abrogé. Il n'en était pas ainsi , et ces sénatus-consultes s'appliquaient à différents cas , ainsi que cela résulte de la première partie du paragraphe 6.

Ergo si quidem non plus quam dodrantem hereditatis scriptus heres rogatus sit restituere, tunc ex Trebelliano senatusconsulto restituebatur hereditas, et in utrumque actiones hereditariæ pro rata parte dabantur: in heredem quidem, jure civili ; in eum vero qui recipiebat hereditatem, ex senatusconsulto Trebelliano, tanquam in heredem. At si plus quam dodrantem vel etiam totam hereditatem restituere rogatus esset, locus erat Pegasiano senatusconsulto ; et heres qui semel adierit hereditatem, si modo sua voluntate adierit, sive retinuerit quartam partem sive retinere noluerit, ipse universa onera hereditaria sustinebat. Sed quarta quidem retenta, quasi partis et pro parte stipulationes interponebantur , tanquam inter partiarium legatarium et heredem; si vero totam hereditatem restitueret, emptæ et venditæ hereditatis stipulationes interponebantur....

Lors donc que le testateur n'avait pas obligé l'héritier institué à restituer plus des trois quarts de l'hérédité , c'était le cas du SC. Trébellien, et la restitution se faisait d'après ses dispositions , c'est-à-dire que les actions actives et passives de la succession étaient conférées pour ou contre l'héritier fiduciaire et le fidéicommissaire, mais seulement au prorata du bénéfice de chacun d'eux dans l'hérédité. Ainsi , le droit civil conférait pour ou contre l'héritier fiduciaire les actions actives ou passives du quart de l'hérédité; et le SC. Trébellien qui assimilait le fidéicommissaire à l'héritier (*supr.* § 3 *et* 4), conférait utilement pour ou contre lui les actions actives ou passives pour les trois quarts dont il profitait dans la succession.

Mais si le testateur avait obligé le fiduciaire à restituer plus des trois quarts de l'hérédité, il y avait lieu alors à appliquer le SC. Pégasien. L'héritier qui faisait adition, pourvu que cette adition fût pleinement volontaire de sa part, était soumis à toutes les charges héréditaires , qu'il eût retenu ou qu'il n'eût pas retenu la quarte que le SC. Pégasien lui réservait. S'il avait retenu cette quarte , alors intervenaient entre lui et le fidéicommissaire qui , dans ce cas , se trouvait assimilé au légataire partiaire , les stipulations *partis et pro parte* , ainsi qu'il a été dit déjà. S'il n'avait pas retenu la quarte, il restait néanmoins toujours héritier ; mais intervenaient entre lui et le fidéicommissaire les stipulations *emptæ et venditæ hereditatis* , c'est-à-dire qu'il s'exonérait de toutes les charges de la succession en la vendant moyennant un prix fictif au fidéicommissaire , lequel succédait alors, non pas comme héritier, mais comme acquéreur , tenu, en conséquence de ce titre, de toutes les obligations de son vendeur, à toutes les charges de l'hérédité.

— Une telle législation était remplie de subtilités; et les stipulations que nécessitait le SC. Pégasien n'avaient pas même le mérite d'obvier à toutes les difficultés. Justinien crut qu'il était de son devoir d'y apporter remède. En conséquence, il abrogea le SC. Pégasien, ou plutôt il fondit ses dispositions dans celles du SC. Trébellien qui désormais régla seul le mode de restitution de l'hérédité fidéicommissaire.

§ 7.

Sed quia stipulationes ex senatusconsulto Pegasiano descendentes et ipsi antiquitati displicuerunt, et quidusdam casibus captiosas eas homo excelsi ingenii Papinianus appellat, et nobis in legibus magis simplicitas quam difficultas placet : ideo , omnibus nobis suggestis tam similitudinibus quam differentiis utriusque senatusconsulti , placuit, exploso senatusconsulto Pegasiano quod postea supervenit , omnem auctoritatem Trebelliano senatusconsulto præstare, ut ex eo fideicommissariæ hereditates restituantur , sive habeat heres ex voluntate testatoris quartam , sive plus sive minus sive nihil penitus ; ut tunc, quando vel nihil vel minus quarta apud eum remanet, liceat ei vel quartam vel quod deest ex nostra auctoritate retinere vel repetere solutum , quasi ex Trebelliano senatusconsulto pro rata portione actionibus tam in heredem quam in fideicommissarium competentibus. Si vero totam hereditatem sponte restituerit , omnes hereditariæ actiones fideicommissario et adversus eum competunt. Sed etiam id quod præcipuum Pegasiani senatusconsulti fuerat, ut quando recusabat heres scriptus sibi datam hereditatem adire , necessitas ei imponeretur totam hereditatem volenti fideicommissario restituere , et omnes ad eum et contra eum transire actiones , et hoc transponimus ad senatusconsultum Trebellianum : ut ex hoc solo et necessitas heredi imponatur , si ipso nolente adire fideicommissarius desiderat restitui sibi hereditatem , nullo nec damno nec commodo apud heredem remanente.

En lisant attentivement ce paragraphe, on verra que le nouveau SC. Trébellien contient trois chefs principaux :

1º L'héritier chargé de restituer plus des trois quarts de l'hérédité, a le droit d'en retenir pour lui la quatrième partie, qu'on appela pour cette raison la *quarte trébellianique*. Ce premier chef fut emprunté à l'un des deux que contenait le SC. Pégasien.

2º Toutes les actions héréditaires se partagent de plein droit entre le fiduciaire et le fidéicommissaire, dans la proportion de la part dont chacun profite dans l'hérédité. Il suit de là que, si l'héritier restitue toute la succession sans en rien retenir, toutes les actions tant actives que passives sont transmises, sans aucune stipulation, en la personne du fidéicommissaire : si au contraire l'héritier , retenant la quarte trébellianique, restitue au fidéicommissaire les trois autres quarts de l'hérédité, les charges de la succession pèsent sur l'un et sur l'autre ; sur le fidéicommissaire , dans la proportion des trois quarts qu'il reçoit ; sur le fiduciaire, dans la proportion du quart qu'il retient.

3º La troisième disposition du nouveau SC. Trébellien, qui est empruntée à la dernière et principale disposition du SC. Pégasien, est que si l'héritier fiduciaire ne veut pas faire adition, il puisse y être contraint par le préteur, sur la réquisition du fidéicommissaire, mais aux risques, péril et fortune de ce dernier, qui demeure seul grevé de toutes les charges héréditaires.

— Il faut observer qu'il n'y a aucune différence entre l'héritier qui, ayant été institué pour toute la succession, serait chargé de restituer tout ou partie de cette succession, et l'héritier qui, institué seulement pour une portion déterminée, serait prié de restituer cette portion en totalité ou simplement en partie. L'un et l'autre feront la restitution de la même manière, c'est-à-dire qu'ils retiendront le quart proportionnel sur les parts qui leur sont attribuées. Le paragraphe 8 le porte expressément.

§ 8.

Nihil autem interest, utrum aliquis ex asse heres institutus aut totam hereditatem aut pro parte restituere, an ex parte heres institutus aut totam eam partem aut partem partis restituere rogatus sit. Nam et hoc casu eadem observari præcipimus, quæ in totius hereditatis restitutione diximus.

— Dans le paragraphe suivant, Justinien propose une espèce se référant au droit antérieur, malgré la réunion des deux SC. Trébellien et Pégasien, et dont il maintient la solution. La voici :

Un testateur, au lieu de laisser à son héritier qu'il charge de la restitution le quart de la succession, lui réserve un ou plusieurs objets déterminés, comme un fonds de terre, ou une somme d'argent d'une valeur égale ou même supérieure au quart de l'hérédité. D'après quel sénatus-consulte se faisait la restitution ? Elle avait lieu d'après le SC. Trébellien, c'est-à-dire que toujours le fidéicommissaire était *heredis loco*. Toutefois, une importante distinction devait être établie, quant à la transmission et au partage des actions actives et passives de la succession. En effet, si le fiduciaire eût retenu le quart de l'hérédité, en la restituant, nous avons vu que dans ce cas il s'opérait une division proportionnelle des actions entre lui et le fidéicommissaire : si au contraire l'héritier, prélevant ce qui lui avait été laissé par le testateur, restituait l'hérédité, la chose prélevée, qu'elle excédât ou non en valeur ce qui pouvait rester dans la succession, était considérée comme un legs(*quasi ex legato adquisita*), l'héritier comme un simple légataire non tenu des dettes ; et par conséquent les actions actives et passives se transmettaient exclusivement (*in solidum*), en la personne du fidéicommissaire, sauf à lui d'examiner s'il lui était ou non avantageux d'accepter la restitution de l'hérédité.

§ 9.

Si quis una aliqua re deducta sive præcepta quæ quartam continet, veluti fundo vel alia re, rogatus sit restituere hereditatem, simili modo ex Trebelliano senatusconsulto restitutio fiat, perinde ac si quarta parte retenta rogatus esset reliquam hereditatem restituere. Sed illud interest, quod altero casu, id est, cum deducta sive præcepta aliqua re vel pecunia restituitur hereditas, in solidum ex eo senatusconsulto actiones transferuntur ; et res quæ remanet apud heredem, sine ullo onere hereditario apud eum remanet, quasi ex legato ei adquisita. Altero vero casu, id est, cum quarta parte retenta rogatus est heres restituere hereditatem et restituit, scinduntur actiones, et pro dodrante quidem transferuntur ad fideicommissarium, pro quadrante remanent apud heredem. Quin etiam, licet una re aliqua deducta aut præcepta restituere aliquis hereditatem rogatus est, qua maxima pars hereditatis contineatur, æque in solidum transferuntur actiones, et secum deliberare debet is cui restituitur hereditas, an expediat sibi restitui. Eadem scilicet interveniunt, et si duabus pluribusve deductis præceptisve rebus restituere hereditatem rogatus sit. Sed et si certa summa deducta præceptave, quæ quartam vel etiam maximam partem hereditatis continet, rogatus sit aliquis hereditatem restituere, idem juris est. Quæ autem diximus de eo qui ex asse heres institutus est, eadem transferemus et ad eum qui ex parte heres scriptus est.

— Il nous reste à examiner comment on peut, depuis Justinien, faire la preuve d'un fidéicommis.

§ 12.

Et quia prima fideicommissorum cunabula a fide heredum pendent, et tam nomen quam substantiam acceperunt, et ideo divus Augustus ad necessitatem juris ea detraxit, nuper et nos eumdem principem superare contendentes ex facto quod Tribonianus, vir excelsus, quæstor sacri palatii, suggessit, constitutionem fecimus per quam disposuimus : si testator fidei heredis sui commisit ut vel hereditatem vel speciale fideicommissum restituat, et neqne ex scriptura neque ex quinque testium numero qui in fideicommissis legitimus esse noscitur , possit res manifestari, sed vel pauciores quam quinque vel nemo penitus testis intervenerit; tunc sive pater heredis sive alius quicumque sit qui fidem heredis elegerit, et ab eo restitui aliquid voluerit, si heres perfidia tentus adimplere fidem recusat negando rem ita esse subsecutam, si fideicommissarius jusjurandum ei detulerit, cum prius ipse de calumnia juraverit, necesse eum habere vel jusjurandum subire quod nihil tale a testatore audivit, vel recusantem ad fideicommissi vel universitatis vel specialis solutionem coarctari, ne pereat ultima voluntas testatoris fidei heredis commissa. Eadem observari censuimus, et si a legatario vel fideicommissario aliquid similiter relictum sit. Quod si is a quo relictum dicitur, confiteatur quidem a se aliquid relictum esse, sed ad legis subtilitatem decurrrat, omnimodo solvere cogendus est.

Autrefois, en cas de dénégation de la part de celui qui était chargé d'un fidéicommis, on n'était admis à en faire la preuve, qu'en produisant le testament qui le renfermait, ou, à défaut de cet acte, cinq témoins qui certifiassent la charge imposée à l'héritier institué ou légitime par le défunt. Tel était le mode de preuve que l'empereur Auguste avait imaginé. Mais Justinien, considérant que d'un côté les fidéiscommis *ab intestat* étant permis, on ne pouvait guère les prouver par l'écriture, que d'ailleurs il était souvent difficile de se procurer le nombre requis de cinq témoins, voulut que désormais le fidéicommissaire pût être admis à prouver la disposition faite en sa faveur, en déférant, après avoir toutefois affirmé lui-même que son allégation ne lui était pas dictée par un esprit de mensonge et de chicane (*cum prius ipse de calumnia juraverit*), le serment à l'héritier, lequel était tenu de jurer que jamais le testateur ne lui avait imposé la charge d'un fidéicommis. S'il refusait de faire ce serment, ou si après l'avoir fait, il avouait, mais en se réfugiant dans quelque subtilité de droit, que le testateur l'avait grevé de cette obligation, on le contraignait à acquitter entièrement le fidéicommis.

TITRE VINGT-QUATRIÈME.

Des objets particuliers laissés par fidéicommis. (De singulis rebus per fideicommissum relictis).

PR.

Potest autem quis etiam singulas res per fideicommissum relinquere, veluti fundum, hominem, vestem, aurum, argentum, pecuniam numeratam; et vel ipsum heredem rogare ut alicui restituat, vel legatarium, quamvis a legatario legari non possit.

Ce texte nous apprend deux choses, d'abord : que l'on peut laisser par fidéicommis des objets particuliers, comme un fonds de terre, un esclave, une somme d'argent; et ensuite, que le fidéicommis peut être mis à la charge non seulement de l'héritier, mais encore du légataire, ou de toute autre personne, telle qu'un donataire à cause de mort (*L.* 77, § 1, *ff. de legat.* 2°) et même un fidéicommissaire à titre universel ou particulier (*L.* 9, *Cod. de fideic.*). C'est là une différence sensible que Justinien maintient entre les fidéicommis et les legs; car il n'y a que les successeurs universels qui puissent être grevés d'un legs.

— Le testateur peut disposer par fidéicommis de trois espèces de choses particulières : 1° de celles qui lui appartiennent; 2° de celles qui appartiennent à son héritier ou à son légataire; 3° de celles enfin qui sont la propriété d'un tiers. Examinons avec le paragraphe 1er, quelles étaient dans ces trois hypothèses diverses, les conséquences du fidéicommis.

§ 1er.

Potest autem non solum proprias res testator per fideicommissum relinquere, sed heredis aut legatarii aut fideicommissarii aut cujuslibet alterius. Itaque et legatarius et fideicommissarius non solum de ea re rogari potest, ut eam alicui restituat, quæ ei relicta sit; sed etiam de alia, sive ipsius sive aliena sit. Hoc solum observandum est, ne plus quisquam rogetur alicui restituere, quam ipse ex testamento ceperit; nam quod amplius est, inutiliter relinquitur. Cum autem aliena res per fideicommissum relinquitur, necesse est ei qui rogatus est, aut ipsam redimere et præstare, aut æstimationem ejus solvere.

Rien de plus simple et de plus clair que les dispositions de ce paragraphe
Si la chose appartient au testateur , l'héritier ou le légataire doivent la remettre au fidéicommissaire purement et simplement.

Si elle appartient à l'héritier ou au légataire, elle doit également être restituée au fidéicommissaire , mais avec la distinction suivante. L'héritier ou le légataire ne peuvent jamais être tenus de donner une chose d'une valeur plus grande que celle qu'ils ont reçue, à moins que la chose leur appartenant , ils aient accepté celle du testateur. On présume alors qu'ils n'évaluent pas leur propre chose plus cher que celle qu'ils ont reçue (*h.* text.; *L*. 45, *pr. et* § 1, *ff. de fideic. libert.*) ; ils sont donc obligés de la donner au fidéicommissaire, quoique sa valeur soit véritablement supérieure. On voit que quelquefois l'héritier ou le légataire peuvent être tenus de rendre au fidéicommissaire un objet autre que celui qui leur a été donné.

Si la chose est la propriété d'un tiers, l'héritier ou le légataire sont obligés de l'acheter pour la rendre au fidéicommissaire, ou , si le propriétaire ne veut pas la vendre, d'en payer l'estimation.

— La liberté d'un esclave peut aussi être l'objet d'un fidéicommis, c'est-à-dire que le testateur peut charger son héritier ou son légataire d'affranchir, soit l'esclave qui est sa propriété à lui testateur, soit leur propre esclave, soit encore l'esclave d'autrui.

§ 2.

Libertas quoque servo per fideicommissum dari potest, ut heres eum rogetur manumittere, vel legatarius vel fideicommissarius. Nec interest utrum de suo proprio servo testator roget, an de eo qui ipsius heredis aut legatarii vel etiam extranei sit. Itaque et alienus servus redimi et manumitti debet. Quod si dominus eum non vendat, si modo nihil ex judicio ejus qui reliquit libertatem, recepit : non statim extinguitur fideicommissaria libertas, sed differtur; quia possit tempore procedente, ubicumque occasio servi redimendi fuerit, præstari libertas. Qui autem ex fideicommissi causa manumittitur, non testatoris fit libertus, etiamsi testatoris servus sit, sed ejus qui manumittit. At is qui directo testamento liber esse jubetur, ipsius testatoris libertus fit, qui etiam Orcinus appellatur. Nec alius ullus directo ex testamento libertatem habere potest, quam qui utroque tempore testatoris fuerit, et quo faceret testamentum, et quo moreretur. Directo autem libertas

45

tunc dari videtur, cum non ab alio servum manumitti rogat, sed velut ex suo testamento libertatem ei competere vult.

En matière d'affranchissement testamentaire , il est de principe que cet affranchissement ne peut avoir lieu *directement* , qu'en faveur des esclaves dont le testateur avait la propriété au moment de la confection de son testament et de sa mort (*h. text.*). Il est donc impossible que la liberté soit le résultat d'une disposition directe d'un testament , lorsque l'esclave appartient à un tiers, que ce tiers d'ailleurs soit ou non l'héritier ou le légataire du testateur.

Toutefois , ce que le testateur ne pourrait directement, lui devient permis, lorsque la manumission dont il veut faire profiter un esclave, qui n'est pas sa propriété, n'est plus qu'une charge imposée à son héritier ou à son légataire. Ceux-ci sont donc tenus , lorsqu'ils ont accepté l'hérédité ou le legs qui leur est déféré, d'affranchir celui ou ceux de leurs esclaves que le testateur leur a indiqués, ou s'il s'agit de l'esclave d'autrui, de l'acquérir pour l'affranchir ensuite. Dans ce dernier cas , l'obligation du testateur ne s'éteindrait pas , si le tiers refusait de se dessaisir de son esclave moyennant un juste prix ; elle serait seulement suspendue, jusqu'à ce que les circonstances, en rendant possible l'acquisition de l'esclave, permissent de l'exécuter. Ainsi le décide expressément notre texte (1).

Maintenant quel sera le patron de l'esclave dont la manumission aura été l'objet d'un fidéicommis ? sera-ce le testateur ? sera-ce l'héritier ou le légataire ? Rien de plus simple que la solution de cette question, telle qu'elle est donnée par notre paragraphe. Le patron de l'esclave sera celui par le fait duquel s'opère la manumission. Ainsi, le testateur a conféré directement la liberté à son esclave par testament ; ce sera lui qui, quoique décédé, sera son patron ; car c'est en vertu de son testament, c'est-à-dire, par son fait que l'affranchissement a lieu (2). Mais au contraire , le testateur a chargé son héritier ou son légataire d'affranchir son esclave , et cette obligation a été accomplie par eux ; ce ne sera plus le testateur, mais l'héritier ou le légataire qui seront patrons de l'esclave , parce qu'en définitive ce sont eux qui l'ont affranchi. A plus forte raison, seraient-ils patrons de leur propre esclave , ou de l'esclave d'autrui qu'ils auraient affranchi par suite d'un fidéicommis.

— Quant aux formules le plus en usage pour les fidéicommis , elles sont contenues dans le paragraphe 3.

§ 3.

Verba autem fideicommissorum hæc maxime in usu haben-

---

(1) Remarquez que le tiers qui aurait accepté quelque chose du défunt , ne pourrait refuser de vendre son esclave à l'héritier ou au légataire chargé de l'affranchir *(h. text.)*.

(2) Notre texte remarque que l'esclave affranchi prenait alors le nom de *libertus orcinus* , parce qu'il était l'affranchi d'un individu *qui ad orcum demissus fuerat.*

tur : **PETO** , **ROGO** , **VOLO** , **MANDO** , **FIDEI TUÆ COMMITTO**. Quæ perinde singula firma sunt, atque si omnia in unum congesta essent.

On ne dit pas que ces termes fussent absolument essentiels, et qu'ils ne pussent pas être remplacés par d'autres. Ce ne sont que des exemples que l'on donne ; car dans les fidéicommis, on demande seulement que l'intention du défunt soit bien constante, et elle pourrait se manifester suffisamment, ne fut-ce que par des signes (*Ulp. reg.* 25 , § 3). Il est vrai que Justinien , qui a permis de les faire verbalement ou par écrit, désire la présence de cinq témoins ; mais d'un autre côté il autorise à déférer le serment à celui qui nierait avoir été grevé d'un fidéicommis , ainsi que nous l'avons dit sous le paragraphe 12 du titre précédent. Cette présence de cinq témoins n'est donc pas absolument exigée en ce sens que leur absence n'entraînerait pas la nullité du fidéicommis.

TITRE VINGT-CINQUIÈME.

Des Codicilles. (De codicillis).

Un codicille est un acte de dernière volonté, qui ne demande point les solennités du testament, et qui peut également bien procéder de celui qui décède *testat*, et de celui qui meurt *intestat*.

Les codicilles n'ont pas été de tout temps en usage. Le *principium* de ce titre nous apprend qu'ils furent inventés du temps d'Auguste par Lucius Lentulus , et qu'on demanda alors s'il était utile de leur accorder un effet légal. Cette question fut affirmativement résolue par des considérations qui se trouvent exposées dans le même texte, dont l'ensemble est assez clair pour n'avoir pas besoin d'autre explication.

PR.

Ante Augusti tempora constat codicillorum jus non fuisse ; sed primus Lucius Lentulus (ex cujus persona etiam fideicommissa cœperunt) codicillos introduxit. Nam cum decederet in Africa, scripsit codicillos testamento confirmatos, quibus ab Augusto petiit per fideicommissum ut faceret aliquid. Et cum divus Augustus voluntatem ejus implesset, deinceps reliqui ejus auctoritatem secuti fideicommissa præstabant, et filia Lentuli legata quæ jure non debebat, solvit. Dicitur autem Augustus convocasse prudentes, inter quos Trebatium quoque cujus tunc auctoritas maxima erat, et quæsisse an posset.

hoc recipi, nec absonans a juris ratione codicillorum usus esset ; et Trebatium suasisse Augusto, quod diceret utilissimum et necessarium hoc civibus esse propter magnas et longas peregrinationes quæ apud veteres fuissent, ubi, si quis testamentum facere non posset, tamen codicillos posset. Post quæ tempora, cum et Labeo codicillos fecisset, jam nemini dubium erat quin codicilli jure optimo admitterentur.

— Les codicilles ne peuvent jamais être confondus avec les testaments. Quelque faveur qu'on leur ait accordée, ils en diffèrent essentiellement. Il suit de là qu'on ne peut par codicilles instituer un héritier, ni enlever à son héritier testamentaire ou légitime sa qualité par une exhérédation. Pareillement, on ne peut par codicilles imposer à son héritier une condition, ou le décharger de celle à laquelle on l'avait assujetti dans un testament antérieur. Enfin, une substitution faite directement dans un codicille, ne vaudrait rien, parce que la substitution est elle-même une sorte d'institution (*L. 1, ff. de vulg. et pup.*).

§ 2.

Codicillis autem hereditas neque dari neque adimi potest, *ne confundatur jus testamentorum et codicillorum;* et ideo nec exheredatio scribi.... ....Nec conditionem heredi instituto codicillis adjicere neque substituere directo potest.

Ne confundatur jus testamentorum et codicillorum. En effet, s'il était permis d'écrire dans un codicille une institution, ou de la révoquer, il s'ensuivrait que les codicilles seraient absolument la même chose que les testaments, puisqu'ils auraient la même puissance et les mêmes effets. Comment pourrait-on donc les distinguer? Et pourquoi leur donner un nom différent? Ce que nous venons de dire est rigoureusement applicable à toute institution ou substitution faite directement; il en serait autrement d'une institution indirecte par voie de fidéicommis. La raison en est que l'hérédité fidéicommissaire ne donne point le titre ni les droits d'héritier proprement dit :

....Directo autem hereditas codicillis neque dari neque adimi potest; nam per fideicommissum hereditas codicillis jure relinquitur....

— Les codicilles peuvent exister indépendamment d'un testament, et alors ils se soutiennent de leur chef (*L. 16, ff. de jur. codicill.*). Au contraire, lorsqu'il y a testament, ils sont censés en être une partie accessoire, et c'est de lui qu'ils tirent toute leur force (*L. 3, § 2, ff. eod. tit.*). Par conséquent, le sort des codicilles est attaché au testament (*dict. leg.* 16). Ils sont valables, si le testament est valable; inutiles, si le testament est nul (*L. 3, ff. eod. tit.*).

Une question s'est élevée par rapport aux codicilles faits avant le testament.

Celui-ci doit-il les confirmer expressément, et le défaut de cette confirmation entraînerait-il la nullité du codicille? Nous trouvons la solution de cette difficulté dans le paragraphe 1.

§ 1er.

Non tantum autem testamento facto potest quis codicillos facere, sed intestato quis decedens fideicommittere codicillis potest. Sed cum ante testamentum factum codicilli facti erant, Papinianus ait non aliter vires habere, quam si speciali postea voluntate confirmentur. Sed divi Severus et Antoninus rescripserunt, ex iis codicillis qui testamentum præcedunt, posse fideicommissum peti, si apparet eum qui postea testamentum fecit, a voluntate quam codicillis expresserat, non recessisse.

Ainsi, contrairement à l'opinion de Papinien, les empereurs Sevère et Antonin ont décidé que le codicille antérieur au testament n'avait pas besoin d'être confirmé. Toutefois s'il l'avait été, il serait si bien considéré comme une partie intégrante du testament que, sans pouvoir dans ce codicille écrire aucune disposition qui touchât à l'hérédité proprement dite, il serait permis cependant d'y faire un legs, de le révoquer ou de le transférer, ou encore d'affranchir directement son esclave (*Gaïus*, 2 *Inst.*, § 270; *Ulp.* 24 *reg.*, § 29; *L. 43, ff. de man. test.*). Au contraire, dans les codicilles non confirmés on ne peut faire que des fidéicommis. — Remarquez qu'il n'est jamais nécessaire de confirmer les codicilles postérieurs au testament. Cependant, à l'exemple de Lentulus (*supr. pr., h. tit.*), on prenait quelquefois cette précaution.

§ 3.

Codicillos autem *etiam plures* quis facere potest, *et nullum solemnitatem* ordinationis desiderant.

Etiam plures. A la différence des testaments, un second codicille ne révoquerait donc un codicille antérieur que dans ce qu'il aurait d'incompatible avec lui (*L. 3, Cod. h. tit.*). Cela tient à ce que les codicilles peuvent avoir pour objet de leurs dispositions des choses différentes , au lieu que le testament comprend nécessairement la totalité de l'hérédité , puisque ainsi que nous l'avons dit (*supr. pag. 282*) , il est impossible que l'on transmette simultanément à deux personnes l'universalité de ses droits.

Et nullam solemnitatem. Cela était rigoureusement vrai dans l'ancien droit. Mais depuis Théodose , à la constitution duquel Justinien a ajouté quelque chose , les codicilles doivent être faits d'un seul contexte, sans intervalle , verbalement ou par écrit , mais en présence de cinq témoins qui , si le codicille était écrit , y apposaient leur marque (*L.* 8 , *Cod. de codicill.*).

FIN DU LIVRE DEUXIÈME.